STUDIENKURS RELIGION

Lehrbuchreihe für Studierende der Religions- und Kulturwissenschaft sowie für Lehramtsstudierende

Wissenschaftlich fundiert und in verständlicher Sprache führen die Bände der Reihe in die zentralen Themengebiete, Theorien und Methoden der Religionswissenschaft ein und vermitteln die grundlegenden Studieninhalte. Die konsequente Problemorientierung und die didaktische Aufbereitung der einzelnen Kapitel erleichtern den Zugriff auf die fachlichen Inhalte. Bestens geeignet zur Prüfungsvorbereitung u.a. durch Zusammenfassungen, Wissens-, Diskussions-, und Verständnisfragen sowie Schaubilder und thematische Querweise.

Sebastian Gäb

Religionsphilosophie

Onlineversion
Nomos eLibrary

Die Deutsche Nationalbibliothek verzeichnet diese Publikation in der Deutschen Nationalbibliografie; detaillierte bibliografische Daten sind im Internet über http://dnb.d-nb.de abrufbar.

ISBN 978-3-8487-6580-5 (Print)
ISBN 978-3-7489-0646-9 (ePDF)

1. Auflage 2022
© Nomos Verlagsgesellschaft, Baden-Baden 2022. Gesamtverantwortung für Druck und Herstellung bei der Nomos Verlagsgesellschaft mbH & Co. KG. Alle Rechte, auch die des Nachdrucks von Auszügen, der fotomechanischen Wiedergabe und der Übersetzung, vorbehalten. Gedruckt auf alterungsbeständigem Papier.

Inhalt

Einleitung	7
1 Was ist Religion?	**9**
1.1 Verschiedene Religionsbegriffe	11
1.2 Religion definieren	15
1.3 Religionsphilosophie	22
2 Religionskritik	**25**
2.1 Religion ist unglaubwürdig	25
2.2 Religion ist irrational	30
2.3 Religion ist sinnlos	34
2.4 Religion ist schädlich	39
3 Religion und Vernunft	**43**
3.1 Rationalismus	44
3.2 Reformierte Erkenntnistheorie	46
3.3 Pragmatismus	49
3.4 Fideismus	56
4 Religiöse Erfahrung	**61**
4.1 Was ist religiöse Erfahrung?	61
4.2 Das Prinzip der Glaubwürdigkeit	65
4.3 Ist religiöse Erfahrung glaubwürdig?	68
5 Die Pluralität der Religionen	**77**
5.1 Relativismus: Sind die Probleme real?	79
5.2 Wahrheit und Erlösung: Das metaphysische Problem	81
5.3 Ungewissheit und Rationalität: Das epistemische Problem	86
5.4 Toleranz und Freiheit: Das ethische Problem	89
6 Religiöse Sprache	**93**
6.1 Was bedeutet religiöse Sprache?	94
6.2 Was bedeuten religiöse Prädikate?	102
6.3 Referenz	106
7 Religion und Moral	**109**
7.1 Göttliche Gebote: divine-command-ethics und das Euthyphron-Dilemma	110
7.2 Das Motivationsargument	113
7.3 Newman: Die Stimme des Gewissens	114
7.4 Kant und das moralische Argument	117

8 Religion und Wissenschaft — 123
- 8.1 Das Verhältnis von Religion und Wissenschaft — 124
- 8.2 Wunder — 128

9 Was ist Gott? — 137
- 9.1 Der theistische Gott — 137
- 9.2 Alternativen zum Theismus — 148

10 Das kosmologische Argument — 153
- 10.1 Der zweite Weg: Thomas von Aquin — 154
- 10.2 Der Grund der Welt: Leibniz — 162
- 10.3 Alles auf Anfang: Kalam-Argumente — 166

11 Das teleologische Argument — 171
- 11.1 Cleanthes: Das geplante Universum — 172
- 11.2 Die Feinabstimmung des Universums — 179

12 Das ontologische Argument — 185
- 12.1 Anselms ontologisches Argument — 186
- 12.2 Kritik am ontologischen Argument — 190

13 Das Problem des Übels — 199
- 13.1 Manichäismus: Der andere war's — 202
- 13.2 Augustinus: Es gibt gar keine Übel — 203
- 13.3 Hiob: Gottes Wege sind unergründlich — 204
- 13.4 Höhere Güter — 206
- 13.5 Das Übel der Theodizee — 212

14 Tod und Unsterblichkeit — 215
- 14.1 Tod und Unsterblichkeit: begriffliche Klärungen — 215
- 14.2 Dualistische Modelle — 219
- 14.3 Monistische Modelle: Auferstehung — 225
- 14.4 Who wants to live forever? — 228

Literatur — 231

Sachregister — 241

Personenregister — 242

Einleitung

Niemand liest die Einleitung. Falls doch – hier einige Hinweise zu diesem Buch:

Diese Einführung ist tendenziös. Die Auswahl der Themen und Texte, die Vorgehensweise, der literarische und philosophische Stil werden das widerspiegeln. Aufmerksame Leserinnen und Leser werden schnell erkennen, dass ich thematisch wie methodisch eine gewisse Nähe zu dem habe, was man *analytische* Religionsphilosophie nennt. Aber das ist okay, denn jede Einführung ist tendenziös. Es gibt keinen Blick von nirgendwo, keine neutrale und objektive Perspektive, die man jenseits aller Perspektiven einnehmen könnte. Wir alle haben unseren Standpunkt und der einzige Weg, ihn zu verlassen, besteht darin, einen anderen Standpunkt zu beziehen. Die beste Möglichkeit, damit umzugehen, ist, sich bewusst zu machen, dass die eigene Perspektive nur eine unter vielen ist und deshalb eine gesunde Distanz zu ihr zu wahren. Ich hoffe, dass mir das in dieser Einführung gelungen ist. Auch wenn ich beschreibe, wie das Feld der Religionsphilosophie von meinem Standpunkt aus aussieht, werde ich doch wenn möglich auf andere Aspekte hinweisen, die es auch noch gibt. Das kann natürlich kein Ersatz für die echte Auseinandersetzung mit diesen Alternativen sein. Den Leserinnen und Lesern dieses Buches, die auch wissen wollen, wie das Feld von ganz woanders aussieht, bleibt wahrscheinlich nichts anderes übrig, als noch mehr Bücher zu lesen.

Dieses Buch ist systematisch orientiert, d.h. anhand der Fragen und Probleme, die die Religionsphilosophie prägen. Mir geht es nicht um eine umfassende Darstellung der Positionen bestimmter Philosophen oder um historische Vollständigkeit, sondern darum, bestimmte quer durch die Geschichte (und die Kulturen) anzutreffende Fragen und Argumente erkennbar zu machen. Das Ziel ist nicht eine Übersicht über den Forschungsstand, sondern ein Verständnis für die Fragen, die in der Religionsphilosophie gestellt werden, und die Gedankengänge, in denen sie beantwortet werden. Mein leitender Gedanke ist immer der folgende: Was sollte man wissen, wenn man sich eine erste Einführung in die Religionsphilosophie hinter sich hat? Die Auswahl der Themen, Autoren und Argumente spiegelt meine Antwort auf diese Frage wider.

Der Aufbau des Buches folgt einer gewissen inneren Logik: das erste Kapitel klärt, was überhaupt Religion und was die Aufgabe der Religionsphilosophie ist. Dann folgt ein Kapitel über Religionskritik, denn die darin vorgestellten kritischen Argumente bilden den Hintergrund, vor dem die Debatten in Kapitel 3 bis 6 zu verstehen sind. Kapitel 7 und 8 behandeln das Verhältnis der Religion zu anderen Bereichen der Philosophie und Kapitel 9 bis 13 bilden einen gemeinsamen Block, der die Diskussionen um die Natur und die Existenz Gottes zusammenfasst. Es folgt Kapitel 14 über Tod und Unsterblichkeit, das am Ende steht, weil alles mit dem Tod endet. Die Kapitel sind so konzipiert, dass sie für sich gelesen werden können, und bauen nicht aufeinander auf, aber Sie können das Buch natürlich trotzdem von vorne bis hinten durchlesen. Am Ende jedes Kapitels finden sich einige Literaturhinweise auf zentrale Quellentexte zum jeweiligen Thema und auf einschlägige Forschungsliteratur zur Vertiefung. Die Hinweise sind bewusst knapp gehalten und sollten nur einen ersten Anlaufpunkt für weitere Recherchen geben.

Einleitung

Es empfiehlt sich auch immer ein Blick in die einschlägigen Kapitel in den im Anhang genannten Einführungen und Nachschlagewerken. Die Diskussionsfragen am Ende sind immer als offene Fragen gedacht, über die man ausgehend von den Themen des Kapitels nachdenken kann, ohne dass eine eindeutige Antwort vorgegeben wäre.

Das Buch ist mit Bedacht in 14 Kapitel unterteilt, damit es das Programm für ein auf ein Semester angelegtes Seminar zur Einführung in die Religionsphilosophie vorgeben kann. Jedes Kapitel kann in einer Sitzung behandelt werden. Zusammen mit den am Ende eines Kapitels genannten Quellentexten ergibt sich ohne Mühe eine Art Syllabus für ein solches Seminar.

Die primäre Zielgruppe dieses Buches sind Studierende der Philosophie, der verschiedenen Theologien und der Religionswissenschaft, sowie allgemein an Religion und Philosophie interessierte Leserinnen und Leser. Ich gehe davon aus, dass diejenigen, die dieses Buch lesen, Interesse an, aber wenig bis keine Vorkenntnisse im Bereich der Religionsphilosophie haben. Es ist daher als erster Einstieg in das Themengebiet konzipiert, der keinerlei fachspezifisches Vorwissen voraussetzt; alles Wichtige wird im Lauf des Buches an Ort und Stelle erklärt. Damit der Einstieg aber nicht zugleich auch der Ausstieg wird, finden sich am Ende jeden Kapitels einige Literaturhinweise und im Anhang ausgewählte Vorschläge für weitere Literatur zur Einführung und Vertiefung. Es geht mir hier nicht um Vollständigkeit, sondern darum, ein paar erste Anlaufpunkte für die weitere Recherche (z.B. im Rahmen der Planung einer Seminararbeit) zu nennen, von denen aus man sich nach dem bewährten Schneeballprinzip weiter vorarbeiten kann.

Beim Verfassen dieses Buches bin ich von vielen unterstützt worden. Mein besonderer Dank gilt meiner Frau Annika und meinen beiden Mitarbeitern Lisa Erlmann und Patrick Harman für geduldiges Korrektur lesen und zahllose hilfreiche Anmerkungen. Ebenso danke ich Alexander Hutzel und Isabell Oberle vom Nomos Verlag für die gute Zusammenarbeit und die Möglichkeit, dieses Buch in den Studienkurs Religion aufzunehmen.

1 Was ist Religion?

> **Zusammenfassung**
>
> Der Religionsbegriff ist nicht eindeutig. Er hat eine lange Geschichte, in der er sich seine Bedeutung stetig wandelt. Andere Kulturen außerhalb des Westens kennen kein analoges Konzept, das Phänomen Religion ist dennoch universal beobachtbar. Es gibt zwei Ansätze, den Religionsbegriff zu definieren: essentialistische definieren Religion über einen Wesenskern, funktionalistische über die Rolle, die sie spielt. Beide Ansätze haben sich als inadäquat erwiesen. Sinnvoller ist es, Religion als mehrdimensionales, offenes Konzept zu verstehen. Religionsphilosophie muss von Religionswissenschaft und von Theologie unterschieden werden und fragt kritisch nach der Wahrheit von Religion. Dazu muss sie religiöse Begriffe klären und Argumente für und gegen religiöse Überzeugungen prüfen.

Religionsphilosophie ist die philosophische Untersuchung von Fragen, die sich im Zusammenhang mit Religion stellen. Aber was ist eigentlich eine Religion? Diese Frage ist gar nicht so leicht zu beantworten. Wir haben zwar normalerweise einigermaßen klare Vorstellungen davon, was typische Religionen sind, und können den Begriff im Alltag auch problemlos anwenden, also Beispiele nennen und halbwegs zuverlässig religiöse von nicht-religiösen Phänomenen unterscheiden. Aber diese Vorstellung wird (wie so viele andere) schnell unklar, sobald wir anfangen, genauer darüber nachzudenken, was wir eigentlich damit meinen. Machen wir uns das anhand einer kleinen philosophischen Aufwärmübung bewusst! Schauen Sie sich die folgende Liste an und überlegen Sie, ob es sich bei der jeweiligen Sache um eine Religion bzw. ein religiöses Phänomen handelt oder nicht:

Christentum
Tennis
Buddhismus
Sonntagsruhe
Epikureer
Sozialismus
Weihnachtsgeschenke
Kopftücher

Christentum. Das ist leicht: Das Christentum ist eine Religion. Für viele von uns ist sie vermutlich auch das prototypische Beispiel einer Religion und die Religion, die wir am besten kennen, ganz einfach deshalb, weil das Christentum im westlichen Kulturraum die dominierende Religion war und in vielen Fällen noch immer ist.

Tennis. Keine Religion, ganz klar. Oder doch nicht? Gibt es nicht Leute, die mit quasi religiösem Eifer Tennis spielen und Tennis-Fans sind? Und wenn das für Tennis ein bisschen albern klingt, wie wäre es mit Fußball? Gibt es nicht Leute, von denen man ernsthaft sagen kann, Fußball sei ihre Religion, ihr Verein ihre Gemeinde, ihr Stadion ihre Kirche?

Buddhismus. Eine Religion, klar. Aber wer sich ein wenig mit dem Buddhismus auskennt, wird wissen, dass diese Frage – ist der Buddhismus eine Religion? – durchaus umstritten ist. Nicht wenige meinen, der Buddhismus sei gar keine Religion, sondern eher eine Philosophie oder eine Art Bewusstseinswissenschaft. Tatsächlich lehnt der Buddhismus die Idee eines Gottes ab und kommt in eini-

1 Was ist Religion?

gen Strömungen praktisch ohne jeden Bezug auf Übernatürliches aus. Auch der Buddha wird ursprünglich nicht als göttliches Wesen verstanden, sondern als ein Mensch wie jeder andere, wenn auch einer, der besonderes geleistet hat. Wenn der Buddhismus eine Religion ist, dann auf jeden Fall eine, die anders ist als die, die wir normalerweise kennen.

Sonntagsruhe. Ohne Zweifel hat die Praxis, Geschäfte, Schulen usw. sonntags geschlossen zu halten, einen religiösen Ursprung, nämlich das dritte der Zehn Gebote des Christentums („Du sollst den Sabbat heiligen"). Aber ist es nicht heutzutage vollkommen verweltlicht und hat seine religiösen Wurzeln verloren? Schließlich verteidigen es auch nicht-religiöse Organisationen wie die Gewerkschaften aus gänzlich unreligiösen Gründen.

Epikureismus. Die Schule des antiken Philosophen Epikur (341-270) ist eine Philosophie, keine Religion. Aber warum eigentlich nicht? Immerhin handelt es sich um eine klar abgegrenzte Gemeinschaft, die durch ein gemeinsames Bekenntnis zu einer bestimmten Lehre zusammengehalten wird. Diese Lehre betrifft Vorstellungen vom Ursprung und der Natur des Universums, vom Wesen der Götter, und vom Sinn und Ziel des Lebens. Dafür, dass wir den Epikureismus normalerweise nicht als Religion betrachten, hat er erstaunlich viel mit typischen Religionen gemeinsam.

Sozialismus. Der Sozialismus ist natürlich keine Religion. Im Gegenteil, der Kampf gegen jede Form organisierter Religion und den Glauben an das Übernatürliche gehört zum Wesenskern des Sozialismus. „Es rettet uns kein höh'res Wesen, kein Gott, kein Kaiser, kein Tribun" heißt es in der *Internationalen*. Aber auf der anderen Seite trägt gerade der klassische Sozialismus auffallend religiöse Züge: Es gibt heilige Texte, verkündet von weisen Propheten, deren Wort unbezweifelbar ist (Marx und Engels und ihre Werke); es gibt eine Priesterkaste, die elaborierte Rituale zelebriert (die KP und ihre Parteitage); es gibt eine kosmische Mythologie von Fall und Erlösung (der historische Materialismus mit seinem Verlust der ursprünglichen Seligkeit in der Urgesellschaft durch den Sündenfall des Eigentums, dem stufenweisen Aufstieg durch die verschiedenen Formen der Gesellschaft, und schließlich der endgültigen Versöhnung aller im kommunistischen Paradies). Abgesehen vom Glauben an das Übernatürliche erfüllt der Sozialismus eigentlich alle Kriterien, die wir intuitiv an eine Religion anlegen würden und könnte daher schon als eine materialistische Quasi-Religion betrachtet werden.[1]

Weihnachtsgeschenke. Hier wird es langsam unklar. Einerseits ist Weihnachten seinem Ursprung nach ein christliches Fest (auch wenn es im Lauf der Geschichte einige Anleihen bei antiken und germanischen Festen gemacht haben dürfte) und Weihnachtsgeschenke sind ein christlicher Brauch. Aber dieses ursprünglich religiöse Ritual hat seinen religiösen Charakter heutzutage praktisch komplett verloren. Anders als die Sonntagsruhe hat sich das Weihnachtsfest mit all seinen Begleiterscheinungen auch in nicht-christlichen Gesellschaften verbreitet. Ist es vielleicht nur der säkulare Rest eines ehemals religiösen Phänomens?

---

1 So z.B. Smart 1989: 25 f.

Kopftücher. Das dürfte das kontroverseste Beispiel der ganzen Liste sein. Das muslimische Kopftuch wird von einigen als religiöses Symbol angesehen, von anderen lediglich als ein Ausdruck einer bestimmten kulturellen Zugehörigkeit, wieder andere interpretieren es als politisches Statement in einem Kulturkampf. Die Grenzen von Religion, Kultur und Identität verschwimmen hier, und die schwierige Frage, was eigentlich Religion ist, bekommt eine aktuelle gesellschaftspolitische und sogar juristische Brisanz.

1.1 Verschiedene Religionsbegriffe

Diese Beispiele dürften gezeigt haben, dass es nicht allzu schwierig ist, unser intuitives Verständnis des Begriffs „Religion" an seine Grenzen zu führen. Hier kommt die Philosophie ins Spiel: Eine ihrer wichtigsten Aufgaben ist es, Klarheit zu schaffen, indem sie uns dabei hilft, uns über die Bedeutung von Begriffen klar zu werden. Wenn wir fragen: „Was ist Religion?", sollten wir diese Frage daher am besten so verstehen: „Was meinen wir eigentlich, wenn wir von ‚Religion' sprechen?" Wir suchen also nichts anderes als eine *Definition* des Religionsbegriffs.

Das Problem ist: Es gibt keine allgemein anerkannte Definition von Religion (zumindest in dieser Hinsicht herrscht in den Religionswissenschaften Einigkeit). Der Religionspsychologe James Leuba listete bereits Anfang des 20. Jahrhunderts insgesamt 48 verschiedene Definitionen auf – die er allesamt verwarf und seine eigene hinzufügte.[2] Es dürften inzwischen kaum weniger geworden sein. Oft hilft in solchen Fällen ein Blick in die Etymologie, doch auch hier finden wir keine klare Antwort. Das deutsche Wort „Religion" (und seine Verwandten in anderen westlichen Sprachen) stammen vom lateinischen *religio* ab, das der römische Denker Cicero (106-43) schon in klassischer Zeit von *relegere*, also etwa: sorgfältig beachten, ableitet (das Gegenteil hierzu wäre *neglegere*, übersehen, nicht beachten). Gemeint ist damit die sorgfältige Beachtung der rituellen Vorschriften in der kultischen Verehrung der Götter und der Erfüllung ihres Willens. Für Cicero ist also das richtige Handeln das Entscheidende an der Religion, nicht der richtige Glauben. Religion ist das achtsame, korrekte Verhalten den Göttern gegenüber.[3] Aber schon in der Antike schlägt der christliche Theologe Laktanz (ca. 250-325) eine alternative Ableitung vor, nämlich von *religare*, d.h. zurückbinden. Der zugrundeliegende Gedanke ist, dass die Seele, die von Gott getrennt ist, durch den Glauben wieder an ihn zurückgebunden werden muss.[4] Es ist also gar nicht klar, was die ursprüngliche Bedeutung des Begriffs ist. Und selbst wenn es uns gelingen sollte, die Frage nach der Etymologie eindeutig zu beantworten, würde uns das nicht weiterhelfen, denn dann wüssten wir lediglich, was die Römer mit *religio* meinten. Es gibt aber keinen Grund zu der Annahme, dass unser Begriff „Religion" das Gleiche bedeuten müsste, nur weil er historisch betrachtet mit dem

---

2 Leuba 1912: 339-361.
3 Siehe *De natura deorum* II, 72. Für die Richtigkeit dieser Etymologie spricht, dass das Wort „religio" in ähnlicher Bedeutung auch in gänzlich unreligiösen Kontexten vorkommt und dann einfach nur „Bedenken" oder „Überdenken" bedeutet, z.B. bei Livius *Ab urbe condita* VIII, 3.
4 *Institutiones divinae* IV, 28.

1 Was ist Religion?

lateinischen Wort verwandt ist. Im Gegenteil – das Wort „Religion" hat im Laufe seiner Entwicklung eine merkliche Veränderung seiner Bedeutung erfahren.

Während *religio* ursprünglich die korrekte Praxis der Verehrung der Götter bezeichnet, nimmt es in der christlichen Spätantike die Bedeutung „wahrer Gottesglauben" an. Das in etwa meint auch der römische Philosoph Augustinus (354-430), wenn er eine seiner Schriften *De vera religione* (Über die wahre Religion) nennt: Gemeint ist nicht etwa die eine wahre Religion unter den vielen falschen – denn es gibt zu dieser Zeit weder die Vorstellung von einer Pluralität von Religionen noch von einer falschen *religio* – sondern eher: worin der wahrhafte Gottesglaube eigentlich besteht. Im Mittelalter wird daraus die richtige Lebensführung, die sich aus diesem Glauben ergibt, nämlich die klösterliche – *religiosi* sind die Mönche und Nonnen. Erst mit der Reformation und dem Beginn der Neuzeit fängt der Begriff „Religion" allmählich an, die Gestalt anzunehmen, die er für uns heute hat. Er bezieht sich nun mehr auf die Innerlichkeit des Glaubens und lässt auch einen Plural zu. Jetzt gibt es nicht mehr einfach nur die Religion, sondern Religion*en*, die man in wahre und falsche unterteilen kann. Die Bildung eines abstrakten Konzepts von Religion, das als Oberbegriff für alle real existierenden Erscheinungsformen von Religion verstanden werden kann, ist erst mit der Aufklärung abgeschlossen: in der Idee einer *natürlichen Religion*, d.h. einer Religion, die nicht auf Offenbarung beruht, sondern das Ergebnis reiner Vernunft ist.

Der Religionsbegriff ist also eindeutig ein Produkt der europäischen Geistesgeschichte und seine Entwicklung ist nicht zu trennen von den spezifischen historischen und kulturellen Bedingungen, unter denen er sich im (christlichen) Abendland entwickelt hat. Das wird zum Problem, wenn wir versuchen, den Begriff über die Grenzen seines Entstehungskontexts hinaus sinnvoll anzuwenden. Denn einerseits ist er mit diesem Kontext untrennbar verbunden, andererseits steckt in dem Begriff selbst (wie in jedem Begriff) bereits ein Anspruch auf Allgemeinheit. Wenn wir abstrakt von Religion und von Religionen im Plural sprechen, dann gehen wir davon aus, dass es ein gemeinsames Wesensmerkmal gibt, das es uns erlaubt, all diese verschiedenen Phänomene unter einen Oberbegriff zusammenzufassen. Wir sprechen ja auch abstrakt vom „Menschen an sich" und im Plural von „den Menschen", obwohl menschliche Wesen in teilweise sehr unterschiedlichen physiologischen, kulturellen oder geschlechtlichen Variationen existieren. Ein Begriff fasst eine Vielfalt von Dingen in einer gemeinsamen Kategorie zusammen. Also sollte es doch auch außerhalb des Westens Religionen und ein Pendant zum westlichen Religionsbegriff geben, oder?

Die Wahrheit ist komplizierter. Nicht einmal innerhalb der westlichen Kultur existieren überall klare Entsprechungen zum modernen Religionsbegriff. Selbst im antiken Griechenland gibt es keinen Ausdruck, der als exakte Übersetzung von „Religion" dienen könnte. Zum einen ist die Rede von *eusébeia*, was die Ehrfurcht oder heilige Scheu vor den Göttern bezeichnet, also eine bestimmte Haltung oder Empfindung. Diese Haltung muss aber nicht spezifisch religiös sein, denn auch den Eltern oder anderen Respektspersonen gegenüber kann man *eusébeia* empfinden. Daneben gibt es die *threskeía*, womit eine konkrete Handlung, nämlich die kultische Verehrung einer Gottheit gemeint ist. Hier steht der rituelle Aspekt im Vordergrund. Und schließlich kommt als Übersetzung auch noch *latreía* in Frage, der Dienst. Aber auch dieser Begriff bedeutet nicht nur den Dienst an der Gottheit, wie er von den Priesterinnen und Priestern geleistet wird, sondern jede Art von Dienst, auch im ganz profanen Sinne von „Dienstleistungen gegen Lohn". In christlicher Zeit gesellt sich noch *pístis*, der Glaube, dazu (der für die ursprüngliche griechische Religion keine Rolle spielte). Keiner dieser Ausdrücke erfasst exakt das, was mit unserem modernen Religionsbegriff gemeint ist. Stattdessen repräsentiert jeder einen bestimmten Teilaspekt davon, überschneidet sich aber zugleich mit nicht-religiösen Bedeutungen, so dass der Verdacht aufkommt, als habe man im antiken Griechenland Religion gar nicht als separates und klar von der sonstigen Kultur abgrenzbares Phänomen wahrgenommen.

Ähnliche Schwierigkeiten ergeben sich, wenn wir uns weiter vom Westen entfernen und nach einem passenden Begriff im indischen Kulturraum suchen. Eine naheliegende Entsprechung ist *dharma*, was im modernen Indien auch als Übersetzung für den westlichen Begriff „Religion" gebraucht wird. In den hinduistischen Traditionen und auch im Buddhismus bezeichnet *dharma* aber zunächst einmal das fundamentale Ordnungsprinzip, die grundlegende Natur der Realität (die elementaren Bestandteile der Wirklichkeit werden im Buddhismus auch im Plural *dharmas* genannt). Wenn Buddhistinnen und Buddhisten ihre Religion also als das *dharma* bezeichnen, dann drücken sie damit aus, dass die Lehre des Buddha kein Dogma und keine Offenbarung, sondern nur eine faktische Beschreibung der Realität ist. Daher kann man auch eigentlich nicht sinnvoll von unterschiedlichen *dharmas* im Sinne von Religionen sprechen, denn es gibt nur eine Realität und es daher auch nur eine korrekte Beschreibung von ihr, das eine, ewige, vom Buddha verkündete *dharma*. Im Gegensatz zu dieser ewigen Lehre wird die konkrete, historisch ausgeprägte Form der buddhistischen Religion als *sāsana* bezeichnet, wobei auch dieser Begriff wieder an die Lehre des Buddha geknüpft ist und folglich nicht die Universalität des Religionsbegriffs besitzt. Im hinduistischen Kontext bietet sich mit dem Begriff *darsana* eine weitere Alternative. *Darsanas* sind die verschiedenen religiös-philosophischen Schulen und Strömungen innerhalb und außerhalb des Hinduismus (z.B. sind Vedanta und Nyaya, aber auch Jainismus und Buddhismus *darsanas*). Doch dieser Begriff steht quer zu unserem Religionskonzept, denn er kategorisiert verschiedene Lehrtraditionen, ohne dabei zwischen religiösen und nicht-religiösen Strömungen zu unterscheiden. Am ehesten entspricht er dem westlichen Begriff der *Philosophie* (im Sinne der Philosophie einer bestimmten Schule oder Gruppe). Wir finden also auch im indischen Denken keine genaue Entsprechung unseres Religionsbegriffs.

Betrachten wir noch als ein letztes Beispiel die chinesische Kultur. Das moderne Chinesisch kennt zwar einen Ausdruck für Religion (*zōngjiào*), aber dabei handelt es sich um einen im 19. Jahrhundert auf dem Umweg über Japan gebildeten Neologismus, der speziell dazu geschaffen wurde, das westliche Konzept von Religion wiederzugeben, denn – wie sollte es anders sein – das klassische Chinesisch verfügte über keinen analogen Begriff. Seiner Grundbedeutung nach bezieht sich *zōngjiào* übrigens auf die Ahnenverehrung, greift also wieder den kultisch-praktischen Aspekt von Religion auf. Im klassischen Chinesisch gibt es eine Reihe von Wörtern, die als mögliche Übersetzungen von Religion in Frage kommen. Zum einen gibt es das Wort *jì*, mit dem die rituellen Opfer für Götter, Geister und verstorbene Ahnen bezeichnet werden; doch auch dieser Begriff erfasst wieder nur die rein praktische Seite der Religion. Verwandt damit ist das Konzept von *lǐ*, was ursprünglich ebenfalls Ritual bedeutet, aber auch die dem Ritual angemessene Geisteshaltung meint, also das formelle, sittliche, auch höfliche Verhalten. Doch gerade dieser Begriff löst sich vor allem durch den Konfuzianismus rasch von seinen religiösen Wurzeln und bezeichnet dann ganz allgemein ein ethisches Verhalten ohne religiösen Beigeschmack. Eine andere Alternative ist der Ausdruck *dào*. Mit diesem sehr vielschichtigen Begriff, der wörtlich „Weg" bedeutet, ist zum einen das kosmische Prinzip gemeint, dem aller Wandel in der Wirklichkeit unterworfen ist (es ist der Weg, den der Kosmos in seiner permanenten Veränderung geht). Zum anderen ist es die Natur eines Wesens oder einer Sache, mit der es sich im Einklang befinden sollte. In diesem Sinne kann ein Mensch das *dào* haben, wenn er in Harmonie mit seiner ursprünglichen Natur lebt. Doch *dào* ist auch der Weg, den eine bestimmte Person lehrt. So spricht Konfuzius etwa von seinem *dào*, wenn er sich auf seine Lehre bezieht. Die konfuzianische Religion wäre also das *dào* des Konfuzius, wobei der Begriff *dào* deutlich umfassender ist als der der Religion und ganz allgemein jede Form von Lehre bezeichnen kann. Alternativ ist auch die Rede von *jiào* oder *jiā*, was die Lehre oder die Gefolgschaft einer Person bezeichnet und damit den sozialen Aspekt der Religion erfasst. Der Konfuzianismus ist also das *jiào* (d.h. die Lehre) oder die *jiā* (d.h. die darauf aufbauende Gemeinschaft) des Konfuzius. Doch wieder sind dies keine spezifisch religiösen Begriffe; beide können auch in komplett weltlicher Weise verwendet werden.

Heißt das nun, dass das Konzept der Religion als ein Produkt der europäischen Geistesgeschichte notwendig auf Europa bzw. den Westen beschränkt bleiben muss? Gibt es außerhalb des Westens eigentlich gar keine „Religion" und sind nur wir es, die bestimmte anderswo vorgefundene Traditionen und Praktiken in die Zwangsjacke unseres Begriffs stecken? Ignorieren wir die Eigenarten dieser fremden Phänomene, indem wir ihnen einen Begriff aufdrängen, den sie selbst niemals entwickelt haben? So weit sollten wir nicht gehen. Zum einen folgt aus der Entstehungsgeschichte eines Begriffs nicht, dass er nicht über den Kontext dieser Entstehung hinaus bedeutsam sein könnte. Auch der Begriff der Demokratie ist ein Produkt des westlichen Denkens, aber das heißt nicht, dass es nicht auch außerhalb des Westens Demokratie geben könnte. Zum anderen folgt aus dem Fehlen eines Ausdrucks nicht das Fehlen der Sache, die er bezeichnet. Im Englischen gibt es keine exakte Entsprechung zum deutschen Wort „gemütlich" – aber natürlich kann es auch in England gemütlich sein. Relevant ist nicht, ob es den gleichen Ausdruck gibt, sondern ob wir das Phänomen, auf das er sich bezieht, identifizieren können. Und das können wir. Es ist ja nicht so, dass wir in anderen Kulturen überhaupt nichts finden, was auch nur annähernd mit Religion im westlichen Sinne vergleichbar wäre. Alle Begriffe, die wir diskutiert haben, überschneiden sich mit bestimmten Aspekten des Religionsbegriffs, ohne ihn exakt abzudecken. Der terminologische Zuschnitt des Phänomens ist ein anderer, aber die meisten der diversen Elemente des modernen Religionsbegriffs lassen sich ausmachen. Wenn Religion wirklich als Kategorie außerhalb des Westens sinnlos wäre, dann sollten wir nicht andere Formen von Religion finden, sondern gar nichts.

1.2 Religion definieren

Aber was bedeutet denn nun der Religionsbegriff? Bisher haben wir nur festgestellt, dass er eine komplexe Geschichte hat und dass es außerhalb der westlichen Welt keine exakten Entsprechungen gibt, wenn auch das Phänomen, um das es geht, universal ist. Aber von welchem Phänomen ist eigentlich die Rede? Wir müssen doch noch einmal versuchen, Religion zu definieren. Bevor wir uns konkrete Versuche anschauen, sollten wir uns allerdings klarmachen, was wir von einer Definition erwarten. Eine Definition ist zunächst einmal die Angabe der Bedeutung eines Begriffs. Das kann auf verschiedene Arten geschehen. Einerseits kann ich einen Begriff definieren, indem ich die wesentlichen Eigenschaften der Sache auflliste, auf die er sich bezieht. Ich suche also nach dem gemeinsamen Merkmal, das allen Gegenständen zukommt, die unter den Begriff fallen; eine solche Definition können wir eine *deskriptive* Definition nennen. Oder ich kann die Bedeutung des zu definierenden Begriffs erst festlegen und dann schauen, was darunterfällt. Statt von den Gegenständen auszugehen und nach einem gemeinsamen Merkmal zu suchen, lege ich erst durch meine Definition fest, was alles unter den Begriff fallen soll. Diese Art von Definition können wir eine *normative* Definition nennen.[5] Sprachphilosophisch ausgedrückt bestimmt im deskriptiven Fall die Extension (die Menge aller Dinge, die unter den Begriff fallen) die Intension (die Bedeutung), im normativen Fall ist es umgekehrt: Intension bestimmt Extension. Diese Unterscheidung wird relevant, wenn es darum geht, wie wir mit problematischen Fällen umgehen sollen, die sich aus unserem Vorverständnis eines Begriffs ergeben. Wir könnten uns z. B. fragen, ob Hannover eine Großstadt ist. Um das zu klären, müssen wir natürlich wissen, was eine Großstadt ist. Bei einer deskriptiven Definition würden wir uns nun klare Fälle von Großstädten ansehen und nach den Merkmalen suchen, die sie gemeinsam haben, um dann zu prüfen, ob auch Hannover diese Merkmale besitzt (Ist es eine bestimmte Zahl von Einwohnern? Muss es Hochhäuser geben? National oder international bedeutende Institutionen?). Ausgehend von einer normativen Definition könnten wir hingegen sagen, dass alle Städte mit mehr als 100.000 Einwohnern Großstädte sind, Hannover folglich auch. Das Problem der deskriptiven Definition ist, wie sie mit Grenzfällen umgehen soll: Muss sich die Definition anpassen oder müssen wir unser Vorverständnis revidieren? Die normative Definition hat dieses Problem nicht, läuft aber Gefahr, das intuitive Vorverständnis zu verfehlen (so sind laut der normativen Definition u.a. Salzgitter, Moers und Trier Großstädte – nicht unbedingt Orte, die man primär mit diesem Begriff assoziieren würde). Wie wir sehen werden, ist bei vielen Definitionen von Religion nicht immer klar, ob es sich

---

5 Hier gibt es terminologische Varianten, auf die wir nicht eingehen müssen. Die Unterscheidung deskriptiv/normativ entspricht grob der von Real- und Nominaldefinition, und statt von normativer Definition spricht man teilweise auch von stipulativer Definition.

1 Was ist Religion?

um normative oder deskriptive Definitionen handelt. Ja, es ist nicht einmal klar, ob wir den Begriff normativ oder deskriptiv definieren *sollten*.

Von einer Definition sollten wir außerdem erwarten, dass sie adäquat ist, also ihren Gegenstand korrekt erfasst. Anders ausgedrückt: das Definiendum (der zu definierende Begriff) und das Definiens (das, wodurch ich ihn definiere) sollten koextensional sein, d.h. alles, was unter die Definition fällt, muss auch unter den Begriff fallen und umgekehrt. Wenn ich z.b. eine gerade Zahl definiere als eine Zahl, die ohne Rest durch zwei teilbar ist, dann muss jede Zahl, die ohne Rest durch zwei teilbar ist, gerade sein und umgekehrt. Eine adäquate Definition liegt vor, wenn ich in der Lage bin, eine oder mehrere Bedingungen bzw. Kriterien zu nennen, die sowohl notwendig als auch hinreichend für den zu definierenden Gegenstand sind. Notwendig heißt: Wenn etwas als ein solcher Gegenstand zählt, dann muss es auch das Kriterium erfüllen. So ist z.B. Kinder zu haben eine notwendige Bedingung, um eine Mutter zu sein (in unserer Definition von Mutter muss das Kriterium ‚jemand, der Kinder hat' vorkommen). Aber hinreichend ist das nicht – man könnte ja auch ein Vater sein. Hinreichend heißt: Wenn das Kriterium erfüllt ist, dann handelt es sich um den fraglichen Gegenstand. Beispielsweise ist eine Grippe eine hinreichende Bedingung für Fieber; notwendig ist das aber nicht, denn Fieber kann auch andere Ursachen haben. Eine adäquate Definition von Religion muss demnach so aussehen, dass all das, was eine Religion ist, auch das in der Definition genannte Kriterium erfüllt. Und umgekehrt muss auch alles, was dieses Kriterium erfüllt, eine Religion sein. Wir werden sehen, dass die meisten Definitionen Probleme mit mindestens einer dieser beiden Forderungen haben.

Man kann Ansätze zur Definition des Religionsbegriffs in zwei große Klassen einteilen: *essentialistische* (oder substanzialistische) und *funktionalistische* Theorien. Essentialistische Theorien versuchen einen gemeinsamen Wesenskern der Religion zu finden. Funktionalistische Theorien versuchen, Religion über die Funktion, die sie für das Individuum oder die Gesellschaft erfüllt, zu definieren. Während also essentialistische Theorien fragen, was Religion *ist*, fragen die funktionalistischen Theorien, was Religion *tut*. Wir werden uns nun diese beiden Ansätze näher ansehen und danach noch auf einen alternativen Ansatz eingehen, der den Religionsbegriff als offenes Konzept versteht und eine Definition im klassischen Sinn vermeidet.

(a) Essentialistische Theorien

Essentialistische Ansätze gehen davon aus, dass es ein gemeinsames Wesen der Religion gibt, das die einzelnen Religionen verbindet. Sie stammen überwiegend aus dem Umfeld der Religionsphänomenologie, die annimmt, dass das Religiöse ein universales, irreduzibles Phänomen eigener Art ist, und dass dieses universale Wesen der Religion erkennbar wird in einer Betrachtung, die spezifische kulturelle und historische Kontexte ausklammert. In vielen Fällen wird das Wesen der

Religion im Glauben an einen Gott gesehen, so z.B. bei Günter Lanczkowski (1917-1993) und Geo Widengren (1907-1996).[6] Lanczkowski schreibt:

> Religion ist mithin ein unableitbares Urphänomen, eine Größe *sui generis*, die konstituiert wird durch die existentielle Wechselbeziehung zwischen Gottheit einerseits, deren Manifestationen der Mensch erfährt, und andererseits den Reaktionen des Menschen, seiner ‚Richtung auf das Unbedingte', die sich in Verehrung und Anbetung, in ethischer Lebensgestaltung und kultischer Handlung, in der Beschreibung eines Heilsweges realisiert, der von Leid und Sünde befreit zur Erlösung führt. (Lanczkowski 1980: 23 f.)

Religion ist also ein irreduzibles Urphänomen, das nicht auf psychologische oder evolutionäre Erklärungen zurückgeführt werden kann. Stattdessen besteht Religion ihrem Wesen nach in der Begegnung mit einer Manifestation der Gottheit und der menschlichen Reaktion darauf. Eine Religion ohne Glauben an etwas Göttliches wäre also ein Widerspruch in sich. Gegen diesen Ansatz spricht allerdings, dass nicht alle Religionen einen Gottesglauben kennen. Ein oft genanntes Beispiel ist der frühe Buddhismus, der zwar das Pantheon der indischen Religion seiner Zeit übernimmt, aber auch diese Götter unter das Gesetz des *dharma* einordnet und als vergängliche, der Wiedergeburt unterworfene Wesen versteht. Einen transzendenten Gott als Grund der Welt kennt der frühe Buddhismus nicht bzw. lehnt ihn explizit ab. Das Kriterium des Gottesglaubens wäre also nicht notwendig. Lanczkowski akzeptiert diesen Einwand und erklärt, dass der frühe Buddhismus dann eben keine Religion ist (er schlägt also eine normative Definition des Religionsbegriffs vor). Doch mit diesem Ausweg laufen wir Gefahr, uns zu weit von unserem intuitiven Vorverständnis von Religion zu entfernen, denn der frühe Buddhismus ist nicht der einzige Problemfall. So kennen auch viele indigene Religionen in Amerika oder Ozeanien so etwas wie höhere Mächte, die im Mythos als Schöpfer des Universums auftauchen. Sie verleihen Sehern oder Schamanen ihre Macht und wirken durch sie; sie existieren jenseits der Welt in einem Reich, zu dem die Lebenden unter normalen Umständen keinen Zugang haben.[7] Diese Entitäten als Gott oder Götter zu bezeichnen, erscheint ziemlich weit hergeholt. Ein wesentlicher Aspekt des Gottesbegriffs ist ja, dass ein Gott personal ist, d.h. ein rational denkendes und handelndes Wesen, mit dem man kommunizieren kann (mehr dazu in Kap. 9.1). Gerade das scheint hier nicht zuzutreffen. Und selbst die polytheistischen Götter des antiken Griechenland sind ja (ebenso wie ihre Verwandten im Hinduismus oder der altnordischen Religion) nicht einfach der monotheistische Gott im Plural. Dass man all diese verschiedenen Götter als unterschiedliche Realisierungen des gleichen Phänomens des Gottesglaubens ansehen kann, ist eine gewagte These, die erst einmal begründet werden müsste. Doch das scheint angesichts der gewaltigen Unterschiede, die hier nur angedeutet wurden, schwierig zu werden. Die Definition ist damit empirisch nicht adäquat: Zu viele Phänomene, die wir intuitiv als religiös charakterisieren würden, werden von ihr nicht erfasst.

---

6 Widengren 1969.
7 Vgl. Stolz 2001, 17-19, der das Beispiel des australischen *Bundjil* näher ausführt.

1 Was ist Religion?

Der zweite bedeutende Ansatz einer essentialistischen Definition stammt von Rudolf Otto (1869-1937), der in seinem 1917 erschienenen gleichnamigen Buch *Das Heilige* zum Wesen des Religiösen erklärt (vgl. Kap. 4.1). Dieses Heilige ist kein bestimmter Gegenstand. Es ist vielmehr ein Gefühl oder eine bestimmte Form des Erlebnisses, die sich in religiösen Erfahrungen manifestiert. Es ist das Gefühl der eigenen Kleinheit, Schwäche und Abhängigkeit, das sich im Angesicht dessen einstellt, was größer ist als ich selbst: „Das religiöse Gefühl [ist] dann ein Selbst-Gefühl, das heißt ein Gefühl einer eigentümlichen Bestimmtheit meiner *selbst*, nämlich meiner Abhängigkeit." (Otto 1987: 10) Otto bezeichnet dieses Erlebnis als Kreaturgefühl. Aber es ist nicht nur ein Gefühl, sondern wird erlebt als Reaktion auf die Realität des Heiligen oder Numinosen. Das Numinose ist das, was in mir das Kreaturgefühl auslöst. Es wird nicht durch Begriffe, sondern rein phänomenologisch bestimmt, d.h. indem wir beschreiben, wie es auf uns wirkt und wie wir es erleben. Otto fasst den Begriff des Heiligen in der berühmten Formel des *mysterium tremendum et fascinans* zusammen – das Geheimnis, das uns erschaudern lässt, aber auch fasziniert. Geheimnisvoll ist es, insofern es uns die Sprache verschlägt, als ganz Anderes erscheint und sich dem rationalen Verstehen entzieht; es lässt uns erschaudern, weil es beängstigend, übermächtig und unberechenbar ist; es fasziniert uns, weil es wundervoll ist und in uns Liebe oder Dankbarkeit hervorruft. Was also Religionen ihrem Wesen nach ausmacht, ist dieses Erlebnis, nicht der Glaube an einen Gott. Es ist nur so, dass in manchen Religionen das Numinose als personaler Gott erfahren wird. Was das Religiöse ausmacht, ist aber nicht der Gott, sondern die Heiligkeit, die sich in ihm manifestiert. Und nichts spricht dagegen, dieses Heilige auch in ganz anderen Formen zu erfahren.

Ottos Ansatz hat den Vorteil, besser an reale Religionen anpassbar zu sein, da er keinen Glauben an einen Gott oder sonst irgendein Wesen voraussetzt. Aber auch gegen diesen Versuch, die Substanz der Religion zu definieren gibt es Einwände:

(a) Muss ich nicht schon vorher einen Begriff von Religion haben, um überhaupt verstehen zu können, was Heiligkeit ist? Wir machen doch die Erfahrung von Heiligkeit gerade in solchen Kontexten, die wir vorher schon (aus anderen Gründen) als religiös erkannt haben – im Gottesdienst oder in der Meditation, aber nicht im Fußballstadion. Otto akzeptiert diesen Einwand im Prinzip und erklärt, es sei auch eigentlich sinnlos, mit jemandem über Religion reden zu wollen, der selbst niemals eine solche Erfahrung des Heiligen gemacht habe – wie es auch sinnlos ist, jemandem Liebeskummer zu erklären, der noch nie verlassen wurde. Es geht ihm also weniger um eine voraussetzungslose Definition von Religion, sondern eher um die Analyse unseres Vorverständnisses. Aber das ändert natürlich nichts daran, dass wir dann immer noch keine Definition von Religion gefunden haben.

(b) Insbesondere die Verfechter der These, dass der Gottesglaube das Wesen der Religion ist, werfen Otto vor, sozusagen das Pferd von hinten aufzuzäumen. Woher kommt denn die Erfahrung der Heiligkeit? Otto tut so, als wäre sie das Primäre – aber Heiligkeit ist kein neutraler, unpersönlicher Begriff, sondern kann nur aus der göttlichen Sphäre selbst abgeleitet werden. Otto glaubt, dass am Anfang das Erlebnis der Heiligkeit steht und erst dann ein Gott als Quelle der

Heiligkeit erfahren wird. Es ist genau umgekehrt, sagen seine Kritiker: Am Anfang steht der Gott, und erst durch ihn bekommt der Begriff der Heiligkeit einen Sinn.

(b) Funktionalismus

Will man Schwierigkeiten wie diesen aus dem Weg gehen, empfiehlt es sich, Religion funktionalistisch zu definieren. Mit Funktion ist hier etwas gemeint, durch das etwas Anderes zustande kommt, oder einfacher ausgedrückt: etwas, das eine bestimmte Rolle spielt. Was Religion ist, wird dann nicht über irgendein inhärentes Merkmal der Religion bestimmt, sondern über die Rolle, die Religion für den Einzelnen oder die Gesellschaft spielt. Ein Beispiel: Sean Connery, Pierce Brosnan und Daniel Craig sind alle James Bond, aber nicht etwa deshalb, weil sie alle eine bestimmte essentielle Qualität hätten, die sie dazu macht, sondern weil sie alle diese Rolle spielen. Jede und jeder könnte im Prinzip James Bond sein, egal was sie oder er ist – es kommt nur auf die Rolle an. Aber welche einzigartige Rolle spielt Religion? Eine klassische Variante des funktionalistischen Ansatzes stammt von Bronislaw Malinowski (1884-1942), einem der Pioniere der ethnologischen und religionswissenschaftlichen Forschung im 20. Jahrhundert. Seine funktionalistische Religionstheorie ist Teil einer allgemeinen Funktionstheorie der Kultur. Für Malinowski ist Kultur ein Instrument, mit dem der Mensch seine Bedürfnisse regulieren und Probleme lösen kann, vor die ihn seine Umwelt stellt. Im Gegensatz zum Tier, dessen Verhalten durch seine Instinkte bestimmt ist, ist der Mensch biologisch unbestimmt – aber die Kultur kompensiert dieses Defizit. Aufgabe der Religion ist es dabei, dem Menschen die Last existenzieller Fragen abzunehmen: „Pragmatisch ist für das Durchschnittsindividuum die Religion notwendig, um die niederschmetternde, lähmende Vorahnung von Tod, Unheil und Schicksal zu überwinden." (Malinowski 1975: 191) Dadurch kann die Religion die Bedrohung abwenden, die aus dem Einbruch von Tod und Unheil für die Gesellschaft erwächst. So erschüttert z.B. der Tod eines Angehörigen den normalen Gang des Lebens und führt zu Angst, Verzweiflung oder dem Wunsch, alles aufzugeben. Eine religiöse Mythologie und Bestattungsrituale können diese negativen Impulse auffangen und dadurch sicherstellen, dass die Gesellschaft als ganze unbehelligt weiter existieren kann. Religion hat also eine integrative oder harmonisierende Funktion: Sie stellt sicher, dass die übrigen Elemente der Kultur ohne Störung durch destruktive Impulse weiterbestehen können.

In ähnlicher Weise bestimmt auch der deutsche Soziologe Niklas Luhmann (1927-1998) die Funktion von Religion.[8] Seiner Meinung nach ist ihre Kernaufgabe die Kontingenzbewältigung. Die Welt ist kontingent, was hier so viel heißt wie dass sie auch anders sein könnte (z.B. sind Zeit und Ort Ihrer Geburt, Ihr Geschlecht oder Beruf kontingent). Es gibt also eine unendliche Zahl von Möglichkeiten und Alternativen. Die Religion reduziert die Menge dieser Möglichkeiten, indem sie einige Möglichkeiten für notwendig erklärt, und schafft dadurch Sinn und Orientierung. Dieser Sinn ist allerdings kein Sinn für den Einzelnen, sondern für die Gesellschaft als System. Religion erzeugt Sinn, indem sie die Komplexität

---

8 Wichtig ist hier Luhmann 1977.

der Welt so reduziert, dass das System der Gesellschaft mit seiner Umwelt in einer sinnvollen Relation stehen kann. Für den Einzelnen ist Religion hingegen entbehrlich.

Leider sind auch die funktionalistischen Theorien einigen schwerwiegenden Einwänden ausgesetzt.

(a) Wie auch schon bei den essentialistischen Theorien sieht es so aus, als wäre die Definition empirisch nicht adäquat. Wenn Malinowski die Funktion der Religion darin sieht, soziale Harmonie zu sichern und Gesellschaften zu stabilisieren, fragt sich, wie Religionskriege oder religiöser Terrorismus zu erklären sind. Gerade in der Gegenwart gibt es genügend Beispiele, die zeigen, dass Religion eben nicht nur Stabilität, sondern genau das Gegenteil bewirken kann. Man könnte entgegnen, dass Malinowskis Ansatz aus der Beobachtung indigener Völker hervorgegangen ist, in denen Religion und Kultur aufs Engste verflochten sind und in denen es so etwas wie die religiöse Pluralität der Moderne gar nicht gibt – aber dann heißt das nur, dass seine Theorie der Religion nicht generalisierbar (auf andere als die beobachteten Fälle anwendbar) ist. Sie wäre also gar keine echte Definition.

(b) Funktionalistische Theorien scheinen ein problematisches Harmonieideal vorauszusetzen, nach dem es das Ziel einer Kultur oder Gesellschaft ist, alle ihre Komponenten möglichst harmonisch in ein effektives Ganzes zu integrieren. Das mag für indigene Gesellschaften noch plausibel sein, aber für moderne Gesellschaften? Zumal man kritisch fragen muss, worin denn das effektive Funktionieren einer Gesellschaft besteht und was der Maßstab dafür sein soll, welche Kulturen gut funktionieren und welche nicht.

(c) Die funktionalistische Definition scheint zu weit zu sein: nicht nur Religionen, sondern auch viele andere Dinge können dazu dienen, einen Umgang mit der Kontingenz zu finden oder Gesellschaften zu stabilisieren, z.B. Nationen, Ideologien, Sport, Hobbies, Kunst, Familien, Vereine, das Fernsehen oder soziale Medien. Im Gegensatz zu den essentialistischen Ansätzen, die sich als nicht notwendig herausgestellt haben, sieht es so aus, als seien ihre funktionalistischen Konkurrenten nicht hinreichend – die Definition trifft auf mehr zu als nur auf Religionen.

(c) Religion ohne Definition

Beide Definitionsansätze führen also nicht zum Ziel. Aber ist das ein Problem? Können wir nicht trotzdem verstehen, was Religion ist, auch wenn wir keine exakte Definition angeben können? Ja – viele der Begriffe, die wir im Alltag verwenden, können ja auch nicht genau definiert werden: Jeder weiß, was Obst ist, aber gibt es eine Definition von „Obst"? In seinen *Philosophischen Untersuchungen* steht Ludwig Wittgenstein (1889-1951) vor einem ähnlichen Problem. Er versucht zu erklären, was Sprache ist, indem er den Begriff des Sprachspiels einführt. Ein fiktiver Kritiker wendet ein, dass man nicht einfach von Sprachspielen reden kann, ohne vorher zu klären, was ein Spiel ist: Wir brauchen ein gemeinsames Merkmal aller Spiele. Wittgenstein lehnt den Einwand ab, denn seiner Meinung nach gibt es ein solches Merkmal nicht:

> Sind sie alle ›unterhaltend‹? Vergleiche Schach mit dem Mühlfahren. Oder gibt es überall ein Gewinnen und Verlieren, oder eine Konkurrenz der Spielenden? Denk an die Patiencen. In den Ballspielen gibt es Gewinnen und Verlieren; aber wenn ein Kind den Ball an die Wand wirft und wieder auffängt, so ist dieser Zug verschwunden. Schau, welche Rolle Geschick und Glück spielen. Und wie verschieden ist Geschick im Schachspiel und Geschick im Tennisspiel. Denk nun an die Reigenspiele: Hier ist das Element der Unterhaltung, aber wie viele der anderen Charakterzüge sind verschwunden! Und so können wir durch die vielen, vielen anderen Gruppen von Spielen gehen. Ähnlichkeiten auftauchen und verschwinden sehen. (Wittgenstein 1984a: § 66)

Stattdessen gibt es zwischen den verschiedenen Formen von Spielen eine Familienähnlichkeit (wie Wittgenstein es nennt): nicht ein einzelnes, gemeinsames Merkmal, sondern eine ganze Reihe von mehr oder weniger großen Ähnlichkeiten in unterschiedlich starker Ausprägung. Spiele ähneln sich, wie auch die Mitglieder einer Familie sich in vielen Dinge ähnlich sein können (Haarfarbe, Gesichtsform, Charakter), ohne dass es ein Merkmal gibt, das bei allen vorkommt. Ein solcher Begriff ist unscharf. Er hat keine klaren Grenzen und lässt sich nicht exakt definieren, sondern nur durch Beispiele halbwegs eingrenzen. So erkläre ich ja auch, was Obst ist – nicht, indem ich eine Definition von Obst gebe, sondern indem ich Beispiele nenne: Äpfel, Erdbeeren, Ananas, Zitronen *und solche Sachen* sind Obst. Für den Religionsbegriff bedeutet das: Wir schauen uns einige Beispiele von Religionen an und finden dann die Ähnlichkeiten, die zwischen ihnen bestehen, um so schrittweise den Umfang unseres Begriffs einzuschränken. Sicher, der Begriff bleibt vage, so dass am Ende immer unklare Grenzfälle bestehen bleiben. Dann müssen wir akzeptieren, dass Fragen wie „Ist der Konfuzianismus eine Religion?" keine eindeutige Antwort haben, weil der Begriff selbst nicht präzise genug dafür ist. Aber das sollte uns nicht daran hindern, ihn sinnvoll anwenden zu können. Schließlich können wir auch gut verstehen, meint Wittgenstein, was mit „warte *hier* auf mich" gemeint ist, auch wenn wir nicht auf den Zentimeter genau angeben können, wo „hier" anfängt und wo es aufhört (Wittgenstein 1984a: § 71).

In diesem Sinne plädiert der Religionswissenschaftler Jacques Waardenburg (1930-2015) dafür, auf eine genaue Definition des Religionsbegriffs zu verzichten und den Begriff stattdessen als ein „offenes Konzept" zu betrachten (Waardenburg 1986: 33). Das bedeutet, bestimmte Elemente herauszustellen, die wir in den verschiedenen Religionen in unterschiedlichem Ausmaß wiederfinden, ohne eines davon für essentiell zu erklären. Je mehr dieser Merkmale vorhanden sind, und je stärker sie ausgeprägt sind, desto eher werden wir bereit sein, etwas als Religion zu bezeichnen. Waardenburg selbst nennt drei Hauptmerkmale: eine religiöse Deutung der Wirklichkeit, religiös gedeutete Erfahrungen und religiös gedeutete Normen. Der britische Religionswissenschaftler Ninian Smart (1927-2001) zählt sogar insgesamt sechs Dimensionen von Religion auf:[9]

---

9 Smart 1996.

die rituelle Dimension	die ethische Dimension
die mythologische Dimension	die soziale Dimension
die dogmatische Dimension	die Erfahrungs-Dimension

Religionen sind also komplexe, multidimensionale Phänomene, die sich nicht auf ein einzelnes Wesensmerkmal festlegen lassen. Stattdessen umfasst der Religionsbegriff eine Reihe von Elementen, deren relative Wichtigkeit nicht von vornherein feststeht. Ob wir eher den kognitiven Aspekt, d.h. die philosophischen Lehren und die Dogmatik einer Religion, oder ihren ethischen und rituellen Charakter betonen, hängt von unserem Vorverständnis und auch von unserem Forschungsinteresse ab. Die Frage, was wir eigentlich meinen, wenn wir von Religion sprechen, lässt sich also nur beantworten, indem wir Beispiele anführen, sagen, was uns an diesen Beispielen als besonders wichtig vorkommt und dann erklären: „Mit Religion meine ich ungefähr so etwas."

1.3 Religionsphilosophie

Was Religion ist, haben wir einigermaßen geklärt. Bleibt noch die Frage, was Religions*philosophie* ist. Was sind ihre Aufgaben, Ziele und Methoden? Religionsphilosophie ist nicht die einzige Wissenschaft, die sich mit Religion befasst. Auch Theologie und Religionswissenschaft gehören in diesen Bereich und müssen von Religionsphilosophie abgegrenzt werden. Religionswissenschaft ist der Oberbegriff für eine Reihe im weitesten Sinne empirischer und sozialwissenschaftlicher Disziplinen, die sich mit der Erforschung religiöser Phänomene beschäftigen, wie z.B. Religionspsychologie, -soziologie oder -geschichte. Entscheidend für die Religionswissenschaft ist, dass sie eine Außenperspektive auf die Religion einnimmt, sie also nicht von innen (ihrem eigenen Selbstverständnis nach) interpretiert, sondern aus einer Perspektive wissenschaftlicher Objektivität betrachtet. Die Religionswissenschaft erforscht, beschreibt und deutet religiöse Phänomene. Ob aber das, was in diesen Religionen geglaubt wird, wirklich wahr ist und wie sich das überhaupt begründen ließe, klammert sie aus. Das heißt nicht, dass die einzelne Religionswissenschaftlerin nicht *de facto* einer Religion angehören könnte, deren Glauben sie teilt. Es heißt nur, dass dieser persönliche Glaube nicht Bestandteil ihrer wissenschaftlichen Perspektive ist. Theologie hingegen hat die Aufgabe, eine bestimmte Religion aus ihrer eigenen Perspektive darzustellen, zu analysieren und systematisch zu entfalten. Theologie ist die wissenschaftliche Selbstreflexion einer Religion. Daher sollten wir den Begriff Theologie, auch wenn er wörtlich „Gotteswissenschaft" bedeutet, nicht auf theistische Religionen beschränken. Es gibt auch eine buddhistische Theologie, also eine Selbstinterpretation und -analyse des Buddhismus nach seinem Selbstverständnis. Im Gegensatz zur Religionswissenschaft verhält sich die Theologie zur Wahrheitsfrage nicht neutral. Für sie ist die Wahrheit der eigenen Religion (in irgendeinem Sinn) immer schon vorausgesetzt. Sie kann selbstverständlich eine kritische Distanz zu traditionellen Glaubenslehren einnehmen, aber sie muss den Standpunkt der eigenen Religion, von dem aus sie reflektiert, unbedingt voraussetzen. Die systematische Analyse und Reflexion des Christentums aus christlicher Perspektive ist christliche Theologie, aus einer objektiv-neutralen Perspektive ist sie Religionsgeschichte.

1.3 Religionsphilosophie

Zwischen diesen beiden steht die Religionsphilosophie. Mit der Religionswissenschaft teilt sie, dass sie die Außenperspektive einnimmt und sich keiner speziellen Religion verpflichtet fühlt. Sie analysiert und reflektiert das Phänomen Religion an sich und die Inhalte der einzelnen Religionen, ohne an eine von ihnen gebunden zu sein. Mit der Theologie teilt sie, dass sie der Wahrheitsfrage nicht neutral gegenübersteht. Religionsphilosophie ist intrinsisch daran interessiert, diese Frage zu beantworten (auch wenn sie weder Wahrheit noch Falschheit irgendeiner Religion voraussetzt). Sie hat daher zwei zentrale Aufgaben:

(a) Die Klärung religiöser *Begriffe*. Was ist Gott, was ist eine Seele, was ist *karma*, was ist *dào*? Fragen wie diese sind typisch für die Religionsphilosophie. Sie versucht, die Bedeutung der Begriffe, die sie in den religiösen Traditionen der Welt vorfindet, mit rationalen Methoden zu analysieren. Wichtig ist dabei, dass sie zwar von den Quellen und Ideen der jeweiligen Tradition ausgehen muss, ihr Ziel aber sein sollte, die Begriffe in eine unabhängig von dieser Tradition verstehbare Sprache zu übersetzen. Es ist z.b. wichtig, sich an die indische Philosophie selbst zu halten, wenn man verstehen möchte, was *brahman* ist, aber das Ergebnis der philosophischen Analyse sollte dann unabhängig vom Sanskrit und unabhängig vom hinduistischen Hintergrund für jeden rationalen Menschen verstehbar sein (zumindest, wenn man bereit ist, sich die Mühe zu machen). Das unterscheidet sie sowohl von theologischen als auch von religionswissenschaftlichen Ansätzen, die das Selbstverständnis der religiösen Begriffe artikulieren. Es ist also Religionsphilosophinnen und -philosophen durchaus erlaubt, die Begriffe einer Religion durch Konzepte zu interpretieren, die ihr fremd sind und erst durch die philosophische Untersuchung an sie herangetragen werden. Ein wichtiger Aspekt dieser ersten Aufgabe der Religionsphilosophie ist es daher, Theorien des richtigen Verständnisses religiöser Sprache und religiöser Erfahrungen zu entwickeln.

(b) Die *Begründung* religiöser Überzeugungen. Jede Religion hat bestimmte kognitive Inhalte, d.h. sie vertritt eine bestimmte Theorie der Wirklichkeit. Menschen, die dieser Religion anhängen, haben daher bestimmte religiöse Überzeugungen über die Wirklichkeit und die Dinge, die es in ihr gibt, etwa dass es einen Gott gibt, der die Welt geschaffen hat, dass Mohammed Gottes Prophet ist oder dass die Seele im Tod den alten Körper verlässt und reinkarniert wird. Manche dieser Überzeugungen werden explizit gemacht, z.B. im christlichen Credo oder in den Vier Edlen Wahrheiten des Buddhismus. Andere sind nur implizit erkennbar, etwa in Ritualen oder ethischen Geboten, so dass wir Personen diese Überzeugungen nur zuschreiben können, um ihr Verhalten zu interpretieren. So kann sich z.B. die Überzeugung, dass die Toten im Jenseits weiterleben, in der Praxis ausdrücken, ihnen alltägliche Dinge mit ins Grab zu geben. Aufgabe der Religionsphilosophie ist es, diese religiösen Überzeugungen auf ihre Wahrheit hin zu prüfen. Dazu müssen wir zuerst ihre Bedeutung verstehen, indem wir die Begriffe klären, die in ihnen auftauchen. Danach suchen wir nach Argumenten, die diese Überzeugungen bestätigen oder widerlegen können. Religionsphilosophie kann demnach in zwei Richtungen betrieben werden: apologetisch oder kritisch. Apologetische Religionsphilosophie verteidigt die Wahrheit bestimmter religiöser Überzeugungen, kritische Religionsphilosophie versucht sie zu widerlegen. Die rationale und kritische, aber engagierte, d.h. an der Wahrheit interessierte Prüfung der Argumente für und gegen bestimmte religiöse Überzeugungen ist das Kerngeschäft der Religionsphilosophie. Wie genau diese Prüfung aussieht, hängt natürlich davon ab, was Rationalität bedeutet. Daher ist es ebenfalls ein zentraler Bestandteil dieser zweiten Aufgabe, zu klären, was Rationalität (im Kontext der Religion, aber nicht nur dort) ist und welches Verhältnis Religion und Rationalität haben.

Quellen
Otto 1987: Kap. 1-7 behandelt hauptsächlich die Idee des Heiligen als Kern der Religion. In Schlieter 2010 finden sich ausgewählte Texte von der Antike bis zur Gegenwart. Zu vagen Begriffen und Familienähnlichkeiten siehe Wittgenstein 1984a: §§ 65-71.

Weiterführende Literatur
Religion und Religionswissenschaft allgemein: Markham 2001. Religionsbegriffe und Übersetzungsmöglichkeiten: Hock 2006: Kap. II; Stolz 2001: Kap. 1. Schlieter 2010: 9-28 und 246-268. Clarke/Byrne 1993.

Diskussionsfragen

- Ist Atheismus eine Religion?
- Welche Dimensionen von Religion zeigen sich im Fußball?
- Könnte noch etwas anderes als Wesen der Religion in Frage kommen als Gott oder das Heilige?

2 Religionskritik

> **Zusammenfassung**
>
> Religionskritische Argumente behaupten, dass mit Religion irgendetwas nicht stimmt. Es gibt vier Typen von Argumenten: (1) Unglaubwürdigkeit – Religion entsteht aus psychischen Ängsten, sozialen Umständen oder evolutionärem Druck und ist daher nicht glaubwürdig. (2) Irrationalität – Religion ist nicht vernünftig, weil wir nur glauben dürfen, was rational begründbar ist, und Religion ist es nicht. (3) Sinnlosigkeit – Religiöse Aussagen erfüllen nicht die elementaren Bedingungen dafür, überhaupt etwas Sinnvolles auszudrücken. Sie sind nicht einmal falsch, sondern nur bedeutungsloser Unsinn. (4) Schädlichkeit – Religionen sind die Quelle für unzählige Übel und Leiden zu sein, so dass es besser wäre, sie loszuwerden.

Glaubenszweifel und der Verdacht, dass mit dem religiösen Glauben irgendetwas nicht stimmt, sei es in theoretischer oder in praktischer Hinsicht, sind vermutlich so alt wie die Religion selbst. Im Lauf der Philosophiegeschichte haben sich eine Reihe teilweise sehr unterschiedliche Vorwürfe entwickelt, die man unter dem Oberbegriff „Religionskritik" zusammenfassen kann. Viele der religionsphilosophischen Theorien, die wir uns in den nächsten Kapiteln anschauen wollen, reagieren direkt oder indirekt auf diese kritischen Einwände, so dass es Sinn macht, sich am Anfang mit ihnen zu beschäftigen. Sie sind die Herausforderungen, die immer im Hintergrund stehen, und wir sollten den Erfolg von religiösen Pro-Argumenten daran messen, wie überzeugend sie mit diesen Kritiken umgehen können. Hier geht es zunächst einmal nicht um Formen der Religionskritik, die einfach nur die Wahrheit bestimmter Glaubensüberzeugungen bestreiten, z.B. wenn man behauptet, dass es keinen Gott gibt oder dass Christus nur ein Mensch wie jeder andere war. Solche Religionskritik ist zwangsläufig Kritik an einer konkreten Religion – den Buddhismus kümmern Einwände gegen den theistischen Gott nicht, der Islam wird nicht berührt durch eine Widerlegung der göttlichen Natur Christi. Argumente wie diese wollen wir daher erstmal ausklammern (siehe Kap. 13 für das wichtigste Argument gegen die Existenz Gottes). Uns interessieren Vorwürfe, die sich gegen Religion überhaupt richten, unabhängig von konkreten Inhalten. Könnte es sein, dass mit Religion *an sich* etwas nicht stimmt? Generell gibt es vier Typen von Argumenten, die das zeigen sollen: Religion ist (1) unglaubwürdig, (2) irrational, (3) sinnlos und (4) schädlich. Schauen wir uns diese Vorwürfe im Einzelnen an.

2.1 Religion ist unglaubwürdig

Die erste Kritik bezweifelt die Glaubwürdigkeit religiöser Überzeugungen, ohne direkt zu behaupten, dass sie falsch sind. Ein Beispiel: Ich lese von einer neuen Studie, die gezeigt hat, dass es keinen Zusammenhang zwischen Übergewicht und Herzerkrankungen gibt. Aber dann erfahre ich, dass diese Studie von der *McDonalds™ University of Applied Sciences*[10] durchgeführt wurde und bin sofort

---

10 Eine solche Institution existiert (noch) nicht.

geneigt, das Ergebnis nicht mehr zu glauben. Natürlich besteht kein Widerspruch zwischen der Aussage, dass es keinen Zusammenhang zwischen Übergewicht und Herzerkrankungen gibt, und der Tatsache, dass diese Aussage das Forschungsergebnis einer Fast-Food-Kette ist – es könnte, rein logisch gesehen, durchaus wahr sein. Das Problem ist vielmehr, dass ich gute Gründe habe, der Quelle zu misstrauen, selbst wenn ich nicht genug über Ernährungsmedizin weiß, um die Studie widerlegen zu können. Fast-Food-Ketten sind in diesen Fragen einfach keine glaubwürdigen Quellen. Ich kritisiere die Studie also nicht, indem ich mich inhaltlich mit ihr auseinandersetze und *Gründe* nenne, warum ich sie bezweifle, sondern indem ich die *Ursachen* benenne, die zu dieser Studie geführt haben. Das entsprechende religionskritische Argument funktioniert genauso: Religiöser Glaube entsteht durch verdächtige Mechanismen wie Angst, Wunschdenken oder Hilflosigkeit, denen wir nicht trauen sollten, wenn sie uns einmal bewusst geworden sind. Ob religiöse Überzeugungen wahr oder falsch sind, steht also gar nicht zur Debatte, denn sobald einmal eine Erklärung für ihre Entstehung gefunden ist, wenn also die Ursachen ihrer Existenz aufgedeckt worden sind, dann erübrigt sich die Frage nach den Gründen. Schauen wir uns drei exemplarische Erklärungen für die Entstehung von Religion an: Marx' soziale Theorie, Freuds psychologische Theorie und zeitgenössische evolutionäre Erklärungen.

(a) Marx

Eine klassische Erklärung der Entstehung religiösen Glaubens liefert Karl Marx (1818-1883). Marx geht davon aus, dass die Religion ganz und gar ein Produkt des Menschen, speziell seines Bewusstseins von sich selbst ist: *„Der Mensch macht die Religion*, die Religion macht nicht den Menschen. Und zwar ist die Religion das Selbstbewusstsein und das Selbstgefühl des Menschen [...]" (Marx/Engels 1976: 378). Religiöser Glaube ist nur eine Projektion der eigenen menschlichen Natur: Wer zu Gott aufblickt, sieht doch nur sich selbst, bloß idealisiert und ins Unendliche vergrößert. Aber der Mensch ist für Marx „kein abstraktes, außer der Welt hockendes Wesen" (ebd.), sondern eines, das immer in einen politischen und sozio-ökonomischen Kontext eingebunden ist und in einer bestimmten gesellschaftlichen Situation lebt. Religion ist deshalb keine Projektion der abstrakten, menschlichen Natur an sich und auch nicht der Wünsche und Vorstellungen einzelner Menschen, sondern eine Projektion der Gesellschaft. Religion ist das Produkt materieller und sozialer Rahmenbedingungen: das Sein bestimmt das Bewusstsein. Und da für Marx alle vorkommunistischen Gesellschaften Klassengesellschaften sind, können wir Religion nur verstehen, wenn wir ihre Rolle innerhalb des Systems der Klassengesellschaft erklären. Für Marx ist sie ein Instrument der herrschenden Klasse, das dazu dient, über das Elend der realen Verhältnisse hinwegzutrösten, ihm nachträglich Legitimität zu verleihen und die bestehenden Machtverhältnisse zu stützen. Dies tut sie, indem sie z.B. die ungerechten Besitzverhältnisse zum Willen Gottes verklärt oder schlechte Lebensbedingungen herunterspielt und im Gegenzug ein besseres Jenseits verspricht. Marx hält die Religion dennoch nicht für einen bewussten Betrug. Sie ergibt sich einfach als das Produkt einer bestimmten Gesellschaftsordnung, ohne dass jemand sie erfinden und für seine Zwecke missbrauchen müsste. Weder Priester noch Kapitalisten durchschauen, dass die Religion eigentlich ein Konstrukt ist, das nur dazu dient, eine Gesellschaftsordnung zu stützen, von der sie profitieren. Die religiöse Illusion hält die gesamte Gesellschaft gefangen. Erst mit dem Übergang zur sozialistischen und später kommunistischen Gesellschaft wird der Religion der Boden entzogen. Unter den veränderten materiellen und sozialen Bedingungen wird Religion als ein Produkt der Verhältnisse der Vergangenheit schlicht absterben.

(b) Freud

Auch für Sigmund Freud (1856-1939) ist Religion eine Illusion, doch anders als Marx sieht er ihren Ursprung nicht in der gesellschaftlichen Ordnung, sondern im Individuum. In seinem Essay *Die Zukunft einer Illusion* erklärt er Religion zum Ergebnis des naiven und letztlich erfolglosen Versuchs, unseren Wunsch nach bedingungsloser Sicherheit und Geborgenheit zu erfüllen. Am Anfang steht die beängstigende Erfahrung des kleinen Kindes, vollkommen schutzlos einer gefährlichen und feindseligen Welt ausgesetzt zu sein. Daraus entsteht der Wunsch nach Schutz und Sicherheit, und für Freud ist es der Vater, der dieses Bedürfnis erfüllt (von Müttern ist seltsamerweise nicht die Rede). Doch aus dem Kind wird irgendwann ein erwachsener Mensch, der feststellen muss, dass die Macht des Vaters nicht ausreicht, um vor allen Gefahren des Lebens sicher zu sein. Insbesondere die Erkenntnis der eigenen Sterblichkeit macht uns klar, dass es immer noch Gefahren gibt, vor denen uns niemand, auch nicht die Eltern, bewahren können. Aus dieser frustrierenden Einsicht entsteht nach Freud die religiöse Illusion: Das kindliche Vaterbild wird ins Unendliche überhöht, der begrenzte und schwache menschliche Vater wird umgewandelt in einen allmächtigen, himmlischen Vater, der uns ein für alle Mal aus den Gefahren des Lebens retten wird und der verspricht, in einem ewigen Leben nach dem Tod alle Leiden und Ungerechtigkeiten des irdischen Daseins wiedergutzumachen. „Eine großartige Erleichterung für die Einzelpsyche" (Freud 1974: 164) nennt Freud diese Illusion, denn sie befreit uns von der Last, mit der unerträglichen permanenten Angst ums Dasein klarkommen zu müssen. Doch eine Illusion zeigt nur die Realität, die wir uns wünschen, aber nicht die, in der wir leben. Religion ist daher so etwas wie eine kollektive Neurose: eine durch unsere unbewussten Wünsche verzerrte Wahrnehmung der Realität, die uns davor bewahrt, uns mit unseren Ängsten auseinandersetzen zu müssen. Freud erklärt zwar, dass er sich nicht zur Wahrheitsfrage äußern möchte – theoretisch wäre es durchaus möglich, dass unsere Illusionen sich letzten Endes als wahr erweisen (nur weil man paranoid ist, heißt das ja nicht, dass man *nicht* verfolgt wird). Dennoch, hat man einmal die psychologischen Wurzeln des Gottesglaubens erkannt, fällt es schwer, die Wahrheitsfrage noch ernst zu nehmen: „Es wäre ja schön, wenn es einen Gott gäbe als Weltenschöpfer und gütige Vorsehung, eine sittliche Weltordnung und ein jenseitiges Leben, aber es ist doch sehr auffällig, dass dies alles so ist, wie wir es uns wünschen müssen." (Freud 1974: 167) Religion ist zu schön, um wahr zu sein. Wie zum Erwachsenwerden die Einsicht gehört, dass die Eltern auch nur Menschen sind, mit allen Schwächen und Unzulänglichkeiten, so gehört zum Erwachsenwerden der Menschheit die Befreiung aus der kollektiven Neurose der Religion durch Einsicht in ihren illusionären Charakter.

2 Religionskritik

(c) Evolutionäre Erklärungen

Die dritte Art von Erklärungen basiert auf der im 19. Jahrhundert von Charles Darwin (1809-1882) entwickelten Evolutionstheorie. Ihr Grundgedanke ist, dass Lebewesen sich über Generationen hinweg verändern, um sich besser an ihre Umwelt anzupassen und damit ihre Überlebenschancen zu erhöhen. Dieser Prozess ist ziellos und ungesteuert: Durch zufällige Variationen entwickelt ein Lebewesen eine Eigenschaft, die seine Artgenossen nicht haben. Wenn diese Eigenschaft sich als nützlich herausstellt, wird es mit einer höheren Wahrscheinlichkeit Nachkommen haben, die diese Eigenschaft weitertragen, so dass sich über lange Zeiträume die Wesen mit dieser Eigenschaft gegenüber denen ohne sie durchsetzen werden. Solche Eigenschaften sind *adaptiv*: Sie stellen eine sinnvolle Anpassung an die Umweltbedingungen dar. Ein Eisbär z.B. ist durch sein weißes Fell im Schnee besser getarnt als ein Braunbär, so dass er erfolgreicher jagen kann und dadurch weniger Gefahr läuft zu verhungern. Daher werden sich in einem arktischen Umfeld auf lange Sicht weiße gegenüber braunen Bären durchsetzen. Doch nicht jede Anpassung ist automatisch sinnvoll. Manche Anpassungen waren früher einmal nützlich, sind es aber unter neuen Bedingungen nicht mehr: Dass der menschliche Körper Fettreserven anlegen kann, war in Zeiten knapper Nahrung eine sinnvolle Fähigkeit, heute ist es in den Überflussgesellschaften des Westens ein Gesundheitsproblem. Andere Eigenschaften sind selbst nicht adaptiv, sondern das Nebenprodukt einer sinnvollen Anpassung: Bauchnabel z.B. sind weitgehend nutzlos, entstehen aber als das unvermeidliche Nebenprodukt des Geburtsvorgangs. Für diese Eigenschaften hat sich der englische Ausdruck *spandrels* eingebürgert.[11]

Dementsprechend gibt es zwei Arten von evolutionären Erklärungen für Religion: (a) adaptive Erklärungen, nach denen Religionen nützliche Anpassungen sind, die eine Funktion für das Überleben des Individuums oder der Gruppe haben; oder (b) *spandrel*-Erklärungen, wonach Religionen Abfallprodukte eines an sich sinnvollen Mechanismus sind. In die erste Kategorie fallen mehrere Theorien, die die Hauptfunktion von Religionen darin sehen, den Zusammenhalt sozialer Gruppen zu sichern, indem sie auf das sogenannte Trittbrettfahrer-Problem reagieren. Eigentlich hat es für alle Beteiligten Vorteile, miteinander zusammenzuarbeiten: zu zweit ein Referat zu halten ist weniger Arbeit als es alleine zu tun. Noch besser ist es allerdings, zu zweit ein Referat zu halten, bei dem der andere die ganze Arbeit macht und am Ende trotzdem eine gute Note zu bekommen. Um sich vor solchen „Trittbrettfahrern" zu schützen, ist es für eine Gemeinschaft notwendig, Sanktionen in der Hand zu haben, die sicherstellen, dass die Regeln eingehalten werden. Im Alltag sind das Polizei, Justiz oder neugierige Nachbarn. Wo diese Instrumente nicht mehr greifen, springt laut der sogenannten *supernatural punishment theory* die Religion ein. Die Götter oder Geister kennen all unsere Handlungen und vielleicht auch unsere Gedanken und werden uns für Fehltritte bestrafen (in diesem Leben oder danach), so dass es keinen Anreiz mehr gibt, heimlich zu betrügen. Andere Theorien betrachten Religionen als aufwendige Signale, durch die wir unsere Gruppenzugehörigkeit ausdrücken können. Denn Menschen neigen dazu,

---

11 *Spandrels* bzw. Bogenzwickel sind in der Architektur die dreieckigen Flächen, die zwischen einem Bogen und dem rechteckigen Rahmen entstehen und oft für Malereien und andere Verzierungen genutzt werden.

Mitglieder ihrer eigenen Gemeinschaft bevorzugt zu behandeln. Um zu vermeiden, dass Hochstapler davon profitieren, indem sie ihre Zugehörigkeit zur Gruppe nur vortäuschen, müssen möglichst komplizierte „Mitgliedsausweise" erfunden werden, die sich nur schwer imitieren lassen. Für die *costly signaling theory* übernehmen Religionen durch aufwendige Rituale und spezielles Insider-Wissen diese Funktion und stabilisieren so menschliche Gruppen.

Die wichtigsten Vertreter der zweiten Kategorie sind Mem-Theorien (nicht *meme*) und die HADD-Theorie. Meme (ein vom britischen Evolutionstheoretiker Richard Dawkins (*1941) geprägter Begriff) sind mentale Inhalte oder Informationen, die ebenso wie die biologischen Gene einer Evolution unterliegen, z.B. Lieder, Sprichwörter oder Mythen. Meme können durch Kommunikation von Geist zu Geist übertragen werden und sich rasch vermehren (wenn sie gut an ihre Umgebung angepasst sind) oder verschwinden (wenn sie es nicht sind). Dabei hat ein Mem für seinen „Wirt" keinerlei evolutionären Vorteil. Ähnlich wie ein Virus nutzt es nur einen Träger, um sein eigenes Überleben zu sichern. Für Vertreter solcher Mem-Theorien wie Dawkins sind Religionen Meme, die für sie günstige Merkmale menschlichen Denkens ausnutzen (z.B. dass Kinder normalerweise die Ideen der Gesellschaft übernehmen, in der sie aufwachsen) und sich so weiterverbreiten. HADD-Theorien hingegen sehen Religionen als Nebenprodukt einer evolutionär eigentlich sinnvollen Fähigkeit des menschlichen Gehirns an, nämlich extrem sensibel für jede Form aktiver Handlungen zu sein (*hypersensitive agency detection device*). Bei überraschenden Ereignissen wie einem Rascheln im Busch oder einem sich bewegenden Schatten nehmen wir intuitiv an, dass sie von einem Lebewesen verursacht wurden – aus gutem Grund, denn das macht uns wachsamer gegenüber möglichen Bedrohungen. Dieselbe Fähigkeit bringt uns aber auch dazu, ansonsten unerklärliche Naturereignisse wie Gewitter oder Erdbeben dem bewussten Handeln unbekannter Akteure zuzuschreiben, also Geistern oder Göttern.

Alle diese Theorien haben ihre Defizite, und für praktisch alle lassen sich Gegenbeispiele finden. Die philosophisch interessante Frage lautet aber: Angenommen, eine dieser Erklärungen ist korrekt – was folgt dann? Denn wir haben es ja nicht nur mit sachlichen Beschreibungen der Entstehung von Religion zu tun, sondern mit einer darin enthaltenen Wertung – sonst wäre es schließlich keine Religions*kritik*. Ein naheliegender Schluss könnte lauten: Wenn Religionen einen natürlichen Ursprung haben, dann sind sie falsch. Faktisch ist das auch der Schluss, den die meisten oben genannten Philosophen gezogen haben (wenn sie nicht ohnehin schon davon überzeugt waren). Aber das ist ein Irrtum. Es ist schlichtweg nicht möglich, von der Entstehungsgeschichte einer Überzeugung auf ihre Wahrheit oder Falschheit zu schließen. Es doch zu tun würde bedeuten, einen *genetischen Fehlschluss* zu begehen. Zwischen der Wahrheit religiöser Überzeugungen und ihrem Ursprung besteht kein logischer Zusammenhang, weder in die eine noch in die andere Richtung. Wenn ich nach einem ominösen Traum zu der Überzeugung komme, dass meine Freundin mich betrügt, so ist das seltsam, aber es ist nicht ausgeschlossen, dass ich trotzdem Recht haben könnte. Und ebenso kann sich eine ausgezeichnete wissenschaftliche Theorie, die das Ergebnis sorgfältiger methodischer Datenerhebung und rationaler Analyse ist, als falsch herausstellen.

Wie wir zu einer Überzeugung gelangen, sagt nichts darüber aus, ob sie auch wahr ist. Allerdings ist das auch nicht das, worauf diese Argumente hinauswollen. Die Schlussfolgerung, die wir ziehen sollten, ist nicht, dass religiöse Überzeugen falsch sind, sondern dass sie unglaubwürdig sind, da sie aus keiner verlässlichen Quelle stammen. Bestimmte Quellen von Überzeugungen haben sich im Verlauf der Zeit als zuverlässiger herausgestellt als andere, weshalb es vernünftig ist, diesen Quellen (eigene Wahrnehmung, wissenschaftliche Forschung) erstmal zu vertrauen und andere für eher unglaubwürdig zu halten (Träume, Visionen von Schamanen, Donald Trumps Twitter). Quellen sind grundsätzlich dann glaubwürdig, wenn sie mit hoher Wahrscheinlichkeit wahre Überzeugungen produzieren. Unsere Sinneswahrnehmung ist beispielsweise ziemlich zuverlässig: Ich glaube, dass noch Bier im Kühlschrank ist, wenn ich welches gesehen habe. Meine Sinneswahrnehmung produziert also wahre Überzeugungen, denn wenn kein Bier im Kühlschrank zu sehen ist, werde ich auch nicht glauben, dass welches da ist. Wenn aber Marx, Freud und die anderen recht haben, dann gilt gerade das nicht für religiöse Überzeugungen. Die Mechanismen, die zur Entstehung von Religion führen, würden uns in jedem Fall dazu bringen, an die Existenz von Göttern, Geistern oder einer jenseitigen Welt zu glauben – *unabhängig* davon, ob es sie gibt oder nicht. Das wäre so, als würde ich immer Bierflaschen im Kühlschrank sehen, egal ob welche da sind oder nicht. Und in dieser Situation hätte ich guten Grund, meinen Sinnen nicht mehr zu trauen. Sollte sich also der Verdacht bestätigen, dass Religionen das Ergebnis unglaubwürdiger kognitiver Prozesse sind, täten wir gut daran, sie mit Skepsis zu betrachten.

2.2 Religion ist irrational

Ein weiterer Einwand lautet: Religion ist irrational. Sie verstößt gegen die Regeln der Vernunft, denn die Gründe, auf denen sie beruht, sind einfach nicht hinreichend. Diese Kritik basiert auf einer Position, die *Evidentialismus* genannt wird und zwei Thesen beinhaltet: (a) Überzeugungen sind genau dann rational, wenn es gute Gründe gibt, die für ihre Wahrheit sprechen; (b) wir sollten nur rationale Überzeugungen haben. Der britische Philosoph William K. Clifford (1845-1879) erläutert die evidentialistische Haltung in seinem Aufsatz *The ethics of belief* anhand einer Parabel: Ein Schiffseigner bereitet sein Schiff für eine lange Überfahrt vor. Das Schiff ist schon alt, wurde oft repariert und ist in keinem guten Zustand mehr, so dass ihm Zweifel kommen, ob es überhaupt seetüchtig ist. Sollte er es nicht besser reparieren lassen, auch wenn ihn das einiges an Geld kosten wird? Doch er schüttelt seine nagenden Zweifel ab und sagt sich: „Das Schiff ist schon so oft heil angekommen, da wird doch auch diesmal alles gut gehen!" Überzeugt davon, dass es seetüchtig ist, schickt er es los – und streicht das Geld seiner Versicherung ein, als es am Ende doch untergeht. Was sollen wir über diesen Mann sagen, fragt Clifford. Ohne Zweifel, dass er schuld ist am Untergang des Schiffs. Auch wenn er felsenfest davon überzeugt war, dass es seetüchtig ist, hatte er doch kein *Recht*, das zu glauben. Seine Überzeugung beruhte ja nicht auf einer gründlichen Prüfung der Fakten, sondern auf Wunschdenken. Wir sind aber nur dann berechtigt, etwas zu glauben, so Clifford, wenn wir über hinreichend *evidence* verfügen, d.h. Gründe, die für die Wahrheit dessen sprechen, was wir glauben.

2.2 Religion ist irrational

Im Deutschen gibt es kein Wort, das genau dem englischen *evidence* entspricht.[12] Grundsätzlich ist *evidence* alles, was für etwas spricht. Dass beispielsweise der Gärtner für den Zeitpunkt des Mordes kein Alibi hat und in der Nähe des Tatorts gesehen wurde, ist *evidence*, dass er der Täter ist, denn wenn er der Täter wäre, sollten wir genau das auch erwarten. Das fundamentale Prinzip des Evidentialismus lautet also: „Es ist immer, überall und für jeden falsch, irgendetwas ohne hinreichende Gründe (*evidence*) zu glauben." (Clifford 2011: 186)

Dabei ist es egal, ob wir tatsächlich anderen durch unser irrationales Denken schaden. Schon wenn wir glauben, was uns gefällt, und nicht, was wir vernünftigerweise glauben sollten, machen wir uns schuldig. Wäre das Schiff nicht untergegangen, wäre der Schiffseigner nicht unschuldig, sondern bloß nicht erwischt worden. Dass wir dem Prinzip des Evidentialismus folgen und nichts ohne zureichende Gründe glauben sollten, ist für Clifford und andere wie den britischen Philosophen Bertrand Russell (1872-1970) eine Frage des Anstands und der Aufrichtigkeit. Wir sollten das Gute tun, weil es gut ist, und wir sollten vernünftig sein, weil es vernünftig ist. Die Konsequenz für beide ist, dass wir kein Recht haben, zu glauben, dass irgendwelche religiösen Überzeugungen wahr sind. Denn für die entscheidenden Behauptungen aller Religionen, sei es die Existenz von Göttern, sei es die Unsterblichkeit der Seele, fehlt es an hinreichenden Gründen. Russell erklärt sogar, dass gerade diese Unbegründbarkeit das Wesensmerkmal religiösen Glaubens ist, was ihn unvereinbar mit dem Ideal der Rationalität macht:

> Wir können „Glaube" (*faith*) als eine feste Überzeugung von etwas definieren, für das wir keine Gründe (*evidence*) haben. Wer Gründe hat, spricht nicht von „Glaube". Wir sagen nicht, dass wir daran glauben, dass zwei und zwei vier sind oder dass die Erde rund ist. Wir sprechen nur dann von Glauben, wenn wir Gründe durch Gefühle ersetzen möchten. (Russell 1954: 215)

Wenn wir keine überzeugenden Gründe für religiösen Glauben haben, welche Haltung sollten wir dann dazu einnehmen? Der britische Philosoph Antony Flew (1923-2010) argumentiert in seinem Essay *The presumption of atheism*, dass ein negativer Atheismus die einzig sinnvolle Konsequenz ist. Damit meint Flew nicht den Glauben, dass es keinen Gott gibt (das wäre ein positiver Atheismus, der die These, dass es Gott gibt, ablehnt), sondern dass wir überhaupt keinen irgendwie gearteten Glauben in dieser Hinsicht haben sollten. Negativer Atheismus hieße, keinen Begriff von einem Gott und auch keine diesbezüglichen Überzeugungen zu haben, weder dass es ihn gibt noch dass es ihn nicht gibt. Die Frage nach der Existenz Gottes ist für eine negative Atheistin einfach kein Thema. Sie enthält sich nicht der Meinung, sie hat keine. Vermutlich haben Sie auch keine ausgeprägte Meinung darüber, ob die Außerirdischen im Alpha Centauri-System Zweibeiner sind oder nicht. Erst, wenn Evidenzen vorliegen, dass es solche Außerirdischen überhaupt gibt, macht es Sinn, an die Zweibeinigkeit zu glauben oder sie abzulehnen (je nachdem, wie man die Evidenzen einschätzt). Ebenso sollte es der

---

12 Daher hat es sich eingebürgert, die etwas schräge Nicht-Übersetzung „Evidenzen" zu benutzen.

Standardfall sein, keinerlei religiöse (oder antireligiöse) Überzeugungen zu haben, solange es nicht Gründe gibt, sie anzunehmen. Die Bedeutung dieser *presumption of atheism* liegt in der Neuverteilung der Beweislast, vergleichbar der Unschuldsvermutung vor Gericht. Dieses Prinzip besagt, dass jede und jeder unschuldig ist bis zum Beweis des Gegenteils. Es ist Aufgabe dessen, der eine Anklage erhebt, auch zu beweisen, dass sie zutrifft. Nicht die Angeklagte muss beweisen, dass sie unschuldig ist, sondern der Ankläger, dass sie es nicht ist. Analog dazu folgt für Flew aus der *presumption of atheism*, dass die Verteidiger der Religion in der Pflicht stehen, ihren Glauben zu begründen, wenn sie an etwas glauben wollen. Man kann nicht einfach an etwas glauben, sich dann zurücklehnen und sagen: „Zeig mir doch, dass es *nicht* so ist." Nimmt man den evidentialistischen Imperativ ernst, darf man erst dann glauben, wenn man diesen Glauben auch begründen kann. Die Aufgabe, das nachzuweisen, liegt aber bei denen, die glauben, nicht bei denen, die nicht glauben.

Der Evidentialismus ist ein Prinzip, das sich im Alltag und der Wissenschaft sehr gut bewährt hat und das wir in vielen Fällen ohne Nachdenken akzeptieren. Mit gutem Recht halten wir Menschen, die die Tatsachen ignorieren und sich irgendwelche alternativen Fakten herbeifantasieren, für irrational und gefährlich. Warum sollten wir diesen Maßstab nicht auch an Religionen anlegen? Es gibt zwei Möglichkeiten, auf die evidentialistische Herausforderung zu reagieren: sie annehmen oder zurückweisen. Wer die Herausforderung annimmt, hat mit dem Evidentialismus an sich kein Problem, nur mit der Einschätzung der Evidenzen: Ja, wir dürfen nur das glauben, wofür es gute Gründe gibt, aber es *gibt* eben gute Gründe für viele religiöse Überzeugungen. Diese Gründe zu finden, ist eine mühsame Detailarbeit, denn für jede Überzeugung jeder Religion müssen die Gründe einzeln geprüft werden. Ein klassisches Beispiel dafür ist die philosophische Debatte über Argumente für und gegen die Existenz Gottes, wie sie im Islam, Christentum und Judentum seit Jahrhunderten intensiv geführt wird (wir werden uns einige dieser Argumente in Kapitel 10-13 ansehen). Viele in dieser Debatte haben genau wie Clifford und Russell am Evidentialismus selbst nichts auszusetzen, würden aber vehement bestreiten, dass religiöser Glaube irrational ist, gerade weil wir gute Argumente haben.

Die Alternative besteht darin, den Evidentialismus selbst abzulehnen. Clifford sagt zwar, dass wir nichts ohne *hinreichende* Gründe glauben sollten. Aber wieviel *evidence* ist genug? Reicht es, wenn ich das Gefühl habe, die Gründe seien hinreichend? Aber andere könnten kritischer sein als ich. Oder gibt es ein objektives Mindestmaß, das erreicht werden muss? Aber wie lässt sich überhaupt das Gewicht von Gründen messen? Und was zählt eigentlich als *evidence*? Wenn wir uns fragen, ob der Klimawandel real ist, gelten wissenschaftliche Forschungen normalerweise als Evidenzen, YouTube-Videos hingegen eher nicht. Aber nach welchem Maßstab? Die Anforderungen dafür, was wir als Beweismaterial zulassen, variieren je nach Themengebiet, auch bei religiösem Glauben. Sollten wir Visionen, in tiefer Meditation gefundene Einsichten oder Wunderberichte mit einbeziehen oder können solche Dinge von vornherein keine Rolle spielen?

Aber diese eher technischen Probleme, könnte man erwidern, sind wahrscheinlich prinzipiell lösbar. Doch es gibt einen weiteren, fundamentaleren Einwand gegen den Evidentialismus. Woher wissen wir z.B., dass alle Materie aus Atomen zusammengesetzt ist? Wahrscheinlich aus dem Physikunterricht. Die wenigsten von uns dürften sich selbst durch ein Experiment davon überzeugt haben, dass es Atome wirklich gibt. Aber woher wissen wir, dass wir unserer Physiklehrerin trauen können? Vermutlich, weil wir das, was sie sagt, durch unabhängige Quellen überprüfen können, indem wir in einem Buch oder bei Wikipedia nachlesen. Und woher wissen wir, dass wir diesen Quellen trauen können...? Wittgenstein sagt zu diesem Problem in *Über Gewissheit*:

> Was in Lehrbüchern, der Geographie z.B. steht, halte ich im Allgemeinen für wahr. Warum? Ich sage: Alle diese Fakten sind hundertmal bestätigt worden. Aber wie weiß ich das? Was ist meine Evidenz dafür? Ich habe ein Weltbild. Ist es wahr oder falsch? Es ist vor allem das Substrat alles meines Forschens und Behauptens. Die Sätze, die es beschreiben, unterliegen nicht alle gleichermaßen der Prüfung. (Wittgenstein 1984b: § 162)

Gründe können bezweifelt werden und müssen dann selbst wieder begründet werden. Aber dieses Spiel kann nicht in alle Ewigkeit weitergehen. Unsere Suche nach Gründen muss irgendwann einmal ein Ende finden bei Sätzen, die wir ohne weitere Begründung akzeptieren, denn sonst könnten wir niemals irgendetwas als begründet akzeptieren. Was der Evidentialismus verlangt, ist praktisch nicht möglich – wir können gar nicht alles begründen, was wir glauben. Das wird klar, wenn wir versuchen, Flews *presumption of atheism* auf andere Gebiete auszuweiten. Wissen Sie z.B. mit Sicherheit, dass andere Menschen ebenso ein Bewusstsein haben wie Sie? Könnte es nicht sein, dass alle anderen in Wirklichkeit metaphysische Zombies sind, die sich zwar verhalten, als hätten sie Gedanken und Gefühle, aber in Wirklichkeit nur auf äußere Reize reagieren – wie ein Bewegungsmelder, nur komplizierter? Es gibt keine Argumente, die das sicher ausschließen. Andere Menschen sagen, sie hätten Gefühle? Das könnte auch ein gut programmierter Roboter. Sie lachen, wenn sie fröhlich sind? Wir sehen nur, dass sie lachen – dass sie fröhlich sind, ist eine bloße Vermutung, denn ich kann die Fröhlichkeit der anderen nie selbst empfinden. Würde man den Evidentialismus ernst nehmen, müsste man mit Flew eine *presumption of solipsism* fordern – wir sollten davon ausgehen, dass andere Menschen kein Bewusstsein haben bis zum Beweis des Gegenteils. Aber das ist nicht nur in praktischer Hinsicht unmöglich (denn niemand kann so leben), sondern auch in theoretischer. Wenn ich etwas begründe, dann führe ich das, was ich begründen will, auf etwas Anderes zurück, das seine Wahrheit garantiert oder zumindest wahrscheinlich macht. Wenn ich begründen will, warum ich glaube, dass Materie aus Atomen besteht, kann ich sagen: „Weil es so im Physikbuch steht." Aber dann muss auch die Begründung begründet werden, sonst dürfte ich sie ja auch nicht glauben. Und die Begründung der Begründung muss auch begründet werden... Will man nicht in einen infiniten Regress geraten, muss man irgendetwas einfach voraussetzen, das die Basis aller weiteren Begründungen darstellt. Wittgenstein nennt das unser Weltbild. Nur, wenn die impliziten Selbstverständlichkeiten des Weltbilds vorausgesetzt sind, können Begründungen überhaupt funktionieren: dass andere Menschen auch ein Bewusstsein haben, dass die Natur bestimmten Gesetzen folgt, dass die Außenwelt real ist und keine bloße Einbildung... Dass das so ist, müssen wir nicht erst noch beweisen, bevor wir etwas Anderes begründen können. Das heißt natürlich nicht, dass man gar keine Überzeugungen mehr begründen muss – nur wenige, fundamentale Überzeugungen haben diesen besonderen Status.[13] Aber wenn es Überzeugungen gibt, die wir weder begründen können noch müssen, warum sollte das dann nicht auch auf religiöse Überzeugungen zutreffen? Es sollte zumindest die offene Frage erlaubt sein, unter welchen Bedingungen wir Sätze ohne Begründung akzeptieren dürfen, ohne dabei irrational zu sein (mehr dazu in Kap. 3).

2.3 Religion ist sinnlos

Die nächste Form der Religionskritik, die wir uns anschauen wollen, stammt aus der sprachanalytischen Philosophie des 20. Jahrhunderts. Ihr Vorwurf lautet, dass Religion sinnlos ist. Damit ist nicht gemeint, dass Religion überflüssig ist, sondern dass religiöse Überzeugungen keinen Sinn haben, den man verstehen könnte. Obwohl es so aussieht, als wären Sätze wie: „Nach dem Tod wandert die Seele in den Hades" Aussagen wie jede andere, haben sie in Wahrheit keine *Bedeutung*. Bedeutungen sind die Inhalte sprachlicher Äußerungen (vgl. Kap. 6.1). Sie sind das, was ausgedrückt wird und was gleich bleibt, wenn ich die Äußerung in eine andere Sprache übersetze. Die Bedeutung von „gestern hat es in München geregnet" ist einfach, dass es gestern in München geregnet hat, und es ist die gleiche Bedeutung, die auch „yesterday, it rained in Munich" hat. Weil sie eine Bedeutung haben, können Sätze wahr oder falsch sein, denn sie sagen etwas über die Realität aus, was der Fall sein kann oder auch nicht. Umgekehrt haben auch nur Äußerungen, die wahr oder falsch sein können, eine Bedeutung. Man spricht genauer auch von *kognitiver* Bedeutung oder vom propositionalen Gehalt (eine Proposition ist, grob gesagt, der Inhalt eines Satzes). Das ist wichtig, denn natürlich kann eine Äußerung noch mehr bedeuten als nur ihre kognitive Bedeutung (wenn meine Tochter mir sagt: „Da gibt es Eis", dann bedeutet das nicht *nur*, dass es da Eis gibt), und auch andere Dinge können etwas bedeuten: Applaus bedeutet Zustimmung, aber Applaus hat keine kognitive Bedeutung. Erkennbar ist das daran, dass Applaus nicht wahrheitsfähig ist. Ich kann fragen: „ist es wahr, dass es gestern in München geregnet hat?", aber ich kann nicht fragen: „ist es wahr, dass [Applaus]?" Aber wie entscheide ich, ob etwas eine kognitive Bedeutung hat oder nicht?

(a) Verifikation

Vertreter des Logischen Empirismus wie der deutsche Philosoph Rudolf Carnap (1891-1970) oder sein britischer Kollege Alfred Ayer (1910-1989) gingen davon aus, dass die Bedeutung eines Satzes die Methode seiner Verifikation ist, d.h. ich

---

13 Es gibt eine umfangreiche Debatte in der Erkenntnistheorie über die Frage, ob Begründungen tatsächlich irgendwo enden müssen (und wenn ja, wo?) oder ob es vielleicht gar keine fundamentalen Überzeugungen gibt, sondern alles prinzipiell durch anderes begründbar sein muss. Zum Einstieg siehe Ernst 2016: 84-93. Siehe auch Kap. 3.2.

weiß, was ein Satz bedeutet, wenn ich weiß, wie ich feststellen würde, dass er wahr ist. Daraus ergibt sich das sogenannte empiristische Sinnkriterium: Ein Satz hat genau dann eine Bedeutung, wenn er entweder (1) rein formal, also analytisch oder selbstwidersprüchlich ist (wie die Sätze der Logik und Mathematik); oder, wenn er (2) prinzipiell durch empirische Beobachtungen verifizierbar ist (wie die Sätze der Naturwissenschaft). Sätze, die das Kriterium erfüllen, sind *Aussagen*: sie sagen etwas aus, denn sie machen eine überprüfbare Behauptung darüber, was in der Welt der Fall ist oder nicht. Äußerungen hingegen, die keines der beiden Kriterien erfüllen, sind in Wirklichkeit gar keine Aussagen, sondern nur Scheinaussagen. Ähnlich wie die Verse in Christian Morgensterns Nonsens-Gedicht „Der Flügelflagel gaustert durchs Wiruwaruwolz" sehen sie zwar aus wie echte Sätze, sind aber in Wirklichkeit nur sinnlose Lautgebilde. Für Carnap und Ayer gehören religiöse Äußerungen in diese Kategorie. Fragen wie „Ist die Seele unsterblich?" sind keine echten Fragen, sondern Scheinfragen, auf die es keine Antwort geben kann. Wenn jemand fragt, wer denn dieser Otto Normalverbraucher ist, von dem man immer liest, und wo er wohnt, dann gibt es keine Antwort auf diese Frage. Das Einzige, was wir tun können, ist, ihm zu erklären, dass er den Begriff „Otto Normalverbraucher" missverstanden hat, damit er einsieht, dass die Frage unsinnig ist. Genauso müssen sich religiöse Fragen auflösen, sobald wir eingesehen haben, dass sie nur auf einem Missverständnis der Sprache beruhen.

Für Carnap können religiöse Äußerungen auf zwei Arten gegen die Logik der Sprache verstoßen, die beide mit der Bedeutung der Ausdrücke zu tun haben, die in ihnen vorkommen. Diese Ausdrücke können entweder falsch gebraucht werden, so dass sie gegen die Regeln der Syntax oder Semantik der Sprache verstoßen. Das ist z.B. der Fall, wenn wir ein Wort wie „das Sein" bilden – „sein" kann nur als Prädikat („1 und 1 *ist* 2") oder als Kopula („Das *ist* schön") gebraucht werden, aber nicht als Substantiv. Wenn ich dieses Wort durch Hinzufügen des Artikels substantiviere, mache ich keine bedeutende metaphysische Entdeckung, sondern lasse mich nur von der Sprache in die Irre führen. Ein anderes Beispiel: „Ich habe den Mut verloren" – hier sieht es so aus, als sei der Mut ein Ding, das man verlieren kann wie einen Regenschirm. Wer jetzt fragt, wo der Mut denn ist und ob man ihn da vielleicht suchen soll, hat die Semantik des Ausdrucks „den Mut verlieren" missverstanden. Die zweite Möglichkeit besteht in dem noch gravierenderen Fehler, ein Wort ohne jede Bedeutung zu gebrauchen. Ein Wort erhält für Carnap erst dadurch Bedeutung, dass es in einem Satz vorkommt, der selbst bedeutungsvoll, d.h. empirisch verifizierbar ist. Einen Satz zu verifizieren heißt, bestimmte Erfahrungen anführen zu können, die bestätigen, dass der Satz wahr ist, und gerade das ist für religiöse Ausdrücke wie „Gott" nicht möglich. Denn wenn ich behaupte, dass irgendetwas existiert, z.B., dass es auf einer Insel im Pazifik Einhörner gibt, dann muss es einen Weg geben, das gesuchte Objekt irgendwo in Raum und Zeit zu lokalisieren, so dass ich mich dorthin begeben kann, um anhand eigener Wahrnehmungen zu überprüfen, ob es tatsächlich existiert. Als die Menschen (vielleicht) noch glaubten, dass die Götter auf dem Olymp wohnen, mag eine solche Verifikation theoretisch möglich gewesen sein. Wenn man aber von einem transzendenten, unkörperlichen Gott ausgeht, der jenseits der Welt existiert, ist sie prinzipiell unmöglich. So, wie der Begriff konstruiert ist, schließt er von vornherein jede Möglichkeit der Verifikation aus. Scheinbare Aussagen über Gott sind damit notwendigerweise sinnlos.

Der Vorwurf der Sinnlosigkeit darf nicht mit Atheismus oder Agnostizismus verwechselt werden, denn diese Positionen gehen ja auch von der Voraussetzung aus, dass religiöse Sätze grundsätzlich wahr oder falsch sein können. Sie sagen bloß, dass sie *de facto* nicht wahr sind (oder dass wir das nicht wissen können). Für Carnap und Ayer hingegen sind religiöse Sätze nicht einmal falsch, denn falsch zu sein würde voraussetzen, dass es überhaupt einen propositionalen Gehalt gibt, der wahr oder falsch sein könnte. Aber da sie nicht einmal die elementare Voraussetzung dafür erfüllen, wahr oder falsch zu sein, sind sie weder das eine noch das andere, sondern bloß Unsinn (Ayer 1946: 120 f.).

Wie kann man auf den Vorwurf der Sinnlosigkeit reagieren? Eine Option bestünde darin, das Sinnkriterium zwar anzuerkennen, aber darauf zu beharren, dass es gerade nicht die kognitive Bedeutung ist, auf die es ankommt (der Weg des Nonkognitivismus, siehe dazu Kap. 6.1). Alternativ könnte man das Sinnkriterium akzeptieren, aber behaupten, dass religiöse Aussagen eben doch verifizierbar sind – nur nicht jetzt. Religionen machen verifizierbare Aussagen, nur beziehen sich diese Aussagen auf Ereignisse wie ein Weiterleben nach dem Tod oder das Kommen eines Reichs Gottes, die aktuell noch nicht verifizierbar sind. Das bedeutet aber nicht, dass sie nicht irgendwann einmal verifizierbar sein werden. Wenn zwei Wanderer sich uneinig sind, ob der Weg, den sie gehen, zu Dorf A oder Dorf B führt, mag es während der Wanderung nicht möglich sein, eine der beiden Aussagen zu verifizieren. Doch wenn sie ankommen, entscheidet sich, wer recht hatte. Allerdings garantiert diese spezielle religiöse Verifikation keine *prinzipielle* Verifizierbarkeit, denn sie funktioniert nur halb: religiöse Aussagen sind verifizierbar, wenn sie wahr sind, aber nicht falsifizierbar, wenn sie falsch sind. Die Methode setzt die Wahrheit bestimmter religiöser Überzeugungen bereits voraus – aber das ist gerade das, was grundsätzlich in Frage steht. Und selbst wenn eine solche „eschatologische" Verifikation prinzipiell vorstellbar ist, was soll sie uns hier und jetzt nützen? Für uns sind die Aussagen der Religionen in diesem Leben ja immer noch nicht verifizierbar. Falls sie einen Sinn haben, dann wissen wir nicht, welchen.

Die letzte und vielversprechendste Option besteht darin, das empiristische Sinnkriterium zurückzuweisen: es ist eben nicht so, dass Sätze nur dann eine Bedeutung haben, wenn sie empirisch verifizierbar sind. Bereits der deutsch-britische Philosoph Karl Popper (1902-1994) hatte kritisiert, dass ein strenger Verifikationismus auch sämtliche Aussagen über Naturgesetze für sinnlos erklären müsste (Popper 1935: 9). Denn eine Aussage wie „Aluminium ist nicht magnetisch" kann gar nicht abschließend verifiziert werden – dazu müsste ich ja jedes Stück Aluminium im Universum untersuchen und prüfen, ob es magnetisch ist. Trotzdem ist der Satz nicht sinnlos. Carnap reagierte, indem er das verifikationistische Kriterium abschwächte: Sinnvolle Aussagen müssen sich nur bestätigen, aber nicht verifizieren lassen (d.h. ich muss etwas angeben können, das für ihre Wahrheit sprechen würde, auch wenn die Aussage nicht endgültig dadurch verifiziert wird). Das löst natürlich das Problem, nimmt aber dem Konzept seine religionskritische Spitze.

Denn dass es Dinge gibt, die z.B. für die Existenz Gottes oder ein Leben nach dem Tod sprechen, auch wenn sich beides nicht definitiv beweisen lässt, würden religiöse Menschen ja ohne weiteres akzeptieren können. Ein weiterer Einwand gegen das empiristische Sinnkriterium ist, dass es seinen eigenen Anforderungen nicht genügt. Das Prinzip behauptet ja, dass nur formale (bzw. analytische) und empirisch verifizierbare Sätze eine Bedeutung haben, ist aber selbst weder ein analytischer Satz noch empirisch verifizierbar. Wenn das empiristische Sinnkriterium wahr ist, ist es sinnlos. Carnap erwidert darauf mit dem Verweis auf das Toleranzprinzip in der Syntax: „Wir wollen nicht Verbote aufstellen, sondern Festsetzungen treffen. [...] In der Logik gibt es keine Moral." (Carnap 1968: 44f.) Das empiristische Sinnkriterium wäre dann nur eine Empfehlung, wie sich Bedeutung bestimmen lässt und müsste nicht zwangsläufig auf sich selbst anwendbar sein. Aber damit ist natürlich der Weg frei für eine alternative, nicht mehr verifikationistische Bedeutungstheorie der religiösen Sprache. Wenn sich das Sinnkriterium nicht in seiner ursprünglichen Form aufrechterhalten lässt, dann verliert auch der empiristische Sinnlosigkeitsvorwurf seine Kraft.

(b) Falsifikation

Popper lehnte den Verifikationismus ab und vertrat stattdessen ein Falsifikationsprinzip. Eine Hypothese ist genau dann wissenschaftlich sinnvoll, wenn sie falsifizierbar ist, d.h. wenn ich angeben kann, unter welchen Bedingungen sie sich als falsch erweisen würde. Im Gegensatz zur Verifikation, die ja niemals endgültig abgeschlossen werden kann, ist Falsifikation eine simple Sache: ein einziges Gegenbeispiel genügt. Popper selbst verstand Falsifikation nicht als Kriterium der Sinnhaftigkeit, sondern nur als Abgrenzung zwischen wissenschaftlichen und nicht-wissenschaftlichen Sätzen. Trotzdem steht genau dieses Prinzip im Zentrum der zweiten Variante des Sinnlosigkeitsvorwurfs, die in den 1950er Jahren von Antony Flew erhoben wurde. Flew argumentiert, dass eine Überzeugung, die sich niemals als falsch erweisen kann, keinen kognitiven Sinn mehr hat. Er illustriert sein Argument mit einer berühmt gewordenen Parabel (Flew/MacIntyre 1955: 96-99): Zwei Forscher stoßen auf eine mit Blumen bewachsene Lichtung in einem Dschungel. Einer von beiden ist überzeugt, dass es einen Gärtner geben muss, der sich um das Stück Land kümmert, der andere bezweifelt es. Beide versuchen ohne Erfolg, den Gärtner zu beobachten: Sie halten Ausschau, umzäunen den Garten mit Stacheldraht und stellen Wachhunde auf, aber nichts deutet auf die Existenz eines Gärtners hin. Mit dem Scheitern jedes Versuchs, den Gärtner zu finden, modifiziert der Gläubige seine Behauptung weiter: Der Gärtner sei eben unsichtbar, unkörperlich... Wie aber, fragt Flew, unterscheidet sich ein solcher Gärtner noch von gar keinem Gärtner? Eine Behauptung, die niemals falsifiziert werden kann, ist genauso gut wie gar keine Behauptung. Gläubige aber sind selbst angesichts schrecklichen und unverschuldeten Leidens nicht bereit, eine Überzeugung wie „Gott liebt uns" aufzugeben, so dass Flew rhetorisch fragt: „Was müsste passieren oder passiert sein, um für dich einen Beweis gegen die Liebe oder Existenz Gottes darzustellen?" (Flew/MacIntyre 1955: 99.)

Richard Hare (1919-2002) antwortet auf Flews Herausforderung mit einer eigenen Parabel (Flew/MacIntyre 1955: 99-103): Ein Student ist überzeugt davon, dass seine Dozenten ihm nach dem Leben trachten. Seine Kommilitonen zeigen ihm die freundlichsten und nettesten Dozenten, die sie finden können, doch er ist nicht von seiner Meinung abzubringen und hält ihre Freundlichkeit nur für einen heimtückischen Trick, um ihn zu täuschen. Keine Beobachtung kann ihn von seiner Meinung abbringen. Nach Flews Falsifikationskriterium ist sie also kognitiv sinnlos. Doch es gibt einen offensichtlichen Unterschied zwischen dem Studenten und einem normalen Menschen: Der eine ist paranoid, der andere nicht. Für Hare liegt dieser Unterschied zwischen beiden in ihrem *blik*. Mit diesem Kunstwort meint Hare unsere Perspektive auf die Welt, die keine Behauptung über Tatsachen ist, sondern die Grundlage für solche Behauptungen. Wenn ich denke, dass die Natur nach bestimmten Gesetzen funktioniert, wäre das beispielsweise ein naturwissenschaftlicher *blik*. Der *blik* selbst ist nicht falsifizierbar, denn ich kann jede Beobachtung so anpassen, dass sie zum *blik* passt. Mein *blik* entscheidet daher, was als Erklärung akzeptabel ist und was nicht, indem er festlegt, was ich überhaupt als Falsifikation gelten lasse. Sätze, die unsere *bliks* ausdrücken, sind demnach auch nicht wahr oder falsch, sondern legen erst die Bedingungen für Wahrheit und Falschheit fest. Dass sie nicht falsifizierbar sind, macht sie also nicht bedeutungslos.

Auch Basil Mitchell (1917-2011) erzählt in einer zweiten Replik eine Parabel (in Flew/MacIntyre 1955: 103-105): Während eines Krieges trifft ein Partisan im besetzten Land auf einen Fremden, der sich als Anführer des Widerstands ausgibt. Der Partisan vertraut dem Fremden und ist überzeugt, dass er die Wahrheit sagt, selbst als er beobachtet, wie der Fremde in der Uniform des Feindes seine Kameraden an die Besatzer ausliefert. Der Partisan weiß natürlich, dass dies gegen seinen Glauben an den Fremden spricht, aber sein Vertrauen ist stärker als diese Gegengründe. Man kann angesichts von Gegengründen an seinen Überzeugungen festhalten, ohne gleich zu glauben, dass sie niemals falsifizierbar sind. Es sind natürlich Umstände denkbar, in denen der Partisan seine Meinung ändern würde. Aber nur weil er seine Überzeugung bisher nicht für falsifiziert hält, heißt das noch nicht, dass es derartige Umstände niemals geben kann. Mitchell erwidert also, dass man Flews Falsifikationskriterium akzeptieren kann, ohne annehmen zu müssen, dass religiöse Überzeugungen sinnlos sind. Gläubige Menschen können zustimmen, dass die Existenz eines gütigen Gottes falsifiziert wäre, wenn es keine Erklärung für das Leiden in der Welt gäbe – bloß halten sie das Problem für lösbar. Nur weil man davon ausgeht, dass eine Behauptung faktisch nicht falsifiziert ist, muss man nicht auch denken, dass sie niemals falsifizierbar wäre. Ähnlich wie die verifikationistische Variante scheitert also auch die falsifikationistische Version des Sinnlosigkeitsvorwurfs, denn in beiden Fällen lässt sich nicht zeigen, dass die Möglichkeit, einen Satz als wahr oder falsch zu erweisen, nichts mit seiner Bedeutung zu tun hat. Es gibt durchaus Gründe, Religionen zu kritisieren, aber Sinnlosigkeit ist keiner davon.

2.4 Religion ist schädlich

Ein populärer Vorwurf gegen religiösen Glauben, den man auch häufig außerhalb wissenschaftlicher Diskurse hören kann, lautet: Religion ist gefährlich. Religionen und religiöse Menschen haben in unvorstellbarem Ausmaß Leiden verursacht (oder ermöglicht) durch die Verfolgung und Zwangsmissionierung Andersgläubiger, durch Religionskriege und religiösen Terrorismus, durch die Unterdrückung von wissenschaftlichem Fortschritt und sozialer Emanzipation. Im Lauf der Geschichte haben Religionen Schäden angerichtet, die nicht nur einzelne Menschen, sondern auch die Gesellschaft und Kultur als ganze betreffen. Russell z.B. sieht in der Religion ein Hindernis für den intellektuellen und moralischen Fortschritt der Menschheit und beklagt in seinem berühmten Vortrag *Why I am not a Christian*, dass „jedes bisschen Fortschritt im humanen Empfinden, jede Verbesserung der Strafgesetze, jede Maßnahme zur Verminderung der Kriege, jeder Schritt zur besseren Behandlung der farbigen Rassen oder jede Milderung der Sklaverei und jeder moralische Fortschritt auf der Erde durchweg von den organisierten Kirchen der Welt bekämpft wurde." (Russell 1965: 41 f.) Andere, wie Christopher Hitchens oder Richard Dawkins fürchten die Gefahren, die von religiös motivierter Gewalt ausgehen, etwa gegen „Ungläubige", Homosexuelle oder Frauen, die für ihr Recht auf Abtreibung eintreten.

Dass religiöser Glaube die Ursache zahlreicher Übel und Leiden in der Welt ist, kann man kaum bestreiten. Was allerdings daraus folgt, ist weitaus weniger klar. Dazu müssen wir vier Fragen klären: (a) Wer genau verursacht diese Übel, die Religionen selbst (als abstrakte Systeme des Denkens) oder die einzelnen Menschen, die ihnen folgen? Und bei wem liegt dann die Verantwortung – kann man eine Religion abstrakt für die konkreten Handlungen einzelner Menschen verantwortlich machen? (b) Was ist mit Religion gemeint – sind alle Religionen gleichermaßen schädlich? Muss man innerhalb einer einzelnen Religion noch einmal verschiedene Gruppen oder Epochen differenzieren? Muss sich das heutige Christentum für die spanische Inquisition rechtfertigen? (c) Von welchen negativen Konsequenzen ist die Rede und wie unmittelbar muss der Schaden sein, damit wir ihn einer Religion zurechnen können? Muss Religion die alleinige Ursache sein oder reicht es, wenn der Faktor Religion eine Rolle spielt? Denn fast immer sind nicht nur religiöse, sondern auch politische, ökonomische oder nationalistische Aspekte mit im Spiel. (d) Angenommen, wir haben eine Antwort auf diese Fragen gefunden – was folgt dann aus der Schädlichkeit von Religion? Dass religiöse Überzeugungen *falsch* sind, kann es nicht sein, denn ob eine Überzeugung schädlich ist oder nicht, hat ja nichts mit ihrer Wahrheit zu tun. Zu glauben, dass der eigene Chef ein Idiot ist, ist ohne Zweifel schädlich – für die Karriere und die Lebenszufriedenheit. Aber es kann natürlich trotzdem wahr sein. Eher sollte man wohl schließen, dass Religionen aus ethischen Gründen nicht akzeptabel sind und dass wir deshalb auf sie verzichten sollten – egal, ob sie wahr sind oder nicht. Aber wie könnten wir aufhören etwas zu glauben, nur weil es nicht gut für uns und andere ist? Wäre das nicht naiver Selbstbetrug?

2 Religionskritik

Was könnte man auf den Vorwurf der Schädlichkeit erwidern? Die einzig realistische Verteidigung besteht darin, ihn zu relativieren: *so* schlimm ist es doch gar nicht. Hier gibt es drei Optionen:

(a) Man könnte bestreiten, dass diese Übel wirklich das Produkt der Religion sind – ist es nicht vielmehr der *Missbrauch* der Religion, der zu Gewalt und Terrorismus führt? Aber mit dieser Antwort begeht man einen klassischen Denkfehler, den *no-true-scotsman*. Eine solche Diskussion könnte in etwa so ablaufen: „Kein Muslim würde jemals Suizid begehen!" – „Aber es gibt doch muslimische Selbstmordattentäter!" – „Aber das sind keine *wahren* Muslime!" Der Fehler ist, dass die Bedeutung des Wortes „Muslim" im Lauf des Dialogs heimlich geändert wird, um das offensichtliche Gegenbeispiel zu entkräften. Während zunächst noch „Muslim" im alltäglichen Sinn verstanden wird (also „Personen islamischen Glaubens"), wird es durch den Zusatz „wahre Muslime" so eingeschränkt, dass es gerade das Gegenbeispiel ausschließt. „Wahre Muslime" sind dann diejenigen Muslime, die genau das nicht tun, was die Kritiker ihnen vorwerfen. Die Definition wird so angepasst, dass sie im Prinzip gegen jede Kritik immun wird. Aber eine echte Diskussion ist natürlich nur möglich, wenn man sich über die Bedeutung der zentralen Begriffe einig ist.

(b) Man könnte einräumen, dass Religionen zwar schädlich sein können, aber im Gegenzug auf die positiven Auswirkungen verweisen: Hat nicht Religion Großartiges zu Kunst, Kultur und Musik beigetragen? Oder durch Lehren des Mitleids und der Nächstenliebe viel Gutes bewirkt? Das ist sicher richtig und eine Tatsache, die man ebenso anerkennen muss wie das Gegenteil. Als Verteidigung taugt dieser Hinweis aber nicht, denn die bloße Tatsache, dass Religionen auch gute Seiten haben, ändert ja nichts an den schlechten. Ein brutaler Despot mag für seine Kinder ein liebevoller Vater sein, aber das macht seine Verbrechen nicht ungeschehen. Oder ist der Gedanke eher, dass Religionen zwar schlechte Seiten haben, aber die guten doch überwiegen, so dass die Bilanz am Ende positiv ausfällt? Aber abgesehen davon, dass eine solche Aufrechnung ziemlich zynisch erscheint – was ist der Maßstab, um so unterschiedliche Dinge wie eine Bach-Kantate und eine Hexenverbrennung miteinander zu vergleichen? Beides ist inkommensurabel, d.h. es existiert keine gemeinsame Einheit, in der man das Schlechte des einen und das Gute des anderen miteinander vergleichen könnte.

(c) Die dritte Möglichkeit ist Ablenken, indem man auf Übel verweist, die durch nicht-religiöse Weltanschauungen in die Welt gekommen sind. Was ist denn mit Hitler und Stalin?[14] Hat deren atheistische Ideologie nicht mindestens genauso viel Unheil angerichtet wie die Religionen? Aber hier gilt genau wie bei den positiven Seiten der Religion: das eine gleicht das andere nicht aus. Sicher haben auch Atheisten grausame Verbrechen begangen, aber „Die anderen tun es doch auch!" ist in keinem Fall eine legitime Entschuldigung und macht die religiösen Übel um kein Jota besser. Der Vorwurf lautet ja nur, dass Religion schädlich ist, nicht, dass sie schädlicher als alles andere ist. Rein argumentativ betrachtet ist

---

14 Fairerweise sollte man anmerken, dass hinsichtlich der religiösen Überzeugungen von Hitler und selbst von Stalin keine völlige Klarheit herrscht.

diese Erwiderung sinnlos, denn es gibt keinen logischen Zusammenhang zwischen der Schädlichkeit der Religion und der Schädlichkeit irgendwelcher anderer Weltanschauungen. Sie zielt also bloß darauf ab, die Aufmerksamkeit von der eigentlichen Frage abzulenken. Letzten Endes ist die Frage nach der Schädlichkeit von Religion aber auch philosophisch ziemlich uninteressant. Die faktische Existenz religiös motivierter Übel lässt sich weder leugnen noch relativieren. Doch was das bedeutet, ist völlig unklar. Die einzig klare Konsequenz dürfte sein, dass wir uns das Gefahrenpotenzial religiösen Glaubens bewusst machen und ihren schädlichen Auswirkungen vorbeugen sollten – aus religiöser wie aus nicht-religiöser Position heraus.

Quellen
Freuds Schrift *Die Zukunft einer Illusion* in Freud 1974. Die Einleitung zur *Kritik der Hegelschen Rechtsphilosophie* in Marx/Engels 1976: 378-391 enthält den berühmten Vorwurf, Religion sei das Opium des Volkes. Flew erläutert seine *presumption of atheism* in Flew 1972. Cliffords Aufsatz in Clifford 2011: 177-211. Der Vortrag *Von Gott und Seele* in Carnap 2004 ist eine gut lesbare Zusammenfassung seiner Argumente. Die Debatte über Theologie und Falsifikation findet sich in Flew/MacIntyre 1955, deutsch in Dalferth 1974. Zahlreiche seiner religionskritischen Texte (auch der Vortrag „Warum ich kein Christ bin") in Russell 1965.

Weiterführende Literatur
Allgemein: Zirker 1995. Evolutionäre Erklärungen: Schloss/Murray 2009. Boyer 2001. Dennett 2006. Sinnlosigkeit: Nielsen 1971. Schädlichkeit: Ward 2006. Jonkers 2017.

Diskussionsfragen

- Wie sähe eine Welt ohne Religion aus? In welcher Hinsicht wäre sie besser oder schlechter?
- Halten wir uns im alltäglichen Leben an Cliffords Prinzip des Evidentialismus?
- Unter welchen Umständen wäre die Existenz Gottes verifiziert oder falsifiziert?

3 Religion und Vernunft

> **Zusammenfassung**
>
> Die Frage, ob religiöser Glaube vernünftig ist, ist eine der wichtigsten der Religionsphilosophie. Rationalistische Positionen behaupten, dass Glaube und Vernunft miteinander vereinbar sind, entweder weil der Glaube durch rationale Gründe abgesichert ist oder weil er der Vernunft nicht widerspricht. Die reformierte Erkenntnistheorie lehnt den klassischen Evidentialismus ab und nimmt an, dass es rational sein kann, auch ohne Gründe zu glauben. Pragmatistische Positionen sehen den Glauben als Sache der praktischen Vernunft und argumentieren, dass der Glaube die beste Option ist oder dass wir auch in Ungewissheit glauben dürfen. Der Fideismus lehnt den Anspruch ab, dass Glaube rational sein soll, und versteht Glaube und Vernunft als prinzipiell unvereinbar.

Religion und Vernunft – für viele ist das das Kernproblem der Religionsphilosophie überhaupt. Ist religiöser Glaube rational? Soll er es überhaupt sein? Aber was heißt das eigentlich: rational sein?[15] Rationalität hat zwei Seiten, eine theoretische und eine praktische: Theoretische Rationalität besteht in vernünftigem Denken, praktische Rationalität in vernünftigem Handeln. Wer im theoretischen Sinne rational ist, hat ein rationales System von Überzeugungen. Dazu müssen minimal zwei Bedingungen erfüllt sein, eine negative und eine positive. Die negative: Ich muss Irrtümer ausschließen können. Meine Überzeugung muss in sich *konsistent* sein, sie darf sich also nicht selbst widersprechen. Außerdem muss sie *kohärent* zu meinen sonstigen Überzeugungen sein, darf also nicht dem widersprechen, was ich bereits glaube. Wer glaubt, dass der Papst Protestant ist, ist ebenso irrational wie jemand, der weiß, dass Bananen tropisches Klima benötigen und trotzdem sicher ist, dass sie in seinem Hamburger Vorgarten wachsen werden. Die positive: Meine Überzeugungen müssen *gerechtfertigt* sein, d.h. es muss etwas für meine Überzeugung sprechen. Ich darf sie nicht einfach so glauben. Meine Überzeugung muss logisch aus etwas anderem folgen (Deduktion), oder etwas muss sie zumindest wahrscheinlich machen (Induktion). Z.B. spricht die Tatsache, dass es heute heiß ist, dafür, dass die Schwimmbäder voll sind, denn immer, wenn es heiß ist, sind die Schwimmbäder voll. Praktische Rationalität bedeutet, vernünftig zu handeln, d.h. Mittel zu wählen, die geeignet sind, den Zweck zu erreichen, den man anstrebt, oder, mit anderen Worten: Klugheit. Wenn man z.B. das Ziel hat, die Klausur zu bestehen, ist es vernünftig, zu lernen, und unvernünftig, die Nacht durchzufeiern und zu hoffen, dass es schon gut gehen wird. Denn durch das eine erhöht man die Chance, das Ziel zu erreichen, durch das andere nicht. Normalerweise wird die Frage „Ist Religion rational?" als Frage nach theoretischer Rationalität verstanden. Aber wie wir sehen werden, gibt es auch Positionen, für die Religion nur praktisch rational sein kann, und wieder andere, die jede Form von Rationalität für den Glauben ablehnen.

---

15 Die Diskussion um den Begriff der Rationalität ist komplexer, als ich es hier darstellen kann. Für einen ersten Einstieg siehe Ernst 2016: 80-87. Zur Vertiefung Grundmann 2017: Kap. 4.

3 Religion und Vernunft

3.1 Rationalismus

Für den Rationalismus stehen Glaube und Vernunft nicht im Widerspruch. Sein Ziel ist ein rationaler Glaube, der einer kritischen Prüfung durch die Vernunft jederzeit standhalten kann. In der Gegenwart tritt der Rationalismus meist als Evidentialismus auf, also als die These, dass es nur dann richtig ist, etwas zu glauben, wenn wir hinreichende Gründe (*evidence*) haben (siehe Kap. 2.2). Religiöser Glaube, etwa an die Existenz Gottes, wäre demnach genau dann rational, wenn wir ein Argument finden könnten, aus dessen Prämissen entweder mit Notwendigkeit folgt, dass Gott existiert, oder wenigstens, dass seine Existenz ziemlich wahrscheinlich ist. Es gibt evidentialistische Kritiker der Religion (wie Clifford oder Russell), die religiösen Glauben als irrational ablehnen: Es gibt einfach keine hinreichenden Gründe. Auf der anderen Seite kommen aber auch viele Philosophinnen und Philosophen aus einer evidentialistischen Position zum genau entgegengesetzten Schluss: Glaube ist rational, gerade weil es gute Gründe gibt. Der britische Religionsphilosoph Richard Swinburne (*1934) z.B. präsentiert in seinem Buch *The Existence of God* (Swinburne 2004) ein elaboriertes Argument, das zeigen soll, dass die Existenz Gottes wahrscheinlicher ist als seine Nicht-Existenz. Der Erfolg eines solchen Projekts hängt natürlich davon ab, für wie überzeugend man die vorgebrachten Gründe hält. Wenig überraschend gehen die Meinungen hier auseinander. Gemeinsam ist jedoch beiden Seiten die grundsätzliche Zustimmung zum Evidentialismus: Es ist rational, etwas zu glauben, wenn es hinreichend gute Gründe für die Wahrheit der Überzeugung gibt.

Jenseits des Evidentialismus gibt es aber noch andere Formen von religiösem Rationalismus. Ein klassisches Beispiel dafür findet sich beim scholastischen Philosophen Thomas von Aquin (1225-1274). Für Thomas steht der Glaube zwischen dem Wissen und dem Meinen. Alle drei sind Formen etwas für wahr zu halten, unterscheiden sich aber hinsichtlich ihrer objektiven Sicherheit und ihrer subjektiven Gewissheit voneinander. Wenn ich etwas weiß, geht das mit subjektiver Gewissheit einher: Ich bin mir meiner Sache sicher. Gleichzeitig ist Wissen (*scientia*) keine freie Entscheidung, denn ich werde durch die Quellen meines Wissens oder meine Gründe quasi gezwungen, was ich weiß auch für wahr zu halten. Wenn ich aus dem Fenster schaue und sehe, dass es regnet, dann weiß ich auch, dass es regnet. Selbst hartgesottene Skeptiker können nicht einerseits sehen, dass es draußen regnet, aber gleichzeitig zweifeln, ob sie wirklich wissen, dass es draußen regnet. Anders beim Glauben (*fides*): Glaube ist ebenfalls durch subjektive Gewissheit charakterisiert. Wer glaubt, ist sich seiner Sache sicher und fürchtet nicht, dass er sich irren könnte. Aber anders als beim Wissen ist der Glaube nicht *objektiv* sicher. Es gibt keine zwingenden Gründe, die die Wahrheit des Geglaubten unbezweifelbar machen und so unsere Zustimmung erzwingen würden. Daher sind wir für Thomas auch frei in der Entscheidung, zu glauben oder nicht, weshalb er den Glauben als Verdienst sieht. Denn es ist besser, wenn jemand aus freien Stücken das Richtige tut, als wenn ihm gar nichts anderes übrig bleibt. Das dritte ist das Meinen (*opinio*) oder auch: Vermuten. Gemeint ist diejenige Einstellung, die ich habe, wenn ich mich frage, wann wir das letzte Mal auf Kreta im Urlaub waren – ich sage 2011, meine Frau sagt 2012, aber keiner von uns weiß es mehr sicher. Das Meinen hat mit dem Glauben gemeinsam, dass es objektiv unsicher ist, weil keine eindeutigen Beweise vorhanden sind (sobald solche Beweise auftauchen, wandelt sich Meinen in Wissen). Doch anders als der Glaube ist das Meinen auch subjektiv ungewiss, denn wir müssen damit rechnen, dass sich unsere Meinung als falsch herausstellt.

Dass der Glaube nicht durch Gründe erzwungen wird, sondern frei ist, bedeutet für Thomas aber nicht, dass er jenseits der Vernunft steht. Er unterscheidet zwischen religiösen Überzeugungen (oder Wahrheiten), die allein durch den Glauben erfasst, und solchen, die durch die Vernunft erkannt werden können. Das eine sind die spezifischen Glaubensartikel des Christentums (*articuli fidei*), z.B. die Dreifaltigkeit Gottes oder die Menschwerdung in Jesus Christus, das andere sind Vorbedingungen des Glaubens (*praeambula fidei*), wozu für Thomas unter anderem auch die Existenz Gottes zählt, die er für rational beweisbar hält (mehr dazu in Kap. 10). Dass es einen Gott gibt, muss also nicht unbedingt geglaubt, sondern kann sogar gewusst werden. Thomas erwartet allerdings nicht, dass jede Gläubige die notwendigen intellektuellen Fähigkeiten oder die Geduld mitbringt, sich mit philosophischen Gottesbeweisen auseinanderzusetzen; man kann auch einfach glauben. Ebenso müssen die Engel nicht glauben, dass Gott dreifaltig ist – sie sehen es einfach und wissen es daher. Uns hingegen bleibt nichts anderes übrig, als diese Wahrheiten glaubend anzunehmen. Aber auch wenn die Glaubensartikel nur geglaubt werden, stehen sie nicht im Widerspruch zur Vernunft, selbst wenn sie diese manchmal übersteigen. Glaube und Vernunft müssen immer miteinander vereinbar sein. Daher beinhaltet Glaube für Thomas immer auch „ein Zustimmen der Vernunft zu dem, was geglaubt wird".[16] Dass Gott dreifaltig ist, ist eine göttlich offenbarte Sache des Glaubens. Aber dass Gott seine Dreifaltigkeit offenbart hat, ist eine ganz andere Tatsache, die rational begründet und damit gewusst werden kann. Thomas begründet die Glaubwürdigkeit der Offenbarung mit fast schon pragmatischen Argumenten wie: Heilungswunder, die Beharrlichkeit der frühen Kirche trotz Verfolgung oder die Verbreitung des Glaubens ohne Zwang und Gewalt. Glaube und Vernunft kooperieren also miteinander, wobei der Vernunft vielleicht sogar die wichtigere Rolle zukommt: Sie muss prüfen, ob das, was uns als Offenbarung angeboten wird, auch tatsächlich geglaubt werden darf. Dieses kooperative Modell von Glauben und Vernunft vermeidet die Radikalität des Evidentialismus, der einen Glauben aus freien Stücken unmöglich macht (denn wenn hinreichende Gründe vorliegen, wäre es ja irrational, *nicht* zu glauben). Gleichzeitig respektiert es auch die Bedingung der Rationalität, nichts „einfach so" zu glauben, sondern Gründe dafür vorweisen zu können. Was geglaubt wird, lässt sich selbst nicht beweisen, aber wir können mit Hilfe rationaler Argumente zeigen, dass es nicht im Widerspruch zur Vernunft steht und dass es gute Gründe gibt, den Glauben als authentische Offenbarung zu akzeptieren. Oder, wie es der

---

16 *Summe der Theologie* II.2, 1, 4.

britische Philosoph John Locke (1632-1704), ebenfalls ein Verfechter des rationalistischen Ansatzes, ausdrückt:

> Alles, was Gott geoffenbart hat, ist sicherlich wahr; daran ist jeder Zweifel ausgeschlossen. Das bildet den eigentlichen Gegenstand des Glaubens. Ob aber etwas als göttliche Offenbarung anzusehen ist oder nicht, darüber muss die Vernunft entscheiden. (Locke 1988: 402)

3.2 Reformierte Erkenntnistheorie

Die reformierte Erkenntnistheorie (*reformed epistemology*), deren wichtigster Vertreter der amerikanische Philosoph Alvin Plantinga (*1932) ist, versteht sich als zeitgenössischer Gegenentwurf zum klassischen Evidentialismus. Ihre zentrale These lautet, dass die evidentialistische Verengung von Rationalität auf hinreichende Gründe falsch ist. Religiöser Glaube kann und soll zwar rational sein, aber eben auch, wenn er ohne hinreichende Gründe entsteht.

Ausgangspunkt für Plantingas Überlegungen ist eine Kritik des klassischen *Fundamentalismus*, einer in der Erkenntnistheorie weitverbreiteten Position (z.B. bei Descartes oder Locke), die ungefähr seit der Aufklärung die westliche Philosophie stark geprägt hat und hinter der evidentialistischen Herausforderung steht.[17] Man versteht den Fundamentalismus am besten als Antwort auf die Frage, woher wir eigentlich wissen, was wir wissen. Z.B. weiß ich, dass meine Nachbarin Cello spielt. Woher weiß ich das? Nun, ich habe in ihrer Wohnung ein Cello gesehen. Und woher weiß ich, dass es auch ihres ist? Weil ich sie manchmal üben höre. Aber woher weiß ich, dass es auch sie ist, die übt…? Dieses Spiel ließe sich beliebig fortsetzen, würde aber irgendwann albern werden. Denn wenn ich etwas weiß, muss ich es zwar auch begründen können (sonst wüsste ich es nicht, sondern hätte bestenfalls richtig geraten) und auch die Begründung muss wieder begründbar sein. Aber wir können diese Kette nicht endlos fortsetzen, sonst würden wir in einen *infiniten Regress* geraten – eine endlose Folge von Begründungen, die niemals zum Ende gelangt – und könnten niemals etwas wissen. Es muss also, so die These des Fundamentalismus, einen Endpunkt geben, an dem ich legitimerweise meine Begründungen abbrechen kann. Es gibt Dinge, die nicht weiter begründbar sind. Überzeugungen, die das nicht weiter begründbare Fundament unseres Überzeugungssystems bilden, nennt man *basal*. Aus diesen basalen Überzeugungen lassen sich dann gemäß den Regeln korrekten Schließens weitere Überzeugungen ableiten. Dass meine Nachbarin Cello spielt, wäre eine abgeleitete Überzeugung, die ich aus einer basalen Überzeugung folgern kann: dass ich gehört habe, wie sie Cello spielt. Für den klassischen Fundamentalismus gibt es nur zwei Typen von basalen Überzeugungen: selbst-evidente und unkorrigierbare. Selbst-evident ist eine Überzeugung, die ich nur verstehen muss, um einzusehen, dass sie wahr ist: Das Ganze ist größer als seine Teile, oder: ein Schimmel ist ein weißes Pferd. Unkorrigierbar sind Überzeugungen, die nicht falsch sein können. Wenn ich die

---

17 Erkenntnistheoretischer Fundamentalismus sollte nicht mit religiösem Fundamentalismus verwechselt werden – das eine hat nichts mit dem anderen zu tun. Im Englischen unterscheidet man *foundationalism* von *fundamentalism*, aber leider hat sich der Ausdruck „Fundationalismus" im Deutschen nicht durchgesetzt. Mehr über den erkenntnistheoretischen Fundamentalismus in Ernst 2016: 96-101.

Überzeugung habe, dann ist sie auch wahr. Hierunter fallen eigentlich nur Überzeugungen über unsere Bewusstseinszustände, z.B. dass ich gerade Schmerzen im Finger habe. Hier kann ich mich nicht täuschen – es ist unmöglich, dass ich denke, Schmerzen zu empfinden, obwohl ich in Wirklichkeit keine habe.

Plantinga lehnt diese Zweiteilung ab. Seiner Meinung nach widerspricht sich der Fundamentalismus hier selbst: Die These, dass alle rationalen Überzeugungen entweder basal oder aus basalen Überzeugungen abgeleitet sind, ist selbst weder basal noch aus basalen Überzeugungen ableitbar – also ist der Fundamentalismus gemäß seinen eigenen Kriterien irrational und sollte nicht geglaubt werden. Stattdessen hält Plantinga die Klasse der basalen Überzeugungen für viel größer als der klassische Fundamentalismus meint. Tatsächlich sind die meisten unserer Überzeugungen basal – abgeleitete Überzeugungen sind eher die Ausnahme. „Ich habe Hunger", „Die Schlüssel liegen auf der Kommode" und „Mein Vater hat zugenommen" sind allesamt basal. Wenn ich Hunger habe, muss ich nicht erst überlegen „Ich habe ein unangenehmes Gefühl in der Magengegend und außerdem seit einiger Zeit nichts mehr gegessen. Die beste Erklärung dafür lautet, dass ich Hunger habe. Also habe ich Hunger." Diese Überzeugung ist nicht das Resultat eines Ableitungsprozesses, sondern bildet sich spontan angesichts meines Hungergefühls, ohne dass ich dabei im Geringsten irrational wäre. Solche spontanen Manifestationsmeinungen, die sich durch Wahrnehmungen oder Erinnerungen einstellen, machen den Großteil der basalen Überzeugungen aus. Das bedeutet nicht, dass sie auch selbst-evident oder unkorrigierbar sind. Ich glaube, dass die Schlüssel auf der Kommode liegen, weil ich mich erinnere, sie da gesehen zu haben, aber ich kann mich trotzdem täuschen. Ebenso bedeutet es nicht, dass diese Überzeugungen uns einfach zufliegen. Sie sind basal, aber nicht grundlos. Meine Überzeugung, dass mein Vater zugenommen hat, entsteht, wenn ich meinen Vater sehe. Zwar begründet die Tatsache, dass mein Vater mir dicker vorkommt, nicht, dass er zugenommen hat, aber ist sie der Anlass für mich, zu dieser Überzeugung zu gelangen. Die Kernthese der reformierten Erkenntnistheorie lautet nun: Auch religiöse Überzeugungen können berechtigterweise basale Überzeugungen sein (*properly basic beliefs*). Wer beispielsweise einen schweren Verkehrsunfall unbeschadet übersteht, könnte spontan denken: Gott hat mich beschützt. Und manche Menschen überkommt vielleicht in einer klaren Nacht beim Anblick des Sternenhimmels der Gedanke, dass Gott diese erhabene Schönheit geschaffen hat. Solche Überzeugungen wären berechtigterweise basal und es ist nicht irrational, sie zu bilden – auch wenn man nicht durch rationale Gründe zu ihnen kommt und keinerlei solche Gründe kennt, ja selbst, wenn es solche Gründe nicht einmal gibt.

Aber wäre dann nicht jede Überzeugung rational, solange sie sich spontan angesichts einer bestimmten Wahrnehmung einstellt, egal, wie absurd sie ansonsten ist? Linus, einer der Charaktere der *Peanuts*-Comics, ist überzeugt, dass sich jedes Jahr an Halloween der große Kürbis aus einem Kürbisfeld erhebt, um allen Kindern, die aufrichtig an ihn glauben, Geschenke zu bringen. Wenn Plantinga recht hat, müssten wir doch auch sagen, dass Linus' Überzeugung berechtigterweise basal ist und er daher vollkommen rational handelt, wenn er Jahr für Jahr an Halloween in einem Kürbisfeld sitzt und wartet, oder? Plantinga reagiert, indem er einen neuen Begriff ins Spiel bringt: *warrant*. Dieser praktisch unübersetzbare Ausdruck[18] bezeichnet dasjenige Element, das eine bloß zufällig wahre Überzeugung von echtem Wissen unterscheidet – was immer es ist. Wenn ich glaube, dass die Straße rechts zum Bahnhof führt, aber eigentlich nur rate, während Sie dasselbe glauben, aber in Google Maps nachgeschaut haben, dann wissen Sie etwas, das ich nur vermute – Ihre Überzeugung hat *warrant*, meine nicht. Aber wie kommt eine Überzeugung zu *warrant*? Entscheidend ist, dass der Erkenntnisapparat, der diese Überzeugung hervorbringt, ordnungsgemäß funktioniert. Er darf keinen Defekt haben und die Umstände müssen so sein, dass der Apparat auch funktionieren kann. Nehmen wir unsere Sehwahrnehmung als Beispiel. Unter welchen Bedingungen hat meine Überzeugung „Ich sehe meine Nachbarin auf dem Balkon" *warrant*? Wenn der Apparat, der sie produziert, ordnungsgemäß funktioniert, d.h. meine Augen gesund sind, ich keine neurologische Störung habe, es hell genug ist, um überhaupt etwas zu sehen usw. Es gibt verschiedene Erkenntnisapparate, die (in der Regel) zuverlässig zu wahren Überzeugungen führen, z.B. Sinneswahrnehmung oder Erinnerung. Plantinga nimmt aber an, dass es noch ein weiteres Erkenntnisvermögen gibt, den *sensus divinitatis* (also: Sinn für das Göttliche). Der *sensus divinitatis* ist uns von Gott selbst im Rahmen der Schöpfung eingepflanzt worden und produziert in uns, sofern er ordnungsgemäß funktioniert, den Glauben an Gott – eine Art geistiges Sinnesorgan, um die Präsenz Gottes in der Welt zu erspüren. Sofern es diesen *sensus divinitatis* gibt, folgt daraus tatsächlich, dass der Glaube an Gott *warrant* hat. Aber den *sensus divinitatis* gibt es natürlich nur, wenn es auch einen Gott gibt. Das heißt: „Wenn der christliche Glaube wahr ist, dann hat er auch *warrant*." (Plantinga 2000, xii) Aber wieso funktioniert der *sensus divinitatis* dann scheinbar nur bei einem Teil der Menschheit? Warum nehmen Christen und Muslimas die Präsenz Gottes wahr, nicht aber Buddhisten und Atheistinnen? Plantinga erklärt das als Folge des Sündenfalls, durch den das menschliche Erkenntnisvermögen getrübt wurde und die Fähigkeit, Gott zu erfahren, verloren hat. Erst durch das Wirken des Heiligen Geistes wird diese Störung beseitigt und der *sensus divinitatis* kann seine korrekte Funktion wieder aufnehmen. Diese Erklärung beruht natürlich massiv auf theologischen Voraussetzungen, die niemand außerhalb des Christentums akzeptieren dürfte, erst recht niemand, der ohnehin der Religion skeptisch gegenübersteht. Das ist Plantinga bewusst und es ist ihm letztlich egal – seiner Meinung nach ist es nicht die Aufgabe christlicher Philosophie, das Christentum gegenüber Skeptikern und Andersgläubigen zu verteidigen, sondern ein kohärentes christliches Weltbild zu entwickeln, das sich ausgehend von den geistigen Grundlagen der eigenen Gemeinschaft als rational erweist.

Aber angenommen, wir könnten die massiven Voraussetzungen teilen, die Plantinga uns abverlangt, sollten wir dann zustimmen, dass religiöser Glaube tatsächlich rational sein kann? Mindestens zwei Punkte sprechen dagegen. (a) Ob religiöser Glaube rational ist, hängt davon ab, ob er das Ergebnis eines korrekt funktionierenden Erkenntnisapparats ist. Damit kommt der Frage nach der Glaubwürdigkeit

---

[18] Gelegentlich versucht man es im Deutschen mit „Gewährleistung", aber das klingt mir persönlich zu sehr nach kaputten Waschmaschinen.

religiöser Überzeugungen entscheidende Bedeutung zu (vgl. Kap. 2.1): Wenn es sich nämlich zeigen ließe, dass religiöse Überzeugungen aus pathologischen Mechanismen entstehen – als Illusionen zur Bewältigung psychischer Belastungen (Freud), als Stütze gesellschaftlicher Machtverhältnisse (Marx) oder als Nebenprodukt evolutionärer Anpassungen – dann hätten wir keinen Grund mehr, ihnen *warrant* zuzuschreiben. Sollte religiöser Glaube aus zweifelhaften Quellen stammen, kann man kaum annehmen, dass er das Produkt eines zuverlässigen Erkenntnisapparats ist. (b) Plantinga geht davon aus, dass basale Überzeugungen prinzipiell revidierbar sind: Sie sind nicht unfehlbar, sondern können sich als falsch herausstellen. Aber wie kann man dann einer spontanen, basalen Überzeugung wie „Gott schützt mich" noch trauen angesichts einer Fülle religionskritischer Argumente, die alle eine solche Meinung als zweifelhaft und naiv erscheinen lassen? Wer weiß, dass die Gefahr, sich zu täuschen, groß ist, sollte auch mit basalen Überzeugungen vorsichtig sein. Wenn ich beispielsweise durch eine unerwartete Erbschaft plötzlich sehr reich werde, sollte ich nicht jedem glauben, der behauptet, mein Freund zu sein. Auch wenn ich spontan denke, dass diese Person mich mag, muss mir dennoch klar sein, dass angesichts der Umstände meine Überzeugung nicht besonders vertrauenswürdig ist.

3.3 Pragmatismus

Nicht alle verstehen die Frage, ob religiöser Glaube rational ist, als Frage nach *theoretischer* Rationalität. Pragmatisten[19] wie Blaise Pascal und William James meinen: Wir sollten nicht glauben, dass es einen Gott gibt, weil gute Gründe für die Wahrheit dieser Überzeugung sprechen, sondern weil es besser für uns ist. Es geht ihnen also um *praktische* Rationalität. Ob es vernünftig ist zu glauben heißt dann: Ist es in meinem Interesse zu glauben?

(a) Pascals Wette

Blaise Pascal (1623-1662) war einer der bedeutendsten Mathematiker der Neuzeit. Zugleich war er ein tief religiöser Mensch, der nicht viel mit dem scholastisch-rationalen Glauben eines Thomas von Aquin anfangen konnte. Nach seinem Tod fand man zufällig in seinen Rock eingenäht einen Zettel, auf dem er sich an ein mystisches Erlebnis am 23. November 1654 erinnert:

> Seit ungefähr abends zehneinhalb bis ungefähr eine halbe Stunde nach Mitternacht. Feuer. Gott Abrahams, Gott Isaaks, Gott Jakobs, nicht der Philosophen und Gelehrten.

Kein Wunder, dass Pascal den Glauben nicht für eine Sache der Vernunft, sondern des Herzens hält. Sicher, entweder gibt es Gott oder nicht, aber diese Frage kann die Vernunft nicht beantworten. Und doch müssen wir uns entscheiden, ob wir glauben wollen oder nicht. Wir können die Frage nicht einfach offenlassen, denn es geht nicht nur um ein theoretisches Problem, sondern um eine Lebensentschei-

---

[19] Ich verwende den Begriff „Pragmatismus" hier etwa so: Die These, dass es praktisch vernünftig ist und pragmatisch sinnvoll ist, zu glauben. Gemeint ist also nicht der amerikanische Pragmatismus als philosophische Strömung (obwohl James in beiden Bedeutungen Pragmatist ist).

dung. Wollen wir ein religiöses Leben führen mit allem, was dazugehört – oder nicht? Diese Entscheidung ist unumgänglich – wer sie offenlässt, hat sich faktisch dagegen entschieden (Agnostiker gehen selten in die Kirche). Aber wenn wir schon nicht mit Hilfe der Vernunft entscheiden können, welche Option die *richtige* ist, kann sie uns wenigstens sagen, welche die *bessere* ist?

Für Pascal ist die Antwort klar: Es ist immer besser, auf den Glauben zu setzen. Warum? Stellen wir uns vor, ich biete Ihnen eine etwas merkwürdige Wette an: Ich werfe eine Münze, Sie setzen einen Euro und sagen, ob Kopf oder Zahl fällt. Wenn Sie Kopf sagen und Kopf fällt, bekommen Sie von mir hundert Euro, wenn Sie Kopf sagen, aber Zahl fällt, verlieren Sie Ihren Euro. Wenn Sie Zahl sagen und Zahl fällt, bekommen Sie nichts, und sollten Sie Zahl sagen, aber es fällt Kopf, verlieren Sie nicht nur Ihren Euro, sondern bekommen dazu noch einen Tritt in den Hintern (wie gesagt, es ist eine merkwürdige Wette). Was sollten Sie tun? Natürlich auf Kopf setzen: Hier gibt es viel zu gewinnen, aber wenig zu verlieren, während Sie bei Zahl nichts gewinnen, aber viel verlieren können.

Für Pascal befinden wir uns in einer ähnlichen Situation, wenn wir vor der Frage stehen, ob wir an Gott glauben sollen. Wir haben zwei Optionen: glauben oder nicht glauben, und zwei mögliche Resultate: Gott existiert oder nicht. Damit sind vier Szenarien möglich:

Gott existiert

D	A
C	B

Nicht glauben   glauben

Gott existiert nicht

Welches dieser Szenarien ist das beste? Vergleichen wir die jeweiligen Gewinn- und Verlustchancen. Wenn wir uns für den Glauben entscheiden und Gott wirklich existiert (Szenario A), gewinnen wir alles: die ewige Seligkeit. Der Gewinn ist unendlich groß. Wenn wir auf den Glauben setzen und verlieren, weil es keinen Gott gibt (Szenario B), dann gewinnen oder verlieren wir nichts: der Gewinn ist +/- 0. Entscheiden wir uns aber dafür, nicht zu glauben, dann gibt es nichts zu gewinnen, weder wenn es keinen Gott gibt (Szenario C) noch, wenn es einen gibt (Szenario D): wieder +/- 0. Je nachdem, wie dieser Gott mit Ungläubigen verfährt, könnte es sogar sein, dass wir eine Menge zu verlieren haben, wenn wir in Szenario D enden (wenn wir z.B. nach dem Tod zur Hölle fahren). Das einzig Sinnvolle ist also, sich für den Glauben zu entscheiden: „Wenn ihr gewinnt, so gewinnt ihr alles, und wenn ihr verliert, so verliert ihr nichts." (Pascal 2012: 196)

3.3 Pragmatismus

Aber verlieren wir wirklich nichts, wenn wir auf den Glauben setzen, und es keinen Gott gibt? Immerhin müssten wir dann z.b. Kirchensteuer zahlen und uns jeden Sonntag zum Gottesdienst schleppen, anstatt in Ruhe auszuschlafen. Pascal räumt das ein und modifiziert sein Argument ein wenig. Nehmen wir an, dass wir in Szenario B tatsächlich eine gewisse Menge an Lebensqualität verlieren, ohne etwas davon zu haben, so dass der Nutzen nicht +/- 0 wäre, sondern, sagen wir, -2 (auf einer Skala von 0 bis 10).[20] Wichtig ist, dass dieser Wert beliebig groß, aber endlich ist. Pascal fordert uns dann auf, miteinzubeziehen, wie wahrscheinlich es ist, dass dieser Verlust auch eintritt. Nehmen wir an, dass die Wahrscheinlichkeit für die Existenz wie auch die Nicht-Existenz Gottes gleich ist, also genau ½ beträgt. Dann lässt sich für jede Option der zu erwartende Nutzen berechnen. Der Erwartungsnutzen einer Handlungsoption ist ihr Nutzen multipliziert mit der Wahrscheinlichkeit, dass dieser Nutzen auch eintritt. Angenommen, Sie hätten die Auswahl zwischen zwei Spielen: Entweder wird eine Münze geworfen und bei Kopf gewinnen Sie zweihundert Euro, aber bei Zahl verlieren Sie hundert; oder es wird ein Würfel geworfen und bei sechs gewinnen Sie zweitausend Euro, bei jeder anderen Zahl aber verlieren Sie tausend. Welches Spiel sollten Sie vernünftigerweise spielen? Das erste, denn im ersten Fall ist Ihr Erwartungsnutzen: (½ × 200) + (½ × (-100)) = 50, im zweiten Fall (⅙ × 2000) + (⅚ × (-1000)) = -500. Anders ausgedrückt: Im zweiten Spiel sind Sie alles in allem schlechter dran als im ersten. Analog dazu gilt für Pascals Wette: Alles in allem ist die Option „glauben" die bessere: Der Erwartungsnutzen beträgt hier (½ × *unendlich*) + (½ × (-2)) = *unendlich*, denn *unendlich* minus jede beliebige endliche Zahl ist immer noch *unendlich*. Bei der Option „nicht glauben" hingegen kommen wir im besten Fall auf einen Erwartungsnutzen von 0, im schlechtesten Fall (wenn Gott uns in Szenario D für unseren Unglauben bestraft) sogar auf einen negativen Wert. Unser Schema sähe dann so aus:

	Gott existiert *Wahrscheinlichkeit: ½*		
Nicht glauben *Erwartungsnutzen: 0*	D (+/- 0)	A (unendlich)	Glauben *Erwartungsnutzen: unendlich*
	C (+/- 0)	B (-2)	
	Gott existiert nicht *Wahrscheinlichkeit: ½*		

---

20 Pascal deutet sogar an, dass wir auch in Szenario B eigentlich nichts verlieren: „Ihr werdet getreu, redlich, demütig, dankbar, wohltätig, ein aufrichtiger, wahrer Freund sein [...]. Ich sage Euch, dass Ihr dabei *in diesem Leben* gewinnt..." (Pascal 2012: 199, meine Hervorhebung) Damit wäre die Option „glauben" nicht nur alles in allem besser als die anderen, sondern sie wäre in jedem Fall die beste Option, denn wir können nur gewinnen.

Aber ist eine Wahrscheinlichkeit von ½ für die Existenz Gottes nicht viel zu optimistisch? Pascal akzeptiert auch das und modifiziert die Wette noch ein drittes Mal. Setzen wir für die Wahrscheinlichkeit der Existenz Gottes einen beliebig kleinen, aber endlichen Wert an, z.B. 0,001 und für die Wahrscheinlichkeit seiner Nicht-Existenz entsprechend 0,999 (denn die Wahrscheinlichkeiten von zwei einander ausschließenden Möglichkeiten müssen sich auf 1 addieren), so ändert sich immer noch nichts. Da der Nutzen in Szenario A unendlich groß ist, wird jede Wahrscheinlichkeit, und sei sie noch so klein, zu einem Erwartungsnutzen von *unendlich* führen (jede endliche Zahl multipliziert mit *unendlich* ergibt wieder *unendlich*). Damit ist die Option „glauben" immer die bessere, denn die Chance auf einen unendlichen Gewinn macht jeden endlichen Verlust wett. Und auch wenn die Wahrscheinlichkeit, dass es keinen Gott gibt, sehr hoch ist, bringt es doch nichts, die Option „nicht glauben" zu wählen. Denn auch wenn Sie mit großer Wahrscheinlichkeit richtig liegen, gibt es nichts zu gewinnen. Der Erwartungsnutzen ist immer noch +/- 0.

Angenommen, Pascal hätte uns überzeugt, dass es das Klügste wäre, an Gott zu glauben – was dann? Nur, weil ich eingesehen habe, dass es gut wäre, kann ich doch nicht einfach anfangen etwas zu glauben. Ich kann mich entschließen, ab sofort jeden Morgen Gymnastik zu machen, weil es besser für mich ist, aber ich kann mich nicht entschließen, ab sofort an Gott zu glauben. Pascal erklärt, dass nicht unsere Vernunft uns vom Glauben abhält (wir wissen ja, dass es besser wäre), sondern unsere Gewohnheiten. Er empfiehlt daher, die Vernunft zu umgehen und dem Beispiel anderer Zweifler zu folgen: „[S]ie handelten in allem so, als glaubten sie, sie gebrauchten Weihwasser, ließen Messen lesen usw. Ganz natürlich wird Euch eben das gleiche zum Glauben führen und Euren Verstand demütigen." (Pascal 2012: 199) Tun wir so, als wären wir schon gläubig und spielen das Spiel einfach mit. Irgendwann wird aus dem Spiel eine Gewohnheit werden und aus der Gewohnheit echter Glaube – *fake it 'til you make it*. Man kann den Glauben vielleicht nicht erzwingen, aber man kann Bedingungen schaffen, unter denen er von selbst entsteht. Wer einsieht, dass es das Beste ist, zu glauben, kann sich bewusst auf einen Pfad begeben, von dem er weiß, dass er am Ende zum Glauben führen wird.

Aber worauf sollen wir eigentlich wetten? Pascal sieht nur zwei Optionen: an Gott glauben oder nicht. Der Gott, um den es dabei geht, ist natürlich der Gott des Christentums. Aber das ist ja nicht die einzige Möglichkeit. Wenn wir uns fragen, ob wir ein religiöses Leben führen sollen, dann gibt es eine Unmenge an konkurrierenden Alternativen. Sollen wir an den Gott des Christentums oder des Islam glauben? An Shiva oder Zeus? Wenn jede dieser Gottheiten uns ewige Seligkeit verspricht, dann wäre es ebenso rational an sie zu glauben wie an den christlichen Gott. Aber wie sollen wir uns zwischen all diesen gleich guten Möglichkeiten entscheiden? Wir müssten manche von Ihnen bereits von vornherein als eher unwahrscheinlich ausschließen. Aber wenn der Gewinn doch unendlich ist, fällt die geringe Wahrscheinlichkeit nicht ins Gewicht.

Pascals Annahme, dass wir (sofern wir richtig wetten) unendlich viel gewinnen, wird hier zum Problem. Gleichzeitig ist sie die Crux des Arguments, denn solange der Gewinn unendlich ist, sind die Gewinnwahrscheinlichkeit und die Höhe des möglichen Verlustes egal. Gerade das wird aber in der Entscheidungstheorie meist als Grund angesehen, unendliche Werte nicht zuzulassen. Denn wenn die Chance auf einen unendlichen Gewinn besteht, müsste ich sie immer ergreifen, solange die Gewinnwahrscheinlichkeit nicht exakt Null ist. Wenn also eine auch nur minimale Wahrscheinlichkeit besteht, die ewige Seligkeit zu gewinnen, indem ich konstant in der Nase bohre, sollte ich das tun. Wenn wir das vermeiden wollen, sollten wir annehmen, dass der Nutzen des Glaubens nur groß, aber nicht unendlich ist. Dann wird allerdings die Wahrscheinlichkeit wieder relevant, denn der Erwartungsnutzen ist ja das Produkt aus Gewinn und Gewinnwahrscheinlichkeit, die jetzt beide endlich sind. Auch auf einen sehr großen Gewinn sollten wir vernünftigerweise nur dann wetten, wenn die Wahrscheinlichkeit nicht ganz gering ist. Was wäre ihnen lieber als Lohn für einen Tag harte Arbeit – fünfhundert Euro auf die Hand oder ein ausgefüllter Lottoschein, mit dem Sie die Chance auf viele Millionen haben? Wenn Sie vernünftig sind, nehmen Sie das Geld – der Lottogewinn wäre zwar viel höher, aber die Wahrscheinlichkeit ist extrem niedrig. Für Pascals Argument heißt das: Es kann nur dann Überzeugungskraft haben, wenn man die Existenz Gottes ohnehin schon für halbwegs wahrscheinlich hält. Die Wette ist bestenfalls eine Art Zünglein an der Waage für den, der ernsthaft zwischen Glauben und Unglauben schwankt und nur eine einzige Religion für eine echte Option hält. Sie kann den entscheidenden kleinen Schubser in Richtung Glauben geben. Aber für alle, die ohnehin dem Glauben eher skeptisch gegenüberstehen, wird sie nichts ändern.

(b) William James und der Wille zum Glauben

Auch William James (1842-1910), einer der wichtigsten Denker des amerikanischen Pragmatismus und Mitbegründer der modernen Psychologie, meint, dass die Entscheidung für oder gegen den Glauben nicht der theoretischen Vernunft überlassen werden kann. Anders als Pascal macht er sie aber nicht zu einer Frage der praktischen Klugheit, sondern verteidigt unser Recht, sich im Zweifelsfall auch ohne den Segen der Vernunft auf den Glauben einzulassen. James lehnt den Evidentialismus ab. Als Ideal in der Wissenschaft mag er sinnvoll sein, aber nicht im praktischen Leben. Die meisten unserer Überzeugungen sind nämlich nicht das Produkt einer sorgfältigen Überprüfung der verfügbaren Belege, sondern beruhen schlicht auf Gewohnheit und dem Vertrauen auf die Autorität anderer: Wir glauben zwar, dass alle Materie aus Atomen besteht, aber wer könnte das schlüssig begründen? Und nicht nur die Vernunft, sondern auch unsere emotionale Natur bestimmt, was wir glauben. Und das, so James, ist auch gut so. Denn wir müssen unser Leben führen und können nicht immer warten, bis wir genügend Evidenzen gefunden haben, um unsere Entscheidungen rational abzusichern. „Objektive Evidenz und Gewissheit sind sicherlich sehr schöne Ideale, mit denen es sich spielen lässt", schreibt James, „aber wo sind sie zu finden auf diesem mondbeschienenen, von Träumen heimgesuchten Planeten?" (James 1986: 141) Wenn wir vor einer rational unlösbaren Entscheidung stehen, die wir dennoch fällen müssen, haben wir daher das Recht, die Vernunft zu übergehen:

3 Religion und Vernunft

> Die Gefühlsseite unseres Wesens darf nicht nur, sondern muss eine Option zwischen verschiedenen Behauptungen entscheiden, wo es sich um eine echte Option handelt, welche ihrer Natur gemäß nicht aus intellektuellen Gründen entschieden werden kann; denn wenn man unter solchen Umständen sagt: „Triff gar keine Entscheidung, sondern lass die Frage offen!", so ist dies selbst eine gefühlsmäßige Entscheidung [...]. (James 1986: 138)

James gibt uns aber keinen Freibrief, die Vernunft über Bord zu werfen und nur noch unserem Bauchgefühl zu folgen. Wir können eine Entscheidung nur unter zwei Bedingungen unseren Gefühlen überlassen: Erstens, die Frage ist intellektuell nicht entscheidbar, und zweitens, es handelt sich um eine echte Option. James definiert eine echte Option als Entscheidung zwischen zwei Hypothesen, die (a) lebendig, (b) unumgänglich und (c) bedeutsam ist.

(a) Eine Option ist lebendig, wenn beide Entscheidungsmöglichkeiten uns ansprechen, d.h. eine Möglichkeit darstellen, die wir wirklich in Betracht ziehen. Bei einer lebendigen Option ist es uns nicht egal, wie die Entscheidung ausfällt. Wenn Sie vor der Entscheidung stehen, ob Sie Jura studieren sollen oder Kunst, dann ist das eine lebendige Option für Sie – beide Möglichkeiten sprechen Sie an, wenn auch aus unterschiedlichen Gründen. Für manche Menschen ist auch die Entscheidung „Bayern oder Dortmund?" eine lebendige, bei der viel auf dem Spiel steht, je nachdem, wie sie sich entscheiden. Wenn ich Sie hingegen frage, ob Sie lieber klaren oder naturtrüben Apfelsaft möchten, ist Ihnen das vermutlich egal. Nichts hängt davon ab, wie Sie sich entscheiden. Ob eine Option lebendig ist oder tot, lässt sich allerdings nicht objektiv bestimmen. Für manche Menschen ist die Entscheidung „Bayern oder Dortmund?" so tot wie etwas nur sein kann, während Apfelsaft-Aficionados hitzig über die Frage „klar oder naturtrüb?" diskutieren könnten. (b) Unumgänglich ist eine Option, wenn beide Möglichkeiten einander kontradiktorisch ausschließen. Mit der Entscheidung für das eine entscheide ich mich gegen das andere und umgekehrt. Es gibt keine dritte Möglichkeit, insbesondere nicht die Möglichkeit, sich nicht zu entscheiden, denn die Konsequenzen von Entscheidung und Nicht-Entscheidung sind die gleichen. Bekommen Sie z.B. ein Jobangebot mit der Bedingung, dass Sie bis zum Ende des Monats zusagen müssen, dann ist diese Option unumgänglich. Sie können zusagen oder absagen, aber Sie können sich der Entscheidung nicht entziehen, denn wenn Sie nichts tun und die Entscheidung offenlassen, dann haben Sie sich faktisch für die Absage entschieden. (c) Wenn eine Option bedeutsam ist, dann ist die Entscheidung die einzige Gelegenheit – sobald ich mich entschieden habe, ist die Option beendet und kommt nicht wieder. Ich muss mich also jetzt richtig entscheiden, denn es gibt keine Möglichkeit, meine Entscheidung zu revidieren. Wenn ein Freund Ihnen anbietet, gemeinsam ein Start-Up zu gründen und Sie ablehnen, dann ist Ihre Gelegenheit vorüber. Ihr Freund wird sich jemand anderen suchen oder allein weitermachen, so dass alle Chancen, die Ihr Einstieg bedeutet hätte, unwiederbringlich verloren sind. Das klassische Beispiel für eine echte Option (bei der alle drei Bedingungen erfüllt sind) ist ein Heiratsantrag. Wenn jemand Sie fragt: „Willst du mich heiraten?", dann ist diese Option lebendig: Die Möglichkeit, mit der Person, die diese Frage stellt, verheiratet zu sein, löst etwas in Ihnen aus –

positiv oder negativ. Die Option ist auch unumgänglich: Sie können Ja oder Nein sagen, aber Sie können die Entscheidung nicht offenlassen. Wenn Sie „vielleicht" oder „Ich weiß nicht" oder überhaupt nichts sagen, ist das so gut wie ein Nein. Und die Option ist bedeutsam, denn in dem Moment, in dem Sie Ja oder Nein sagen, ist die Option beendet. Wenn Sie einmal einen Heiratsantrag abgelehnt haben, werden Sie vermutlich in absehbarer Zeit keinen zweiten von der Person bekommen.

Wenn wir mit einer echten Option konfrontiert sind, so James, können wir nicht Cliffords Maxime (vgl. Kap. 2.2) folgen und solange warten, bis wir genug Evidenzen beisammenhaben, um eine rational fundierte Entscheidung zu treffen. Denn das Leben geht weiter, und wie es weiter geht, hängt von meiner Entscheidung ab. Daher haben wir das Recht, auch dann zu glauben, wenn die Vernunft eine Frage nicht entscheiden kann, jedenfalls dann, wenn der Glaube für uns eine echte Option ist – was bleibt uns auch anderes übrig? Eine Pflicht zu glauben gibt es allerdings nicht: Wenn für Sie weder Glaube noch Unglaube lebendige Optionen sind, können Sie die Frage ignorieren. Wie auch immer man sich aber entscheidet, es handelt sich um eine Entscheidung unter Risiko. Wie soll man mit diesem Risiko umgehen? James nennt zwei Strategien: die Wahrheit finden oder den Irrtum meiden. Welche dieser Strategien man wählt, hängt davon ab, welches Ziel man für wichtiger hält. Clifford folgt der zweiten: Seine Empfehlung, nichts zu glauben als das, was hinreichend begründet ist, zielt darauf ab, Irrtümer um jeden Preis zu vermeiden. Besser, wir lassen uns die ein oder andere Wahrheit entgehen, als dass wir sie ohne zureichende Gründe glauben. James hingegen propagiert die erste Strategie: besser, wir glauben, auch auf die Gefahr hin, dass wir uns täuschen, als dass wir uns die Chance auf die Wahrheit durch vorsichtiges Zaudern verbauen:

> Es ist dasselbe, als wenn ein General zu seinen Soldaten sagte, es sei besser, sich für immer von der Schlacht fernzuhalten, als eine einzige Wunde zu riskieren. So lassen sich aber weder über die Feinde noch über die Natur Siege erringen. Unsere Irrtümer sind am Ende nicht so hochwichtige Dinge. In einer Welt, wo wir ihnen trotz aller Vorsicht doch einmal nicht aus dem Wege gehen können, erscheint ein gewisses Maß sorglosen Leichtsinns gesünder als diese übertriebene nervöse Angst. (James 1986: 145 f.)

Ob wir das Recht haben zu glauben, hängt allerdings davon ab, ob James' Bedingungen erfüllt sind: Ist die religiöse Hypothese tatsächlich intellektuell unentscheidbar und handelt es sich wirklich um eine echte Option? Gegen den ersten Punkt könnte man einwenden, dass die Frage gar nicht unentscheidbar ist, und zwar sowohl von der einen als auch von der anderen Seite. Während Thomas von Aquin darauf beharren würde, dass die Entscheidung für den Glauben sehr wohl auf der Basis vollkommen klarer rationaler Gründe gefällt werden kann, würde Russell entgegnen, dass die Frage längst entschieden ist – nur eben negativ. Setzt die Meinung, die religiöse Hypothese sei angesichts einer Fülle religionskritischer Argumente immer noch offen, nicht eine gewisse Voreingenommenheit dem Glauben gegenüber voraus?

Aber angenommen, die Frage wäre tatsächlich intellektuell unentscheidbar – handelt es sich dann auch um eine echte Option? Ob die Hypothese lebendig oder tot ist, können wir nur für uns selbst beantworten. Wer kein Interesse an Religion hat, weder positiv noch negativ, der wird sich auch nicht für das Recht zu glauben interessieren. Insofern ist James' Argument – ähnlich wie Pascals – nur für diejenige interessant, die ohnehin schon dem Glauben prinzipiell offen gegenübersteht. Den religiös Unmusikalischen hingegen wird die ganze Debatte kalt lassen. Und ist die Option unumgänglich? Könnte man die Entscheidung nicht einfach umgehen, indem man agnostisch bleibt? Das ist nur zum Teil richtig, denn natürlich kann man sich intellektuell enthalten, indem man die religiöse Hypothese weder akzeptiert noch ablehnt. Aber James geht es ja gerade nicht um das Für-wahr-Halten eines Satzes, sondern um eine lebenspraktische Entscheidung, und in praktischer Hinsicht ist es unmöglich, sich nicht zu entscheiden. Entweder man führt ein religiöses Leben oder nicht. Wer die Entscheidung aufschiebt, entscheidet sich *de facto* gegen das religiöse Leben. Auf der praktischen Ebene ist also die Entscheidung tatsächlich unumgänglich. Bleibt noch die Frage, ob sie auch bedeutsam ist – duldet die Entscheidung keinerlei Aufschub und ist irreversibel? Dieser Punkt ist weniger klar. James argumentiert, dass es für uns bereits jetzt (in diesem Leben) besser ist zu glauben. Deshalb verlieren wir an jedem Tag, den wir mit Zögern verbringen, die Chance auf ein besseres Leben genauso sicher, wie wenn wir uns für den Glauben entscheiden und am Ende doch falsch liegen. Aber das gilt natürlich nur unter der Prämisse, dass der Glaube auch wahr ist. Wenn es keinen Gott und keine Unsterblichkeit gibt, verlieren wir nichts durch unser Zögern, weil es ohnehin nichts zu gewinnen gibt. Daher ist die Entscheidung auch nicht streng genommen irreversibel. Wer sich erst am Ende des Lebens zum Glauben bekehrt, hat zwar all die Jahre verloren, in denen er bereits hätte glücklich sein können, aber gewinnt immer noch das zukünftige Glück. Wirklich irreversibel wäre die Entscheidung nur dann, wenn es keine Zukunft für uns mehr gibt, in der wir von unserer Entscheidung profitieren können. Die Zeit drängt also nicht – wir müssen uns nicht sofort entscheiden. Mehr als eine Art Glauben auf Probe können wir mit James ohnehin nicht haben: Solange die Frage unentscheidbar ist, sind wir berechtigt, uns auf den Glauben (oder Unglauben) einzulassen. Sobald aber neue Evidenzen auftauchen und unsere Einschätzung der Lage sich ändert, muss die theoretische Vernunft wieder einschreiten, denn das Recht zu glauben ist nur ein Recht, in Ungewissheit zu glauben, aber nicht gegen die Vernunft.

3.4 Fideismus

Fideismus (von lat. *fides*, Glaube) ist die These, dass Glaube und Vernunft miteinander unvereinbar sind: Glaube kann nicht rational begründet werden und sollte es auch nicht. Man findet fideistische Positionen schon in der Antike, etwa im berühmten (wenn auch nicht authentischen) Ausruf des römischen Theologen Tertullian (ca. 155-220): „*Credo quia absurdum*" – Ich glaube, gerade weil es absurd ist. Der glühendste Verfechter eines fideistischen Glaubens ist aber der dänische Philosoph Sören Kierkegaard (1813-1855). Kierkegaard gilt als Vorläufer der Existenzphilosophie des 20. Jahrhunderts, die die individuelle Existenz des einzelnen Menschen ins Zentrum stellt, im Gegensatz zum Fokus auf das Absolute und die abstrakte Vernunft, wie sie für die Philosophie der Aufklärung und des deutschen Idealismus typisch war. Für Kierkegaard ist daher der Glaube auch kein neutrales Für-wahr-Halten von Sätzen über einen Gott der Philosophen. Glaube ist eine Beziehung zwischen Individuum und Gott, ein Glaube *an* Gott, keine Lehre. Doch dieser Gott ist für Kierkegaard ein Paradox: Er ist das Absolute (ein transzendentes, ewiges Wesen jenseits der Welt) und zugleich auch konkret in Jesus Christus Mensch geworden – leibhaftig, an einem bestimmten Punkt in der Geschichte der Welt. Dieses Paradox – dass das Absolute und Ewige zugleich das Konkrete und Zeitliche ist – kann die Vernunft nicht auflösen, und es ist sinnlos, zu versuchen, den Glauben zu begründen. Kein rationales Argument kann jemals zum Glauben führen (Kierkegaard nennt das „Approximierung", also Annäherung), denn es würde ja das Paradox, den Kern des Glaubens, beseitigen. Wenn Gott nicht paradox wäre, dann könnte man ihn erkennen und müsste nicht glauben:

> Da ist also ein Mann, der den Glauben haben will; nun kann die Komödie beginnen. Er will den Glauben haben, aber mit Hilfe der objektiven Überlegung und des Approximierens will er sich sichern. Was geschieht? Mit Hilfe der Approximierung wird das Absurde etwas anderes, es wird wahrscheinlich, es wird wahrscheinlicher, es wird über die Maßen und ganz besonders wahrscheinlich. Nun ist es also so weit, dass er es glauben soll, und er darf von sich sagen, dass er nicht wie Schumacher und Schneider und Einfältige glaube, sondern erst nach langer Überlegung. Nun soll er es also glauben, aber sieh, nun ist es gerade unmöglich geworden, es zu glauben. Das fast Wahrscheinliche, das Wahrscheinliche, das über die Maßen und ganz besonders Wahrscheinliche, das kann er beinahe und so gut wie wissen – aber es glauben, das lässt sich nicht machen; denn das Absurde ist gerade der Gegenstand des Glaubens und das einzige, was sich glauben lässt. (Kierkegaard 2005a: 354 f.)

Es sieht so aus, als könnten wir mit Hilfe der Vernunft dem Glauben näherkommen, indem sie uns Schritt für Schritt davon überzeugt, dass der Glaube tatsächlich wahr ist, aber in Wirklichkeit führt sie uns nur immer näher an einen Abgrund, über den sie uns nicht hinwegtragen kann. Wer glauben will, muss die Vernunft zurücklassen und das Paradox schlucken, muss den berühmten *Sprung* in den Glauben wagen.

Warum sollten wir das tun? Was könnte uns dazu bewegen, unsere Vernunft auszuschalten und uns in blindem Vertrauen in einen Glauben zu stürzen, der objektiv betrachtet absurd ist? Für Kierkegaard ist es die Leidenschaft. Glaube bedeutet ein leidenschaftliches Verhältnis zu Gott. Wer sich aber in abstrakten Spekulationen und philosophischen Argumenten für die Existenz Gottes verliert, vergisst dabei, dass es nicht um ein abstraktes Absolutes geht, sondern um ihn selbst – die eigene Existenz und die eigene Seligkeit. Für denjenigen, der leidenschaftlich glaubt, ist „jeder Augenblick, in dem er Gott nicht hat, verloren" (Kierkegaard 2005a: 341). Es ist, als ob man auf einen Heiratsantrag reagieren würde, indem man eine Liste von Argumenten erstellt, warum es vernünftig oder sinnvoll wäre, diese Person zu heiraten, aber sich selbst komplett ausblendet. Die Frage ist ja nicht, was objektiv betrachtet das Beste wäre, sondern wie *ich* mich entscheiden soll; und ohne Leidenschaft, also ohne ein Interesse an der Person, die mich heiraten will, sind alle Argumente nutzlos. Diese Leidenschaft des Glaubens beweist sich für Kierkegaard gerade in der Ungewissheit: „Ohne Risiko kein Glaube, je mehr Risiko, desto mehr Glaube", schreibt er (Kierkegaard 2005a: 352). Denn glauben kann man nur das Ungewisse. Wer nicht bereit ist, dieses Risiko einzugehen und die Vernunft zu opfern, hat nicht die Leidenschaft, die den wahren Glauben ausmacht:

> Glaube ist gerade der Widerspruch zwischen der unendlichen Leidenschaft der Innerlichkeit und der objektiven Ungewissheit. Kann ich Gott objektiv ergreifen, dann glaube ich nicht, aber gerade weil ich es nicht kann, deshalb muss ich glauben; und will ich mich im Glauben bewahren, muss ich beständig darauf achten, dass ich die objektive Ungewissheit festhalte. Dass ich in der objektiven Ungewissheit ‚auf den siebzigtausend Faden Wasser' bin, und doch glaube. (Kierkegaard 2005a: 345 f.)

Diese Innerlichkeit und Leidenschaft ist für Kierkegaard das, was einen wahren Glauben ausmacht. Wahrer Glaube bedeutet *subjektive* Wahrheit, d.h. das leidenschaftliche Beharren in objektiver Ungewissheit, die Bereitschaft, in der Entscheidung für den Glauben das ganze Leben aufs Spiel zu setzen. Die *objektive* Wahrheit des Glaubens hingegen ist nebensächlich:

> Wenn einer, der mitten im Christentum lebt, zu Gottes Haus hinaufsteigt, zu des wahren Gottes Haus, mit der wahren Vorstellung von Gott im Wissen, und dann betet, aber in Unwahrheit betet; und wenn einer in einem heidnischen Lande lebt, aber mit der ganzen Leidenschaft der Unendlichkeit betet, obgleich sein Auge auf einem Götzenbild ruht: wo ist dann am meisten Wahrheit? Der eine betet in Wahrheit zu Gott, obgleich er einen Götzen anbetet; der andere betet in Unwahrheit zu dem wahren Gott, und betet daher in Wahrheit einen Götzen an. (Kierkegaard 2005a: 342)

Genau hier liegt das Problem: Einerseits hat Kierkegaard natürlich recht, wenn er betont, dass es beim Glauben nicht nur um die objektive Frage geht, was der Fall ist, sondern um eine existenzielle Entscheidung. Eine solche Entscheidung, auch da kann man Kierkegaard zustimmen, ist nicht allein Sache der Vernunft – es geht nicht um ein abstraktes Absolutes, sondern um mich und meine individuelle Beziehung zu Gott. Aber Leidenschaft ist eben doch nicht alles.

Denn warum meint Kierkegaard, dass Leidenschaft nur möglich ist, solange es keine Gewissheit gibt? Wer leidenschaftlich verliebt ist und sich fragt, ob seine Liebe möglicherweise erwidert wird, wird nur zu gerne Gründe suchen, die ihn in seinem Glauben bestätigen. Spricht die Suche nach guten Gründen nicht gerade *für* das Interesse am eigenen Glauben? Natürlich gibt es manchmal Situationen, in denen es scheinbar richtig ist, sich über die objektive Vernunft hinwegzusetzen – etwa, wenn man weiter an die Unschuld eines Freundes glaubt, dem ein

Verbrechen vorgeworfen wird, auch wenn alle Indizien gegen ihn sprechen. Aber dieses blinde Vertrauen kann schnell ins Gegenteil umschlagen. Manche glauben vielleicht, dass alles, was ihr Land tut, großartig ist. Aber wer an dieser Meinung festhält, auch wenn alles dafür spricht, dass sie falsch ist, ist kein treuer Patriot, sondern ein verbohrter und potenziell gefährlicher Fanatiker. Ja, wer wie Kierkegaard die bloße Frage, ob etwas wahr ist, bereits als Indiz dafür ansieht, dass man den Glauben verloren hat, ist vermutlich auch gar nicht mehr an der Wahrheit interessiert – es kümmert Kierkegaard nicht, ob man den wahren oder falschen Gott anbetet, solange man nur in Wahrheit betet. Die Verteidigung der subjektiven Wahrheit wird so zu einer Art Immunisierungsstrategie, die jegliche Kritik an den eigenen Überzeugungen für irrelevant erklärt, denn: darum geht es ja nicht. Nicht die objektive Wahrheit (also die Tatsachen) zählt, sondern die subjektive (also die Leidenschaftlichkeit des Verhältnisses zu Gott).

Aber wir können nicht ganz auf die objektive Wahrheit verzichten, denn selbst wenn wir anerkennen, dass religiöser Glaube verlangt, die Suche nach der objektiven Wahrheit aufzugeben und stattdessen den Sprung in den Glauben zu wagen – in welchen Glauben soll man denn springen? Für Kierkegaard ist das Christentum die einzig denkbare Option. Aber man könnte auch zweifeln, ob man lieber Christ oder Buddhist sein möchte. Normalerweise würden wir in dieser Situation abwägen und prüfen, welche der vielen Religionen uns als die überzeugendere erscheint, also den Weg der Approximierung gehen, den Kierkegaard so verabscheut. Aber wenn wir uns nicht so entscheiden können, wie dann? Vielleicht meint Kierkegaard, dass sich für den wahrhaft Gläubigen diese Frage niemals stellt, so wie sich auch der wahrhaft Liebende niemals fragen muss, warum er gerade diese eine Person liebt und nicht eine von den Millionen anderen, die er auch hätte lieben können – er ist sich einfach sicher. Aber auch dann bleibt Kierkegaards Glaube am Ende ein irrationaler Dezisionismus. Ist das ein Problem? Nicht für Kierkegaard, der bereits den Anspruch einer rationalen Begründung als Missverständnis der wahren Natur des Glaubens zurückweist. Wenn wir diesen Schritt allerdings nicht mitmachen wollen, bleibt uns nichts anderes übrig als die Schultern zu zucken und wegzugehen. Vernünftige Argumente werden niemanden beeindrucken, der die Vernunft von vornherein ablehnt.

Quellen
Thomas behandelt das Verhältnis von Glaube und Vernunft unter anderem in der *Summe der Theologie* Teil II.2, Frage 1, Artikel 1-5 (online: *https://bkv.unifr.ch/de/works/8/versions/811/divisions/170352*) und in der *Summe gegen die Heiden* Buch I, Kap. 3-8 (Thomas 2001). Pascals Wette findet sich in Fragment 418 (Lafuma) bzw. 233 (Brunschwicg) bzw. Pascal 2012: 195-199. Für James' Vortrag siehe James 1986. Kierkegaards Gedanken zum Glauben sind nachzulesen in den *Philosophischen Brosamen* und der *Unwissenschaftlichen Nachschrift* (besonders Teil II, Zweiter Abschnitt, Kapitel 2) in Kierkegaard 2005a. Für einen Einstieg in Plantingas *reformed epistemology* siehe Plantinga 1998.

Weiterführende Literatur
Allgemein: Swinburne 2005. Weidemann 2007. Reformierte Erkenntnistheorie: Plantinga 2000. Quinn 1998. Schönecker 2015. Pragmatische Argumente: Jordan 2006. Rescher 1985. Fideismus: Evans 1998.

Diskussionsfragen

- Was sollte Gott von einem Gläubigen halten, der aufgrund von Pascals Wette zum Glauben kommt?
- Sind Irrtümer wirklich nicht so dramatisch, wie James behauptet?
- Verstehen Thomas, James und Kierkegaard das Gleiche unter „Glauben"?

4 Religiöse Erfahrung

> **Zusammenfassung**
>
> Religiöse Erfahrungen dienen oft als Argument für die Wahrheit religiöser Überzeugungen. Es gibt verschiedene Typen von religiösen Erfahrungen, die im Kern verstanden werden als Erfahrungen des Heiligen. Die zentrale Frage lautet, ob religiöse Erfahrungen Gründe sein können und wenn ja, für was. Das Prinzip der Glaubwürdigkeit besagt, dass sie prinzipiell glaubwürdig sind, solange nichts dagegen spricht. Für religiöse Erfahrungen sollten die gleichen Maßstäbe gelten wie für andere Erfahrungen auch. Es gibt allerdings eine Reihe von Argumenten, die gegen die Glaubwürdigkeit religiöser Erfahrungen sprechen: sie sind nicht verifizierbar oder nicht zuverlässig; sie können auf natürliche Weise erklärt werden; sie sind widersprüchlich.

„Gott umgibt mich wie die physische Atmosphäre. Er ist mir näher als mein eigener Atem. Buchstäblich lebe ich und bewege ich mich in ihm, in ihm habe ich mein Dasein." – So zitiert William James einen anonymen Bericht über eine Erfahrung der Gegenwart Gottes (James 1997: 104). Wäre es für jemanden, der die Präsenz Gottes auf diese Weise spürt, nicht völlig absurd, an seiner Existenz zu zweifeln? Fast alles, was wir über die Welt wissen, wissen wir aus Erfahrung. Ich weiß z.B., dass eine Katze in meiner Wohnung ist und käme nie darauf, das zu bezweifeln. Nicht, weil ich es deduktiv aus bestimmten Beobachtungen (Haare auf dem Boden, Kratzspuren am Sofa) abgeleitet hätte, sondern schlicht, weil ich sie auf dem Sessel liegen sehe. Ich weiß auch, dass Materie aus Atomen besteht, weil andere es durch Experimente herausgefunden haben. Warum sollte man also nicht aus religiösen Erfahrungen wissen können, dass die Götter existieren oder die Seele unsterblich ist? Vielleicht sind religiöse Überzeugungen ja einfach deshalb rational, weil sie auf Erfahrungen beruhen? Aber nicht jede Erfahrung ist auch glaubwürdig – wir wissen, dass es Sinnestäuschungen, Halluzinationen oder einfach Missverständnisse gibt. Im Alltag sind solche Täuschungen selten und wir sind gewohnt, unseren Erfahrungen grundsätzlich zu trauen. Aber zwischen religiösen und alltäglichen Erfahrungen gibt es deutliche Unterschiede: Nicht jeder Mensch macht religiöse Erfahrungen, sie sind nicht beliebig wiederholbar und einige scheinen besondere Bewusstseinszustände oder jahrelange Übung in meditativen Techniken vorauszusetzen. Sollten wir angesichts dessen trotzdem davon ausgehen, dass religiöse Erfahrungen grundsätzlich glaubwürdig sind, oder gehören sie eher in die gleiche Kategorie wie Halluzinationen?

4.1 Was ist religiöse Erfahrung?

„Religiöse Erfahrung" ist ein relativ vager und umfassender Sammelbegriff für jede Form von bewussten mentalen Erlebnissen, die in einem religiösen Kontext geschehen oder in irgendeiner Weise religiös bedeutsam sind. Darunter fallen – je nachdem, wie weit oder eng man diese Kriterien fassen möchte – diverse Phänomene: Visionen; Erscheinungen von Gott, Engeln oder Heiligen; mystische Einheitserfahrungen mit Gott, dem Universum oder der Leere; Stimmenhören; prophetische Träume; spirituelle Ergriffenheit während eines Gottesdienstes oder beim Anblick des Sternenhimmels; ein Erlebnis religiöser Bekehrung (in welche Richtung auch immer); oder das Gefühl, von den Göttern beschützt, geliebt oder verflucht zu sein. Es gibt unterschiedliche Ansätze, dieses Chaos zu ordnen und klare Kategorien für die diversen Formen religiöser Erfahrungen zu bilden.[21] Für unsere Zwecke reichen allerdings drei Kategorien aus: Zunächst kann man unterscheiden zwischen gegenständlichen und nicht gegenständlichen Erfahrungen (also solchen, in denen ein Gegenstand wahrgenommen wird, und solchen, in denen das nicht geschieht), und dann innerhalb der gegenständlichen Erfahrungen noch zwischen solchen, in denen der religiöse Gegenstand direkt oder indirekt wahrgenommen wird. Indirekt-gegenständliche Erfahrungen können wir *interpretativ* nennen, direkt-gegenständliche *perzeptiv*, und nicht gegenständliche Erfahrungen bilden die Klasse der *mystischen* Erfahrungen.

(a) *Interpretative Erfahrungen.* In diese Gruppe fallen religiöse Erfahrungen, in denen gewöhnliche Erfahrungen religiös aufgeladen werden, d.h. sie sind gegenständlich, aber haben keinen in sich religiös bedeutsamen Gegenstand. So könnte z.B. jemand beim Anblick des Sternenhimmels in einer Nacht in den Bergen unwillkürlich das Gefühl haben, dass Gott all das geschaffen hat. Oder jemand erlebt die Genesung von einer schweren Krankheit als göttliche Gnade. In diesen Fällen sind die Erfahrungen in sich nicht religiös (viele Menschen sehen den Sternenhimmel oder werden wieder gesund, ohne dabei religiöse Gefühle zu haben), aber sie werden religiös interpretiert.

(b) *Perzeptive Erfahrungen.* In diesen Erfahrungen ist der unmittelbare Gegenstand der Erfahrung selbst religiös. Hierunter fallen Visionen und Erscheinungen, die Stimme Gottes hören, das Paradies sehen usw. Ein Beispiel ist die Vision des alttestamentarischen Propheten Jesaja:

> Im Todesjahr des Königs Usija da sah ich den Herrn sitzen auf hohem und erhabenem Thron, und die Säume seines Gewandes füllten den Tempel. Serafim standen über ihm. [...] Und einer rief dem anderen zu: Heilig, heilig, heilig ist der Herr der Heerscharen! Die ganze Erde ist erfüllt mit seiner Herrlichkeit! (Jes 6, 2 ff.)

Anders als bei interpretativen Erfahrungen muss der Inhalt also nicht erst religiös aufgeladen werden. Perzeptive Erfahrungen ähneln alltäglichen Wahrnehmungen der Realität, weil sie uns einen Gegenstand präsentieren, müssen allerdings nicht immer auf die gleiche Weise sinnlich sein. Es kann auch ein Sehen mit dem inneren Auge oder ein Hören einer inneren Stimme gemeint sein (wir können dann von quasi-perzeptiven Erfahrungen sprechen).

(c) *Mystische Erfahrungen.* Mystische Erfahrungen unterschieden sich von den beiden anderen Kategorien dadurch, dass in ihnen kein konkreter Gegenstand erlebt wird. Manche mystischen Erfahrungen sind völlig gegenstandslose, reine Bewusstseinszustände (man spricht hier von introvertiven Erfahrungen). Andere haben zwar einen Gegenstand, auf dem aber nicht der Fokus liegt, sondern auf

---

21 Interessante, wenn auch inkompatible Vorschläge sind z.B. Davis 1989: Kap. II und Swinburne 2004: 298 ff.

dem veränderten Bewusstseinszustand, in dem er erfahren wird (extrovertive Erfahrungen). Dennoch haben sie eine noetische Qualität, d.h. sie scheinen etwas über die Wirklichkeit auszusagen und hinterlassen den Eindruck, eine bedeutende Wahrheit erkannt zu haben. Hier ein Beispiel, das William James in seinen Vorlesungen über die Vielfalt religiöser Erfahrung zitiert:

> Ich hatte in einer großen Stadt den Abend damit zugebracht, mit zwei Freunden Poesie und Philosophie zu lesen und zu diskutieren [...] Mein Geist [...] war ruhig und friedvoll. Ich war in einem Zustand ruhigen, fast passiven Genießens [...]. Ganz plötzlich, ohne irgendein Vorzeichen, fand ich mich in eine flammenfarbene Wolke gehüllt. Einen Augenblick lang dachte ich an Feuer, an eine ungeheure Feuersbrunst irgendwo in der nahegelegenen großen Stadt; aber dann bemerkte ich, dass das Feuer in mir war. Direkt danach überkam mich ein Gefühl von Jubel, von ungeheurer Freude, begleitet oder unmittelbar gefolgt von einer intellektuellen Durchlichtung, die man unmöglich beschreiben kann. Unter anderem glaubte ich nicht nur, sondern sah, dass das Universum nicht aus toter Materie besteht, sondern im Gegenteil eine lebendige Gegenwart ist; ich wurde mir des ewigen Lebens in mir selbst bewusst. [...] Ich sah, dass alle Menschen unsterblich sind; dass die kosmische Ordnung so beschaffen ist, dass alle Dinge zum Guten jedes einzelnen und des Ganzen zusammenwirken; dass das Grundprinzip der Welt, aller Welten, das ist, was wir Liebe nennen. [...] Die Vision dauerte ein paar Sekunden und war dann verschwunden, aber die Erinnerung an sie und das Gefühl für die Wirklichkeit dessen, was sie lehrte, hat das Vierteljahrhundert überdauert, das seitdem vergangen ist. Ich erkannte, dass mir diese Vision die Wahrheit zeigte. (James 1997: 398)

Mystische Erfahrungen werden oft als Einheitserfahrungen beschrieben, in denen sich das Selbst mehr oder weniger auflöst in einer Einheit mit Gott, der Natur oder auch in einem reinen, gegenstandslosen Bewusstsein. Oft bezeichnen Mystikerinnen und Mystiker sie auch als unsagbar, da sie so fremdartig sind, dass sie jenseits der Kategorien des konzeptuellen Denkens stehen.

Aber warum nennen wir all diese unterschiedlichen Formen von Erfahrungen *religiöse* Erfahrungen? Haben sie eine Art spezifisch religiösen Charakter, der ihnen allen gemeinsam ist? Folgt man Rudolf Otto, dann lautet die Antwort: Ja. Für ihn ist eine spezielle Form religiöser Erfahrung sogar der Kern von Religion überhaupt, nämlich die Erfahrung des Heiligen (vgl. Kap. 1.2). Was das Heilige ist, lässt sich nicht leicht beantworten, denn es ist eine Kategorie *sui generis*, kann also nicht auf etwas anderes reduziert oder durch eine andere Art von Erfahrung erklärt werden. Man kann es nicht definieren, sondern muss es selbst erleben. Das Erlebnis kann zwar erläutert werden (und wer selbst das Heilige erlebt hat, wird die Anspielungen verstehen), aber wer es nicht erlebt hat, dem ist nicht zu helfen: „Denn wer sich zwar auf seine Pubertätsgefühle, Verdauungsstockungen oder auch Sozialgefühle besinnen kann, auf eigentümlich religiöse Gefühle aber nicht, mit dem ist es schwierig, Religionspsychologie zu betreiben", meint Otto (Otto 1987: 8). Die Erfahrung des Heiligen hat zwei Seiten, eine subjektive und eine objektive. Auf der subjektiven Seite besteht sie aus dem, was Otto das „Kreaturgefühl" nennt: ein Gefühl der eigenen Kleinheit und Nichtigkeit, „das Gefühl der Kreatur, die in ihrem eigenen Nichts versinkt und vergeht gegenüber dem, was über aller Kreatur ist" (Otto 1987: 10). Dieses Gefühl ist aber nur die subjektive Reaktion auf etwas als objektiv und real Erlebtes, nämlich das Heilige (oder Numinose, von lat. *numen* – Gottheit). Das Heilige bezeichnet dabei keinen konkreten Gegenstand, sondern nur dasjenige Element meiner Erfahrung, dem gegenüber ich das Kreaturgefühl empfinde. Otto bestimmt das Heilige rein phänomenologisch, also nur durch die Art und Weise, wie wir es erleben. Das Heilige ist ein *mysterium tremendum et fascinans*. Es ist das *Mysterium*, also das Geheimnisvolle. Das Heilige ist anders, fremdartig und unverständlich, es lässt sich nicht auf rationale Weise erfassen. „Das religiös Mysteriöse ist", schreibt Otto, „das *Ganz andere*, das aus der Sfäre [sic] des Gewohnten, Verstandenen und Vertrauten und darum ‚Heimlichen' schlechterdings Herausfallende und zu ihm in Gegensatz sich Setzende, das darum das Gemüt mit starrem Staunen Erfüllende." (Otto 1987: 29) Es ist *tremendum*, also das, was uns schaudern macht. Das Heilige erfüllt uns mit Angst, aber auch Ehrfurcht (in der sowohl Bewunderung als auch Furcht mitschwingen), erschüttert uns durch seine Gewaltigkeit und Übermacht. Es bewegt uns zutiefst. Und es ist *fascinans*, also das Faszinierende, was uns fesselt und begeistert. Das Heilige zieht uns zu sich und lässt uns eine taumelnde Seligkeit empfinden, es erfüllt uns mit tiefer Freude und Dankbarkeit.

Eine religiöse Erfahrung, so können wir mit Otto sagen, ist eine Erfahrung des Heiligen. Ihr charakteristisches Merkmal ist die besondere Erlebnisqualität, die in Ottos Begriff des Heiligen beschrieben ist: ein Gefühl von Ehrfurcht und Faszination angesichts von etwas Erhabenem, das größer ist als wir selbst. Natürlich muss nicht jede religiöse Erfahrung exakt die Kriterien erfüllen, die Otto nennt. Aber je stärker eine Erfahrung diese Qualität hat, umso eher werden wir sie als religiös (oder spirituell)[22] ansehen. Diese Definition religiöser Erfahrung hat den Vorzug, allein vom phänomenalen Charakter bzw. der spezifischen Qualität religiöser Erfahrung auszugehen, also davon, wie es ist, diese Erfahrung zu machen. Ob die Erfahrung auch wahr ist, uns also etwas Reales zeigt, bleibt damit offen. Das Heilige wird zwar als realer Gegenstand in der Erfahrung erlebt, aber ob es auch wirklich unabhängig von der Erfahrung existiert, ist eine andere Frage, und darf nicht in der Definition vorausgesetzt werden. Normalerweise betrachten wir Erfahrungen allerdings nicht nur rein phänomenal. Wenn ich behaupte, auf meiner letzten Wanderung in den Bergen einen Luchs gesehen zu haben, dann beschreibe ich nicht nur, wie mir etwas erschienen ist, sondern ich mache eine Behauptung über die Realität, die wahr oder falsch sein kann: „Ich habe einen Luchs gesehen", impliziert normalerweise auch: „Da war ein Luchs." Aber selbstverständlich kann man sich täuschen: Was ich für einen Luchs gehalten habe, war in Wirklichkeit nur ein Dackel. Manche Erfahrungen sind also glaubwürdig und implizieren die Wahrheit bestimmter Aussagen über die Wirklichkeit, während

---

22 Gelegentlich wird Spiritualität als Alternativkonzept zu Religion gebraucht. Eine spirituelle Erfahrung wäre dann eine, deren phänomenaler Charakter dem einer religiösen gleicht, die aber keinen religiösen Hintergrund hat (also nicht die Existenz eines Gottes o.ä. impliziert). Ein Beispiel für diese nicht religiöse Form spiritueller Erfahrung findet sich in Comte-Sponville 2009.

andere trügerisch sind. Aber wie können wir beides unterscheiden? Und sind religiöse Erfahrungen glaubwürdig oder nicht?

4.2 Das Prinzip der Glaubwürdigkeit

Erfahrungen sind eine wichtige und oft verlässliche Quelle von Erkenntnis für uns. Wenn wir wissen wollen, ob ein Bericht über einen Verkehrsunfall wahr ist, fragen wir jemanden, der gesehen hat, was passiert ist. Erfahrungsberichte sind in vielen Fällen entscheidend, wenn es darum geht, die Wahrheit oder Falschheit einer Behauptung zu überprüfen, und insbesondere die Naturwissenschaft beruht auf der Möglichkeit, durch kontrollierte, methodische Erfahrungen zu Erkenntnissen zu gelangen. Könnten dann nicht auch religiöse Erfahrungen eine Quelle von Erkenntnis sein und für die Wahrheit mancher religiösen Überzeugungen sprechen? Es ist vernünftig, so könnte man argumentieren, an die Existenz Gottes zu glauben, weil eben manche Menschen Gott gesehen haben. Aber nicht alle Erfahrungen sind glaubwürdig – wenn der Zeuge des Verkehrsunfalls blind oder betrunken war, werden wir seinen Bericht vermutlich nicht ohne Weiteres glauben. Wir benötigen ein Kriterium, das uns erlaubt, glaubwürdige von unglaubwürdigen Erfahrungen zu unterscheiden.

Gelegentlich wird eine extrem kritische Position vertreten, nach der religiöse Erfahrungen an sich erstmal für gar nichts sprechen, solange es nicht zusätzlich unabhängige Fakten gibt, die die Glaubwürdigkeit der Erfahrung stützen (z.B. Flew 1966: 127). Aber das ist absurd – niemand würde eine derart radikale Position vertreten, wenn es um andere, nicht-religiöse Arten von Erfahrung geht. Im Alltag akzeptieren wir eigene und fremde Erfahrungen ganz selbstverständlich als Quelle von Wissen und zweifeln ihre Zuverlässigkeit nur in Ausnahmesituationen an. Wenn ich glaube, dass mein Nachbar Gitarre spielen kann, und man mich fragt, woher ich das weiß, dann kann ich einfach antworten, dass ich gesehen und gehört habe, wie er spielt. Es genügt, diese Erfahrungen zu nennen. Ich muss die Glaubwürdigkeit meiner Erfahrungen nicht erst noch gesondert begründen oder andere Fakten finden, die meine Erfahrung unterstützen. Ich muss auch keinen Schluss aus meinen Erfahrungen ziehen, indem ich z.B. sage, dass ich bestimmte Sinneseindrücke meines Gitarre spielenden Nachbarn hatte und dass die beste Erklärung für diese Sinneseindrücke die Tatsache ist, dass er tatsächlich Gitarre spielt. Die Erfahrung an sich ist Beweis genug.

Richard Swinburne hält diese Grundeinstellung für ein grundlegendes Prinzip der Rationalität, das er als „Prinzip der Glaubwürdigkeit" (*principle of credulity*) bezeichnet. Er formuliert es so:

> [Ich halte] es für ein Prinzip vernünftigen Denkens anzunehmen, dass (wenn sonst nichts dagegen spricht) x wahrscheinlich dann tatsächlich vorhanden ist, wenn es einem Subjekt scheint (im epistemischen Sinn), dass x vorhanden ist. Was jemandem scheint, dass er es wahrnimmt, verhält sich wahrscheinlich auch so. (Swinburne 2004: 303)

4 Religiöse Erfahrung

Etwas einfacher ausgedrückt besagt das Prinzip: Wenn ich wahrnehme, dass etwas der Fall ist, dann ist es wahrscheinlich auch der Fall (solange nichts dagegen spricht). Wenn ich sehe, dass mein Nachbar auf der Terrasse sitzt (und Gitarre spielt), dann ist es wahrscheinlich wirklich so, dass er auf der Terrasse sitzt. Es könnte natürlich auch anders sein – vielleicht ist sein Zwillingsbruder zu Besuch und ich verwechsle die beiden. Aber ich denke grundsätzlich vernünftig, wenn ich davon ausgehe, dass es mein Nachbar ist. Ich mache, epistemisch betrachtet, nichts falsch. Wichtig ist: Das Prinzip gilt nur *ceteris paribus*, also nur solange es keinen Grund gibt, davon abzuweichen. Ich sollte dem Prinzip nicht mehr folgen, wenn entweder das, was ich wahrnehme, sicher oder mit hoher Wahrscheinlichkeit falsch ist (z.B. wenn ich glaube, Napoleon in der U-Bahn gesehen zu haben) oder wenn die Bedingungen meiner Wahrnehmung sicher oder mit hoher Wahrscheinlichkeit unzuverlässig sind (z.B. wenn ich glaube, dass in meinem Wohnzimmer ein Löwe liegt, aber eine diagnostizierte Psychose habe). In solchen Fällen ist es vernünftig, der Erfahrung erst einmal nicht zu vertrauen. Andererseits: Wenn ich mit Gewissheit körperlich und geistig gesund bin, auch ansonsten keinen Grund habe, an meiner Sehfähigkeit zu zweifeln, und dann einen Löwen in meinem Wohnzimmer entdecke, *ist* es vernünftig, meiner Wahrnehmung erstmal zu trauen und zu glauben, dass wirklich ein Löwe in meinem Wohnzimmer liegt (und dann schnell die Tür zuzumachen). Das Prinzip der Glaubwürdigkeit besagt nur, dass jede Wahrnehmung glaubwürdig ist bis zum Beweis des Gegenteils. Es verteilt (ähnlich der *presumption of atheism*, vgl. Kap. 2.2) die Beweislast um: Wer Zweifel an der Glaubwürdigkeit einer Erfahrung hat, muss zeigen, dass sie *nicht* glaubwürdig ist – wer ihr hingegen vertraut, darf das, ohne erst ihre Glaubwürdigkeit nachweisen zu müssen. So gesehen ist das Prinzip der Glaubwürdigkeit ein völlig unspektakulärer Standard rationalen Denkens, dem wir tagtäglich folgen, und niemand (außer den Philosophen in ihren Studierzimmern) käme ernsthaft auf die Idee, es grundsätzlich in Zweifel zu ziehen.

Man könnte sich natürlich fragen, warum das Prinzip überhaupt gelten soll – muss es nicht selbst erst einmal begründet werden? Das ist gar nicht so einfach: Wie ließe sich denn zeigen, dass Wahrnehmungen in der Regel zuverlässig sind? Nichts schließt sicher aus, dass alle meine Wahrnehmungen eigentlich trügerisch sind. Die Unheimlichkeit skeptischer Szenarien (Ist die Realität eine Illusion? Bin ich nur ein Gehirn im Tank?) beruht ja gerade darauf, dass unsere Erfahrung der Außenwelt allein noch nicht garantieren kann, dass es sich *nicht* um eine Täuschung handelt. Wäre es da nicht naiv, genau das mit dem Prinzip der Glaubwürdigkeit einfach kommentarlos vorauszusetzen – wir können unserer Wahrnehmung trauen, weil Wahrnehmung etwas ist, dem man trauen kann? Aber vielleicht müssen wir das Prinzip der Glaubwürdigkeit gar nicht definitiv begründen, sondern können es bis auf weiteres einfach akzeptieren. Denn die Alternative – ein Leben, in dem wir unseren Wahrnehmungen nicht mehr grundsätzlich vertrauen – wäre realistischerweise gar nicht möglich. Das Prinzip der Glaubwürdigkeit hat eher eine Art transzendentalen Status: Es ist die Bedingung dafür, dass Erkenntnis durch Erfahrung überhaupt möglich ist. Und solange das Prinzip sich in der Praxis bewährt, ist es vernünftig, daran festzuhalten. Für religiöse Erfahrungen bedeutet das: Sie dürfen *prima facie* als glaubwürdig gelten. Auch wenn es seltsam klingt: Wenn Menschen die Präsenz Gottes erleben oder eine Einheit mit dem Universum, dann ist das vermutlich auch so – es sei denn, es spricht etwas dagegen. Doch gerade dieses „es sei denn" ist der Stolperstein: Spricht wirklich nichts gegen die Glaubwürdigkeit religiöser Erfahrungen?

Swinburne nennt vier Bedingungen, die erfüllt sein müssen, damit wir unseren Erfahrungen trauen können (Swinburne 2004: 310 ff.). Sind sie es nicht, ist das schon Grund genug, ihre Glaubwürdigkeit in Zweifel zu ziehen.

(a) Die subjektiven Umstände der Erfahrung müssen zuverlässig sein. Das bedeutet, dass ich nicht unter dem Einfluss von Drogen stehen oder unter einer psychischen Krankheit leiden darf, die meine Erkenntnisfähigkeit generell trüben würde. Manche würden hier bereits Einspruch erheben und erklären, dass religiöse Erfahrungen selbst bereits eine Form von psychischer Auffälligkeit sind, die bei gesunden Menschen nicht vorkommt. Tatsächlich können religiöse Visionen Symptome einer psychotischen Erkrankung sein, und manche psychedelischen Drogen können spirituelle Erlebnisse erzeugen, die traditionellen mystischen Erfahrungen frappierend ähnlich sind. Aber das gilt bestimmt nicht in allen Fällen – oft sind Menschen, die religiöse Erfahrungen gemacht haben, psychisch vollkommen unauffällig. Wer nun erwidert, dass doch gerade die religiösen Erfahrungen das Auffällige sind, argumentiert zirkulär: Indem man religiöse Erfahrungen insgesamt zu Halluzinationen erklärt, setzt man ihre Unglaubwürdigkeit bereits voraus. Aber gerade das steht ja in Frage. Wir bräuchten einen davon unabhängigen Grund, religiöse Erfahrungen für unzuverlässig zu halten.

(b) Die subjektiven Voraussetzungen zur Wahrnehmung müssen vorliegen, d.h. wer eine Erfahrung machen will, muss auch die notwendigen Sinnesorgane bzw. Fähigkeiten besitzen. Ohne Augen kann man eben nicht sehen. Während allerdings bei alltäglichen Gegenständen relativ klar ist, welche Sinnesorgane man benötigt, um sie wahrzunehmen, ist das bei religiösen Gegenständen deutlich weniger klar: Welche Sinne braucht man, um Gott oder das Nirvana zu erleben? Und haben wir diese Sinne oder nicht? Vielleicht – denn diese Frage lässt sich nur entscheiden, wenn wir bereits wissen, ob religiöse Erfahrungen glaubwürdig sind. Angenommen, wir würden uns die Frage stellen, ob Zimmerpflanzen über ein Gehör verfügen. Um das herauszufinden, müssten wir sie akustischen Reizen aussetzen und prüfen, ob sie in der Lage sind, sie wahrzunehmen. Ein solcher Hörtest setzt aber voraus, dass wir bereits wissen, ob ein akustischer Reiz vorhanden ist. Die Frage, ob Zimmerpflanzen ein Gehör haben, kann also nur vom jemandem beantwortet werden, der selbst hören kann. Entsprechend würde die Beantwortung der Frage, ob wir über einen *sensus divinitatis* (einen Sinn für das Göttliche) verfügen, voraussetzen, dass wir bereits wissen, ob dieses Göttliche real vorhanden ist. Aber wie können wir das wissen, wenn wir keinen *sensus divinitatis* haben? Das zweite Kriterium lässt sich also nicht überprüfen, ohne in einen Zirkel zu geraten.

(c) Das Objekt der Erfahrung muss mit hoher Wahrscheinlichkeit auch existieren. Wenn ich ein geflügeltes Einhorn zu sehen glaube, sollte ich meiner Wahrnehmung nicht trauen, selbst wenn ich (bisher) keinerlei Zweifel an meinem Geisteszustand

4 Religiöse Erfahrung

und der Funktionstüchtigkeit meiner Sinnesorgane habe, denn unabhängig von meiner Erfahrung gibt es gute Gründe, die gegen die Existenz geflügelter (und sonstiger) Einhörner sprechen. Für religiöse Erfahrungen bedeutet das: Wir benötigen über die Erfahrung hinaus Gründe, die dafür sprechen, dass das, was wir erfahren, auch real ist (oder wenigstens nicht irreal ist). Welche Objekte wahrscheinlich real sind und welche nicht, lässt sich pauschal nicht sagen, sondern muss für jedes einzelne Objekt separat diskutiert werden. Auf jeden Fall zeigt uns dieses Kriterium aber, dass religiöse Erfahrungen nicht gänzlich alleinstehen können, sondern auf die Unterstützung durch andere Argumente angewiesen sind oder zumindest kohärent in ein größeres Weltbild passen müssen.

(d) Das Objekt der Erfahrung muss auch die Ursache der Wahrnehmung sein. Eine Vision des Elefantengottes Ganesha muss tatsächlich von Ganesha verursacht werden, nicht von etwas anderem – nicht von Drogen, einer Störung des Hirnstoffwechsels, oder einem bösen Dämon. Aber wovon werden religiöse Erfahrungen verursacht? Und wie ließe sich feststellen, dass sie tatsächlich vom Gegenstand der Wahrnehmung verursacht werden? Swinburne selbst hat eine verblüffend einfache Antwort: Da Gott der Schöpfer von allem ist, was existiert, ist letzten Endes jede Erfahrung von Gott verursacht, denn alle Kausalketten enden irgendwann bei Gott. Wenn also die unmittelbare Ursache meiner Vision vom Erzengel Gabriel das LSD in meinem Blutkreislauf ist, so ist doch die ultimative Ursache Gott, der ein Universum geschaffen hat, in dem es LSD und mein Gehirn gibt (für andere religiöse Gegenstände als Gott funktioniert diese Erklärung natürlich nicht). Technisch gesehen mag das korrekt sein, aber es genügt doch nicht den Anforderungen, die wir normalerweise an authentische Erfahrungen stellen. Denn wenn ich ein Käsebrötchen esse, mag es Gott sein, der ultimativ die Ursache dieser Erfahrung ist, weil er ein Universum geschaffen hat, aus dem ich und das Käsebrötchen hervorgegangen sind, aber selbstverständlich ist es keine Gotteserfahrung, ein Käsebrötchen zu essen. Ursache und Erfahrung müssen deutlich näher beieinander liegen. Wieder zeigt sich, dass wir eine weitere Erkenntnisquelle brauchen, um Zweifel an der Glaubwürdigkeit religiöser Erfahrung auszuräumen. Ob wir das Prinzip der Glaubwürdigkeit legitimerweise auf religiöse Erfahrungen anwenden können oder nicht, ist also mindestens unklar. Es sieht so aus, als könne man nur dann von einer grundsätzlichen Glaubwürdigkeit religiöser Erfahrung ausgehen, wenn man bereit ist, die Existenz ihrer Gegenstände wenigstens prinzipiell für möglich zu halten.

4.3 Ist religiöse Erfahrung glaubwürdig?

Aber selbst wenn religiöse Erfahrungen den ersten Test prinzipieller Glaubwürdigkeit bestehen – gibt es nicht klare Argumente gegen ihre Glaubwürdigkeit, sobald man sich die Erfahrungen einmal näher anschaut? Haben wir nicht gute Gründe, im Fall religiöser Erfahrungen vom Prinzip der Glaubwürdigkeit abzuweichen?

(a) Verifikation und das Problem der Zuverlässigkeit

Das erste Gegenargument lautet, dass religiöse Erfahrungen grundsätzlich unzuverlässig sind: Sie erfüllen einfach nicht die Anforderungen, die wir normalerweise an glaubwürdige Erfahrungen stellen. Beispielsweise haben wir im Normalfall eine Reihe zuverlässiger Methoden, um zweifelhafte Erfahrungsberichte zu verifizieren, d.h. zu bestätigen, dass das, was sie behaupten, auch wirklich der Fall ist. Aber gerade das scheint bei religiösen Erfahrungen nicht möglich zu sein. Und wenn es nicht möglich ist, religiöse Erfahrungen zu verifizieren, dann sind sie grundsätzlich nicht vertrauenswürdig. Aber sind religiöse Erfahrungen wirklich nicht verifizierbar? In diesem Punkt unterscheiden sich gewöhnliche und religiöse Erfahrungen tatsächlich. Wenn wir uns im Alltag oder in der Wissenschaft unserer Sache nicht sicher sind und Zweifel an der Zuverlässigkeit einer Erfahrung haben, können wir sie immer durch eine erneute Überprüfung bestätigen oder widerlegen (wenigstens im Prinzip). Ob ein bestimmtes Medikament antiviral wirkt oder nicht, kann durch ein weiteres Experiment überprüft werden, und wenn ich mich frage, ob wirklich ein Löwe in meinem Wohnzimmer liegt, kann ich andere fragen, ob sie ihn auch sehen. Doch was im Alltag unproblematisch ist, scheint bei religiösen Erfahrungen nicht zu funktionieren: Wenn ich während einer Messe die Stimme Gottes höre, werden andere Besucher vermutlich nicht bestätigen können, dass sie die Stimme auch gehört haben. Aber wenn eine Erfahrung nicht verifizierbar ist, dann sollten wir ihr grundsätzlich misstrauen, denn wenn der Gegenstand meiner Erfahrung real ist (und nicht bloß eingebildet), dann sollte man erwarten, dass er auch von anderen wahrgenommen werden kann.

Aber ist diese Forderung nicht viel zu stark? Normalerweise erwarten wir doch gar nicht von jeder Erfahrung, dass sie verifiziert werden kann, um ihr zu vertrauen. Niemand kann bestätigen, dass der Luchs, den ich auf meiner einsamen Bergtour gesehen habe, wirklich da gewesen ist, denn niemand außer mir ist dabei gewesen – aber daraus folgt nicht, dass ich meiner Erfahrung nicht trauen sollte. Die naheliegende Erwiderung wäre, dass es gar nicht darum geht, dass die Erfahrung *tatsächlich* verifiziert werden muss – es genügt, wenn sie prinzipiell verifiziert werden *könnte*. Auch wenn niemand dabei war, als ich den Luchs gesehen habe, hätte doch jemand dabei sein können, der ihn auch gesehen hätte. Anders bei religiösen Erfahrungen: Hier gibt es keine anerkannten und verlässlichen Verfahren zur Verifikation.

So zumindest die Meinung der Kritiker. Doch von Seiten der Religionen selbst ist die Frage, wie sich authentische von illusorischen Erfahrungen unterscheiden lassen, durchaus gestellt worden. Insbesondere in mystischen Traditionen, die sich der Kultivierung religiöser Erfahrungen verschrieben haben, wurden jeweils eigene, religionsinterne Maßstäbe zur Prüfung religiöser Erfahrungen entwickelt. Im japanischen Zen-Buddhismus beispielsweise spielt das vertrauliche Gespräch zwischen Meister und Schüler (*dokusan*) eine wichtige Rolle. Hier berichtet der Schüler über seine Fortschritte in der Meditation und der Meister wird anhand der Berichte des Schülers prüfen, ob es sich um echte Erleuchtungen gehandelt hat oder nur um irreführende Halluzinationen (*makyo*). Auch in der christlichen Mystik gibt es unterschiedliche Kriterien, die als Prüfstein für die Authentizität einer Erfahrung herangezogen werden können, etwa die Übereinstimmung des Erlebten mit den biblischen Lehren oder die Auswirkung der Erfahrung auf das Subjekt. So wird die Echtheit einer Erfahrung oft damit begründet, dass sie eine

Veränderung zum Guten bewirkt oder von Übeln und Lastern befreit. Teresa von Avila, eine der größten christlichen Mystikerinnen, wehrt sich beispielsweise gegen den Vorwurf, ihre Visionen seien bloß Einbildung, indem sie betont, wie sehr ihre Erfahrungen sie stärker, tugendhafter und fester im Glauben gemacht haben (Teresa von Avila 2001: 410 f.).

Nun könnte man, völlig zu Recht, diese Kriterien in Zweifel ziehen. Denn es gibt ja keine Garantie, dass z.b. wirklich eine Begegnung mit Gott (und nicht bloß eine erschütternde Halluzination) Teresas charakterliche Veränderungen hervorgerufen hat. Und dass ein Zen-Meister die Echtheit einer Erfahrung bestätigt, mag als Verifikation gelten, wenn man bereit ist, die Autorität des Meisters in dieser Angelegenheit anzuerkennen. Aber um dessen Kompetenz im Unterscheiden echter und falscher Erfahrungen anerkennen zu können, muss man ja bereits voraussetzen, dass es prinzipiell glaubwürdige Erfahrungen geben könnte. Ein Horoskop ist ja auch immer Unfug, egal, ob es von einem Diplom-Astrologen oder einem Schimpansen erstellt wird. Was wir erwarten, ist eine von den fraglichen religiösen Überzeugungen *unabhängige* Verifikation, und die haben wir noch nicht gefunden. Doch unglücklicherweise gibt es eine Reihe wissenschaftstheoretischer Einwände gegen das Konzept einer absolut unabhängigen Verifikation. Ein Problem ist die Theoriegeladenheit der Erfahrung. Jede Erfahrung, die ich zur Verifikation einer Behauptung heranziehe, setzt selbst andere, nicht verifizierte Annahmen voraus. Will ich beispielsweise verifizieren, dass ein Medikament wie behauptet eine antibiotische Wirkung hat, dann muss ich selbst ein Experiment durchführen. Aber damit setze ich voraus, dass z.b. meine Sinnesorgane und Messinstrumente funktionieren (dass die Bakterien, die ich im Mikroskop sehe, wirklich da sind) oder dass die Natur bestimmen Gesetzen unterliegt und derselbe Wirkstoff, der vor vier Wochen Bakterien zerstört hat, dies unter gleichen Bedingungen auch heute noch tun wird.[23] Verifikation ist also immer nur Verifikation vor dem Hintergrund bestimmter Voraussetzungen, die selbst nicht verifiziert werden. Und wenn das schon in der Wissenschaft gilt, warum dann nicht auch bei religiösen Erfahrungen? Sicher, in religiösen Zusammenhängen werden ganz andere Theorien vorausgesetzt – aber wenn es nur darum geht, dass überhaupt Voraussetzungen gemacht werden, dann steht die Religion wenigstens nicht schlechter da als die Wissenschaft. Wenn nur grundsätzliche Verifizierbarkeit gefordert wird, können die religiösen Traditionen diese Forderung erfüllen. Wenn hingegen grundsätzliche *absolute* Verifizierbarkeit gefordert wird, wird eine Forderung erhoben, die wahrscheinlich niemals erfüllt werden kann.

Aber auch wenn religiöse Erfahrungen in Sachen Verifikation unproblematisch sein sollten (oder zumindest nicht signifikant problematischer als andere), könnten sie nicht trotzdem allgemein unzuverlässig sein? Wir nehmen ja auch nicht einfach so an, dass unsere alltäglichen Erfahrungen zuverlässig sind (auch wenn wir sie nicht immer verifizieren können), sondern wir können diese Überzeugung darauf stützen, dass sich unsere Erfahrung bisher im Großen und Ganzen bewährt hat. Verschiedene Erfahrungen sind konsistent miteinander und wir sind in un-

---

23 Klassisch für diesen Einwand: Hanson 1958: Kap. 1. Zur Einführung in die Problematik siehe Carrier 2006: Kap. 3.

seren Handlungen generell erfolgreicher, wenn wir uns an unseren Erfahrungen orientieren und nicht an unserer Fantasie (ich habe z.b. bessere Chancen, die Straße sicher zu überqueren, wenn ich mich auf meine Augen und Ohren verlasse). Aber welche Gründe haben wir, religiöse Erfahrungen für zuverlässig zu halten? Wir können hier nicht mehr auf religionsinterne Standards der Zuverlässigkeit verweisen, denn, so die Kritiker, die Belege für die Zuverlässigkeit religiöser Erfahrung setzen schon die Wahrheit dieser Religion voraus. Ein hartgesottener Atheist wäre wohl kaum von der Echtheit von Teresas Visionen zu überzeugen, nur weil sie sie fester in einem Glauben machen, den er ohnehin ablehnt. Und wenn der Zen-Schüler überzeugt ist, dass seine Erfahrungen ihm zuverlässig den Weg zur Erleuchtung weisen, dann nur, weil er vorher bereits bestimmte Überzeugungen darüber hat, worin Erleuchtung besteht und wie sie sich äußert. Zu behaupten, dass religiöse Erfahrungen zuverlässig sind, ist also zirkulär – die Maßstäbe dafür, was zuverlässige Erfahrungen sind und was nicht, entstammen genau den religiösen Überzeugungen, die durch die Erfahrungen gerechtfertigt werden sollen.

Dagegen wendet der amerikanische Philosoph William Alston (1921-2009) in seinem Buch *Perceiving God* (Alston 1991) ein: Das ist doch immer so! Jede Form von Erkenntnisgewinn (Alston spricht von doxastischen Praktiken, von gr. *doxa* – Meinung) beruht auf Voraussetzungen, die sie selbst nicht garantieren kann. Anders als wir üblicherweise denken, ist z.B. auch die ganz gewöhnliche Sinneswahrnehmung voraussetzungsbeladen: Sinneswahrnehmungen können nur durch andere Sinneswahrnehmungen bestätigt werden. Nehmen wir noch einmal das Beispiel vom Luchs, den ich glaube, auf meiner Bergwanderung gesehen zu haben. Wenn ich meine Begleiter frage, ob sie ihn auch gesehen haben, und sie mir zustimmen, ist damit die Zuverlässigkeit meiner Wahrnehmung gesichert? Nicht absolut. Denn abgesehen von der Möglichkeit, dass wir alle uns täuschen könnten, beruht ja das Wissen der anderen ebenfalls auf deren Sinneswahrnehmung. Und was sie mir mitteilen, erfahre ich nur, weil ich von der Zuverlässigkeit meines Hörsinns ausgehe. Ich kann also punktuell an der Zuverlässigkeit meiner Wahrnehmungen zweifeln, aber wenn ich andere um Bestätigung bitte, setze ich dabei die grundsätzliche Glaubwürdigkeit der Sinneswahrnehmung wieder voraus, denn ich nehme ja an, dass Wahrnehmung prinzipiell möglich ist und nur bei mir in diesem speziellen Fall nicht korrekt funktioniert. Alles, was die Zuverlässigkeit meiner Wahrnehmung in diesem Fall bestätigen oder widerlegen könnte, setzt an anderer Stelle wieder genau diese Zuverlässigkeit voraus. Für Alston können doxastische Praktiken daher niemals als ganze von außen gerechtfertigt werden. Bestätigung ist nur innerhalb der doxastischen Praxis möglich. Nun sind religiöse Erfahrungen auch eine solche doxastische Praxis, und können als solche nicht von außen begründet werden. Aber in dieser Hinsicht stehen sie nicht schlechter da als solch respektable Praktiken wie Sinneswahrnehmung oder Erinnerung. Es zeigt sich also, dass es keinen Grund gibt, religiöse Erfahrungen an sich für unzuverlässig zu erklären. Das ist freilich ein bisschen wenig – Alston hat ja zunächst einmal nur gezeigt, dass für Sinneswahrnehmung und religiöse Erfahrung die gleichen Maßstäbe gelten sollten. Das heißt aber nicht, dass religiöse Erfahrung glaubwürdig ist. Es heißt nur, dass sie glaubwürdig ist, wenn es andere doxastische Praktiken auch sind. *Ob* sie es sind, bleibt aber offen.

(b) Gibt es eine natürliche Erklärung?

Nicht nur die Philosophie, auch die moderne Psychologie und die Neurowissenschaft befassen sich mit dem Phänomen der religiösen Erfahrung. Forschungen der letzten Jahrzehnte haben gezeigt, dass religiöse Erfahrungen keine rein mentalen Phänomene sind, sondern eine physische Komponente haben und mit charakteristischen Veränderungen in der Hirnaktivität einhergehen. Ein berühmt gewordenes Beispiel ist Michael Persingers (1945-2018) sogenannter Gotteshelm. Persinger fand heraus, dass sich mystische Erfahrungen (wie ein Gefühl der Einheit mit dem Universum oder der Präsenz eines Schutzengels) auslösen lassen, indem man die Schläfenlappen des Gehirns einer Versuchsperson einem moderaten Magnetfeld aussetzt (zu diesem Zweck befestigte er Spulen an einem Motorradhelm, daher der Name).[24] Ebenfalls interessant sind in diesem Zusammenhang die Arbeiten des amerikanischen Neurologen Andrew Newbergs (*1966). Newberg ist einer der Pioniere auf dem neuen Gebiet der Neurotheologie, die sich mit den neurologischen Grundlagen religiöser Erfahrung befasst und versucht, das Phänomen der Religion aus einer Analyse der zugehörigen Hirnaktivitäten zu erklären.[25] In seinen Studien hat Newberg die Gehirne von Menschen in meditativer Versenkung untersucht (unter anderem buddhistische Mönche und franziskanische Nonnen), indem er ihnen in den tiefsten Momenten spiritueller Versenkung ein Kontrastmittel injizierte und im Anschluss daran MRT-Aufnahmen des Gehirns machte. Durch das Kontrastmittel zeigt sich dann, in welchen Arealen die Hirnaktivität im Moment der Injektion besonders hoch oder niedrig war. Ein wichtiges Ergebnis seiner Forschung ist, dass die Aktivität im Bereich des Scheitellappens abnimmt, einer Region, die er als „Orientierungsfeld" bezeichnet. Dieses Hirnareal hat die Funktion, die Orientierung im Raum zu ermöglichen. Verletzungen in diesem Bereich machen es den Betroffenen schwer bis unmöglich, sich im Raum zu bewegen oder die Position von Gegenständen einzuschätzen. Das Orientierungsfeld zieht also eine Grenze zwischen mir als dem Subjekt und den Dingen um mich herum: Es ist das neuronale Korrelat dafür, wo mein Körper aufhört und die Außenwelt anfängt. Wenn nun die Aktivität in diesem Bereich plötzlich heruntergefahren wird, könnte das erklären, woher das mystische Gefühl der Einheit mit allem stammt: Das Gehirn hat keine Information mehr darüber, wo die Grenze zwischen Ich und Nicht-Ich verläuft. Es schließt also, dass es diese Grenze nicht gibt und dass daher alle Dinge eins sein müssen.

Angesichts solcher Ergebnisse liegt es nahe, die Konsequenz zu ziehen, dass religiöse Erfahrung letzten Endes nur ein neurologisches Phänomen ist. Was erlebt wird, ist nicht real – nicht Gott ist die Ursache der Gotteserfahrung (Swinburnes vierte Bedingung), sondern ein aus dem Gleichgewicht geratener Hirnstoffwechsel. Doch das allein ist noch kein Einwand gegen die Glaubwürdigkeit, denn selbstverständlich hat *jede* Erfahrung ein neuronales Korrelat. Wenn ich Musik höre oder Eis esse, gibt es bestimmte Hirnareale, die aktiv werden und deren Aktivität

---

24 Die Ergebnisse des Experiments sind umstritten. Während Persinger behauptete, bei ca. 80% der Versuchspersonen eine mystische Erfahrung auslösen zu können, gelang es anderen Forschenden nicht, den Effekt zu reproduzieren. Eine Übersicht seiner Ergebnisse findet sich Persinger et al. 2010.
25 Eine gute Einführung in seine Arbeit ist Newbergs Buch *Why God won't go away* (Newberg/d'Aquili 2002).

bedeutet, dass ich eine Hör- oder Geschmackwahrnehmung habe. Aber natürlich würden wir deshalb nicht gleich behaupten, dass der Klang von Musik und der Geschmack von Eis allein im Kopf sind, denn das neuronale Korrelat ist nicht die *ultimative* Ursache der Erfahrung. Es wäre auch höchst seltsam, wenn religiöse Erfahrungen keine Grundlage im Gehirn hätten – wie sollten sie dann zustande kommen? Der Befund lässt sich daher auch umgekehrt deuten: Die Existenz der neuronalen Grundlagen religiöser Erfahrung zeigt, dass wir die Fähigkeit zur Wahrnehmung einer religiösen Realität besitzen müssen, dass also Swinburnes oben genannte zweite Bedingung erfüllt ist. Die Ergebnisse der Neurotheologie sind durchaus wichtig – sie können helfen, religiöse Erfahrungen von Halluzinationen und anderen Erlebnissen abzugrenzen, und dazu beitragen, die Frage zu beantworten, ob religiöse Erfahrungen kulturübergreifende Gemeinsamkeiten haben. Aber auf die Frage nach der Glaubwürdigkeit der religiösen Erfahrungen haben sie keinen entscheidenden Einfluss.

(c) **Widersprüchlichkeit, Kontingenz und der gemeinsame Kern**

Der schwerwiegendste Einwand gegen die Glaubwürdigkeit religiöser Erfahrungen betrifft ihre offensichtliche Widersprüchlichkeit. Religiöse Erfahrungen haben sehr unterschiedliche Inhalte: Muslime erfahren die Präsenz Allahs; Mahayana-Buddhistinnen erleben die Leere aller Dinge; Christen hören, wie Jesus zu ihnen spricht. Es liegt auf der Hand, dass nicht alle Recht haben können – nicht alle diese Erfahrungen können gleichermaßen wahr sein, denn sie widersprechen sich (oder genauer: sie implizieren einander widersprechende Aussagen über die Realität). Eine Marienerscheinung und eine Vision des Gottes Krishna können nicht beide gleichermaßen die Wirklichkeit zeigen, so dass mindestens eine von beiden falsch sein muss. Erfahrungsberichte, die einander widersprechen, sind ein sicheres Zeichen dafür, dass irgendetwas nicht stimmt. Wenn eine Zeugin eines Verkehrsunfalls sagt, der weiße Lieferwagen habe abrupt gebremst, ein anderer aber sagt, er habe stark beschleunigt, dann sollten wir erstmal keinem der beiden glauben und warten, was weitere Untersuchungen ergeben. Das eine oder das andere könnte wahr sein – aber die Tatsache, dass beide Behauptungen über den gleichen Sachverhalt einander widersprechen, ist Grund genug, *prima facie* keine der beiden zu glauben. Erschwerend kommt bei religiösen Erfahrungen hinzu, dass ihre Inhalte von ihrem jeweiligen Hintergrund abzuhängen scheinen, d.h. sie zeigen immer das, was das Subjekt vorher schon geglaubt hat. Buddhisten haben keine Marienerscheinungen und Apollon erscheint in Delphi, aber nicht in Hamburg. Wären die Erfahrungen wirklich authentisch, dann sollten sie von der Wirklichkeit bestimmt werden, nicht von den Erwartungen des Subjekts. Die Vielfalt religiöser Erfahrungen mit ihrer Kontingenz und Widersprüchlichkeit ist also ein schwieriges Problem für die Glaubwürdigkeit religiöser Erfahrung.

Wie ließe sich dieser Einwand entkräften? Die einzige Möglichkeit besteht darin, die oberflächliche Vielfalt zu überwinden und zu zeigen, dass die Erfahrungen einander nur scheinbar widersprechen, in Wirklichkeit aber identisch sind, also einen gemeinsamen Kern haben. Demnach müssten wir zwischen dem Inhalt und der Interpretation einer Erfahrung unterscheiden: Der Inhalt ist der gleiche, aber die Interpretationen schwanken mit den jeweiligen kulturellen Rahmenbedingungen und Hintergrundüberzeugungen. Der britische Philosoph Walter Stace (1886-1967), der vielleicht bekannteste Vertreter dieser oft als *common-core*-These[26] bezeichneten Position, erläutert sie an folgendem Beispiel:

> Wenn man in einer dunklen Nacht draußen etwas Weißes schimmern sieht, könnte jemand denken, dass es ein Geist ist. Jemand anderes hält es hingegen für ein Betttuch auf der Wäscheleine. Und jemand drittes könnte denken, dass es ein weiß angestrichener Felsblock ist. Hier haben wir eine einheitliche Erfahrung mit drei unterschiedlichen Interpretationen. Die Erfahrung selbst ist echt, aber die Interpretationen können wahr oder falsch sein. (Stace 1960: 10)

Was identisch ist in diesen Fällen, ist der rein phänomenale Inhalt der Wahrnehmung: der reine, uninterpretierte Farbeindruck von etwas Weißem. Dieser Farbeindruck wird mit unterschiedlichen Begriffen interpretiert, so dass am Ende eine eigentlich identische Erfahrung zu drei inkompatiblen Beschreibungen führt. Wenn die drei aber die Ebene der Interpretation verlassen und sich allein darauf beschränken zu beschreiben, was sie rein phänomenal erlebt haben, verschwindet der Widerspruch. Auch die Kontingenz der Erfahrung wird so verständlich: Menschen haben immer die religiösen Erfahrungen, die ihrer eigenen Religion entsprechen, weil sie aus ihr die Bilder und Begriffe entlehnen, mit denen sie ihre Erfahrung interpretieren.

Das klingt nach einer eleganten Lösung des Problems, baut jedoch auf einer kritischen Voraussetzung auf: dass man überhaupt zwischen Inhalt und Interpretation einer Erfahrung trennen kann. Die Idee scheint ja zu sein, dass wir einen rohen, unbearbeiteten Inhalt unseres Bewusstseins haben, der einfach so da ist und dann von unserem Bewusstsein mithilfe von Begriffen oder Wertungen interpretiert wird. Genau dieses Bild ist aber in der Erkenntnistheorie seit spätestens der Mitte des 20. Jahrhunderts arg unter Beschuss geraten.[27] Es gibt, so die Kritiker, keine uninterpretierte Erfahrung. Jede Erfahrung ist bereits interpretiert – wir sehen ja nicht einfach etwas Weißes im Dunkeln schimmern, sondern wir sehen immer schon das Tuch auf der Wäscheleine. Wir sehen immer etwas – nicht immer das Richtige, aber immer etwas (eine Position, die man als Konstruktivismus bezeichnet).[28] Aber wenn Inhalt und Interpretation eine untrennbare Einheit sind, dann kann es keinen gemeinsamen Kern religiöser Erfahrungen geben, ganz einfach weil es keinen Kern gibt, der sich vom Rest unterschieden ließe. Doch dieser Einwand versteht die Rede vom gemeinsamen Kern zu buchstäblich. Religiöse Erfahrungen können einen gemeinsamen, nicht interpretierten Kern haben, ohne dass dieser je als solcher erfahren wird. Das lässt sich leicht am Beispiel des duck-rabbit von Ludwig Wittgenstein zeigen:

---

26 Nach Aldous Huxleys klassischer Sammlung *The perennial philosophy* wird die Position gelegentlich auch als Perennialismus bezeichnet.
27 Für den „Mythos des Gegebenen" siehe Sellars 1956.
28 Klassischer Vertreter dieser Position ist Katz 1978.

4.3 Ist religiöse Erfahrung glaubwürdig?

Wittgensteins duck-rabbit (Quelle: Eigene Darstellung)

Das Bild kann entweder als Hase oder als Ente gesehen werden und die meisten schaffen es, mühelos zwischen beiden Sehweisen hin- und herzuwechseln. Was passiert bei diesem Wechsel? Es ist ein Wechsel zwischen verschiedenen Interpretationen des gleichen Gehalts. Der phänomenale Gehalt (die schwarze Linie) bleibt gleich, während die Interpretation sich ändert. Natürlich sehen wir nie *nur* die schwarzen Linien, also den uninterpretierten gemeinsamen Kern, aber wir können trotzdem schließen, dass er existiert – wie sonst sollten die unterschiedlichen Interpretationen erklärbar sein?

Doch auch wenn der konstruktivistische Einwand widerlegt ist, ist die Frage der Widersprüchlichkeit immer noch nicht geklärt. Denn offenkundig greift die *common-core*-These nur bei einigen Formen der religiösen Erfahrung, nämlich der mystischen und (möglicherweise) der interpretativen Erfahrung. Widersprüche zwischen sinnlichen Erfahrungen lassen sich auf diese Weise aber nicht ausräumen. Dass die Erfahrung des Zen-Buddhisten von der Auflösung des Selbst in *mu* und die Erfahrung des christlichen Mystikers von der Verschmelzung der Seele mit Gott in der *unio mystica* letzten Endes identisch sind, ist vorstellbar. Dass eine Marienerscheinung und eine Vision von Ganesha einen gemeinsamen, vorinterpretativen Kern haben, eher nicht – dazu sehen die beiden zu unterschiedlich aus. Dieser Unterschied ist ein Indiz dafür, dass der Versuch, die Glaubwürdigkeit religiöser Erfahrung zu retten, nicht ganz das gewünschte Ergebnis haben dürfte. Denn wenn es einen gemeinsamen Kern religiöser Erfahrung gibt, spricht seine Existenz gar nicht mehr für die Wahrheit der jeweils eigenen Religion. Wenn buddhistische, christliche und islamische Mystik einen Kern von gleichartigen Erfahrungen haben, dann gibt uns das weder Anlass, an die buddhistische Leere noch an den theistischen Gott zu glauben, denn beide haben sich ja nach diesem Ansatz als bloße Interpretationen herausgestellt und können daher nicht mit dem realen Gegenstand der Erfahrung identifiziert werden – sonst landen wir wieder bei dem Widerspruch, den wir eigentlich vermeiden wollten. Die *common-core*-These steht damit in deutlichem Widerspruch zum Selbstverständnis der Religionen – sollte sie wahr sein, ist das für traditionelle religiöse Überzeugungen eher ein Problem als eine gute Nachricht.

Was ist also die Konsequenz unserer Analyse – sind religiöse Erfahrungen glaubwürdig oder nicht? Grundsätzlich ja, auch wenn es überraschend klingt. Religiöse Erfahrungen genießen sozusagen ein *benefit of doubt*: Sie dürfen solange als prinzipiell glaubwürdig gelten, wie nichts gegen sie spricht. Es gibt einige Versuche, ihre Glaubwürdigkeit zu untergraben, doch die meisten dieser Argumente stellen unerfüllbar hohe Anforderungen an religiöse Erfahrungen, die wir für andere Typen von Erfahrung nicht akzeptieren würden. Oder sie würden (konsequent zu Ende gedacht) die Glaubwürdigkeit jedweder Form von Erfahrung untergraben und uns in einem skeptischen Sumpf versinken lassen, aus dem wir nicht mehr herauskommen. Das stärkste Argument gegen ihre Glaubwürdigkeit besteht in der Widersprüchlichkeit religiöser Erfahrungen. Die lässt sich zwar mithilfe der *common-core*-These beseitigen, allerdings mit dem etwas unbequemen Ergebnis, dass religiöse Erfahrungen dann nicht mehr das rechtfertigen können, was sie rechtfertigen sollen. Sollte es einen gemeinsamen Kern religiöser Erfahrungen geben und sollten sich diese Erfahrungen als glaubwürdig herausstellen, dann zeigen sie höchstens, dass es irgendeine Form von heiliger oder religiös bedeutsamer Realität gibt, innerhalb oder außerhalb von uns, die nicht einfach mit den Gegenständen der traditionellen Religionen gleichgesetzt werden darf.

Quellen
Otto 1987 ist ein Klassiker, dem man gelesen haben sollte. Ebenso klassisch (und eine Fundgrube von Erfahrungsberichten) ist William James' detaillierte Untersuchung religiöser Erfahrungen in James 1997. Das Prinzip der Glaubwürdigkeit behandelt Swinburne 2004, Kap. 13. Zur Philosophie der Mystik Stace 1961, ebenfalls zahlreiche Quellenzitate.

Weiterführende Literatur:
Mystik: Wainwright 1981. Epistemische Relevanz: Davis 1989. Alston 1991. Yandell 1993. Common Core: Katz 1978. Proudfoot 1985. Gäb 2020. Religionspsychologie religiöser Erfahrung: Hood et al. 2018: Kap. 10 und 11. Neurotheologie: d'Aquili/Newberg 1999. Newberg 2010.

Diskussionsfragen:

- Kann ein Death-Metal-Konzert eine religiöse Erfahrung sein?
- Was könnte ein gemeinsamer Kern religiöser Erfahrung in den Religionen sein und was würde aus seiner Existenz folgen?
- Unter welchen Umständen könnte man behaupten, dass eine religiöse Erfahrung tatsächlich verifiziert ist?

5 Die Pluralität der Religionen

> **Zusammenfassung**
>
> Religionen erheben oft unvereinbare Wahrheitsansprüche, so dass die Frage auftaucht, welche Religion die wahre ist. Der Relativismus lehnt die Frage ab, weil es keine absolute Wahrheit einer Religion geben kann. Der Exklusivismus behauptet, dass nur eine Religion wahr ist, der Inklusivismus ergänzt, dass andere Religionen in diese Wahrheit mit eingeschlossen sein können. Der Pluralismus nimmt an, dass diverse Religionen gleichermaßen wahr sein können. Die Konfrontation mit Menschen, die andere religiöse Überzeugungen haben, erfordert eine Reflexion der eigenen Überzeugungen: Ist es angesichts des Pluralität der Religionen rational, an den eigenen Überzeugungen festzuhalten, oder sollte man sie revidieren? Außerdem müssen wir uns fragen, ob es Gründe gibt für eine Haltung der Toleranz anderen Religionen gegenüber.

Es gibt zahllose Religionen in der Welt: große Weltreligionen wie Christentum, Islam oder Buddhismus, oder kleinere wie Judentum, Sikhs oder Jainas. Es gibt die sogenannten indigenen Religionen Afrikas, Asiens, Amerikas und Ozeaniens. Und blickt man in die Vergangenheit, findet man Religionen und Kulte, die einmal ganze Weltregionen mit Millionen Menschen dominierten, heute aber ausgestorben oder auf einen Bruchteil ihrer ehemaligen Größe zusammengeschrumpft sind: die antike griechische Religion, die altägyptische Religion, den Manichäismus oder den Zoroastrismus. Ebenso gibt es innerhalb einzelner Religionen oft eine erstaunliche Vielfalt. Was aus der Ferne wie eine monolithische Einheit aussieht, stellt sich bei näherer Betrachtung als eine komplexe Mischung unterschiedlicher Strömungen, Ideen und Gemeinschaften heraus. Die Idee, dass es so etwas wie klar abgrenzbare Religionen mit definierten Lehren gibt, ist bestenfalls eine heuristische Fiktion, die uns hilft, die Komplexität zu reduzieren. Hinter einer scheinbaren Einheit wie dem Christentum verbergen sich so unterschiedliche Strömungen wie Katholizismus und koptisches Christentum, Baptismus und Arianismus, die selbst wieder in unterschiedliche, teils widersprüchliche historische Epochen und geographische Regionen zerfallen. Es gibt also nicht die Religion an sich, sondern nur eine Pluralität der Religionen.

Ist das ein Problem? Ja – gesellschaftlich und politisch, aber auch philosophisch. Jede Religion hat ein bestimmtes Weltbild und vertritt ihre jeweils eigene Vorstellung vom Wesen des Menschen oder dem Sinn des Daseins. Ob es einen Gott gibt oder mehrere oder keinen, ob die Geschichte ein Ziel hat oder nicht, ob Menschen nach ihrem Tod weiterexistieren können und wenn ja, auf welche Weise – all dies sind Fragen, die die einzelnen Religionen unterschiedlich beantworten, und in ihren Antworten manifestieren sich ihre fundamentalen Überzeugungen. Religionen erheben also Wahrheitsansprüche, die erfüllt sein können oder nicht (siehe auch Kap. 6.1). Das Christentum z.B. behauptet, dass Jesus für unsere Sünden gestorben ist; der Islam, dass es keinen Gott außer Allah gibt und dass Mohammed sein Prophet ist; der Buddhismus, dass alle Dinge leidvoll, unbeständig und ohne Selbst sind. Aber diese Behauptungen widersprechen sich (bzw. sie implizieren einander widersprechende Aussagen), und können daher nicht alle wahr sein – Religionen erheben *konkurrierende* Wahrheitsansprüche. Die Pluralität der Religionen provoziert daher unweigerlich die unangenehme Frage: Welche ist die richtige?

Zum Weltbild einer Religion gehört meist auch ein Ideal eines guten Lebens und ein Weg zur Erlösung: Was ist Ziel menschlichen Lebens und wie können wir es erreichen? Was der Weg zur Erlösung ist, hängt natürlich vom sonstigen Weltbild der Religion ab, insbesondere davon, worin sie das Grundproblem des Daseins sieht, von dem wir uns befreien sollen – ist es Leiden, Sünde, Getrenntsein vom Einen? Religionen diagnostizieren sozusagen eine Krankheit und empfehlen eine Therapie. Aber die Therapie kann nur wirken, wenn die Diagnose stimmt, weshalb es darauf ankommt, welche Religion die richtige ist. Denn wenn wir eine Chance auf Erlösung haben wollen, kann nur der Weg derjenigen Religion der richtige sein, die die Wirklichkeit richtig erfasst. Aber sind wir überhaupt in der Lage, zu erkennen, ob eine der unzähligen Religionen die richtige ist, und falls ja, welche? Realistisch betrachtet ist hier Skepsis angebracht. Alle sind von der Wahrheit ihrer Religion überzeugt, aber nicht alle können recht haben. Wir befinden uns also in einer unbequemen Lage: Einerseits bestehen konkurrierende Wahrheitsansprüche, andererseits können wir nicht entscheiden, welche dieser Wahrheitsansprüche berechtigt sind. Was sollten wir in dieser Situation tun? Wenn wir nicht bereit sind, den Gedanken fallenzulassen, dass Religionen überhaupt Wahrheitsansprüche erheben, bleiben zwei Fragen: Wie sollen wir angesichts dessen mit unseren *eigenen* religiösen Überzeugungen umgehen? Und wie sollen wir uns den religiösen Überzeugungen der *anderen* gegenüber verhalten?

Diese beiden Fragen lassen sich in drei miteinander zusammenhängende Probleme aufteilen: (a) Das metaphysische Problem: Was ist die Natur der religiösen Realität? Manche Religionen lehren einen Monotheismus (in unterschiedlichen Interpretationen), andere glauben an die Existenz verschiedener Götter, andere an gar keine. Sind diese unterschiedlichen Vorstellungen von religiöser Realität miteinander vereinbar und wenn ja, wie? Und welche Konsequenzen hat die Antwort auf diese Frage für das Streben nach Erlösung? (b) Das epistemische Problem: Was ist eine *rationale* Haltung zu meinen eigenen Überzeugungen angesichts inkompatibler Wahrheitsansprüche? Im Großen und Ganzen gibt es keine wesentlichen Unterschiede zwischen Menschen, egal, welche Religion sie haben: Wir sind alle (im Durchschnitt) gleichermaßen intelligent und leben in der gleichen Wirklichkeit. Niemand von uns hat geheimes Wissen oder irgendwelche Superkräfte. Trotzdem interpretieren Menschen die Welt fundamental unterschiedlich. Manche halten sie für die Schöpfung eines Gottes, andere für ein Produkt des Zufalls. Wie kann es sein, dass wir bei eigentlich gleichen Bedingungen in derselben Frage zu unterschiedlichen Ergebnissen kommen? Sollten wir in dieser Situation an den eigenen Überzeugungen festhalten oder sollten wir sie verwerfen? (c) Das ethische Problem: Wie sollte ich mich denen gegenüber verhalten, die meine Wahrheitsansprüche nicht teilen? Wer glaubt, im Besitz der Wahrheit und des einzig richtigen Weges zur Erlösung zu sein, wird oft auch glauben, die Pflicht zu haben, dieses Wissen mit anderen zu teilen. Aber wie sollen Menschen miteinander umgehen, die von sich glauben, sie hätten die Wahrheit erkannt? Ist das einzig Richtige der

Versuch, die anderen umzustimmen? Oder gebietet es der Respekt, sie in ihrem (vermeintlichen) Irrtum zu belassen?

5.1 Relativismus: Sind die Probleme real?

Der Kern der Probleme, die mit der Pluralität der Religionen zu tun haben, liegt also in den konkurrierenden Wahrheitsansprüchen. Was läge da näher, als diesen Kern einfach zu beseitigen und zu bestreiten, dass Religionen Wahrheitsansprüche erheben? Das ist der Weg des Relativismus. Relativistinnen und Relativisten behaupten, dass religiöse Überzeugungen nicht objektiv wahr oder falsch sein können.[29] Sie sehen in der realistischen Grundannahme, dass religiöse Überzeugungen einen wahrheitsfähigen Inhalt haben, der sich auf eine von uns unabhängige Realität bezieht, einen fatalen Irrtum (zum Realismus siehe Kap. 6.1). Stattdessen sollten religiöse Wahrheitsansprüche immer relativ zum sozialen, historischen oder weltanschaulichen Kontext verstanden werden, aus dem sie stammen. Unabhängig von diesem Kontext kann man sie gar nicht verstehen oder bewerten, da es keine absoluten Begriffe von wahr oder falsch gibt. Religiöse Überzeugungen sind immer nur wahr *für* bestimmte Personen, Gemeinschaften oder Kulturen. Untereinander sind sie inkommensurabel, können also nicht mit dem gleichen Maßstab gemessen und verglichen werden. „Wahr" und „falsch" verhalten sich ähnlich wie „rechts" und „links": Aus Sicht der Lehrerin ist die Tür des Klassenraums rechts, aus Sicht der Schüler ist sie links. Wer von beiden hat recht? Wo ist die Tür wirklich? Auf diese Frage gibt es keine sinnvolle Antwort, denn die Begriffe „rechts" und „links" haben keine Bedeutung unabhängig von der Perspektive, auf die sie sich beziehen. Etwas kann nur *aus meiner Sicht* rechts oder links sein, was nichts darüber sagt, ob es aus einer anderen Perspektive rechts oder links ist. Sobald man das einsieht, löst sich die Frage, wo die Tür in Wirklichkeit ist, auf. Das bedeutet allerdings nicht, dass man jeden beliebigen Unsinn glauben darf. Auch Relativisten akzeptieren, dass es gewisse Maßstäbe dafür gibt, welche religiösen Überzeugungen angemessen sind oder nicht, z.B. ihre Kohärenz mit dem Rest des Weltbilds oder ihre Wirksamkeit im Leben. Nur Wahrheit in einem absoluten Sinn ist ausgeschlossen. Der Relativismus kann daher die Wahrheitsansprüche der jeweiligen Religionen als echt und berechtigt anerkennen, ohne die Widersprüche zwischen ihnen zu ignorieren – sofern wir nur zu jeder Behauptung in Gedanken hinzufügen: „...im jeweiligen Kontext". Einen Konflikt zwischen konkurrierenden Wahrheitsansprüchen kann es damit gar nicht geben, denn es fehlt ein gemeinsamer Boden, auf dem der Konflikt überhaupt ausgetragen werden könnte. Wenn Überzeugungen aus verschiedenen religiösen Kontexten inkommensurabel sind, dann ist jede Diskussion darüber, wer recht hat, absurd. Eine Diskussion darüber, ob die Seele in Wirklichkeit unsterblich ist oder nicht, wäre dann ebenso absurd wie eine Diskussion über die Frage, ob die Tür in Wirklichkeit links oder rechts ist.

Genau das sollte uns allerdings skeptisch stimmen, denn dass es faktisch inner- und interreligiöse Dispute über richtige und falsche Überzeugungen gibt, lässt

---

29 Für eine zeitgenössische Darstellung siehe Runzo 2011.

5 Die Pluralität der Religionen

sich kaum bestreiten. Christen und Muslime sind sich uneinig, ob Christus der menschgewordene Gott ist oder nur ein Prophet. Konfuzianer und Buddhisten streiten darüber, ob das Ziel menschlichen Lebens in der Kultivierung sozialer Beziehungen in dieser Welt oder in einer transzendenten Erlösung vom Leiden besteht. Sind das wirklich nur Scheingefechte um eine Wahrheit, die es gar nicht gibt? Auf den ersten Blick sieht es nicht danach aus – die Diskussionen wirken ziemlich real. Die naheliegende Erwiderung lautet: Der Relativismus ist keine *deskriptive*, sondern eine *normative* These (vgl. Kap. 1.2). Während eine deskriptive These nur beschreibt, wie die Dinge sind, schreibt eine normative These vor, wie sie sein sollen. Der Relativismus sagt uns also nicht, wie interreligiöse Diskurse faktisch ablaufen (sonst läge er offensichtlich falsch), sondern wie wir sie interpretieren *sollen*. Sicher, die Teilnehmerinnen und Teilnehmer dieser Diskurse meinen, für oder gegen die objektive Wahrheit religiöser Überzeugungen zu argumentieren, aber das ist ein Missverständnis, das sich aufklärt, sobald sie einsehen, dass es so etwas wie objektive Wahrheit gar nicht geben kann.

Der Erfolg relativistischer Interventionen in reale Pluralitätskonflikte ist allerdings ziemlich überschaubar. Wer hört schon gerne von Außenstehenden, dass sie die eigene Religion besser verstehen als man selbst? Abgesehen davon gibt es aber auch ein theoretisches Problem mit der normativen Variante der Relativismus: Es ist irrational, zu bezweifeln, dass Äußerungen grundsätzlich das bedeuten, was sie zu bedeuten scheinen (solange es keine guten Gründe gibt, etwas Anderes zu vermuten). Denn ohne diese Voraussetzung ist gar nicht klar, wie man andere Menschen überhaupt verstehen könnte.[30] Angenommen, jemand sagt mir: „Ich möchte bitte ein Glas Wasser." Dann gehe ich natürlich davon aus, dass es sich um eine Bitte handelt, dass „Glas" Glas und nicht Eimer bedeutet und „Wasser" Wasser und nicht Kartoffeln. Ich setze voraus, dass seine Worte bedeuten, was sie zu bedeuten scheinen, denn täte ich das nicht, könnte seine Äußerung alles bedeuten – wenn „Wasser" nicht Wasser bedeutet, wie soll ich dann wissen, welche von den unendlich vielen anderen Bedeutungen, die es haben könnte, die richtige ist? Wir tun also gut daran, anzunehmen, dass Menschen normalerweise mit dem, was sie sagen, auch meinen, was sie zu sagen scheinen. Von diesem Prinzip sollten wir nur abweichen, wenn es gute Gründe gibt. Dann aber sind die Relativisten in der Pflicht, solche Gründe zu nennen. Können sie es nicht, sollten wir daran festhalten, dass es auch bei religiösen Überzeugungen objektive Wahrheiten gibt. Das ist nicht immer angenehm. Was den Relativismus für viele so attraktiv macht, ist die Tatsache, dass er es ermöglicht, Konflikte elegant zu entschärfen, indem er sagt: „Eigentlich habt ihr beide recht!" (Genauso haben eigentlich beide Unrecht, aber diese Formulierung ist weniger beliebt.) Realismus hingegen ist unangenehm. Wer einen Realismus vertritt, muss davon ausgehen, dass manche Überzeugungen einen privilegierten Status anderen gegenüber haben, ganz einfach deshalb, weil sie wahr sind. Wenn man aber nicht mehr guten Gewissens daran glauben kann, dass alle Religionen gleichermaßen wahr sind, dann wird man unweigerlich irgendjemandem auf die Füße treten. Aber nur, weil etwas

---

30 Diesen Punkt betont Griffiths 1991: 20.

unbequem ist, ist es noch nicht falsch. Es spricht zu viel gegen den Relativismus, als dass wir uns diesen bequemen Ausweg erlauben sollten.

5.2 Wahrheit und Erlösung: Das metaphysische Problem

Religiöse Überzeugungen können also grundsätzlich wahr oder falsch sein. Aber *welche* sind wahr? Gibt es nur eine einzige wahre Religion oder können auch mehrere Religionen wahr sein? „Wahr sein" heißt hier: die Wirklichkeit richtig erfassen. Eine Religion, die lehrt, dass die Seele nach dem Tod des Menschen ewig wiedergeboren wird, ist genau dann wahr, wenn es wirklich der Fall ist, dass die Seele nach dem Tod ewig wiedergeboren wird. Aber anders als wissenschaftlichen Theorien sind Religionen nicht bloß Beschreibungen dessen, was der Fall ist, sondern Lebensformen, die lehren, dass das menschliche Leben ein Ziel hat. Man kann dieses Ziel als Erlösung bezeichnen, in einem sehr weiten Sinn: die Vervollkommnung des menschlichen Daseins, Befreiung aus dem Leiden, das Erreichen dessen, was für uns das Beste ist (was auch immer es sein mag), in diesem Leben oder danach. Beides – Wahrheit und Erlösung – ist miteinander verknüpft, denn wir können nur zur Erlösung gelangen, wenn wir eine richtige Vorstellung davon haben, wie die Wirklichkeit beschaffen ist. Wenn z.B. der ewige Kreislauf der Wiedergeburt das Übel ist, von dem wir erlöst werden müssen, dann ist der Weg zur Erlösung der richtige, der uns aus dem Kreislauf der Wiedergeburt befreit. „Die wahre Religion" heißt also zugleich auch: die Religion, die uns erlösen kann. Das metaphysische Problem beinhaltet daher zwei Fragen: Erstens, was ist die Wahrheit – gibt es nur eine wahre Religion oder mehrere? Zweitens, wie gelangen wir zur Erlösung? Ist die Kenntnis der Wahrheit erlösungsrelevant oder nicht? Drei Positionen sind möglich: einerseits (a) *Exklusivismus* und (b) *Inklusivismus* (die auch als Dogmatismus zusammengefasst werden können). Beide nehmen an, dass nur eine Religion wahr sein kann. Der Exklusivismus hält die Kenntnis dieser Wahrheit zudem für erlösungsrelevant, der Inklusivismus nicht. Andererseits der (c) *Pluralismus*, der behauptet, dass mehr als eine Religion wahr sein kann.

(a) Exklusivismus

Exklusivisten glauben, dass nur eine Religion wahr ist und Hoffnung auf Erlösung verspricht, während alle anderen falsch sind (oder wenigstens in den entscheidenden Punkten falsch). Nichts drückt diese Haltung so klar aus wie der Satz: *Extra ecclesiam nulla salus* (außerhalb der Kirche gibt es kein Heil), den die katholische Kirche auf dem Konzil von Florenz (1438-1445) als Dogma festgeschrieben hat:

> [Die Kirche] glaubt fest, bekennt und verkündet, dass niemand außerhalb der katholischen Kirche — weder Heide noch Jude noch Ungläubiger oder ein von der Einheit Getrennter — des ewigen Lebens teilhaftig wird, vielmehr dem ewigen Feuer verfällt, das dem Teufel und seinen Engeln bereitet ist, wenn er sich nicht vor dem Tod ihr anschließt. (zit. nach Neuner/Roos 1954: 212 f.)

Exklusivismus ist aber keine ausschließlich christliche Position – vergleichbare Ideen finden sich auch in vielen anderen Religionen. Verständlicherweise, denn der Exklusivismus ist quasi die natürlichste Position. Einer Religion zu folgen heißt ja unter anderem, die zentralen Lehren dieser Religion als wahr zu akzeptieren, und wenn andere Religionen diesen Lehren widersprechen, kann nur eins von beiden wahr sein. Wer den eigenen Glauben als wahr anerkennt, hält damit implizit auch jeden anderen Glauben für falsch. Das gilt besonders für monotheistische Religionen, die eine gewisse intrinsische Nähe zum Exklusivismus haben, denn wenn es nur einen Gott gibt, dann hängt unsere Hoffnung auf Erlösung an der Beziehung zu diesem Gott. Raum für Alternativen, wie sie z.b. die polytheistischen Systeme der Antike eröffneten, die ohne Probleme immer noch eine Gottheit mehr integrieren konnten, gibt es hier nicht.

Doch gerade weil der Exklusivismus die natürlichste Einstellung aller Religionen ist, gerät er durch die Konfrontation mit religiöser Pluralität am stärksten ins Wanken. Solange man nur eine einzige Religion kennt, ist es nachvollziehbar, wenn man sie für die absolute Wahrheit hält. Doch wem bewusst wird, dass andere Religionen existieren, die mit der eigenen nicht übereinstimmen, die man aber auch nicht auf Anhieb widerlegen kann, und deren Anhänger ebenso aufrichtig ihre Lehren glauben wie man selbst die eigenen, dem fällt es schwer, nicht ins Grübeln zu kommen. Was berechtigt mich, gerade meine Religion für die einzig wahre zu halten und allen anderen diese Wahrheit abzusprechen? Ist das nicht hochgradig arrogant? Außerdem: Wäre ich an einem anderen Ort oder zu einer anderen Zeit geboren, hätte ich wahrscheinlich eine andere Religion. Die Zugehörigkeit zur angeblich einzig wahren Religion beruht auf nichts weiter als dem Zufall der Geburt. Ist es nicht vollkommen naiv, in dieser Situation am Exklusivismus festzuhalten? Dem könnte man entgegnen, dass Arroganz nun mal die unvermeidliche Folge eines jeden Wahrheitsanspruchs ist, denn wenn ich eine Behauptung aufstelle, impliziere ich damit, dass alles, was im Widerspruch zu dieser Behauptung steht, falsch ist. Jede wissenschaftliche Hypothese, ökonomische Prognose oder medizinische Diagnose ist ebenso „arrogant", aber das spricht nicht gegen Wissenschaft, Ökonomie oder Medizin. Manchmal ist Arroganz eben berechtigt. Doch genau hier liegt das Problem, denn die exklusivistische Arroganz ist eben nicht zu rechtfertigen. Der Grund dafür liegt in einem wichtigen, wenn auch nicht ganz unumstrittenen Grundsatz der Rationalität: dem *Kopernikanischen Prinzip* (oder Mediokritäts-Prinzip). Es besagt, dass es *ceteris paribus* (wenn alle sonstigen Faktoren gleich bleiben) vernünftig ist, davon auszugehen, dass ein spezifischer Einzelfall nichts Besonderes ist. Besondere Fälle sind rein statistisch betrachtet sehr selten, sonst wären sie ja nichts Besonderes. Wenn ich etwa einem Bekannten begegne, dessen Geburtstag ich nicht kenne, wäre es irrational, ohne weitere Gründe anzunehmen, dass er genau heute Geburtstag hat, denn es gibt 364 Fälle, in denen meine Annahme falsch, und nur einen, in dem sie korrekt ist. Für den Exklusivismus heißt das, dass es irrational wäre, ohne zusätzliche Begründung anzunehmen, dass die eigene Religion die wahre ist, einfach deshalb, weil es sehr unwahrscheinlich ist, dass gerade ich in der Vielzahl der Religionen zufälligerweise die wahre getroffen habe. Natürlich nehmen Exklusivisten an, dass sie über diese zusätzlichen Gründe verfügen, die das Gleichgewicht der Wahrscheinlichkeiten zu ihren Gunsten verschieben, z.B. göttliche Offenbarungen oder Wunder. Aber diese Gründe setzen in der Regel die Wahrheit der eigenen Religion bereits voraus. Dass das Christentum die wahre Religion ist, kann nur dann durch die Offenbarung Gottes in Christus glaubhaft gemacht werden, wenn man ohnehin schon davon überzeugt ist, denn gerade diese Offenbarung ist ja ein Teil des Wahrheitsanspruchs, der in Frage steht. Um aber die eigene Selbstsicherheit zu verteidigen, bräuchten Exklusivistinnen ein unabhängiges Argument. Ohne dieses Argument ist es tatsächlich naiv, daran festzuhalten, die eigene Religion sei die wahre.

Darüber hinaus ist gerade für monotheistische Religionen der Exklusivismus nur schwer mit ihrem Gottesbild vereinbar. Wenn die Menschwerdung Gottes in Christus in den 30er Jahren des ersten Jahrhunderts in einer abgelegenen Provinz des römischen Reiches notwendig sein soll für die Erlösung aller Menschen, dann lässt sich kaum vermeiden, dass Millionen keine Chance haben, erlöst zu werden, weil sie zur falschen Zeit oder am falschen Ort geboren wurden, um dieses Ereignis von kosmischer Bedeutung überhaupt zu bemerken. Wie ließe sich eine derartige Ungerechtigkeit mit einem vollkommen guten, allmächtigen und allwissenden Gott vereinbaren? Sollte Gott nicht sowohl die Fähigkeit als auch das Interesse haben, eine derart relevante Botschaft an alle Wesen zu kommunizieren? Daraus könnte man zwar die Aufforderung ableiten, die wahre Religion möglichst weit zu verbreiten, aber das kann nur Hoffnung für die Zukunft geben – was in der Vergangenheit liegt, muss für den Exklusivismus rettungslos verloren sein.

(b) Inklusivismus

Dieser letzte Punkt gibt, auch historisch gesehen, oft den Anstoß für den Inklusivismus. Der Inklusivismus nimmt an, dass eine bestimmte Religion zwar wahr und heilsnotwendig ist, bestreitet aber, dass die anderen Religionen deshalb falsch sind. Die Kenntnis der Wahrheit oder die Zugehörigkeit zur wahren Religion sind keine Bedingung, um das Heil zu erlangen, da alle anderen Religionen in der wahren Religion bereits implizit eingeschlossen sind. Inklusivistische Ideen haben im Christentum eine lange Geschichte, die bis auf Tertullians Idee einer *anima naturaliter christiana* (von Natur aus christlichen Seele) zurückgeht. Explizit wurde ein christlicher Inklusivismus von Nikolaus Cusanus (1401-1464) in seiner Schrift *De pace fidei* verfochten, in der er die Idee vertritt, dass trotz aller Unterschiede in den realen Praktiken verschiedener Religionen diese doch Manifestationen der einen wahren Religion, des Christentums, sind. Auch Karl Rahners (1904-1984) Konzept der anonymen Christen spiegelt einen inklusivistischen Ansatz wider, nach dem eine Zugehörigkeit zur Kirche nicht nur in einem bewussten Bekenntnis bestehen kann, sondern auch im unerkannten Annehmen der göttlichen Gnade. Aufrichtiges Bemühen um ein gutes Leben und die Suche nach Gott können bereits hinreichend sein. Auch der Inklusivismus ist keine rein christliche Position, sondern kann im Prinzip von jeder Religion vertreten werden. Der Vorteil gegenüber dem Exklusivismus ist klar: Inklusivistinnen können an der Wahrheit ihrer eigenen Religion festhalten, ohne die moralisch fragwürdige Konsequenz akzeptieren zu müssen, dass alle verloren sind, die ihr nicht folgen. Weniger arrogant ist der Inklusivismus damit jedoch nicht – im Gegenteil, vielleicht ist diese Haltung sogar noch arroganter, denn zur Arroganz kommt noch ein Schuss Paternalismus.

Der Inklusivismus sieht die realen Unterschiede zwischen den Religionen, erkennt sie aber nicht an, sondern vereinnahmt einfach alle anderen gegen deren Willen. Der Exklusivismus ist wenigstens konsequent – der Inklusivismus hingegen ist ein Exklusivismus, der sich seinen Exklusivismus nicht eingestehen möchte. Darüber hinaus stellt uns der Inklusivismus vor genau das gleiche epistemische Problem: Welche der unzähligen Religionen ist denn die wahre Religion, die alle anderen einschließt? Es ist kein bisschen weniger irrational, davon auszugehen, dass es die eigene ist, nur weil die eigene nun auch die anderen einschließen soll.

(c) Pluralismus

Die dritte Option ist der maßgeblich vom britischen Philosophen John Hick (1922-2012) entwickelte Pluralismus. Die pluralistische Hypothese besagt, dass keine Religion allein wahr und auch keine allein falsch ist. Hicks Grundgedanke ist die Trennung von Erscheinung und Wirklichkeit: Wir müssen unterscheiden zwischen den Dingen, wie sie an sich sind, und wie sie uns in unserer Erfahrung erscheinen. Für einen Farbenblinden sieht eine Rose grau aus, die eine normalsichtige Person als rot sieht. Beide sehen den gleichen Gegenstand, aber aufgrund ihrer unterschiedlichen Wahrnehmung erscheint er ihnen anders. Hick nimmt an, dass es ebenso in allen Religionen einen gemeinsamen Gegenstand religiöser Erfahrungen gibt, den er „das Wirkliche" (*the Real*) nennt. Dieses Wirkliche ist jedoch nicht selbst oder an sich erfahrbar, sondern nur in seinen verschiedenen Erscheinungsformen. Er bezeichnet das Wirkliche als *Noumenon*, also reinen Denkgegenstand, der hinter den Erfahrungen liegt und selbst nur indirekt erschlossen werden kann. Das Wirkliche begegnet uns niemals an sich, sondern nur in gefilterter Form. Was wir erfahren, sind die Erscheinungen (Hick spricht von *Phainomena*) des Wirklichen, in denen wir es durch unsere Kultur, Sprache und Begriffe interpretieren.[31] Wenn also ein Muslim das Universum als eine Schöpfung Allahs sieht, wenn ein Christ die Präsenz Jesu im Abendmahl spüren kann und wenn eine Buddhistin die ultimative Realität der Leere erfährt, widersprechen sich diese Erfahrungen in Wahrheit gar nicht. Sie sind nur unterschiedliche Weisen, in denen die Realität des Wirklichen erfahren wird, abhängig von den jeweiligen kulturellen Rahmenbedingungen derer, die es erfahren. Was sich widerspricht, sind lediglich die Interpretationen des Wirklichen, die Attribute, mit denen unterschiedliche Religionen seine Manifestationen beschreiben, während das Wirkliche selbst frei von Widersprüchen ist. In dieser Hinsicht ähnelt es dem Licht:

> Die objektive physikalische Struktur des Lichts ist nicht direkt beobachtbar, sondern es zeigt unter unterschiedlichen Versuchsbedingungen sowohl Wellennatur als auch Teilchennatur. Wenn man in der einen Weise auf es einwirkt, scheint es sich wie ein Partikelschauer zu verhalten, wenn in der anderen Weise, wie aufeinanderfolgende Wellen. Die Realität ist so geartet, dass beide Vorstellungs- und Beobachtungsarten gültig sind. Ebenso kann die göttliche Wirklichkeit an sich nicht direkt erkannt werden. Wenn sich nun der Mensch in einer Ich-Du-Bewegung zu ihr in Beziehung setzt,

---

31 Die Anleihen bei der Erkenntnistheorie Immanuel Kants sind nicht zu übersehen.

erfährt er sie als personal. In einer solchen Beziehung ist dieses Wesen personal, kein Es, sondern ein Er oder eine Sie. Wenn der Mensch sich zum Wirklichen in einer nicht-personalen Wahrnehmung in Beziehung setzt, erfährt er es als nicht-personal, und im Kontext einer solchen Beziehung ist es nicht-personal. (Hick 1989: 268)

Das Wirkliche an sich ist niemals Gegenstand unserer Erfahrung. Es steht jenseits unserer Begriffe, ist unbeschreibbar und unsagbar, weshalb alle Aussagen darüber in Widersprüchen enden: Das Wirkliche ist weder personal noch nicht-personal, weder zeitlich noch nicht-zeitlich, weder gut noch nicht-gut. Es ist für uns nur fassbar in seinen Manifestationen (als Gott, Shiva, Dao usw.) und seiner Wirkung. Für Hick ist das eine Transformation weg von der Selbst- hin zur Wirklichkeitszentriertheit, die durch die Begegnung mit dem Wirklichen entsteht und die er als das eigentliche Ziel aller Religionen ansieht. Doch auch wenn Hicks pluralistische Hypothese eine elegante Lösung des metaphysischen Problems zu sein scheint, ist sie nicht frei von Schwierigkeiten.

(a) Was ist eigentlich das Wirkliche? Wenn das Wirkliche jenseits unserer Begriffe liegt und alles, was wir darüber sagen können, immer nur seine Erscheinungsformen betrifft, wie können wir dann sinnvoll über es sprechen? *Wovon* sprechen wir dann eigentlich? Das Wirkliche scheint ein leerer Begriff ohne jede religiöse Bedeutung zu sein. Hick erwidert, dass wir zwischen formalen und substanziellen Prädikaten unterscheiden müssen und nur die formalen auf das Wirkliche anwendbar sind. Substanzielle Prädikate wie „personal" oder „heilig" sagen uns etwas über das Wesen des Wirklichen, formale nicht; „ist Gegenstand sprachlicher Bezugnahme" wäre beispielsweise ein formales Prädikat. Aber Aussagen wie: „Das Wirkliche ist der transkategoriale, unsagbare Grund aller religiösen Erfahrungen" scheinen sehr wohl etwas über dessen Wesen zu sagen und damit substanziell zu sein. Die pluralistische Hypothese lässt sich gar nicht formulieren, ohne auf ein paar substanzielle Prädikate zurückzugreifen – zum Glück, denn sonst wäre sie ziemlich langweilig. Doch damit untergräbt sie sich selbst.

(b) Was zählt als echte Manifestation des Wirklichen? Für Hick ist klar, dass die großen Weltreligionen dazu gehören, Satanismus oder Faschismus aber selbstverständlich nicht. Doch nach welchem Kriterium kann man das entscheiden? Für Hick ist es die Fähigkeit klassischer Religionen, uns von der Selbst- zur Wirklichkeitszentriertheit zu bewegen, die in destruktiven Kulten fehlt. Doch abgesehen davon, dass auch die großen Weltreligionen Elemente haben, die alles andere als eine Transformation zum Guten bewirken (Menschenopfer, Ketzerverbrennungen usw.), wirft dieses Kriterium wieder neue Fragen auf: Wenn wir über das Wirkliche nichts sagen können, auch nicht, dass es *gut* ist, warum sollte es dann eine Transformation zum Guten bewirken können? Und wenn es nur auf diese Transformation ankommt, warum sollten wir uns auf Religionen beschränken? Auch Freundschaft, Arbeit oder Sport können eine Bewegung weg von der Selbstzentriertheit bewirken. Wenn wir diese Dinge nicht auch als religiöse Erfahrungen qualifizieren wollen, dann müssen wir wohl annehmen, dass nicht allein die Begegnung mit dem Wirklichen eine Transformation auslösen kann.

(c) Kann Hicks Pluralismus überhaupt sein eigenes Versprechen einlösen? Hick tritt mit dem Anspruch auf, den Exklusivismus zu überwinden und die prinzipielle Berechtigung der Wahrheitsansprüche aller großen Religionen anzuerkennen. Doch anstatt es so zu verstehen, dass aus der pluralistischen Perspektive eigentlich alle Religionen wahr sind, könnte man den Spieß auch umdrehen und behaupten, dass aus dieser Perspektive eigentlich alle Religionen falsch sind. Denn eigentlich gibt es keinen dreifaltigen Gott, kein Brahman und kein Nirvana, jedenfalls nicht so, wie es gläubige Menschen normalerweise verstehen. Was sie für die Wahrheit halten, ist nur eine Erscheinungsform des Wirklichen, das als einziges tatsächlich real ist. Statt die Wahrheitsansprüche aller Religionen als gleichberechtigt zu akzeptieren, verwirft der Pluralismus sie und setzt die neue Überreligion des Pluralismus an ihre Stelle, die alle anderen vereinnahmt. Hicks angeblicher Pluralismus entpuppt sich damit als verkappter Inklusivismus einer Meta-Religion des Wirklichen.

5.3 Ungewissheit und Rationalität: Das epistemische Problem

Bisher haben wir das Problem der religiösen Pluralität eher von der objektiven Seite her betrachtet und gefragt: gibt es eine wahre Religion? Das Problem hat aber auch eine subjektive Seite: Ich bin in meiner eigenen Religion sozialisiert worden und habe – vielleicht ohne je darüber nachzudenken – die Wahrheitsansprüche dieser Religion akzeptiert. Dann aber lerne ich in der Schule, aus den Medien oder auf Reisen, dass andere Menschen andere Religionen haben, die ebenfalls Wahrheitsansprüche stellen und die mit meiner eigenen Religion nicht vereinbar sind. Auf subjektiver Ebene stellt sich dann die Frage, wie ich mich in dieser Situation (wir können hier von „Dissens" reden) vernünftigerweise zu meinen eigenen Überzeugungen verhalten sollte: Was ist eine rationale Einstellung angesichts der Erkenntnis, dass diese inkompatiblen Wahrheitsansprüche bestehen? Genaugenommen sind es zwei Fragen, die wir nacheinander beantworten müssen. (a) Bin ich allein aufgrund der Tatsache, dass ich mich mit anderen im Dissens befinde, verpflichtet, meine eigenen Überzeugungen kritisch zu prüfen? (b) Und wenn ich weder bei mir noch bei den anderen einen Fehler feststellen kann, welche Konsequenzen sollte ich daraus für meine eigenen Überzeugungen ziehen?

Die Voraussetzung ist, dass wir uns in einem echten Dissens befinden, einem sogenannten *peer-disagreement* (ein praktisch unübersetzbarer Ausdruck). Peers sind Personen, die einander ebenbürtig sind, und zwar in zwei speziellen Hinsichten: kognitiv und evidentiell. Kognitive Ebenbürtigkeit liegt vor, wenn beide über die gleichen kognitiven Fähigkeiten (Intelligenz, Wahrnehmungsvermögen usw.) verfügen und keine Beeinträchtigungen haben. Evidentielle Ebenbürtigkeit besteht darin, dass beide gleichermaßen Zugang zu den gleichen Gründen haben (und sich auch darin einig sind, was für den jeweiligen Bereich als Grund zählen sollte), wenn also alle für ein rationales Urteil relevanten Faktoren offen liegen und allen Beteiligten gleichermaßen zugänglich sind. Nur in einem echten *peer-disagreement* stellt sich überhaupt die Frage, was eine rationale Haltung wäre. Denn wenn sich derjenige, der mir widerspricht, nicht als *peer* herausstellen sollte, ist die Konsequenz klar. In diesem Fall ist es vernünftig, dem Urteil derer zu vertrauen, die größere Sachkenntnis oder intellektuelle Fähigkeiten verfügen. Eine Professorin wird ihre neueste These nicht deswegen verwerfen, weil ein Student sie kritisiert, und im Allgemeinen vertrauen wir dem Urteil eines Dreijährigen weniger als dem eines Dreißigjährigen. Das Problem der religiösen Pluralität dürfte allerdings ein echter Fall von *peer-disagreement* sein, denn von einem neutralen Standpunkt aus betrachtet, gibt es keinen Grund, irgendeiner Religion einen epistemisch privilegierten Status zuzusprechen.

(a) Liege ich falsch?

Wie sollten wir reagieren, wenn wir feststellen, dass andere nicht mit uns übereinstimmen? Die naheliegende Antwort scheint zu sein: innehalten und die eigenen Überzeugungen noch einmal prüfen. Ein Arzt in der Notaufnahme stellt bei einem bewusstlos eingelieferten Patienten die Diagnose „hypoglykämischer Schock". Wenn nun seine Kollegin widerspricht und stattdessen ein Schädel-Hirn-Trauma diagnostiziert, dann scheint es auf den ersten Blick vernünftig, die ursprüngliche Diagnose nicht mehr ohne weiteres zu glauben. Dazu muss die Kollegin keine Gründe nennen – die bloße Tatsache, dass ein *peer* widerspricht, ist erstmal Grund genug, an der Diagnose zu zweifeln. Wenn zwei Urteile über den gleichen Sachverhalt einander widersprechen, dann ist mindestens eines der beiden falsch, und solange nicht klar ist, wo der Fehler liegt, scheint es vernünftig zu sein, zunächst keines der beiden zu glauben.

Das gilt wie gesagt nur, wenn beide wirklich *peers* sind. Aber muss das in religiösen Diskursen immer angenommen werden? Alvin Plantinga bezweifelt das. Wir sind niemals gezwungen, so seine Entgegnung, die anderen als ebenbürtig zu akzeptieren.[32] Allerdings nicht, weil wir *nachweisen* können, dass wir den anderen tatsächlich epistemisch überlegen sind (das können wir auch gar nicht), sondern weil wir immer *annehmen* können, dass wir es sind, solange niemand uns das Gegenteil bewiesen hat. Schließlich gehen wir ja davon aus, die Wahrheit erkannt zu haben, also gibt es (aus unserer Sicht) allen Grund anzunehmen, dass wir erkenntnismäßig privilegiert sind. Die Frage ist also, wer die Beweislast trägt: Muss ich, wenn ich davon ausgehe, den anderen überlegen zu sein, auch nachweisen, dass ich es bin? Oder sind es die anderen, die mir erst beweisen müssen, dass ich es *nicht* bin? Was muss bewiesen werden – dass wir *peers* sind oder dass wir es nicht sind? Für Plantinga liegt die Pflicht bei den anderen. Aber denken wir noch einmal an das Kopernikanische Prinzip: Es ist irrational, ohne weitere Gründe anzunehmen, dass ein einzelner Fall etwas Besonderes ist. Wer glaubt, durch die Gnade des Heiligen Geistes oder durch was auch immer der Wahrheit näher zu sein als alle anderen, beansprucht genau das – etwas Besonderes zu sein. Der einzige Sehende unter lauter Blinden zu sein, ist etwas Besonderes und daher unwahrscheinlich. Anzunehmen, dass man den anderen erkenntnismäßig überlegen ist, ist also irrational – sofern nicht irgendwelche anderen Gründe dafürsprechen. Und damit liegt die Pflicht, solche Gründe zu liefern, wieder bei denen, die sich für überlegen halten, denn sie liegt immer bei demjenigen, der die Abweichung

---

32 Siehe dazu Plantinga 1997.

vom Normalfall behauptet. Es gilt also (in Anlehnung an Flew, vgl. Kap. 2.2) eine *presumption of equality*: Wir sollten andere als unsere *peers* betrachten, solange nichts dagegenspricht, weil sie es höchstwahrscheinlich sind. Und das bedeutet: Die bloße Tatsache, dass andere Menschen andere religiöse Überzeugungen haben als wir, ist Grund genug, den eigenen Glauben zu prüfen und sich zu fragen: liege ich falsch?

(b) Was folgt aus dem Dissens?

Was aber, wenn wir nach der Prüfung unserer eigenen Überzeugungen zu dem Schluss kommen, nichts falsch gemacht zu haben? Unsere Schlussfolgerungen waren korrekt, wir haben keinerlei relevante Daten übersehen und auch keinen erkennbar unzuverlässigen Quellen vertraut – genau wie die anderen auch. Der Dissens lässt sich nicht einfach auflösen. Welche Konsequenzen sollten wir daraus für unsere eigenen religiösen Überzeugungen ziehen? Es gibt zwei Optionen: Entweder wir halten an unseren Überzeugungen fest oder wir geben sie auf, wobei die zweite Option die natürlichste zu sein scheint. Wenn ich glaube, dass ein Bekannter am 17. Juni Geburtstag hat, meine Frau aber sagt, es sei der 17. Juli, würden wir beide wahrscheinlich erst einmal weder das eine noch das andere glauben und im Kalender nachsehen. Aufgeben hieße hier, sich des Urteils zu enthalten. Wenn ein echter Dissens vorliegt, sind die Beteiligten nicht mehr dazu berechtigt, die eigenen Überzeugungen weiterhin für wahr zu halten und sollten sich auf eine neutrale Haltung zurückziehen, in der die strittigen Überzeugungen weder bejaht noch verneint werden. Alternativ könnte man nur eine Abschwächung der eigenen Gewissheit fordern, die nicht mit völliger Neutralität gleichzusetzen ist. Wenn andere nicht mit uns übereinstimmen, dann beeinträchtigt das unser Vertrauen in die Zuverlässigkeit unserer eigenen Gründe – wir sind uns nicht mehr so sicher. Aber auch wenn sich unsere Gewissheit reduziert, heißt das noch nicht, dass wir gar kein Vertrauen mehr in unsere Überzeugungen haben sollten. Wir sind uns unserer Sache zwar nicht mehr so sicher, aber immerhin noch sicher genug, um sie nicht ganz aufzugeben.

Die andere Option heißt: weitermachen. Wie ließe sich diese Strategie rechtfertigen? Nicht, indem man behauptet, dass es gute Gründe gibt, an den eigenen Überzeugungen festzuhalten – wenn die Gründe so gut wären, dann gäbe es den Dissens ja gar nicht. Nur der umgekehrte Ansatz macht Sinn: zu behaupten, dass es *keine* guten Gründe gibt, die eigenen Überzeugungen *aufzugeben*. Denn es hat doch niemand sicher gezeigt, dass wir uns irren. Ähnlich wie eben haben wir es wieder mit einem Beweislast-Argument zu tun: Wozu braucht man Gründe – um den eigenen Glauben aufzugeben oder um ihn beizubehalten? In einem echten Dissens ist keine Seite besser dran ist als die andere, weil keine für alle Seiten überzeugenden Gründe vorliegen. Dann ist aber auch keine Seite schlechter dran, und niemand muss akzeptieren, dass die anderen Recht haben könnten. Warum sollte man dann nicht einfach bei der eigenen Position bleiben, wenn sie sich bisher bewährt hat? Außerdem: nur weil ein Dissens besteht, muss man noch nicht von den eigenen Überzeugungen abrücken – sonst dürfte man praktisch gar nichts mehr glauben, denn in welcher Frage gibt es eigentlich *keinen* Dissens? Im

Grunde wäre es unmöglich, irgendeine kontroverse Position zu vertreten: Freiheit, Gerechtigkeit, Bewusstsein usw. – zu jedem dieser Begriffe gibt es eine Reihe kontroverser und inkompatibler Positionen. Würden wir dem Prinzip folgen, uns des Urteils zu enthalten, sobald uns jemand widerspricht, könnte es diese Kontroversen gar nicht mehr geben. Die Tatsache aber, dass es die Kontroverse um diese Frage selbst gibt (ob wir an unseren Überzeugungen festhalten oder sie aufgeben sollten), zeigt ja schon, dass die Verfechter der Zurückhaltung ihr eigenes Prinzip nicht akzeptieren, denn sonst müssten sie sich ja auch hier des Urteils enthalten. Konsequente Urteilsenthaltung ist also lebenspraktisch nicht sinnvoll.

Welche dieser Strategien ist die vernünftigste? Der Einwand, dass völlige Urteilsenthaltung lähmt und in der Praxis nicht umzusetzen ist, lässt sich nicht von der Hand weisen. Stures Beharren ist aber ebenso unangemessen. Denn wenn andere mir widersprechen, ist das bereits ein Grund, an der Glaubwürdigkeit meiner eigenen Überzeugungen zu zweifeln, und wer offensichtliche Gegenargumente ignoriert, handelt nicht rational. Eine moderate Skepsis dem eigenen Glauben gegenüber scheint demnach die vernünftigste Lösung zu sein.

5.4 Toleranz und Freiheit: Das ethische Problem

Das letzte Problem betrifft unser praktisches Handeln: Wie sollen wir uns denen gegenüber verhalten, die etwas anderes glauben als wir? Das ist eine ethische Frage – es geht also nicht darum, was für den Einzelnen oder die Gesellschaft pragmatisch gesehen klug wäre (etwa den inneren Frieden sichern, um wirtschaftliche Schäden zu vermeiden), sondern darum, welchen Anspruch Andersgläubige als Personen mit eigenen Interessen und Überzeugungen an uns stellen. Die eigenen religiösen Überzeugungen sind für viele Menschen ein essenzieller Bestandteil ihrer Identität: Sie bestimmen (nicht allein, aber zumindest teilweise), wer ich bin, wie ich leben möchte oder wie ich die Welt sehe. Wenn ich andere Menschen respektiere, muss ich auch anerkennen, dass sie das Recht haben, selbst ihre Identität zu bestimmen. Eine Person allein für ihre Überzeugungen zu verurteilen oder gar zu verfolgen, verweigert ihr aber diese Anerkennung als selbstbestimmtes Individuum und verletzt so in letzter Konsequenz ihre Würde. Das bedeutet: Die einzige ethisch akzeptable Haltung zu religiöser Pluralität ist Toleranz – Respekt für die Überzeugungen anderer allein aufgrund der Tatsache, dass sie diese Überzeugungen haben. Man braucht also keine zusätzlichen Gründe – insbesondere muss man nicht dem zustimmen, was man toleriert.

Aber warum sollte man tolerant sein? Ein klassisches Argument dafür findet sich in John Lockes *Letter concerning Toleration*. In einer Zeit, in der staatlich sanktionierte Glaubenskonformität der Normalfall war, plädierte er dafür, dass die Religionsausübung grundsätzlich frei sein sollte:

> Die Sorge für die Seelen [kann] nicht der staatlichen Obrigkeit obliegen, weil deren Macht nur im äußeren Zwange liegt; aber die wahre und heilbringende Religion liegt in der inneren Gewissheit des Urteils, ohne die nichts für Gott annehmbar sein kann. Und solcherart ist die Natur des Urteilsvermögens, dass es nicht zum Glauben von etwas mit Gewalt

gezwungen werden kann. Konfiskation der Güter, Kerker, Tortur, nichts von der Art kann irgendeine Wirksamkeit für die Änderung des Urteils haben, das Menschen sich über die Dinge gebildet haben. (Locke 1966: 15)

Locke argumentiert, dass Zwangsmaßnahmen niemals das richtige Mittel sein können, selbst wenn der Staat das Ziel verfolgen sollte, den vermeintlich richtigen Glauben allgemein durchzusetzen. Denn Zwang erzeugt keinen Glauben. Sicher, der Staat kann mich zu bestimmten *Handlungen* zwingen, z.b. an täglichen Gottesdiensten teilzunehmen, die heiligen Schriften zu rezitieren oder öffentlich ein Glaubensbekenntnis zu sprechen – aber all das kann ich auch tun, ohne im Inneren von der Wahrheit des Glaubens überzeugt zu sein, den ich bekenne. Die Überzeugung, dass der Glaube, den ich simuliere, auch wahr ist, kann nicht erzwungen werden, denn anders als meine Handlungen unterliegt sie nicht meiner Kontrolle. Wenn ich nicht glaube, dass Dortmund Meister wird, kann mich keine Androhung von Gewalt oder Strafe davon überzeugen, dass Dortmund doch Meister wird. Der Staat kann Lippenbekenntnisse erzwingen, aber keinen Glauben.

Stimmt das? Sicher, Glaube lässt sich nicht direkt erzwingen, aber denken wir an Pascal und seine Frage, wie man sich dazu bringt, etwas zu glauben, von dem man nicht überzeugt ist (vgl. Kap. 3.3). Seine Antwort: durch Übung und Gewohnheit. Der Staat kann z.B. ein Umfeld schaffen, in dem die bevorzugte Religion immer präsent ist (im Alltag und den Medien), stets in positivem Licht erscheint und die Teilnahme an religiösen Veranstaltungen eine zunächst mürrisch akzeptierte Pflicht ist, die irgendwann zur Gewohnheit wird. Wird sich der Glaube dann nicht einfach festsetzen, auch wenn man ursprünglich gar nicht wollte? Und wenn nicht in dieser, dann eben in der nächsten Generation. Man kann Glaube ebenso wenig erzwingen, wie man das Gras zum Wachsen zwingen kann. Aber man kann Samen ausstreuen, gießen und abwarten, bis es von selbst wächst. Außerdem: Locke zeigt gar nicht, dass Intoleranz falsch ist, sondern dass sie ineffektiv ist. Aber das geht am eigentlichen Problem vorbei. Wir lehnen die Folterung Andersgläubiger ja nicht deshalb ab, weil sie kein effektives Mittel zur Bekehrung ist – sondern weil es grausam und unmenschlich ist. Und sollte sich zeigen, dass Intoleranz weniger ineffektiv ist als Locke vielleicht gedacht hat, bricht das Argument völlig zusammen.

Könnte es einen anderen Ansatz geben? Während Locke einen eher pragmatischen Weg wählt, versucht Immanuel Kant (1724-1804) es mit einem epistemischen Argument. In seiner Schrift *Die Religion innerhalb der Grenzen der bloßen Vernunft* stellt sich Kant einen Inquisitor vor, der über einen Ketzer zu urteilen hat, dem Abfall vom Glauben (und sonst nichts) vorgeworfen wird. Für Kant liegt hier ein Konflikt zwischen zwei Geboten vor: einerseits das *moralische* Gebot, niemals einen anderen Menschen zu töten, andererseits das *religiöse* Gebot, dem Willen Gottes unbedingt zu gehorchen. Aber beide Gebote haben nicht die gleiche Gewissheit:

> Dass einem Menschen, seines Religionsglaubens wegen, das Leben zu nehmen unrecht sei, ist gewiss: wenn nicht etwa [...] ein göttlicher [...] Wille es anders verordnet hat. Dass aber Gott diesen fürchterlichen Willen jemals

geäußert habe, beruht auf Geschichtsdokumenten, und ist nie apodiktisch gewiss. (B 289 in Kant 1998: IV/861)

Das moralische Gebot hat für Kant absolute Gewissheit, es kann allein durch praktische Vernunft eingesehen werden. Diese Gewissheit kann das religiöse Gebot niemals erreichen, denn es beruht immer auf der Interpretation heiliger Texte oder auf privaten Offenbarungserlebnissen, die – anders als die Ethik – immer Raum für Zweifel lassen. Keine Offenbarung könnte jemals so sicher sein wie das, was die Vernunft uns mitteilt. Daher muss das moralische Gebot den Vorrang haben.

Aber auch dieses Argument ist problematisch. Denn während es für Kant eine ausgemachte Sache ist, dass die Vernunft eine höhere Autorität hat als (vermeintliche) Offenbarungen Gottes, würden viele religiöse Menschen genau das bestreiten. Kierkegaard etwa zieht genau die gegenteilige Konsequenz (vgl. Kap. 7.1): Im Konflikt zwischen der Ethik und dem Willen Gottes müssen wir, wenn wir wahrhaft glauben wollen, die Ethik aufgeben und bedingungslos dem Willen Gottes gehorchen. Sobald man aber nicht mehr bereit ist, die absolute Priorität der praktischen Vernunft anzuerkennen, fällt Kants Argument in sich zusammen. Es sieht so aus, als ob Toleranz bereits die prinzipielle Bereitschaft voraussetzt, den eigenen Glauben nicht an erste Stelle zu setzen.

Weder Kant noch Locke gelingt es also, ein *unabhängiges* Argument für religiöse Toleranz zu entwickeln, d.h. ein Argument, das auch von einem exklusivistischen Standpunkt aus überzeugend wäre. Wer von der Überlegenheit der eigenen Religion überzeugt ist, wird weiterhin Wege finde, um zu glauben, dass es gerechtfertigt ist, andere Religionen zu bekämpfen. Wer für Toleranz plädiert, muss daher stillschweigend von einer moderat pluralistischen Position ausgehen oder wenigstens nicht von der absoluten Wahrheit der eigenen Religion überzeugt sein. Denn wie sollte man sonst gegenüber anderen Überzeugungen (die man doch für falsch hält) tolerant sein? Eine Wissenschaftlerin wird auch nicht tolerant sein gegenüber denen, die ihre Hypothese nicht teilen, sondern versuchen, sie von der Richtigkeit ihrer Theorie zu überzeugen. Toleranz macht nur Sinn, wo die Wahrheitsfrage offen oder nicht so wichtig ist. Hier tut sich ein anscheinend unüberwindbarer Graben zwischen Exklusivismus und Pluralismus auf. Wer eine exklusivistische Haltung hat, kann nicht anders als intolerant sein: Er kann niemals die Gleichwertigkeit anderer Religionen anerkennen (was nicht heißt, dass er nicht anderen *Menschen* gegenüber freundlich und zurückhaltend auftreten kann) und kann auch nicht durch Argumente zur Toleranz gebracht werden, ohne den eigenen Exklusivismus aufzugeben. Wer hingegen eine pluralistische Haltung hat, ist bereits tolerant: Er hat eine gewisse Skepsis gegenüber den Wahrheitsansprüchen der eigenen Religion und erkennt an, dass alle Religionen gleichermaßen Anspruch auf Zugang zur Wahrheit haben und daher prinzipiell gleichberechtigt sind. Und

5 Die Pluralität der Religionen

das ist nichts Anderes als Toleranz. Pluralismus impliziert also nicht Toleranz, Toleranz ist Pluralismus.[33]

Quellen

Rahner entwickelt seinen Inklusivismus u.a. in Rahner 1977. Auch ein inklusivistischer Klassiker: Cusanus 2002. Schlüsseltext für Hicks pluralistische Hypothese ist Hick 2004. Zeitgenössische Texte zum metaphysischen und epistemischen Problem: Quinn/Meeker 2000. Locke 1966 enthält seinen Brief über Toleranz. Kant behandelt die Toleranz am Ende der Religionsschrift (IV, 2, § 4 in Kant 1998: Bd. IV)

Weiterführende Literatur:

Allgemein: Basinger 2002. Meister 2011. Renusch 2014. Relativismus: Runzo 1988. Griffiths 1991. Hicks Pluralismus: Plantinga 2000, 43-63. Rowe 1999.

Diskussionsfragen:

- Muss ein Pluralist *alle* Religionen als wahr anerkennen oder nur einige?
- Sollte es im Pluralismus noch andere Kriterien als Wahrheit geben, um Religionen zu bewerten?
- Können Exklusivisten tolerant sein gegenüber anderen Religionen? Was würde Toleranz dann bedeuten?

---

[33] Dieses Kapitel basiert auf meinem Text „Religion und Pluralität. Eine Einführung", in Sebastian Gäb (Hg.): *Religion und Pluralität*. Kohlhammer 2020: 9-38. Verwendung des Materials mit freundlicher Genehmigung des Kohlhammer Verlags.

6 Religiöse Sprache

> **Zusammenfassung**
>
> Bedeutungstheorien religiöser Sprache sind realistisch oder antirealistisch. Realistische Theorien behaupten, dass religiöse Sprache wahrheitsfähig ist und kognitive Bedeutung hat, antirealistische Theorien lehnen das ab. Beispiele dafür sind Expressivismus (religiöse Sprache drückt Haltungen oder Gefühle aus), Wittgensteinianismus (religiöse Sprache ist ein eigenes Sprachspiel) oder Fiktionalismus (religiöse Sprache kreiert eine fiktive Wirklichkeit). Die Bedeutung religiöser Prädikate unterscheidet sich oft von ihrer alltäglichen Bedeutung und muss durch Analogie oder Metapher erklärt werden. Manchmal kann sie auch gar nicht sprachlich erfasst, sondern nur negativ umschrieben werden.

Sprache und Religion sind untrennbar miteinander verbunden. Jede Religion kennt ihre eigenen Formen religiösen Sprechens, seien es Mythen oder Hymnen, Gebete oder Gebote, Rezitationen oder Glaubensbekenntnisse. Religiöse Sprache ist keine besondere Sprache, sondern einfach die Sprache, die wir auch im Alltag sprechen, nur eben gebraucht in religiösen Kontexten: Wenn von Göttern, Seele oder *Nirvana* die Rede ist, wissen wir, dass wir es mit religiöser Sprache zu tun haben. Wenn wir uns philosophisch mit Religionen auseinandersetzen wollen, müssen wir lernen, die Bedeutung religiöser Sprache richtig zu verstehen – denn wie könnte man über etwas nachdenken, das man gar nicht versteht? Aber was bedeutet eigentlich religiöse Sprache? Auf diese Frage gibt es mehrere Antworten, je nachdem, was „Bedeutung", nun ja, bedeutet.

Bedeutung ist zunächst einmal das, was durch einen Satz ausgedrückt wird. So drückt z.B. „Morgen wird es schneien" einfach die Tatsache aus, dass es morgen schneien wird – genauso wie „demain il va neiger" und jeder vergleichbare Satz in einer anderen Sprache. Dass es morgen schneien wird, ist der kognitive Inhalt des Satzes oder auch die Proposition, die er ausdrückt. Diese Proposition kann wahr oder falsch sein, je nachdem, ob es morgen wirklich schneien wird oder nicht. Man sagt auch: Sie hat Wahrheitsbedingungen, also Bedingungen, die erfüllt sein müssen, damit sie wahr ist. Wenn ich diese Wahrheitsbedingungen kenne, dann verstehe ich den Satz. Ich verstehe, was „es schneit" bedeutet, wenn ich weiß, unter welchen Bedingungen der Satz wahr ist – wenn nämlich weiße Flocken gefrorenen Wassers aus Wolken am Himmel herabfallen. Wenn ich hingegen glaube, dass der Satz „es schneit" wahr ist, wenn lauwarmer Regen fällt, habe ich seine Bedeutung nicht verstanden. Neben dem, was ein Satz ausdrückt, gibt es jedoch auch noch das, was *ich* durch den Satz ausdrücke, wenn ich ihn äußere. Oft ist beides das gleiche, aber nicht immer. Ein Beispiel: ich frage meine Frau, ob wir morgen eine Bergtour machen sollen, und sie antwortet mir: „Morgen wird es schneien." Zum einen drückt der Satz die Überzeugung meiner Frau aus, dass es morgen schneien wird, zum anderen aber drückt *sie* durch diesen Satz ihre Unlust aus, morgen auf einen Berg zu steigen (in Wahrheit würde sie das nie tun). Der Satz drückt also mehr aus als das, was er oberflächlich bedeutet. Wenn ich in diesem Sinn nach Bedeutung frage, will ich wissen, nach welchen Regeln die Bedeutung eines Satzes zustande kommt und wie ich aus der konkreten sprachlichen Gestalt auf den ausgedrückten Inhalt schließen kann. Mit anderen Worten: Ich suche eine *Bedeutungstheorie* für diese Sprache.

Aber nicht nur Sätze, sondern auch einzelne Worte oder Ausdrücke haben Bedeutung. In seiner simpelsten Form zerfällt ein Satz in zwei Elemente, die man klassischerweise Subjekt und Prädikat nennt.[34] Das Subjekt ist das, worüber etwas gesagt wird; das Prädikat ist das, was darüber gesagt wird (Subjekt und Prädikat sind hier nicht identisch mit den gleichnamigen grammatischen Kategorien). In dem Satz „Der Himmel ist blau" wird vom Subjekt „Himmel" das Prädikat „blau" ausgesagt. Und natürlich kann man auch nach der Bedeutung einzelner Ausdrücke fragen. Wenn mir z.B. jemand sagt „Mir ist ganz blümerant!", kann ich mich fragen, was „blümerant" bedeuten soll. Welche Dinge kann man blümerant nennen und wie muss sich etwas anfühlen, damit es blümerant ist? Hier suche ich den *Begriff*, den das Prädikat ausdrückt und will wissen, wann etwas unter diesen Begriff fällt. Schließlich gibt es noch einige Ausdrücke, die in einer bestimmten Beziehung zur Realität stehen: sie referieren oder beziehen sich auf etwas. In dem Satz „Der höchste Berg der Alpen steht in Frankreich" etwa bezieht sich der Ausdruck „der höchste Berg der Alpen" auf den Mont Blanc. Die Frage nach der Bedeutung kann auch heißen, nach der *Referenz* eines Ausdrucks zu fragen: Es gibt etwas in der Realität, auf das sich ein Ausdruck bezieht, aber ich weiß nicht was.

Entsprechend kann man das Thema „religiöse Sprache" in drei Bereiche unterteilen: (a) Bedeutungstheorien religiöser Sprache: Was drückt religiöse Sprache aus und wie kommt ihre Bedeutung zustande? Dient religiöse Sprache dazu, Tatsachen zu beschreiben oder hat sie eine andere Funktion? (b) Die Bedeutung religiöser Prädikate: Wie ändert sich die Bedeutung eines Prädikats, wenn es von religiösen Gegenständen ausgesagt wird? Welche Rolle spielen metaphorische und uneigentliche Redeweisen? (c) Die Referenz religiöser Ausdrücke: Worauf beziehen wir uns eigentlich, wenn wir „Gott" oder *„Nirvana"* sagen? Was bestimmt, worauf sich ein Ausdruck bezieht?

6.1 Was bedeutet religiöse Sprache?

Bedeutungstheorien für religiöse Sprache lassen sich in zwei Kategorien einteilen: realistische und antirealistische Theorien. Der Realismus ist mehr oder weniger der Normalfall, von dem sich die alternativen Positionen abgrenzen. Zugleich ist er die natürlichste Position, denn er nimmt an, dass religiöse Sprache sich nicht maßgeblich von anderen Bereichen der Sprache unterscheidet. Das Einzige, was besonders an ihr ist, ist ihr Gegenstandsbereich.

(a) Es bedeutet, was es bedeutet: Realismus

Die Grundthese des Realismus ist so simpel wie unspektakulär: Religiöse Sprache bedeutet, was sie zu bedeuten scheint. Das enthält drei Thesen: (a) Religiöse Sätze

---

34 Aus Sicht der modernen Logik macht es Sinn, die traditionelle Subjekt-Prädikat-Struktur zugunsten einer Funktion-Argument-Struktur aufzugeben. Wer sich für die Details interessiert, findet in Tugendhat/Wolf 1993: Kap. 6 eine gute Einführung.

haben einen propositionalen Inhalt, der wahr oder falsch sein kann und der durch die Wahrheitsbedingungen bestimmt ist. Der Satz „Christus ist auferstanden" ist genau dann wahr, wenn Christus tatsächlich auferstanden ist und bedeutet deshalb auch, dass Christus auferstanden ist. (b) Wenn wir sagen, dass ein religiöser Satz wahr (oder falsch) ist, gebrauchen wir ein realistisches Konzept von Wahrheit, d.h. wir akzeptieren die Prinzipien der Bivalenz und der Evidenztranszendenz. *Bivalenz* bedeutet, dass jeder Satz eindeutig entweder wahr oder falsch ist. Beispielsweise ist es entweder wahr oder falsch, dass ich die Rechnung bezahlt habe; eine andere Möglichkeit gibt es nicht. Die meisten Menschen akzeptieren das Bivalenzprinzip aber z.B. nicht für Sätze über die Zukunft: Der Satz „im Jahr 2050 wird es eine Kolonie auf dem Mond geben" ist *heute* weder wahr noch falsch. *Evidenztranszendenz* bedeutet, dass die Wahrheit eines Satzes unabhängig davon ist, ob es irgendwelche Gründe gibt, die dafür oder dagegen sprechen. Es könnte also Wahrheiten geben, die wir niemals begründen können. Ob z.B. Julius Cäsar am Nachmittag des 14. Juni 57 v. Chr. Kopfschmerzen hatte, können wir nicht beweisen. Aber das ändert nichts daran, dass diese Behauptung wahr oder falsch sein muss. (c) Religiöse Sätze repräsentieren Sachverhalte. So repräsentiert der Satz „Christus ist auferstanden" den Sachverhalt, dass der Person, auf die sich der Name „Christus" bezieht, die Eigenschaft zukommt, die durch „auferstanden" ausgedrückt wird. Ob dieser Sachverhalt wirklich besteht (ob der Satz also faktisch wahr ist), ist keine Frage der Bedeutung mehr. Auch ein Atheist ist in diesem Sinne Realist, denn auch er nimmt an, dass der Satz „Es gibt keinen Gott" einen propositionalen Sinn hat, einem realistischen Wahrheitsbegriff unterliegt, und einen Sachverhalt repräsentiert. In der Debatte zwischen Realismus und Antirealismus geht es also nicht um die Frage, ob religiöse Behauptungen wahr oder falsch sind, sondern darum, was sie bedeuten. Aber wenn sie nicht bedeuten, was sie anscheinend bedeuten – was bedeuten sie dann?

(b) Nonkognitivismus und Expressivismus

Will man den Realismus ablehnen, kann man zuerst bei Punkt (a) ansetzen: religiöse Sprache hat keinen propositionalen Gehalt. Sie kann deshalb auch gar nicht wahr oder falsch sein und ist auch nicht dazu da, Sachverhalte zu repräsentieren. Das ist die Grundthese des Nonkognitivismus (oder Expressivismus). Religiöse Sprache ähnelt eher Sätzen wie „Das schmeckt ja furchtbar!". Sie beschreibt keine Tatsachen, sondern dient dazu, Gefühle, Haltungen oder Lebenseinstellungen auszudrücken, oder zu einem bestimmten Verhalten aufzufordern.

Es gibt zwar einige frühe Vorbilder, aber historisch betrachtet ist der Nonkognitivismus vor allem eine Antwort auf den Sinnlosigkeitsvorwurf des logischen Empirismus (siehe Kap. 2.3). Ayer und Carnap selbst haben diesen Weg bereits vorgezeichnet, indem sie Ansätze einer nonkognitivistischen Deutung eigentlich sinnloser Sprachformen entwickeln. Für Ayer etwa sind moralische Sätze kognitiv sinnlos, können aber dennoch ein Ausdruck von Zustimmung oder Ablehnung sein. Sage ich z.B. „Es ist gut, für wohltätige Zwecke zu spenden", dann drücke ich damit aus, dass ich es befürworte, für wohltätige Zwecke zu spenden und ermuntere andere, sich mir anzuschließen. Ich *sage* allerdings nicht, dass dies meine Haltung ist, sondern verleihe dieser Haltung nur Ausdruck – ich könnte genauso gut „Bravo!" rufen oder applaudieren, wenn ich sehe, wie jemand Geld an „Ärzte ohne Grenzen" überweist. Eine vergleichbare Funktion hat religiöse Sprache für Ayer allerdings nicht. Und für Carnap sind die Sätze der Metaphysik (und Religion) nur Ausdruck eines Lebensgefühls, vergleichbar mit Musik – bloß weniger gut dafür geeignet: „Metaphysiker sind Musiker ohne musikalische Fähigkeit." (Carnap 2004: 107)

Das klassische nonkognitivistische Modell religiöser Sprache entwickelt der britische Philosoph Richard Braithwaite (1900-1990) in seinem Vortrag *An empiricist's view of the nature of religious belief*. Braithwaite akzeptiert die empiristische Kritik und räumt ein, dass religiöse Sätze nicht verifizierbar sind, weigert sich aber, sie deshalb als sinnlos abzutun. Auch er verweist auf moralische Sätze, die ebenfalls nicht verifizierbar sind, aber dennoch eine wichtige Funktion haben, nämlich bestimmte Handlungsintentionen zum Ausdruck zu bringen. Wer sagt: „Man darf seine Freunde nicht betrügen", drückt damit die Absicht aus, seine Freunde niemals zu betrügen. Der Satz ist dennoch keine Aussage, sondern Ausdruck der Intention, so zu handeln, ähnlich wie sich die Ärmel hochzukrempeln ein Ausdruck der Intention ist, jetzt an die Arbeit zu gehen. Für Braithwaite ist auch religiöse Sprache Ausdruck praktischer, vor allem moralischer Intentionen, und zwar in einer zweifachen Weise:

> Ein religiöser Glaube ist eine Intention, sich auf eine bestimmte Weise zu verhalten (ein moralischer Glaube), zusammen mit der Vergegenwärtigung bestimmter Geschichten, die mit der Intention im Geist des Gläubigen verknüpft sind. (Braithwaite 1974: 187)

Mit religiöser Sprache drückt man also eigentlich die Absicht aus, auf bestimmte Weise zu handeln, z.B. ein menschenfreundliches, am Geist der Nächstenliebe orientiertes Leben zu führen. Der genaue Inhalt der einzelnen Sätze ist dabei gar nicht so wichtig – jeder ist eher als Beispiel zu verstehen, das auf die christliche (oder buddhistische usw.) Lebensweise als ganze verweist. Darüber hinaus sind diese Absichten mit typischen Geschichten verknüpft (wie dem Gleichnis vom barmherzigen Samariter), auf die in religiöser Sprache angespielt wird und die als Vorbilder für eine moralische Lebensweise verstanden werden. Diese Geschichten machen für Braithwaite auch den relevanten Unterschied zwischen den verschiedenen Religionen aus. Denn auch wenn das Christentum und der Buddhismus beide eine Moral der Nächstenliebe bzw. des Mitleids lehren, so unterscheiden sich doch die Geschichten, die damit assoziiert werden. Es ist allerdings für Braithwaite nicht nötig, auch an die Wahrheit dieser Geschichten zu glauben. Entscheidend ist nur die Absicht, ein moralisches Leben zu führen. Braithwaite selbst ließ sich übrigens noch als Erwachsener taufen – konsequenterweise allerdings erst, nachdem er sich vom Bischof hatte versichern lassen, dass es nichts ausmacht, die Dogmen des Christentums nicht wirklich zu glauben.

In manchen Gebieten, z.B. der Ethik, haben nonkognitivistische Ideen einen nachhaltigen Einfluss ausgeübt und werden auch heute noch diskutiert – in der Religionsphilosophie aber nicht, und zwar aus mehreren Gründen:

(a) Es ist sicher richtig, dass religiöse Sprache *auch* dazu dient, Lebenseinstellungen oder Handlungsmaximen auszudrücken, aber es gibt keinen Grund, zu glauben, dass das ihre einzige Funktion ist. Ist es nicht plausibler anzunehmen, dass die expressiven Funktionen religiöser Sprache mit ihrem propositionalen Inhalt zusammenhängen? Wenn jemand sagt „Ich glaube an die Auferstehung der Toten und das ewige Leben", drückt das gerade deshalb Optimismus und Hoffnung aus, weil der Inhalt des Satzes eine optimistische und hoffnungsvolle Idee ist.

(b) Wie sollen wir herausfinden, welche Gefühle oder Einstellungen durch einen bestimmten Satz ausgedrückt werden? Gerade für Braithwaite ist das ein Problem: Da für ihn religiöse Sätze nichts weiter ausdrücken als die Absicht, einer moralischen Lebensform zu folgen, sollten eigentlich die Sätze „Gott ist allmächtig" und „Christus ist der menschgewordene Gott" das gleiche bedeuten, denn beide drücken die gleiche Intention aus. Das ist natürlich absurd. Aber wie sollen wir den Bedeutungsunterschied zwischen beiden Sätzen erklären, ohne auf ihren propositionalen Inhalt zurückzugreifen? Wie kann es überhaupt einen systematischen Zusammenhang geben zwischen dem, was ein Satz sagt, und dem, was er ausdrückt? Was Braithwaite bräuchte, wäre eine Erklärung, warum „Gott ist allmächtig" die Absicht ausdrücken soll, ein moralisches Leben zu führen und nicht etwa zum heiligen Krieg aufzurufen. Er nennt keine solche Erklärung – weil es keine gibt. Jede Zuordnung von Sätzen zu Intentionen ist entweder willkürlich oder muss unter der Hand doch wieder einen propositionalen Inhalt voraussetzen.

(c) Ein weiteres gravierendes Problem für den Nonkognitivismus ist, dass er anscheinend jede rationale Diskussion über religiösen Glauben unmöglich macht. Denn wenn religiöse Sprache keinen propositionalen Inhalt hat, können ihre Sätze keine anderen Sätze begründen oder von ihnen begründet werden (das sogenannte Frege-Geach-Problem). Was nichts sagt, kann nicht für etwas sprechen. Wenn ich sage: „Wir sind unsterblich, weil Christus von den Toten auferstanden ist", dann bedeutet das: Wenn es wahr ist, dass Christus von den Toten auferstanden ist, dann muss es auch wahr sein, dass wir unsterblich sind. Doch für den Nonkognitivismus kann der Satz „Christus ist von den Toten auferstanden" gar nicht wahr sein – er drückt ja keine Proposition aus, die überhaupt wahr oder falsch sein könnte. Also kann dieser Satz nichts begründen. Es kann aber auch nichts gegen ihn sprechen, weil er ja gar nichts sagt, dem man widersprechen könnte. Über die Wahrheit oder Falschheit religiöser Überzeugungen zu diskutieren wäre also in etwa so absurd, wie sich zu fragen, ob meine Rückenschmerzen wahr oder falsch sind.

(c) Spiele spielen: Wittgenstein und der Wittgensteinianismus

Die zweite wichtige Alternative zum Realismus ist der Wittgensteinianismus (oder Minimalismus, wie er manchmal auch genannt wird), dessen zentrale Idee lautet, dass religiöse Sprache *autonom* ist. Sie folgt ihren eigenen Regeln, die nicht mit denen anderer Sprachformen identisch sind. Die Bedeutung zentraler Begriffe wie Wahrheit, Begründung, Referenz usw. muss daher innerhalb der religiösen Sprache selbst geklärt werden und kann nicht aus anderen Gebieten (wie z.B. der Wissenschaft) übernommen werden.

Wittgensteins Verständnis religiöser Sprache basiert auf seiner Sprachspieltheorie (der wir bereits kurz in Kap. 1.3 begegnet sind).[35] Sprachspiele sind einfach die unterschiedlichen Weisen, wie wir Sprache gebrauchen. Wir begrüßen einander, schimpfen über das Wetter oder treten vom Amt des Bundeskanzlers zurück – all das tun wir durch Sprache. Wittgensteins Idee ist nun, Sprache nicht so zu verstehen, als würde sie jedem Ding in der Welt ein Wort zuordnen (wie ein Schild in einem Museum), sondern stattdessen als komplexe Ansammlung verschiedener Handlungsformen. Jede dieser Handlungsformen ist ein Sprachspiel, das nach eigenen Regeln gespielt wird. Wenn ich verstehen will, was eine Äußerung bedeutet, muss ich erst verstehen, wie man das Spiel spielt, in dem sie vorkommt. Warum z.B. sagt man beim Blackjack manchmal „Karte"? Es bringt nichts, im Wörterbuch unter „Karte" nachzuschauen. Ich muss die Regeln des Spiels lernen und verstehen, wie und in welchen Situationen ich das Wort richtig anwenden kann. Habe ich gelernt, ein Wort richtig zu gebrauchen, dann verstehe ich es: „Die Bedeutung eines Wortes ist sein Gebrauch in der Sprache." (Wittgenstein 1984a: § 43). Um ein Sprachspiel zu verstehen (zu lernen, es zu spielen), muss ich also den konkreten Sprachgebrauch anschauen und beschreiben. Ich kann nicht einfach voraussetzen, dass die Bedeutung eines Wortes in diesem speziellen Sprachspiel identisch ist mit der in anderen Sprachspielen, sondern ich muss *dieses* Spiel und seine Regeln lernen. Nur, weil ich weiß, was ein Foul im Fußball ist, weiß ich noch längst nicht, was ein Foul im Basketball ist.

Das gilt auch für religiöse Sprache: Sie zu verstehen heißt, lernen, wie sie gebraucht wird. Wittgenstein konzentriert sich vor allem auf die Unterschiede im Gebrauch des Wortes „glauben" zwischen religiöser und alltäglicher Sprache. Im Alltag kann ich ohne Probleme sagen: „Ich glaube schon, aber ich bin mir nicht sicher", in religiöser Sprache nicht. Für Wittgenstein drückt das Wort „glauben" im religiösen Sprachspiel nicht Unsicherheit aus, sondern absolute Gewissheit und Unanfechtbarkeit: „Der beste wissenschaftliche Beweis bedeutet nichts." (Wittgenstein 2000: 79) Anders als alltäglicher Glaube ist religiöser Glaube durch kein Argument zu erschüttern. Ist Religion deshalb irrational? Nein, antwortet Wittgenstein, sie ist nicht rational, aber eben auch nicht irrational. Die Worte „rational" und „irrational" haben ihren Sinn aus einem anderen Sprachspiel (der Wissenschaft) und können nicht einfach in die religiöse Sprache importiert werden. Zu fragen, ob religiöser Glaube rational ist, ist ungefähr so absurd wie zu diskutieren, ob Handspiel im Golf ein Foul ist. Wir lösen diesen Streit nicht, indem wir der einen oder anderen Seite Recht geben, sondern indem wir erklären, dass das Wort „Foul" im Golf keine Bedeutung hat. Man kann daher religiösen Überzeugungen auch nicht widersprechen, denn einen Widerspruch kann es nur geben, wenn es eine gemeinsame Basis für die Aussage und ihren Widerspruch gibt – ansonsten reden wir aneinander vorbei. Wie ist der Plural von „Band"?

---

35 Wittgenstein selbst hat seine Theorie nie wirklich entwickelt. Die wichtigste Quelle ist eine Mitschrift seiner Vorlesung über religiösen Glauben (Wittgenstein 2000) sowie einige verstreute Notizen (Wittgenstein 1984b: 489ff.). Ansonsten ist der Wittgensteinianismus die Anwendung von Ideen, die in Wittgensteins *Philosophischen Untersuchungen* und *Über Gewissheit* (Wittgenstein 1984a und 1984b) zu finden sind. Angewandt haben diese Ideen aber meist andere, nicht Wittgenstein selbst, allen voran der walisische Religionsphilosoph Dewi Z. Phillips (1934-2006), z.B. in Phillips 1970.

6.1 Was bedeutet religiöse Sprache?

Wenn einer sagt, dass es „Bände" ist, ein anderer hingegen meint, es müsse „Bänder" heißen, scheint es, als würden beide einander widersprechen. Wenn aber klar wird, dass die beiden nicht über das gleiche Wort gesprochen haben, löst sich der Widerspruch auf. In ähnlicher Weise liegen die Sprachspiele der Religion und der Wissenschaft für Wittgenstein auf ganz unterschiedlichen Ebenen. Streng genommen versteht also eine Atheistin gar nicht wirklich, was gemeint ist, wenn jemand sagt, er glaube an Gott, denn sie hat nicht gelernt, das Sprachspiel zu spielen, innerhalb dessen Worte wie „glauben" und „Gott" ihre Bedeutung bekommen. Was es bedeutet, an die Existenz Gottes oder die vier edlen Wahrheiten des Buddha zu glauben, kann also nur der verstehen, der diesen Glauben gelernt hat. Das heißt allerdings nicht, dass die Begriffe „Wahrheit" oder „Existenz" bedeutungslos sind, sondern dass ihre Bedeutung nur innerhalb der religiösen Sprache selbst bestimmt werden kann. Insofern kann man religiösen Überzeugungen doch widersprechen, allerdings nur innerhalb des religiösen Sprachspiels. Religiöse Aussagen können *miteinander* im Konflikt stehen, aber nicht mit Aussagen, die einem anderen Sprachspiel entstammen. Sie können auch begründet werden durch andere Aussagen, die einen Platz innerhalb des Sprachspiels religiöser Argumentation haben (z.B. Zitate aus heiligen Schriften). Das Sprachspiel selbst kann nicht begründet werden, denn das würde bedeuten, das Konzept der Begründung über seinen angestammten Bereich hinaus anzuwenden. Entweder wir spielen es mit – oder nicht.

Obwohl der Wittgensteinianismus in der zweiten Hälfte des 20. Jahrhunderts eine gewisse Popularität hatte, wird er heute kaum noch vertreten. Zwei Gründe sind dafür entscheidend. Erstens: Folgt aus der Autonomie-These nicht ein absurder *Relativismus*? Relativismus ist die These, dass Begriffe (z.B. Wahrheit) nur relativ zu einem bestimmten Bereich eine Bedeutung haben (vgl. Kap. 5.1). In manchen Fällen akzeptieren wir das ohne weiteres: Die Dozentin sagt, dass die Tür zum Seminarraum rechts ist, die Studierenden sagen, dass sie links ist – wo ist die Tür in Wirklichkeit? Auf diese Frage gibt es keine Antwort, denn was „rechts" und „links" bedeuten, hängt von der Sprecherperspektive ab. Relativisten glauben, dass „wahr" in dieser Hinsicht wie „rechts" und „links" funktioniert. Die Autonomie-These scheint genau das zu implizieren – jedes Sprachspiel hat seinen eigenen Wahrheitsbegriff: Wahrheit in der Wissenschaft, der Religion, der Politik... Aber ein Relativismus der Wahrheitsbegriffe widerspricht sich selbst. Wenn ich sage, dass es Wahrheit nur relativ zu einem Sprachspiel gibt, wie kann diese Behauptung selbst wahr sein? Nicht in einem absoluten Sinn, denn dann wäre sie falsch (weil sie selbst eben nicht nur relativ zu einem Sprachspiel wahr ist). Darüber hinaus ist die zugrundeliegende Vorstellung von einem separaten Sprachspiel der Religion an sich problematisch. Sicher, es gibt religiöse Sprache als Sprache, die in religiösen Kontexten gebraucht wird und es gibt religiöse Begriffe. Aber daraus folgt nicht, dass religiöse Sprache eine eigene Sprachform darstellt, die eigene Regeln und klare Grenzen hat. Denn natürlich gibt es eine Menge Begriffe, die sich religiöse Sprache und andere Sprachformen teilen. Außerdem ist nicht klar, wo die Grenzen zwischen religiöser und anderer Sprache verlaufen sollten – ist ein Satz wie „Paulus hatte auf dem Weg nach Damaskus eine Vision von Christus" nun ein religiöser oder ein historischer Satz?

Zweitens sieht es so aus, als würde religiöse Sprache durch die Autonomie-These *hermetisch* werden und damit immun gegen jede äußere Kritik (Kritiker sprechen von *Wittgenstein'schem Fideismus*), so dass die Grenze zwischen Rationalität und Irrationalität verschwimmt. Auch die Astrologie hat ihr eigenes Sprachspiel. Laut der Autonomie-These könnten ihre Behauptungen nur innerhalb des Sprachspiels selbst diskutiert und begründet werden. Aber dann könnten wir nicht mehr mit wissenschaftlichen Argumenten zeigen, dass Astrologie Unsinn ist – wir würden dann ja ein anderes Spiel spielen. Eine kritische Diskussion über die Wahrheit religiöser Überzeugungen wäre unmöglich, denn religiöse Sprache ist nur von innen verstehbar, also für die, die bereits glauben. Atheisten und Gläubige könnten einander nicht einmal verstehen, denn wer das religiöse Sprachspiel nicht mitspielt, kann den Sinn seiner Begriffe nicht erfassen. Sprachlosigkeit und wechselseitiges Unverständnis wären die Folge. Doch gerade das erleben wir nicht: Die alltägliche Erfahrung zeigt uns, dass rationale Diskussionen und gegenseitiges Verständnis auch über die Grenzen angeblich autonomer Sprachspiele hinweg möglich sind.

(d) Geschichten erzählen: Fiktionalismus

Die dritte Alternative zum Realismus ist der Fiktionalismus. Fiktionalisten behaupten, dass es möglich ist, religiöse Aussagen zu akzeptieren, ohne zugleich glauben zu müssen, dass sie auch in einem realistischen Sinne wahr sind. Stattdessen sollten wir sie behandeln wie fiktionale Aussagen in einem Roman oder einem Film. Wir glauben ja auch, dass Batman in Gotham City lebt und eigentlich Bruce Wayne ist, obwohl wir wissen, dass es weder Batman noch Gotham City wirklich gibt. Einen religiösen Glauben zu haben gleicht für Fiktionalisten dem Eintauchen in eine komplexe Fiktion, in der wir bewusst oder unbewusst ausklammern, dass sie eigentlich nicht real ist. Der deutsche Philosoph Hans Vaihinger (1852-1933), Vorläufer des modernen Fiktionalismus, fasst das in seiner *Philosophie des Als-ob* so zusammen: „Wir sehen es so an, als ob es einen Gott gäbe, und als ob dieser Gott uns die Moralgesetze geboten hätte – in dieser zweifachen Fiktion liegt das Wesen der religiösen Betrachtungsweise." (Vaihinger 1922: 663) Zu handeln, als ob es einen Gott gäbe, der uns moralische Gebote auferlegt hat, auch wenn es ihn eigentlich nicht gibt, erleichtert es uns, diese Gebote zu erfüllen und ein moralisches Leben zu führen. Der Fiktionalismus verlangt also von uns etwas eigentlich Absurdes: aus pragmatischen Gründen an religiösem Glauben und religiöser Sprache festzuhalten, obwohl wir wissen, dass es nicht wahr ist. Sein Ziel ist also eine grundlegende Revision unseres Verständnisses religiösen Glaubens. Zwar wird religiöse Sprache üblicherweise realistisch verstanden, aber wenn man sie so versteht, dann sind ihre Aussagen einfach falsch. Daraus folgt aber nicht, dass wir den Glauben aufgeben müssten. Stattdessen können wir ihn auch bewusst neu als Fiktion interpretieren und weiterhin ein religiöses Leben führen: „Ich liebe Gott noch immer und bete zu ihm, obwohl mir voll und ganz bewusst ist, dass es keinen Gott gibt" (Cupitt 2004: 118 f.), schreibt der britische Theologe Don Cupitt, der vielleicht als einziger einen echten Fiktionalismus proklamiert.

Aber was bedeutet es, eine Aussage fiktional zu verstehen? Auf den ersten Blick gibt es keinen sprachlichen Unterschied zwischen einer fiktionalen und einer realistischen Äußerung. Wenn ich nicht weiß, dass Tom Sawyer eine Romanfigur ist, woher sollte ich wissen, dass der Satz „Tom Sawyer lebt am Mississippi" fiktional ist? Der Satz ist wahr, er beschreibt eine Tatsache, und der Ausdruck „Tom Sawyer" hat eine Referenz – nur keine reale. Der Unterschied könnte in den Wahrheitsbedingungen des Satzes liegen, so dass wir fiktionale Sätze mit einer Art stummem Operator versehen müssten, der in Gedanken hinzugefügt wird und angibt, wo die Wahrheitsbedingungen zu finden sind: *„Innerhalb der fiktiven Welt Mark Twains* lebt Tom Sawyer am Mississippi". Ebenso müssten wir uns bei religiösen Sätzen einen Verweis auf die fiktive religiöse Realität hinzudenken, von der die Wahrheit des Satzes abhängt: *„Innerhalb des fiktiven Universums der griechischen Mythologie* ist es wahr, dass Zeus der Vater des Herakles ist." Oder es könnte auf die ausgedrückte Einstellung ankommen. Dann wären fiktionale Äußerungen zwar dem äußeren Anschein nach Behauptungen, funktionieren in Wahrheit aber anders. Normalerweise drücken behauptende Sätze aus, dass ich glaube, was ich behaupte. Aber ähnlich wie die Behauptung eines Schauspielers auf der Bühne „Ich habe Hunger" nicht ausdrückt, dass er (derjenige, der die Behauptung äußert) gerade Hunger hat, könnten auch fiktionale Äußerungen als bloße Quasi-Behauptungen verstanden werden.

Wie auch die anderen alternativen Theorien religiöser Sprache ist der Fiktionalismus mit einer Reihe von Problemen konfrontiert. Zum einen scheint er an der Realität vorbeizugehen: Religiöse Menschen sprechen doch über das, woran sie glauben, gerade nicht so, als wäre es nur Fiktion, sondern verstehen es als real. Fiktionalisten könnten diesen Einwand schulterzuckend zurückweisen und erklären, dass es ja nicht darum geht, religiöse Sprache zu beschreiben, sondern sie zu verändern. Das ändert allerdings nichts an der Tatsache, dass der Fiktionalismus Gefahr läuft, das Wesen religiösen Glaubens falsch zu verstehen oder bis zur Unkenntlichkeit zu verzerren. Ein weiteres Problem ist, wie wir unterschiedliche Fiktionen bewerten sollen, wenn Wahrheit als Kriterium nicht in Frage kommt. Alle religiösen Fiktionen sind gleichermaßen falsch (sonst wären sie ja keine Fiktionen), aber wie sollen wir uns entscheiden, in welche der vielen Fiktionen wir eintauchen wollen? Christentum, Buddhismus oder Star Wars? Wenn wir kognitive Dissonanzen vermeiden und die ethischen und existenziellen Vorzüge nicht verwässern wollen, sollten wir uns nicht auf mehrere Fiktionen einlassen. Doch Wahrheit kommt als Kriterium nicht in Frage und in praktischer Hinsicht werden die meisten Religionen tendenziell ähnliche Effekte haben. Der letzte Einwand lautet, dass der Fiktionalismus nicht halten kann, was er verspricht. Denn wie soll der Glaube an etwas, das ich als nicht real erkannt habe, positive Effekte auf mich haben? Ist Fiktionalismus nicht letzten Endes Selbstbetrug? Vielleicht ist es zu wenig, Religion *nur* als Fiktion zu betrachten – wir müssen erst ganz in der Fiktion leben, eine eigene Lebensform und Charakterhaltung kultivieren, um nicht Gefahr zu laufen, uns selbst zu betrügen: Ein Schauspieler, der Hamlet spielt, muss auch ganz in die Rolle eintauchen, um seine Figur zu verstehen, aber zu keinem Zeitpunkt wird er vergessen, dass er nicht Hamlet ist (hoffentlich). Wie genau aber aus dem Leben in der Fiktion positive Auswirkungen für das reale Leben entstehen können, ist damit allerdings immer noch nicht beantwortet.

6.2 Was bedeuten religiöse Prädikate?

Religiöse Prädikate sind Ausdrücke, die religiösen Gegenständen Eigenschaften oder Relationen zu anderen Dingen zuschreiben, etwa wenn wir sagen „Gott ist allmächtig" oder „Das *Nirvana* ist die Erlösung vom Leiden". Haben sie eine besondere Bedeutung? Die Frage wirkt auf den ersten Blick irritierend: Warum können die Worte nicht einfach das bedeuten, was sie normalerweise bedeuten? Wenn ich sage „Gott spricht mit mir" und „Der Hausmeister spricht mit mir", dann bedeutet das Wort „sprechen" doch in beiden Fällen das gleiche, oder? Nicht ganz. Die Bedeutung unserer Worte stammt aus den Kontexten unseres gewöhnlichen Lebens. Wir wissen aus alltäglicher Erfahrung, was „sprechen" bedeutet. Unter anderem haben wir gelernt, dass Sprechen beinhaltet, mit den Stimmwerkzeugen Laute zu produzieren. Gott ist aber ganz anders als wir – unter anderem hat er keinen Körper und kann daher nicht auf die gleiche Weise sprechen wie Menschen es tun. Wenn also Gott mit mir spricht, müssen wir die Bedeutung des Wortes „sprechen" von dem, was wir kennen, auf das ausweiten, was wir nicht kennen. Die Frage lautet nur: wie?

(a) Analoge Rede

Wollen wir über Gott sprechen, bemerkt Thomas von Aquin, dann stehen wir vor einem Dilemma: Unsere Worte können nicht genau das bedeuten, was sie bedeuten, wenn wir von endlichen Wesen sprechen – das wäre ein kruder Anthropomorphismus: Wir würden uns Gott, der doch ganz anders ist als wir, in menschlichen Begriffen vorstellen (nur größer). Sie können aber auch nicht etwas vollkommen anderes bedeuten, denn dann könnten wir eigentlich überhaupt nichts mehr über Gott aussagen, weil wir nicht mehr wüssten, was unsere Worte bedeuten. Thomas spricht im ersten Fall von *univokem* Gebrauch. Wenn ich sage „der Teller ist rund" und „das Rad ist rund", dann hat das Wort „rund" in beiden Fällen die gleiche Bedeutung. Die Alternative dazu im zweiten Fall ist ein *äquivoker* Gebrauch: Die Worte haben die gleiche Form, aber ihre Bedeutung ist verschieden, z.B. beim Wort „Kiefer", das entweder einen Nadelbaum oder einen Teil des Schädels bezeichnet. Beides ist in Bezug auf Gott nicht möglich, wollen wir nicht in Anthropomorphismus oder Agnostizismus verfallen. Die Lösung ist die Analogie, ein Mittelweg zwischen univoker und äquivoker Rede, denn in analoger Rede ist die Bedeutung weder vollkommen gleich noch vollkommen unterschiedlich. Thomas nennt als Beispiel das Wort „gesund". Wenn ich sage „Tim ist gesund" und „Broccoli ist gesund", bedeutet „gesund" in beiden Fällen nicht das gleiche. Von Tim sage ich, dass er sich in einem bestimmten Zustand frei von Krankheit und Unwohlsein befindet, vom Broccoli sage ich, dass er einen solchen Zustand begünstigt. Die beiden Bedeutungen von „gesund" sind nicht identisch, stehen aber in einem systematischen Zusammenhang. Thomas unterscheidet zwei Typen solcher Zusammenhänge: Analogie der Attribution und Analogie der Proportion. Im ersten Fall bezieht sich ein Wort eigentlich nur auf den einen Gegenstand (in unserem Beispiel auf Tim) und nur in einem abgeleiteten Sinne auf den anderen (den Broccoli), entweder weil er die Ursache („Broccoli ist gesund") oder die Folge („eine gesunde Gesichtsfarbe") der eigentlichen Bedeutung ist. In diesem

Sinne kann man von Gott sagen, er sei gut, weil er die Ursache alles Guten ist. In der Analogie der Proportion bezieht sich ein Wort direkt auf beide Gegenstände, aber in unterschiedlichem Ausmaß. Z.B. kann ich sagen „ich liebe meine Frau" und „ich liebe scharfes Curry". Ich liebe meine Frau anders, als ich ein scharfes Curry liebe, aber ich liebe beide. Der Unterschied liegt darin, dass die Bedeutung des Wortes „lieben" jeweils dem Gegenstand angepasst werden muss, von dem es ausgesagt wird. Wenn mein vierjähriger Sohn ein Bild einer Rakete malt, kann ich sagen: „Das ist schön." Genauso kann ich mir van Goghs *Sternennacht* anschauen und sagen „Das ist schön." Hätte van Gogh hingegen eine Rakete wie mein Sohn gemalt, hätte ich es nicht schön genannt. Das Raketenbild ist bezogen auf meinen Sohn und seine künstlerischen Fähigkeiten schön, die Sternennacht bezogen auf van Gogh. In ähnlicher Weise könnten wir über Gott und über Sokrates sagen, sie seien weise, nur trifft das auf Gott in höherem Ausmaß zu als auf Sokrates, denn Gottes Weisheit ist unbegrenzt, die des Sokrates nicht.

Durch analoge Rede können wir anerkennen, dass Gott und andere religiöse Gegenstände sich massiv von unserer alltäglichen Wirklichkeit unterscheiden, ohne deshalb in Schweigen zu verharren. Der Nachteil ist, dass dadurch das Verhältnis von Gott und Welt quasi auf den Kopf gestellt wird, denn Worte wie „gut" und „weise" wären eigentlich nur auf endliche Wesen anwendbar, während Gott nicht im vollen Sinne gut und weise ist (denn er ist nur der Urheber von Gutem und Weisheit). Aber müsste nicht gerade Gottes Weisheit das Ideal sein und die seiner Geschöpfe bloßes Abbild? Außerdem: Was ist mit Prädikaten wie „übelriechend"? Als Schöpfer von allem, auch dem Übelriechenden, müssten wir doch sagen können, Gott sei übelriechend, in analogem Sinne. Ein weiteres Problem betrifft die Analogie der Proportionalität: um zu verstehen, was „weise" in Bezug auf Gott heißen soll, muss ich Gottes Wesen kennen, denn davon hängt ja ab, was „weise" in Bezug auf Gott bedeuten soll. Aber um Gottes Wesen zu kennen, müsste ich bereits wissen, wie ich es beschreiben kann, d.h. ich müsste verstehen, was das Wort „weise" in Bezug auf ihn heißen soll. Wir drehen uns im Kreis, denn die Gleichung enthält nicht eine Unbekannte, sondern zwei.

(b) Metaphern

Religiöse Sprache ist voll von Metaphern. Wenn wir Christus den guten Hirten nennen, ist das eine Metapher. Aber auch Ausdrücke wie *Nirvana* (wörtlich: Erlöschen) oder *dao* (wörtlich: Weg) müssen metaphorisch verstanden werden. Mit Metaphern sprechen wir über eine Sache in einer Weise, die eigentlich auf eine andere Sache angewandt wird, so dass eine ansonsten verborgene Ähnlichkeit zwischen beiden erzeugt oder sichtbar gemacht wird. Oft dienen Metaphern dazu, Sprache poetischer oder eindrucksvoller zu machen, oder komplexe Sachverhalte anschaulich zu erklären. Aber haben sie darüber hinaus eine Funktion? Können Metaphern etwas leisten, was wörtliche Rede nicht kann? Kognitivistische Theorien antworten: ja – Metaphern sind nicht nur rhetorische Ornamente, sondern sie dienen dazu, Erkenntnisse zu erfassen, die anders nicht ausdrückbar sind. Die britische Philosophin Janet Martin Soskice (*1951) etwa erklärt, dass Metaphern und Modelle (komplexe Metaphern) eine entscheidende Rolle in der Wissenschaft spielen. Wenn wir z.B. das Gehirn als Computer verstehen, lassen sich daraus weitere Thesen ableiten: „Es muss eine Programmiersprache geben, in der die Operationen des Hirns codiert sind." Die Metapher kann so eine Richtung vorzeichnen für weitere Forschungen und in sich bereits Erkenntnisse enthalten, die erst durch das Entpacken der Metapher offenbar werden. Genauso kann man aus der Metapher „Christus ist ein guter Hirte" weitere Schlüsse ziehen, etwa, dass er sich um uns kümmern, uns beschützen und führen wird.

Aber könnte man nicht jede dieser Metaphern ohne Verlust auf eine wörtliche Umschreibung reduzieren? Kritiker des Kognitivismus behaupten, dass eine Metapher niemals mehr ausdrücken kann als ihre wörtliche Übersetzung. Denn nur so ist verständlich, weshalb manche Metaphern passend sind und andere nicht. Wenn ich „der gute Hirte" für eine passende Metapher für Christus halte, „der brave Metzger" aber nicht, dann deshalb, weil ich glaube, dass er uns beschützen und nicht schlachten wird. Ich muss also erklären können, was „der gute Hirte" im Gegensatz zu „der brave Metzger" bedeutet – aber dann kann ich auch eine wörtliche Paraphrase liefern. Dem gegenüber steht die These, dass Metaphern irreduzibel sind, d.h. nicht verlustfrei durch ein wörtliches Äquivalent ersetzt werden können. Denn oft ist die scheinbar wörtliche Paraphrase selbst eine Metapher. Wenn ich z.B. sage, dass heute ein schneidender Wind weht, ist das eine Metapher, denn der Wind schneidet mich ja nicht wirklich. Ich könnte die Metapher nun paraphrasieren, indem ich sage, dass der Wind sich anfühlt, als würde er wie eine Klinge schneiden – aber auch das ist eine Metapher, denn selbstverständlich fühlt sich der Wind nicht *genauso* an wie ein Messer, das ins Fleisch schneidet. Aber könnte ich nicht sagen, dass der Wind kalt, schnell und heftig ist? Nein, denn diese Paraphrase würde einen wichtigen Aspekt der Metapher unterschlagen: ihre grundsätzliche Offenheit. Indem die Metapher uns eine Ähnlichkeit zwischen zwei Dingen sehen lässt, eröffnet sie eine Vielzahl von Interpretationsmöglichkeiten, die der wörtlichen Paraphrase fehlen, und durch die erst ihre Erkenntnisfunktion zustande kommt. Ich kann den Satz „Christus ist ein guter Hirte" umschreiben als „Christus beschützt uns". Aber ich kann die Metapher auch so deuten: Die Gläubigen sind Schafe, die am Ende geschoren, gemolken und geschlachtet werden sollen. Diese Offenheit der Bedeutung fehlt einer wörtlichen Paraphrase. Aber wenn die Metapher irreduzibel ist, so könnte man fragen, was drückt sie dann aus? Das, was sie sagt. Es macht nichts, dass sie nicht paraphrasierbar ist, denn auch banale Sätze wie „Der Apfel ist rot" sind nicht paraphrasierbar, ohne dass wir deshalb ein Problem hätten, ihre Bedeutung zu verstehen. In einer guten Metapher gelingt es uns, eine Erkenntnis einzufangen, die wir auf andere Weise gar nicht richtig ausdrücken könnten. Doch wie kann eine Metapher eine Erkenntnis ausdrücken, wenn nicht klar ist, welche? Soskice argumentiert, dass die Unterbestimmtheit der Metapher ein Vorteil ist, denn so können wir über Tatsachen sprechen, die wir noch gar nicht völlig verstanden haben. Lange, bevor der Welle-Teilchen-Dualismus des Lichts bekannt war, konnten Physikerinnen und Physiker über Lichtwellen sprechen und so Erkenntnisse über die Natur des Lichts gewinnen, auch wenn Licht eigentlich keine Welle ist (so wie die Wellen auf dem Meer). Und ebenso können wir in Metaphern über Gott und *Nirvana* sprechen, ohne dass wir fähig sein müssten, beides wörtlich zu beschreiben. Beschreiben und Referieren sind zweierlei, und gerade da, wo wir nicht wörtlich beschreiben können, eröffnen Metaphern einen Zugang zu Aspekten der Wirklichkeit, die uns ansonsten verborgen bleiben.

(c) Apophatizismus

Unter Apophatizismus (oder negativer Theologie) versteht man die These, dass wir über manche religiösen Gegenstände nichts sagen können. Wir können nur (negativ) ausdrücken, was sie nicht sind. Der unbekannte christliche Mystiker, der sich als Dionysios Areopagita ausgibt (lebte um 500) schreibt: „[Die Gottheit] ist weder Zahl noch Ordnung, weder Größe noch Kleinheit, weder Gleichheit noch Ungleichheit, weder Ähnlichkeit noch Unähnlichkeit."[36] Apophatisches Denken finden wir auch in vielen anderen Religionen, etwa in den berühmten Anfangsworten des daoistischen Klassikers *Daodejing* „Das *Dao*, über das man sprechen kann, ist nicht das ewige *Dao*."[37] Oder in den Reden des Buddha, der das endgültige *Nirvana* mit den Worten beschreibt:

> Es gibt, ihr Mönche, einen Bereich, wo weder Erde noch Wasser, noch Feuer, noch Wind ist, wo die Sphäre der Unendlichkeit des Raumes und der Unendlichkeit des Bewusstseins nicht mehr besteht. Wo nicht irgend etwas mehr ist, weder die Sphäre des Unterscheidens noch die des Nichtunterscheidens, nicht diese Welt noch die jenseitige Welt, wo beide, Sonne und Mond, nicht mehr sind.[38]

Das soll nicht bedeuten, dass es Dinge gibt, die wir von Gott, *Dao* oder *Nirvana* nicht wissen – es gibt vieles, was wir nicht wissen, aber trotzdem sagen können – sondern dass diese Dinge sogar jenseits unseres begrifflichen Denkens liegen. Während Mystikerinnen und Mystiker aller Zeiten und Kulturen eine Vorliebe für apophatische Sprache hatten, haben ihre philosophischen Kolleginnen und Kollegen große Schwierigkeiten mit dieser Denkweise. Wie, so lautet der wichtigste Vorwurf, soll man überhaupt von etwas sagen können, dass wir nichts darüber sagen können? Wenn wir sagen, dass wir über Gott, *Dao* oder *Nirvana* nichts sagen können, dann sagen wir doch bereits etwas – nämlich, dass diese Dinge so beschaffen sind, dass wir nichts über sie sagen können. Wenn wir wirklich gar nichts über sie sagen könnten, dann könnten wir nicht mal das sagen und müssten in völligem Schweigen verharren. Außerdem sprechen wir doch nicht von einem unbekannten X, über das wir nichts sagen können, sondern von Gott oder vom *Nirvana*. Aber warum nennen wir diesen unbeschreiblichen Gegenstand „Gott" und nicht „Homer"? Doch wohl, weil er bestimmte Eigenschaften hat, die es rechtfertigen, von Gott (und eben nicht von Homer) zu sprechen. Müssen wir dann nicht positiv sagen können, was diese Eigenschaften sind? Denn sonst könnten wir das Wort „Gott" ja gar nicht mehr sinnvoll gebrauchen, da wir nicht wissen, worauf es sich überhaupt beziehen soll. Und schließlich: Endet der Apophatizismus nicht unweigerlich in einem infiniten Regress von immer komplexer-

---

36 *De mystica theologia* 1045D in Pseudo-Dionysios 1994.
37 *Daodejing* 1 in Laozi 2009: 8.
38 *Udana* VIII,1 in Gunsser 2015: 80.

en negativen Prädikaten? Wenn wir vom *Nirvana* nicht sagen können, dass es räumlich ist, dann müssen wir sagen, es sei nicht-räumlich. Aber „nicht-räumlich" ist auch ein Prädikat. Also muss es auch negiert werden: „Das *Nirvana* ist weder räumlich noch nicht-räumlich" – was auch wieder ein negatives Prädikat ist und negiert werden müsste: „Es ist nicht der Fall, dass das *Nirvana* weder räumlich noch nicht-räumlich ist" und immer so weiter.

Verteidiger des Apophatizismus halten diesen Einwänden entgegen, dass sie die apophatische These grundlegend missverstehen. Es soll gar nicht behauptet werden, dass wir absolut nichts über religiöse Gegenstände aussagen können. Schließlich sind Sätze wie „Viele Menschen glauben an Gott" oder „Das *Nirvana* ist die Erlösung vom Leiden" problemlos verstehbar. Lediglich einige Propositionen über diese Gegenstände liegen jenseits der Grenzen der Sprache. Zwar sind dies gerade die wichtigsten, nämlich solche, die ihr Wesen oder ihre Natur betreffen. Aber es genügt, um etwas mehr als nichts sagen zu können – unter anderem auch, dass wir über das Wesen dieser Dinge nichts aussagen können. Das ermöglicht es auch, den zweiten Einwand zurückzuweisen, denn es ist ja nicht ausgeschlossen, dass wir zumindest einiges über Gott und das *Nirvana* sagen können, was es uns erlaubt, sie als den Gegenstand unserer Aussage zu identifizieren, z.B.: „*Nirvana* ist der Zustand, den der Buddha im Moment seiner Erleuchtung erlebt hat." Was das Wesen des *Nirvana* ist, ist damit noch nicht geklärt, aber wir können genug darüber sagen, um es als diesen spezifischen Gegenstand zu identifizieren. Auf den letzten Einwand schließlich kann man erwidern, dass es den Apophatikern gar nicht darum geht, religiösen Gegenständen negative Eigenschaften zuzusprechen. Negationen haben zwei verschiedene Funktionen: Zum einen behaupten sie, dass etwas nicht so ist, z.B. wenn ich sage: „Das ist keine leichte Aufgabe." Ich schreibe der Aufgabe die Eigenschaft zu, nicht leicht, also schwer, zu sein. Zum anderen können Negationen aber auch ausdrücken, dass man es ablehnt, etwas zu behaupten, z.B. wenn ich sage „Das Buch ist nicht gut, es ist fantastisch!" Ich will nicht sagen, dass das Buch nicht gut (also schlecht) ist, obwohl ich genau diese Worte gebrauche, sondern ich will sagen, dass ich nicht behaupten will, dass es gut ist (weil „gut" nicht der passende Ausdruck dafür ist). Wenn die Apophatiker sagen, dass Gott nicht Geist ist, wollen sie also nicht behaupten, dass er das Gegenteil davon ist, sondern dass es unangemessen wäre, diesen Begriff zu gebrauchen. Das Ziel ist nicht, immer mehr negative Prädikate zuzusprechen, sondern das Zu- und Absprechen bestimmter Prädikate überhaupt zu beenden, um zu einer letztlich sprachlosen Einsicht in die Natur der religiösen Gegenstände zu gelangen. In den Worten des chinesischen Philosophen Zhuangzi (ca. 369-286): „Hast du den Sinn erfasst, kannst du die Worte vergessen."[39]

6.3 Referenz

Die Referenz religiöser Sprache wird verhältnismäßig wenig diskutiert. Zwei Fragen stehen hier im Zentrum, zum einen die für theistische Religionen wichtige Frage, ob das Wort „Gott" ein Name ist oder nicht; zum anderen die allgemeinere

---

39 *Zhuangzi* 26.13 in Zhuangzi 2019: 314.

Frage, was die Referenz eines religiösen Eigennamens festlegt. Hinsichtlich der ersten Frage sieht es zunächst so aus, als ob das Wort „Gott" ein Eigenname wäre, denn so verwenden wir es ja, z.B. als persönliche Anrede im Gebet. Wie bei anderen (eindeutigen) Namen auch muss man es nicht näher qualifizieren. Die Frage: „Woran glaubst du?" ist mit „An Gott" vollständig beantwortet. Wenn ich hingegen meine Schwester frage „Wo warst du im Urlaub?" und sie antwortet: „Auf einer Insel", dann macht es Sinn, nachzufragen, auf welcher Insel. Allerdings unterscheidet sich „Gott" von anderen Namen wie „Led Zeppelin" dadurch, dass er einen gewissen deskriptiven Inhalt hat. Wenn ich etwas oder jemanden als Gott bezeichne, folgt daraus bereits, um was für eine Art von Wesen es sich handeln muss. Wenn ich hingegen nicht wüsste, wer oder was Led Zeppelin ist, könnte ich aus dem Ausdruck alleine niemals erschließen, um was für eine Art von Gegenstand es sich handeln muss. Insofern hat das Wort „Gott" Ähnlichkeit mit einem Titel wie „der Kaiser", der sowohl ein Individuum kennzeichnet als auch eine inhaltliche Beschreibung impliziert, zumal Titel in der Praxis ohnehin meist wie Eigennamen verwendet werden. Allerdings kann man bei Titeln zwischen ihnen und ihrem Träger unterscheiden. Ich kann fragen: „Wer ist Papst?", aber kann ich auch fragen: „Wer ist Gott"?

Wie wird die Referenz religiöser Namen festgelegt? In der Sprachphilosophie gibt es zwei konkurrierende Theorien: die deskriptive und die kausale Theorie der Referenz.[40] Deskriptive Theorien behaupten, dass Namen sowohl eine Referenz (den Gegenstand, auf den sie sich beziehen) als auch eine Bedeutung (einen deskriptiven Inhalt) haben. Namen sind sozusagen eine Abkürzung für eine eindeutige Beschreibung, und „Gott" wäre demnach gleichbedeutend mit etwas wie „der allmächtige, allwissende und vollkommen gute Schöpfer der Welt." Allerdings sind sich schon die verschiedenen theistischen Religionen nicht einig, wie eine eindeutige Beschreibung Gottes aussehen sollte. Für das Christentum etwa gehört die Dreifaltigkeit in jedem Fall zum deskriptiven Kern des Gottesbegriffs, für den Islam nicht. Aber wenn die Beschreibungen einander widersprechen, kann die Referenz nicht die gleiche sein. Die Folge wäre, dass Christen und Muslime nicht einmal die Frage diskutieren könnten, ob Gott dreifaltig ist – beide Seiten müssen aneinander vorbeireden, denn sie beziehen sich nicht auf den gleichen Gegenstand. Außerdem: Ist es nicht so, dass wir uns auch dann noch erfolgreich auf etwas beziehen können, wenn wir eine völlig falsche Beschreibung des fraglichen Gegenstands im Kopf haben? Wer glaubt, dass Moses ein griechischer Prophet des 3. Jahrhunderts war, kann trotzdem in Wikipedia unter „Moses" nachschlagen und seinen Irrtum korrigieren, denn sowohl der Wikipedia-Artikel als auch er beziehen sich ja auf den gleichen Moses.

Kausale Theorien behaupten, dass Namen keine implizite Beschreibung enthalten, sondern direkt auf ihren Gegenstand referieren. Ihre Referenz wird in einer Art Taufe anlässlich der ersten Begegnung mit dem Gegenstand ostensiv (durch Hinweisen) festgelegt und danach als eine starre Verbindung von Name und Objekt innerhalb der Sprachgemeinschaft weitergereicht, ganz ähnlich, wie auch

---

40 Genaueres zu dieser weitverzweigten Debatte und ihren faszinierenden metaphysischen Auswirkungen findet man z.B. in Sturm 2015.

eine Person zu Beginn ihres Lebens einen Namen erhält, der sie dann den Rest ihres Lebens begleitet. Um erfolgreich referieren zu können, genügt es, Teil einer Sprachgemeinschaft zu sein, die kausal mit dem ursprünglichen Taufakt verknüpft ist. Der Name kann dann einfach (auch ohne Kenntnis einer Beschreibung) weitergereicht werden wie eine verschlossene Kiste, bei der wir nicht wissen, was drin ist. Wir könnten also z.B. über Gott sprechen, auch wenn wir ganz falsche Vorstellungen von ihm haben, solange wir in der richtigen Beziehung zum ursprünglichen Ereignis stehen, in dem die Verbindung des Namens „Gott" mit dem Gegenstand „Gott" geschmiedet wurde. Was aber, wenn es in Wahrheit keinen Gott gibt? Wie könnte es eine Verbindung zwischen einem Namen und einem Gegenstand geben, der gar nicht existiert? Atheismus wäre buchstäblich sinnlos, denn das Wort „Gott" bezieht sich auf gar nichts, von dem man sagen könnte, dass es nicht existiert.[41] Besser wäre es, die atheistische These so zu verstehen: Es gibt keinen Gegenstand, auf den der Begriff „Gott" zutrifft – aber dann muss das Wort „Gott" entweder kein Name sein oder eben doch eine Beschreibung enthalten.

Quellen

Braithwaites Vortrag findet sich in Braithwaite 1974. Wittgenstein 2000 enthält die Mitschrift der Vorlesung über religiösen Glauben. Thomas' Traktat über Analogie findet man in seiner *Summe der Theologie* Teil I, Frage 13, Artikel 5 (online: *https://bkv.unifr.ch/de/works/8/versions/811/divisions/168773*). Eine klassische Version apophatischer Theologie im Westen ist die kurze Schrift *Über mystische Theologie* (Pseudo-Dionysios 1994).

Weiterführende Literatur

Allgemein: Scott 2013. Realismus und Antirealismus: Moore/Scott 2007. Gäb 2014. Wittgensteinianismus: Phillips 1970. Fiktionalismus: Eshleman 2005. Le Poidevin 2016. Metapher, Analogie, Referenz: Soskice 1985. Alston 1989. Swinburne 2016, Kap. 4. Apophatizismus: Gäb 2019.

Diskussionsfragen

- Macht der folgende Dialog Sinn? „Wer ist Gott?" – „Gott ist Gott!"
- Gibt es Ausdrücke, die nur expressive Bedeutung haben? Wie lernen wir diese Bedeutung?
- Bedeutet „glauben" im Alltag und in der Religion das Gleiche?

---

41 Hier stößt man auf das berühmte Problem der leeren Terme, einen Klassiker der analytischen Sprachphilosophie. Näheres dazu in Tugendhat/Wolf 1993: Kap. 9.

7 Religion und Moral

> **Zusammenfassung**
>
> Es gibt verschiedene Deutungen für das Verhältnis von Religion und Moral. Moral könnte Religion voraussetzen: Es kann nur Gründe für moralisches Handeln geben, wenn sie religiös fundiert sind. Diese Position ist aber mit dem Euthyphron-Dilemma konfrontiert. Oder Religion wird als notwendiges Motiv für moralisches Handeln betrachtet, doch dann wird aus Moral Egoismus. Andererseits könnte Moral Religion implizieren, so dass religiöse Wahrheiten aus der Existenz der Moral folgen. Newman argumentiert, dass die Realität des Gewissens nur durch die Existenz Gottes verstehbar ist, während Kant den Glauben an Gott als Postulat der praktischen Vernunft ansieht.

„Wenn es keinen Gott gibt, dann ist alles erlaubt" lässt der russische Schriftsteller Fjodor Dostojewski eine der Figuren seines Romans *Die Brüder Karamasow* sagen. Dieser Satz drückt einen weit verbreiteten Gedankengang aus: Für viele Menschen gehören Religion und Moral untrennbar zusammen – ohne Religion keine Moral. Konsequenterweise sehen manche im religiösen Glauben ein unersetzliches Fundament der moralischen Integrität einer Gesellschaft und befürchten, dass ein Rückgang der Religion einen Verfall moralischer Werte nach sich ziehen muss. Aber ist diese Furcht berechtigt? Ist wirklich alles erlaubt, wenn es keinen Gott gibt? Und wenn nicht alles erlaubt ist, so könnte man den Gedankengang fortsetzen, heißt das dann, dass es einen Gott gibt? Um diese Fragen zu beantworten, müssen wir zwei Fragen zum Verhältnis von Religion und Moral betrachten: (a) Setzt Moral Religion voraus? Können wir die Gültigkeit moralischer Gebote nur erklären, indem wir ihnen ein religiöses Fundament geben? (b) Impliziert Moral Religion? Folgt bereits aus der Tatsache, dass es moralische Gebote gibt, dass bestimmte religiöse Überzeugungen wahr sein müssen?

Wir können Dostojewskis Satz auf zwei verschiedene Weisen verstehen. „Wenn es keinen Gott gibt, dann ist alles erlaubt" könnte einerseits bedeuten: Ohne den Glauben an einen Gott gibt es keine *Gründe* für moralische Gebote. Ein moralisches Gebot (wie z.B. „Man darf keine anderen Menschen töten!") verpflichtet mich dazu, bestimmte Dinge zu tun oder zu unterlassen. Es ist keine Bitte, die ich ignorieren kann, wenn ich gerade keine Lust habe, sondern etwas, das ich unbedingt tun soll, ob ich will oder nicht. Doch woher kommt dieser verpflichtende Charakter? Es muss ja einen Grund geben, weshalb ich andere Menschen nicht töten soll, und wer Dostojewskis Satz unterschreibt, meint damit, dass moralische Gebote nur dann wirklich verbindlich und verpflichtend sind, wenn es einen Gott gibt, der ihnen diesen Pflichtcharakter verleiht. Gibt es keinen Gott, dann wären die angeblichen moralischen Verpflichtungen, die meine Gesellschaft mir auferlegt, letzten Endes beliebig. Ich könnte sie respektieren (vielleicht weil ich keinen Ärger mit meinen Mitmenschen will), aber ich müsste es nicht. Andererseits könnte man Dostojewskis Satz verstehen als: Ohne den Glauben an einen Gott gibt es kein *Motiv*, moralisch zu handeln. Es könnte dann zwar moralische Gebote geben, aber warum sollten wir uns eigentlich an diese Gebote halten? Ohne einen Gott, der uns für unsere Taten belohnen oder bestrafen könnte, wären wir doch meistens viel besser bedient, wenn wir einfach unseren egoistischen Instinkten folgen. Dass Moral Religion voraussetzt, würde demnach bedeuten, dass Religion uns den notwendigen Anreiz gibt, moralisch zu handeln. Glaubt man, dass es ohne Religion keine Moral geben kann, dann meint man also entweder, dass Religion notwendig ist, um die objektive Gültigkeit moralischer Gebote zu begründen, oder dass sie notwendig ist, um zu garantieren, dass Menschen auch ein Interesse daran haben, sich an moralische Gebote zu halten. Schauen wir uns an, wie plausibel diese beiden Deutungen sind.

7.1 Göttliche Gebote: divine-command-ethics und das Euthyphron-Dilemma

Geht man davon aus, dass die Gültigkeit moralischer Gebote durch einen Gott (oder eine andere religiöse Instanz) garantiert werden muss, dann steht eine prinzipielle Frage im Hintergrund: Woher haben moralische Gebote überhaupt ihre Gültigkeit? Man kann diese Frage verstehen als Frage nach den Wahrheitsbedingungen moralischer Aussagen. Wenn wir z.B. davon ausgehen, dass es moralisch geboten ist, Notleidenden zu helfen, dann glauben wir, dass die Aussage: „Man soll Notleidenden helfen" wahr ist. Aber was macht diese Aussage wahr? Darauf gibt es unterschiedliche Antworten. Theorien, die annehmen, dass moralische Aussagen grundsätzlich wahr oder falsch sein können, bezeichnet man als kognitivistische Theorien (im Gegensatz zu nonkognitivistischen Theorien, die das bestreiten und moralische Aussagen nur als Ausdruck von Lob oder Verärgerung verstehen, vgl. Kap. 6.1). Innerhalb des Kognitivismus kann man drei Typen von Theorien unterscheiden: *Objektivismus*, *Subjektivismus* und *Relativismus*. Alle drei gehen davon aus, dass ein Satz wie „Man soll Notleidenden helfen" wahr ist, aber geben unterschiedliche Gründe für seine Wahrheit an. Für den Objektivismus sind moralische Aussagen objektiv wahr und universal gültig. Ähnlich wie Aussagen über die materielle Welt (wie: „da steht eine Eiche") drücken sie Tatsachen aus, die unabhängig von uns bestehen. Dass es richtig ist, Notleidenden zu helfen, wäre nach objektivistischem Verständnis auch dann wahr, wenn niemand es anerkennen würde – ebenso wie es immer noch wahr ist, dass da eine Eiche steht, wenn niemand sie sieht. Daher sind moralische Gebote auch universal gültig, denn ihre Gültigkeit hängt allein von den Tatsachen ab, nicht von uns. Subjektivisten behaupten im Gegensatz dazu, dass moralische Gebote zwar universal, aber nicht objektiv sind. Für sie hängt die Wahrheit moralischer Gebote nicht von objektiven Tatsachen ab, sondern von den Interessen rationaler Subjekte. Demnach ist es wahr, dass wir Notleidenden helfen sollen, weil es in unser aller Interesse liegt, wenn dieses Prinzip universal befolgt wird. Der Relativismus schließlich lehnt die Universalität und Objektivität moralischer Gebote ab: Es mag wahr sein, dass man Notleidenden helfen soll, aber diese Wahrheit kann nur relativ zu einer bestimmten Zeit, Kultur oder Gesellschaft verstanden werden (vgl. Kap. 5.1). Für den Objektivismus sind also moralische Gebote objektiv und universal, für den Subjektivismus universal, aber nicht objektiv, und für den Relativismus weder objektiv noch universal.[42]

---

42 Eine gute Einführung in die diversen ethischen Theorien in Fenner 2020: Kap. 4, ausführlich Hübner 2021.

7.1 Göttliche Gebote: divine-command-ethics und das Euthyphron-Dilemma

Angenommen, dass Moral Religion voraussetzt, ist der ethische Objektivismus die natürliche Option: Moralische Gebote sind objektiv wahr und ihre Wahrheit ist in bestimmten religiösen Tatsachen begründet – nämlich der Tatsache, dass sie von Gott verkündet worden sind. Es ist also letzten Endes Gott, der den moralischen Geboten ihre unbedingte und universale Gültigkeit verleiht – moralische Gebote sind göttliche Gebote und der Grund moralischer Verpflichtung ist der Wille Gottes. Doch dieser religiös fundierte ethische Objektivismus steht vor einem gravierenden Problem: dem Euthyphron-Dilemma, benannt nach dem platonischen Dialog *Euthyphron*. In diesem Dialog begegnet Sokrates auf dem Weg zum Gericht dem Priester Euthyphron, der gerade dabei ist, gegen seinen eigenen Vater zu prozessieren. Sokrates verwickelt ihn in ein Gespräch über die Frage, ob sein Verhalten richtig bzw. gottgefällig ist. Euthyphron bejaht und verweist auf die göttlichen Gebote. Doch Sokrates entgegnet: Erlassen die Götter die Gebote, weil sie gut sind? Oder sind die göttlichen Gebote gut, weil die Götter sie erlassen haben? Wie sich herausstellt, ist keine der beiden Optionen besonders attraktiv.

Schauen wir uns zunächst die erste Option an: Die Götter gebieten das Gute, weil es gut ist. In diesem Fall gibt es einen unabhängigen Maßstab für das Gute. Die Götter entscheiden nicht selbst, was gut und schlecht ist, sondern was immer gut ist, ist an sich bereits gut, und die Götter nehmen es bloß zur Kenntnis. Es wäre dann zwar wahr, dass wir nicht töten sollen, aber nicht deshalb, weil die Götter es geboten haben, sondern weil es ohnehin wahr ist (und sollten die Götter ihre Meinung ändern und etwas Anderes gebieten, wäre das Tötungsverbot deswegen nicht plötzlich ungültig geworden). Die Götter können also gar nicht bestimmen, was das Gute ist. Das bedeutet aber auch, dass die Gründe, weshalb manche Dinge gut und andere schlecht sind, nichts mit göttlichen Geboten zu tun haben. In ihren Geboten stellen die Götter bloß fest, was gut und schlecht ist. Aber wozu dann überhaupt den Umweg über die Götter gehen? Ließe sich dieser Schritt nicht einfach rauskürzen? Denn was gut ist, bliebe auch dann noch gut, wenn es keine Götter gibt, die das Gute verkünden. Behauptet man, dass die Götter das Gute gebieten, weil es gut ist, dann sind die Götter letzten Endes überflüssig für die Moral.

Die zweite Option lautet: Das Gute ist gut, weil die Götter es gebieten. Demnach muss alles, was die Götter gebieten, automatisch gut sein, und zwar allein deshalb, weil sie es gebieten – egal wie absurd oder grausam es uns ansonsten erscheinen mag. Eine solche Theorie, die den Willen Gottes zum Fundament der Ethik macht, wird in der Gegenwart auch als *divine command theory* bezeichnet. Auf den ersten Blick scheint diese Theorie zu inakzeptablen Konsequenzen zu führen: Wir wären moralisch verpflichtet, Dinge zu tun, die wir für falsch halten, z.B. kleine Kinder zu ermorden oder die Ungläubigen zu töten, sofern die Götter es gebieten. Und nicht nur das, wir hätten nicht einmal eine Grundlage, diese Handlungen als falsch zu kritisieren – denn das Gute und der Wille der Götter sind identisch. Einer der wenigen Philosophen, die bereit sind, die *divine command theory* in dieser Radikalität zu akzeptieren, ist Sören Kierkegaard (vgl. auch Kap. 3.4). In seinem Essay *Furcht und Zittern* untersucht er die biblische Erzählung von Abraham und Isaak. Abraham, der erst in hohem Alter durch göttliche Gnade

Vater seines Sohns Isaak geworden ist, wird plötzlich von Gott aufgefordert, Isaak zu opfern. Kierkegaard fragt sich, warum Abraham Gott gehorchen sollte:

> Warum tut es Abraham denn: Gottes wegen und völlig identisch hiermit seiner selbst wegen. Gottes wegen tut er es, weil Gott diesen Beweis seines Glaubens fordert, seiner selbst wegen tut er es, damit er den Beweis führen kann. [...] es ist eine Prüfung, eine Versuchung. [...] Was sonst einen Menschen versucht, ist ja das, was ihn abhalten will, seine Pflicht zu tun; aber hier ist die Versuchung das Ethische selber, das ihn abhalten will, Gottes Willen zu tun. Aber was ist denn die Pflicht? Die Pflicht ist ja gerade der Ausdruck für Gottes Willen. (Kierkegaard 2005b: 244)

Die ethischen Verpflichtungen, die Abraham seinem Sohn gegenüber hat, werden also für Kierkegaard durch den Willen Gottes aufgehoben und durch eine höhere Pflicht ersetzt, nämlich die Pflicht, den Willen Gottes zu befolgen. Wenn die Moral und der Wille Gottes in Konflikt geraten, müssen wir die Moral suspendieren, wie Kierkegaard es ausdrückt. Religion ist damit nicht mehr die Grundlage der Moral, sondern sie steht über ihr. Für Kierkegaard müsste also geradezu die Umkehrung des Dostojewski-Satzes gelten: Wenn es Gott gibt, dann ist alles erlaubt – und zwar für Gott.

Wenn man nicht wie Kierkegaard bereit ist, die Ethik dem Glauben zu opfern und alles, was Gott gebietet, als gut anzuerkennen, besteht der einzige Ausweg darin, zu zeigen, dass Gott in Wirklichkeit gar keine unmoralischen Gebote erlassen kann. Wenn Gott seinem Wesen nach vollkommen gut ist, so das Argument, wäre es unmöglich für ihn, etwas Schlechtes zu gebieten.[43] Es ist ebenso undenkbar, dass Gott ein unmoralisches Gebot erlässt (denn sonst wäre er nicht Gott) wie es undenkbar ist, dass ein Schimmel schwarz ist (denn sonst wäre es kein Schimmel). Der Haken an diesem Argument ist, dass wir jetzt eine Erklärung brauchen, was eigentlich mit dem Wort „gut" gemeint ist. Was meinen wir, wenn wir sagen, dass Gott gut ist? Um das zu erklären, benötigen wir Kriterien dafür, was gut ist, und hier haben wir nur zwei Optionen: entweder diese Kriterien sind unabhängig von Gott – aber dann gilt, was wir eben schon zur ersten Seite des Dilemmas gesagt haben, und Gott kann aus der Gleichung rausgekürzt werden. Oder diese Kriterien hängen von Gott ab, so dass das Gute das ist, was mit Gottes Natur übereinstimmt – aber dann wird das Wort „gut" nichtssagend und bedeutungslos. Wir würden dann sagen: Gott ist gut und gut sein bedeutet, so zu sein wie Gott. Aber *wie* ist Gott denn? Bisher haben wir nur gesagt, dass Gott so ist, wie er ist, und das dann „gut" genannt. Für die These, dass Religion notwendig ist, um Moral zu begründen, sieht es also angesichts des Euthyphron-Dilemmas schlecht aus: Wenn die göttlichen Gebote unabhängig von Gott gut sind, brauchen wir keinen Gott. Und wenn was immer Gott gebietet gut ist, brauchen wir keine Moral.

---

43 Siehe Craig 2009 für eine zeitgenössische Variante des Arguments.

7.2 Das Motivationsargument

Wie steht es um die zweite Interpretation von Dostojewskis Satz, nach der es ohne Gott kein Motiv geben kann, sich moralisch zu verhalten? In diesem Modell ist Gott nicht dafür verantwortlich, die Gültigkeit moralischer Gebote zu begründen, sondern sicherzustellen, dass sie auch befolgt werden. Wer so denkt, geht davon aus, dass Menschen grundsätzlich egoistisch sind und das tun, wovon sie sich die meisten Vorteile versprechen. Solche Menschen stellen sich dann auch die Frage: „Warum sollte ich überhaupt moralisch sein?", und meinen damit: was habe ich davon? Nimmt man nun an, dass es einen Gott gibt, der als letzte Instanz die Einhaltung moralischer Gebote überwacht, die Guten belohnt und die Bösen bestraft, dann ist auch für eingefleischte Egoisten die Antwort auf diese Frage klar: Weil uns Gott (in diesem Leben oder dem nächsten) belohnen wird, wenn wir das Richtige tun, und bestrafen, wenn wir es nicht tun. In dieser Lesart würde Dostojewskis Satz bedeuten: Wenn es keinen Gott gibt, dann gibt es keine Instanz mehr, vor der wir uns ultimativ für unser Tun rechtfertigen müssen und von der wir gerechte Belohnungen oder Strafen für unser Handeln zu erwarten haben. Wenn aber niemand da ist, um Verbote auch durchzusetzen, dann ist faktisch alles erlaubt.

In gewisser Weise ist das ein merkwürdiges Argument, denn wenn man genauer hinschaut, geht es ja eigentlich gar nicht darum, dass es einen Gott geben muss, der unmoralisches Verhalten sanktioniert, sondern nur darum, dass Menschen an einen solchen Gott glauben müssen. Für die Wirksamkeit des religiösen Glaubens als Motiv ist es ja unerheblich, ob er wahr ist, denn was Menschen motiviert, ist nicht eine tatsächliche Belohnung, sondern die Erwartung einer Belohnung. Das Argument läuft also eigentlich nur darauf hinaus, dass es für eine Gesellschaft pragmatisch nützlich ist, wenn Menschen an einen Gott glauben, der sie dafür belohnt, sich an die Regeln zu halten. Trotzdem – vermutlich denken gar nicht wenige Menschen tatsächlich so. Ein Argument für die Notwendigkeit von Religion für Moral müsste aber mehr behaupten als das, nämlich, dass *nur* religiöser Glaube Menschen dazu motivieren kann, sich moralisch zu verhalten. Anders ausgedrückt: Wenn Menschen moralisch sind, müssten sie immer ein religiöses Motiv haben. Das scheint aber schlichtweg nicht wahr zu sein. Empirische Studien zeigen keinen Zusammenhang zwischen Religiosität und moralischem Verhalten,[44] und Religionskritiker wie Bertrand Russell würden behaupten, dass es sogar einen negativen Zusammenhang gibt: Wenn Menschen religiös sind, dann handeln sie besonders *un*moralisch (vgl. Kap. 2.4). „Die Grausamkeit [war] um so größer und die allgemeine Lage um so schlimmer, je stärker die Religion einer Zeit und je fester der dogmatische Glaube war", schreibt Russell (Russell 1965: 41). Aber vielleicht könnte man diese These abschwächen und nur noch behaupten, dass es einen positiven Effekt von religiösem Glauben auf moralisches Handeln gibt. Gläubige Menschen sind dann vielleicht nicht besser als andere, aber wenigstens besser, als sie es ohne ihren Glauben wären: Wenn Menschen religiöse Motive haben, sind sie moralischer, als sie es sonst wären. Ob diese schwächere These

---

[44] Siehe Galen 2012 für eine exemplarische Studie.

korrekt ist, lässt sich nicht seriös beantworten, denn es setzt voraus, dass wir wissen können, wie moralisch oder unmoralisch sich religiöse Menschen verhalten würden, wenn sie nicht religiös wären. Eine solche Aussage (wie ein bestimmter Sachverhalt aussähe, wenn eine bestimmte Bedingung anders wäre) wird in der Sprachphilosophie „kontrafaktisches Konditional" genannt, und es gilt, dass kontrafaktische Konditionale weder wahr noch falsch sind. Wenn Angela Merkel und Boris Johnson Landsleute wären, wäre sie dann beide Engländer, Deutsche oder Belgier? Es gibt keine richtige Antwort auf diese Frage.

Dessen ungeachtet gibt es ein viel gravierenderes Problem für das Motivationsargument: Selbst wenn religiöser Glauben ein wirksames Motiv zu moralischem Handeln sein sollte (was, wie gesagt, alles andere als klar ist), wäre das Ergebnis eigentlich gar keine Moralität, sondern nur ein kluger Egoismus. Für viele Philosophinnen und Philosophen, unter anderem Immanuel Kant (vgl. Kap. 7.4), hängt die moralische Qualität einer Handlung auch von den Beweggründen ab, aus denen wir handeln. Demnach bedeutet moralisches Handeln nicht nur, bestimmte Gebote zu befolgen, sondern auch, sie allein deshalb zu befolgen, weil sie richtig sind. Wenn man anderen hilft, weil man dafür belohnt wird, handelt man zwar in Übereinstimmung mit den Anforderungen der Moral, aber man handelt nicht aus Moralität, sondern aus Eigennutz – denn in dem Moment, in dem man nicht mehr dafür belohnt wird, würde man aufhören, den anderen zu helfen. Wer moralische Gebote befolgt, um von Gott belohnt zu werden, verhält sich also eigentlich gar nicht moralisch, sondern eher wie ein Hund, der gelernt hat, dass er ein Leckerli bekommt, wenn er ein Kunststück aufführt. Der amerikanische Moralpsychologe Lawrence Kohlberg (1927-1987), der die Entwicklung des moralischen Denkens bei Kindern und Jugendlichen untersucht hat, ordnet daher auch die Orientierung an Belohnung und Strafe durch Autoritäten der einfachsten Stufe moralischer Entwicklung zu, der präkonventionellen Phase.[45] Die Begriffe von richtig und falsch, die sich Kinder auf dieser Stufe bilden, sind damit noch gar keine moralischen Begriffe, sondern nur die Vorstufe zum moralischen Denken. Das Motivationsargument führt also zum Gegenteil dessen, was es eigentlich beweisen wollte: Wenn wir wirklich Religion als Motiv für moralisches Handeln brauchen, dann ist Religion nicht notwendig für Moral, sondern ein Hindernis.

Wir können damit unsere erste Frage negativ beantworten: Moral setzt keine Religion voraus – zum Glück, denn das bedeutet, dass Menschen unabhängig von ihrem Glauben oder Unglauben immer die Möglichkeit haben, das Richtige zu tun. Aber wie sieht es mit der zweiten Frage aus: Impliziert Moral religiösen Glauben? Schauen wir uns zwei Argumente an, die das behaupten.

7.3 Newman: Die Stimme des Gewissens

John Henry Newman (1801-1890), ein englischer Bischof, der in der Mitte seines Lebens von der anglikanischen zur katholischen Kirche überwechselte, gilt als einer der wichtigsten Theologen des 19. Jahrhunderts. Newman vertritt die Position, dass wir die Existenz eines Gottes aus der Tatsache erschließen können, dass

---

[45] Die wichtigsten Arbeiten dazu in Kohlberg 1996.

wir über ein moralisches Empfinden bzw. Gewissen verfügen. Dass Menschen (zumindest die meisten) ein Gewissen haben, lässt sich kaum bestreiten. Uns ist nicht einfach egal, was wir tun, sondern wir haben ein Gefühl moralischer Verantwortung für unsere Handlungen. Wenn ich einen verletzten Autofahrer aus dem Unfallwagen befreie und erste Hilfe leiste, dann fühle ich mich gut und bestärkt, weil ich das Richtige getan habe. Und wenn ich jemandem Vorwürfe mache für etwas, das er nicht getan hat, fühle ich mich danach schuldig und bereue meine Worte – ich habe ein schlechtes Gewissen. Newman weist darauf hin, dass unser Gewissen auch dann aktiv wird, wenn wir etwas tun, wovon niemand etwas weiß. Wer heimlich und anonym einer notleidenden Familie ein Bündel Geldscheine in den Briefkasten wirft, wird trotzdem das Gefühl haben, das Richtige getan zu haben. Und auch ein Mörder, der niemals erwischt wird, kann irgendwann Gewissensbisse bekommen.

Ausgehend von diese unkontroversen Feststellungen argumentiert Newman nun so: Wenn es ein Gewissen gibt, dann muss es auch bestimmte universale moralische Gebote geben, denen wir folgen müssen. Denn ein gutes oder schlechtes Gewissen ist ja nicht einfach das Gefühl, von anderen für das, was ich tue, bewundert oder getadelt zu werden. Das Gewissen regt sich schließlich auch dann, wenn niemand anderes von meinen Handlungen weiß. Es müssen also meine Handlungen selbst sein, die an sich schon gut oder schlecht sind. Der Mörder, der nach seiner Tat ein schlechtes Gewissen hat, hat es nicht, weil andere ihn beschuldigen, sondern weil er etwas objektiv Schlechtes getan hat. Aber woher beziehen die moralischen Gebote, deren Einhaltung das Gewissen überwacht, ihre universale Verbindlichkeit? Newman meint: von einer personalen Instanz. Denn mein Gefühl der Verantwortung oder Schuld ist immer ein Gefühl von Verantwortung oder Schuld gegenüber jemandem. Wenn ich beispielsweise einen Freund zu Unrecht kritisiert habe, fühle ich mich meinem Freund gegenüber schuldig. Aber die Idee einer absoluten Verantwortung, die nichts und niemandem gegenüber empfunden wird, ist für Newman unverständlich:

> Unbeseelte Dinge können unser Gemüt nicht erregen, immer steht es in Wechselbeziehung zu Personen. Wenn wir [...] uns verantwortlich fühlen, beschämt sind, erschreckt sind bei einer Verfehlung gegen die Stimme des Gewissens, so schließt das ein, dass hier Einer ist, dem wir verantwortlich sind; vor dem wir beschämt sind; dessen Ansprüche auf uns wir fürchten. (Newman 1962: 77)

Auf der einen Seite sind nun die moralischen Gebote, an denen sich das Gewissen orientiert, universal verbindlich – sie werden also nicht nur einer bestimmten Institution (wie dem Staat oder den Eltern) gegenüber als verbindlich empfunden. Auf der anderen Seite muss aber das Gefühl der Verantwortung, das mit der Anerkennung dieser Gebote einhergeht, auf irgendeine Instanz verweisen, der gegenüber wir uns verantwortlich fühlen. In Frage kommt damit nur eine absolute Instanz – und das ist für Newman nichts anderes als Gott.

Zusammengefasst sieht Newmans Argument also in etwa so aus:

(1) Es gibt ein Gewissen, das mich absolut verpflichtet, bestimmte Dinge zu tun oder zu unterlassen.
(2) Die Existenz des Gewissens verweist auf eine Person, der gegenüber wir verantwortlich sind.
(3) Absolute Verpflichtung kann es nur gegenüber einem göttlichen Wesen geben.
(4) Also gibt es einen Gott.

Sollte Newman Recht haben, dann folgt aus der Existenz des Gefühls moralischer Verpflichtung, das wir durch unser Gewissen empfinden, dass es einen Gott geben muss, auf den dieses Gefühl verweist – Moral impliziert Religion. Aber hat Newman Recht? Schauen wir uns die einzelnen Schritte seines Arguments genauer an. Prämisse (1) stellt eine eigentlich offenkundige Tatsache fest, nämlich dass Menschen ein Gewissen haben. Das ist grundsätzlich nicht falsch, aber das Problem liegt in Newmans Begriff des Gewissens. Für ihn ist es das Gefühl, zu bestimmten Handlungen absolut verpflichtet zu sein, z.B. nicht zu stehlen oder zu töten. Nun kann man kaum bestreiten, dass die allermeisten Menschen ein schlechtes Gewissen haben bei der Vorstellung zu stehlen oder jemanden zu töten, aber steht dahinter auch ein Gefühl einer *absoluten* Verpflichtung? Eine absolute Verpflichtung würde bedeuten, dass dieses Gebot bedingungslos gilt, unabhängig von allen Kontextfaktoren. Aber könnte das schlechte Gewissen des Mörders nicht auch daher stammen, dass er das Gefühl hat, gegen die Konventionen der Gesellschaft verstoßen zu haben, in der er lebt? Und die könnten auch anders sein: In den meisten Epochen der Menschheitsgeschichte war das Töten eines Feindes im Krieg kein Anlass für ein schlechtes Gewissen, und auch in der Gegenwart haben viele Menschen kein schlechtes Gewissen dabei, Tiere töten zu lassen, um sie zu essen. Dann ist aber das Gewissen bloß ein Gefühl der *relativen* Verpflichtung. Newman setzt also in seinem Begriff des Gewissens einen ethischen Objektivismus schon voraus und übergeht mögliche relativistische oder subjektivistische Alternativen. Prämisse (1) geht dadurch von einem anspruchsvollen Begriff des Gewissens aus, der selbst erst begründet werden müsste.

Prämisse (2) sieht eigentlich wie eine rein begriffliche Wahrheit aus: Wenn ich Verantwortung empfinde, dann immer Verantwortung gegenüber jemandem oder etwas. Ich kann nicht sagen, dass ich mich verantwortlich fühle, aber niemandem gegenüber (nicht mal mir selbst), genauso wie ich nicht sagen kann, dass ich verheiratet bin, aber mit niemandem. Insofern hat Newman sicher Recht, wenn er sagt, dass unser Gewissen auf eine Instanz verweisen muss, der gegenüber wir uns verantwortlich fühlen. Doch die entscheidende Frage ist: welche Instanz? Bloß weil wir das Gefühl haben, jemandem verpflichtet zu sein, muss dieser jemand nicht Gott sein. Hinter dem Gewissen könnte auch eine andere Instanz stehen, die nicht einmal real sein muss. Freud beispielsweise deutet das Gewissen (das Über-Ich in seiner Terminologie) als verinnerlichte Angst vor der elterlichen Autorität:

> [D]as kleine Kind ist bekanntlich amoralisch, es besitzt keine inneren Hemmungen gegen seine nach Lust strebenden Impulse. Die Rolle, die späterhin das Überich übernimmt, wird zuerst von einer äußeren Macht, von der

elterlichen Autorität, gespielt. Der Elterneinfluss regiert das Kind durch Gewährung von Liebesbeweisen und durch Androhung von Strafen, die dem Kind den Liebesverlust beweisen und an sich gefürchtet werden müssen. Diese Realangst ist der Vorläufer der späteren Gewissensangst. (Freud 1989: 503)

Was Newman also als Verantwortung einer göttlichen Instanz gegenüber deutet, ist in nur der Nachklang einer kindlichen Angst vor den strafenden Eltern, verinnerlicht und ins Unendliche projiziert (vgl. Kap. 2.1). Wenn wir Newmans Argument als einen Schluss auf die beste Erklärung verstehen (d.h. als Argument, das die bestmögliche Erklärung für die Existenz des Gewissens in der Annahme einer Verpflichtung gegenüber Gott sieht), dann müssen wir fairerweise auch alternative Erklärungsansätze wie den Freuds berücksichtigen. Und warum sollte Newmans Erklärung die bessere sein? Das Gewissen könnte genauso gut ein Gefühl der Verantwortung gegenüber den Eltern oder der Gesellschaft widerspiegeln.

Das führt uns zu Prämisse (3) und dem Punkt der absoluten Verpflichtung. Denn während das Gefühl der Verpflichtung gegenüber den eigenen Eltern nur ein Gefühl relativer Verpflichtung ist, das man auch aufgeben kann, wenn man zum Schluss kommt, dass man den Eltern keinen Gehorsam mehr schuldet, ist die Verpflichtung Gott gegenüber absolut und bedingungslos. Freud würde hier wohl Bedenken anmelden und erklären, dass das Gefühl absoluter Verpflichtung auch nur eine Illusion ist, aber angenommen, es gäbe eine solche absolute Verpflichtung – muss es dann auch einen Gott geben? Nein, denn alles, was wir benötigen, ist eine objektive Wahrheit moralischer Gebote, die es, wie wir gesehen haben, auch ohne religiöse Fundierung geben kann. Das Gefühl der absoluten Verpflichtung setzt eine absolute Instanz voraus, der gegenüber ich mich verpflichtet fühle, aber diese Instanz muss nicht *personal* sein. Stattdessen könnte sich mein Gefühl der Verpflichtung auch, wie es beispielsweise Kant sieht, auf das abstrakte Prinzip der Pflicht selbst richten. Ähnlich wie beim Euthyphron-Dilemma könnten wir Gott wieder überspringen und das Gefühl der Verpflichtung direkt auf die moralischen Gebote richten, anstatt den Umweg über eine göttliche Instanz zu nehmen.

7.4 Kant und das moralische Argument

Das klassische Argument für einen notwendigen Zusammenhang von Moral und religiösem Glauben stammt von Immanuel Kant. Zwar lehnt Kant entschieden die These ab, dass die Gültigkeit moralischer Gebote ein religiöses Fundament benötigt, geht aber dennoch davon aus, dass religiöser Glaube indirekt vom moralischen Denken impliziert wird. Moral kann nur sinnvoll sein, wenn wir die Existenz eines Gottes annehmen. Dass für Kant Moral und Gottesglaube so eng miteinander verbunden sind, ist eigentlich merkwürdig, denn in seiner *Kritik der reinen Vernunft* steht er dem Glauben an Gott ziemlich skeptisch gegenüber. Zwar lehnt Kant ihn nicht ab – es lässt sich also nicht zeigen, dass es *keinen* Gott gibt – aber Kant diskutiert alle klassischen Gottesbeweise (vgl. Kap. 10, 11 und 12) und kommt zu dem Schluss, dass keiner davon überzeugend ist. Ob es einen Gott gibt oder nicht, ist für die theoretische Vernunft gar nicht zu

7 Religion und Moral

entscheiden, und zwar nicht bloß zufälligerweise, sondern aufgrund der Struktur unseres Erkenntnisvermögens. Wir können also niemals *wissen*, ob Gott existiert. Außerdem lehnt Kant in seiner praktischen Philosophie jede externe Begründung der Moral, auch durch Religion, strikt ab. Wir haben bestimmte moralische Pflichten, z.b. Notleidenden zu helfen, aber wenn man sich fragt: „Warum soll ich eigentlich anderen helfen?", dann ist die einzig korrekte Antwort: weil es richtig ist. Würde ich anderen helfen, weil ich mein Image verbessern will oder weil ich will, dass die anderen beim nächsten Mal mir helfen, dann wäre das bloß verkappter Egoismus und gerade kein moralisches Handeln. Ebenso wäre es kein moralisches Handeln, anderen nur zu helfen, weil man von Gott belohnt werden möchte oder sich vor den göttlichen Strafen fürchtet. Moralisches Handeln muss für Kant *autonom* sein, d.h. mein Wille, dies oder das zu tun, darf von nichts anderem als von sich selbst bestimmt werden. Wenn äußere Zwänge wie Geld, Macht oder auch der Wunsch, Gott zu gefallen mein Handeln bestimmen, dann ist es *heteronom* (fremdbestimmt), und damit nicht mehr moralisch. Natürlich kann es vorkommen, dass Menschen aus Angst vor göttlicher Strafe ihren Drang zu stehlen oder zu vergewaltigen unterdrücken und es nach außen so aussieht, als wären sie moralisch – aber das wäre für Kant keine Moralität, sondern bloß Legalität, d.h. Handeln nur in äußerlicher Übereinstimmung mit den moralischen Pflichten. Echte Moralität erfordert, dass ich das Richtige tue, weil es richtig ist, nicht weil ich davon Vorteile habe. Religiöse Gebote könnten für Kant also höchstens bewirken, dass Menschen so tun, als ob sie moralisch wären, aber echte Moralität ist auf diesem Weg nicht zu erreichen.

Doch obwohl Kant eine direkte Verbindung von Moral und Religion ablehnt, sieht er einen indirekten Zusammenhang zwischen beiden. Sein Grundgedanke ist, dass die Moral nur dann ihr Ziel erreichen kann, wenn wir die Existenz eines Gottes annehmen. Das Ziel der Moral ist für Kant das sogenannte höchste Gut: das Zusammenfallen von Glück und Glückswürdigkeit. Es ist ein hohes Gut, glücklich zu sein, und es ist ein ebenso hohes Gut, moralisch zu sein und damit glückswürdig (d.h. wer das Richtige tut, hat es verdient, glücklich zu sein). Doch zwischen dem einen und dem anderen gibt es keinen notwendigen Zusammenhang – nichts garantiert, dass ich glücklich werde, indem ich immer moralisch handle. Weder gibt es ein Naturgesetz, wonach richtiges Handeln mit Glücklichsein belohnt würde,[46] und auch die Vorstellung, dass jemand glücklich, aber unmoralisch ist, enthält keinen Widerspruch. Das höchste Gut besteht dann darin, dass diese beiden Güter zusammen erreicht werden, dass ich also nicht nur glücklich bin, sondern mich auch durch mein moralisches Verhalten als würdig erwiesen habe, glücklich zu sein. Vereinfacht gesagt: Wer das Richtige tut, dem sollte es gut gehen. Man kann allerdings kaum bestreiten, dass das höchste Gut in der Realität nur ziemlich selten verwirklicht wird. Im Gegenteil – viele aufrichtige Menschen, die sich bemühen, immer das Richtige zu tun, führen trotzdem ein erbärmliches und unglückliches Leben, während so mancher skrupellose und amoralische Mistkerl in Macht, Reichtum und Luxus schwelgt und ein Glück

---

46 Jedenfalls nicht in den Religionen des Westens. Für Hinduismus und Buddhismus wäre das Karma ein solches Naturgesetz.

genießt, das er nicht verdient hat. Das höchste Gut mag erstrebenswert sein, aber in der wirklichen Welt ist es leider eine seltene Ausnahme.

Dennoch meint Kant, dass wir die Pflicht haben, das höchste Gut zu befördern: Es ist zwar nicht so, dass gute Menschen immer auch glücklich sind, aber es sollte so sein. Deshalb muss das höchste Gut auch möglich sein, denn wir könnten ja schlecht dazu verpflichtet sein, etwas zu befördern, was es gar nicht geben kann. „Sollen impliziert Können" lautet das Prinzip, auf das Kant sich hier beruft: Wenn ich bei meinem Spaziergang am See ein Kind bemerke, dass gerade ertrinkt, dann bin ich verpflichtet, ihm zu helfen – aber nicht, wenn ich nicht schwimmen kann (denn dann *kann* ich gar nicht helfen). Aber damit stehen wir vor einem Dilemma: Auf der einen Seite wird das höchste Gut in der Realität praktisch nie verwirklicht, und wenn die Welt so ist, wie sie ist, kann nicht garantiert werden, dass es überhaupt jemals verwirklicht werden wird. Auf der anderen Seite muss das höchste Gut aber auch möglich sein, sonst wäre das Ziel der Moral eine unerreichbare Illusion. Der einzige Ausweg besteht für Kant darin, ein Wesen anzunehmen, dass außerhalb der Welt existiert und das über die Macht verfügt, die Realisierung des höchsten Gutes sicherzustellen – und das ist natürlich nichts anderes als Gott. Denn wenn es ein solches Wesen nicht gäbe, dann wäre das höchste Gut *de facto* unmöglich und es gäbe keine Moral. Aber es gibt ja Moral – also muss man auch annehmen, dass es einen Gott gibt.

Schematisch dargestellt sieht Kants Argument so aus:

(1) Das höchste Gut ist das Zusammenfallen von Glück und Glückswürdigkeit.
(2) Es ist unsere Pflicht, das höchste Gut zu befördern.
(3) Also muss das Höchste Gut möglich sein (Sollen impliziert Können).
(4) Das Höchste Gut ist in der Welt nicht realisiert und nicht realisierbar.
(5) Also muss es ein Wesen geben, das das Höchste Gut ermöglicht.

Kant wendet den gleichen Gedankengang in der *Kritik der praktischen Vernunft* noch auf zwei andere Ideen an, nämlich die Unsterblichkeit der Seele und die Freiheit: Wenn das höchste Gut in diesem Leben nicht erreichbar ist, dann muss es ein zukünftiges Leben geben, in dem es realisiert wird, und wenn es moralische Verpflichtungen gibt, dann muss ich auch frei sein, sie zu befolgen oder nicht (denn ohne freie Entscheidung keine moralische Verantwortung). Damit kommt Kant auf die drei Postulate der praktischen Vernunft: Gott, Freiheit und Unsterblichkeit. Es handelt sich, wohlgemerkt, nur um Postulate, und eben keine Beweise. Aus dem Argument folgt nicht, dass die Existenz Gottes theoretisch bewiesen ist, sondern nur, dass wir aus Gründen der praktischen Vernunft gezwungen sind, die Existenz Gottes anzunehmen.

Ist das ein überzeugendes Argument? Beginnen wir bei Prämisse (1), der Bestimmung des höchsten Gutes als Kombination von Glück und Moralität. Ist das nicht bereits zu idealistisch gedacht? Warum muss das Ziel der Moral im Zusammenfallen von Glück und Moralität bestehen, insbesondere wenn man wie Kant die Autonomie der Moral betont und alle extrinsischen Motivationsgründe für moralisches Handeln ablehnt? Es sieht so aus, als würde Kant mit der Idee des höchsten Gutes klammheimlich wieder ein Element der Heteronomie in seine Ethik einführen, was er doch gerade ausschließen wollte. Diesen Punkt hat bereits Arthur Schopenhauer (1788-1860), einer der scharfsinnigsten Kritiker Kants, gesehen:

> [Das höchste Gut] ist aber im Grunde nichts Anderes, als die auf Glücksäligkeit ausgehende, folglich auf Eigennutz gestützte Moral, oder Eudämonismus, welche Kant als heteronomisch feierlich zur Hauptthüre seines Systems hinausgeworfen hatte, und die sich nun unter dem Namen höchstes Gut zur Hinterthüre wieder hereinschleicht. (Schopenhauer 2007: 22)

Wird damit die Moral nicht wieder zu einem rein egoistischen Kalkül, um sich eine als höchstes Gut getarnte göttliche Belohnung zu sichern, und damit nach Kants eigenen Maßstäben gar nicht moralisch?

Noch problematischer ist aber Prämisse (3), nach der das höchste Gut möglich sein muss. Kant schließt das daraus, dass wir eine Pflicht haben, das höchste Gut zu befördern, also auf seine Realisierung hinzuarbeiten (auch wenn wir dieses Ziel vielleicht nie erreichen werden). Abgesehen davon, dass man sich an der Stelle fragen könnte, wieso es überhaupt eine Pflicht zur Beförderung des höchsten Gutes geben muss, muss sich Kant den Vorwurf gefallen lassen, zu optimistisch zu sein. Warum sollte denn das höchste Gut tatsächlich realisierbar sein? Es wäre sicherlich schön, wenn es so wäre, aber vielleicht ist die Welt einfach nicht so schön. Wäre es nicht auch denkbar, dass es sich bloß um eine regulative Idee handelt, ein Ideal, an dem wir uns orientieren müssen, und dem wir uns zwar annähern können, das aber in der Realität letztlich unerreichbar bleibt? An der Gültigkeit moralischer Gebote würde sich dadurch nichts ändern, aber das Postulat der Existenz Gottes könnte wegfallen. In ähnlicher Weise kann man mir ja auch sagen: „Du solltest dich mehr um deine Gesundheit kümmern!" Aber das bedeutet nur, dass ich danach streben soll, gesünder zu sein als ich es jetzt bin. Vollkommene Gesundheit ist praktisch unmöglich und kann nicht mehr sein als ein Ideal, nach dem ich strebe – aber nur, weil die perfekte Gesundheit unerreichbar ist, folgt daraus nicht, dass ich mich nicht um meine Gesundheit kümmern sollte.

Die vielleicht wichtigste Frage, die man Kant stellen muss, lautet allerdings: Worauf läuft das Argument eigentlich hinaus? Kant meint: dass es „moralisch notwendig [ist], das Dasein Gottes anzunehmen" (A 226 in Kant 1998: IV/256), wobei alles andere als klar ist, was eigentlich moralische Notwendigkeit sein soll. Es bedeutet jedenfalls nicht, dass es einen Gott geben muss, wenn es Moral gibt – Kants Argument ist kein Gottesbeweis. Es bedeutet nur, dass es notwendig ist, die Existenz Gottes anzunehmen. Die Existenz Gottes ist ein Postulat, d.h. eine Forderung der praktischen Vernunft, die sie machen muss, weil Moralität in Kants Sinne gar nicht anders sinnvoll denkbar ist. Er schreibt: „ich *will*, dass ein Gott [...] sei, ich beharre darauf und lasse mir diesen Glauben nicht nehmen." (A 258 in Kant 1998: IV/277f.) Wir müssen also, um die Geltung moralischer Gebote rational verständlich zu machen, so denken und handeln, als ob es einen Gott gäbe. Aber reicht es dann nicht aus, wenn Gott reine Fiktion ist? Man kann doch durchaus so denken und handeln, als ob es einen Gott gäbe, auch wenn es in Wirklichkeit keinen Gott gibt. Moral würde dann in der Tat religiösen Glauben implizieren, aber nicht so, wie man es eigentlich erwarten sollte, sondern nur als die Bereitschaft, sich einer Fiktion hinzugeben und so zu tun, als ob.

Quellen

Dostojewskis Satz in Dostojewski 2006: Buch VI, Kap. 3. Eine gute Übersetzung von Platons Dialog *Euthyphron* in Platon 1986. Kierkegaard behandelt die Suspension des Ethischen in *Furcht und Zittern* (in Kierkegaard 2005b). Newmans Gewissensargument findet sich in Newman 1961: Kap. 5, § 1. Zu Kants moralischem Argument siehe seine *Kritik der praktischen Vernunft* I. Teil, II. Buch, 2. Hauptstück, Kapitel V (Kant 1998: Bd. IV)

Weiterführende Literatur

Ethik allgemein: Fenner 2020. Hübner 2021. Religion und Moral allgemein: Wainwright 2005. Divine command ethics: Quinn 1978. Adams 1979. Newman: Hughes 2009. Kants moralisches Argument: Sala 1989: 4. Teil.

> **Diskussionsfragen:**
>
> - Anhand welcher Kriterien würden Verfechter der *divine command ethics* feststellen, dass ein moralisches Gebot tatsächlich von Gott stammt?
> - Muss der Glaube an einen Gott immer ein Motiv *für* moralisches Handeln sein?
> - Warum ist das höchste Gut ausgerechnet die Kombination von Glück und Glückswürdigkeit und nicht nur Glück allein?

8 Religion und Wissenschaft

> **Zusammenfassung**
>
> Es gibt verschiedene Wege, das Verhältnis von Religion und Wissenschaft zu deuten: entweder stehen sie notwendigerweise im Konflikt miteinander, oder sie berühren sich nicht, weil sie unterschiedliche Gegenstände betreffen, oder sie können in einen prinzipiell offenen Dialog miteinander treten. Ein kritischer Punkt zwischen beiden ist die Existenz von Wundern, also göttlichen Verstößen gegen die Naturgesetze. Wir müssen uns fragen, ob Wunder überhaupt denkbar sind, ob es jemals vernünftig sein könnte, an Wunder zu glauben, und was aus ihnen folgen würde, wenn es sie geben sollte.

> Es geschah aber in jenen Tagen, dass Kaiser Augustus den Befehl erließ, den ganzen Erdkreis in Steuerlisten einzutragen. Diese Aufzeichnung war die erste; damals war Quirinius Statthalter von Syrien. Da ging jeder in seine Stadt, um sich eintragen zu lassen. So zog auch Josef von der Stadt Nazareth in Galiläa hinauf nach Judäa in die Stadt Davids, die Betlehem heißt; denn er war aus dem Haus und Geschlecht Davids. Er wollte sich eintragen lassen mit Maria, seiner Verlobten, die ein Kind erwartete. Es geschah, als sie dort waren, da erfüllten sich die Tage, dass sie gebären sollte, und sie gebar ihren Sohn, den Erstgeborenen. Sie wickelte ihn in Windeln und legte ihn in eine Krippe, weil in der Herberge kein Platz für sie war. (Lk 2, 1-7)

Wahrscheinlich kennen Sie diesen Text: die Weihnachtsgeschichte aus dem Lukasevangelium. Die biblische Erzählung von der Geburt Jesu gehört nach wie vor zum kulturellen Allgemeingut, auch für ansonsten unreligiöse Menschen. Doch so schön und beliebt diese Geschichte auch sein mag, sie hat einen entscheidenden Nachteil: Sie ist mit an Sicherheit grenzender Wahrscheinlichkeit nicht wahr. Nach mehreren Jahrhunderten wissenschaftlicher, historisch-kritischer Bibelforschung ist klar, dass es sich hier um ein absurdes Gemisch von Fakten und Fiktion handelt, und dass sich die Ereignisse unmöglich in der hier beschriebenen Form zugetragen haben können. Das fängt damit an, dass Jesus in Bethlehem geboren wird. Wieso? Alle Evangelien berichten übereinstimmend, dass Jesus von Nazareth aus, nun ja, Nazareth stammte, einem Provinznest in Galiläa, im etwas rückständigen Norden Israels. Dass der Messias und Sohn Gottes in Nazareth geboren wurde, dürfte sich für einen gebildeten Juden des 1. Jahrhunderts ziemlich seltsam angehört haben – so, als ob heute jemand die Erscheinung des Heilands in Weiden in der Oberpfalz verkünden sollte. Lukas verlegt also die Geburt Jesu nach Bethlehem und hat auch eine Erklärung dafür zur Hand: Da die römischen Besatzer eine Volkszählung durchführen, mussten sich seine Eltern in Bethlehem registrieren lassen, denn Josefs Vorfahren stammten von dort. Das ist, bei näherer Betrachtung, auf mehreren Ebenen absurd. Rein praktisch betrachtet macht es keinen Sinn, denn warum sollte die römische Administration eine ganze Bevölkerung kreuz und quer durchs Land schicken, nur um sie zu registrieren? Dafür gab es doch die Beamten vor Ort. Außerdem interessierten sich die Römer nicht besonders für die lokalen Traditionen der von ihnen unterworfenen Völker. Ob

Josef aus dem Hause Davids stammte oder nicht, dürfte der römischen Verwaltung herzlich egal gewesen sein. Auch aus historischer Perspektive erscheint das Ganze mehr als fraglich. Zwar gab es, wie wir aus römischen Quellen wissen, tatsächlich eine Volkszählung in der Provinz Judäa, die auch unter dem genannten Statthalter Quirinius stattfand – doch der war erst ab dem Jahr 6 *nach* Christus im Amt. Haben wir also vielleicht die Geburt Jesu falsch datiert? Dass das nicht sein kann, wird klar, wenn man einen Blick ins Matthäusevangelium wirft, das eine eigene Version der Geburt Jesu berichtet (und nichts von einer Volkszählung erwähnt). Hier hören wir nämlich davon, dass Jesus zur Zeit der Herrschaft des jüdischen Königs Herodes geboren wurde, der dann für den berüchtigten Kindermord von Bethlehem verantwortlich gemacht wird (wovon allerdings bei Lukas nichts zu lesen ist). Tatsächlich gab es diesen König Herodes – der allerdings starb bereits im Jahr 4 *vor Christus*. Es scheint also unmöglich, eine konsistente Chronologie der Ereignisse aus den Berichten zu erstellen oder eine plausible Erklärung zu finden, weshalb Jesus ausgerechnet in Bethlehem geboren wird. Aus einer etwas distanzierteren Perspektive ist der Sinn der Weihnachtsgeschichte klar: Jesus soll eigentlich aus Bethlehem kommen, um „aus dem Hause Davids" zu stammen, wie Lukas selbst betont. Denn da nach der alttestamentarischen Überlieferung Gott dem jüdischen König David zugesagt hat, sein Haus werde ewig über Israel herrschen, ist es auch Bestandteil der jüdischen Heilserwartung seiner Zeit, dass der Messias aus dem Haus Davids stammen wird. Ein galiläischer Zimmermannssohn passt schlecht dazu, so dass Lukas die Geburt Jesu unter Zurechtbiegung diverser Fakten kurzerhand nach Bethlehem verlegt. Doch die Aussagen bei Lukas und im restlichen Neuen Testament sind miteinander unvereinbar und in sich abwegig. Wissenschaftlich betrachtet ist also alles, was die Bibel über die Geburt Jesu berichtet, völlig unglaubwürdig.

Hier geraten offenbar zwei unterschiedliche Herangehensweisen an den biblischen Text miteinander in Konflikt: Aus wissenschaftlicher Perspektive ist das Neue Testament ein spätantiker Text aus dem östlichen Mittelmeerraum, dessen Motive man mit diversen anderen Erzählungen und Mythen dieser Gegend in Beziehung setzen kann, und dessen Inhalte mit historischen Zeugnissen dieser Zeit abgeglichen werden können. Aus religiöser Perspektive ist es hingegen eine göttlich inspirierte Offenbarung, die grundsätzlich glaubwürdig und widerspruchsfrei sein soll, denn sie ist die Mitteilung eines vollkommenen Gottes (vgl. Kap. 9.1a). Beide Sichtweisen erheben einen Anspruch auf Wahrheit, können aber nicht zugleich wahr sein. Das ist der Kern des Problems im Verhältnis von Religion und Wissenschaft: Beide erheben den Anspruch, Wahrheiten über die Realität auszusprechen. Aber sind diese Wahrheitsansprüche miteinander vereinbar oder stehen sie in einem unüberwindbaren Konflikt miteinander?

8.1 Das Verhältnis von Religion und Wissenschaft

Was ist das Verhältnis von Religion und Wissenschaft? Der amerikanische Wissenschaftstheoretiker und Theologe Ian Barbour (1923-2013) unterscheidet in seinem Buch *Religion in an age of science* vier Modelle: Konflikt, Unabhängigkeit, Dialog und Integration. Meistens werden diese vier auf drei reduziert, denn Dialog und

Integration sind eigentlich nur Abstufungen desselben Phänomens: Beide betonen die letztendliche Vereinbarkeit von Religion und Wissenschaft, wenn auch in unterschiedlichem Ausmaß. Schauen wir uns die drei verbleibenden Modelle der Reihe nach an.

(a) Konflikt

Glaubt man dem Konfliktmodell (im Englischen bezeichnenderweise auch *warfare model* genannt), so befinden sich Religion und Wissenschaft in einem dauerhaften und unüberwindbaren Konflikt. Beide sind nicht miteinander vereinbar, denn sie vertreten einander widersprechende Sichtweisen der Realität. Die Gründe für diesen unüberwindbaren Konflikt werden normalerweise in den philosophischen Voraussetzungen der Wissenschaft gesehen, vor allem im *Naturalismus* und im *Evidentialismus*.[47] Der Begriff „Naturalismus" hat dabei zwei Bedeutungsebenen: Einerseits ist die These gemeint, dass es nur natürliche Entitäten gibt, also nichts Übernatürliches – man spricht auch von *metaphysischem* Naturalismus. Andererseits kann auch gemeint sein, dass zur Erklärung eines beliebigen Phänomens nur natürliche Entitäten herangezogen werden dürfen und nicht etwa Wunder oder sonstige Eingriffe in den natürlichen Lauf der Dinge – hier spricht man von *methodischem* Naturalismus. Kombiniert man diesen Naturalismus mit der evidentialistischen These, dass wir nur berechtigt sind, das zu glauben, was wir mit hinreichenden Gründen belegen können (vgl. Kap. 2.2), und nennt das Ergebnis die wissenschaftliche Weltanschauung, dann ist klar, dass es hier keinen Platz mehr für religiösen Glauben geben kann. Es gibt nur die natürliche Realität, und da alles, was es gibt, nur durch sie erklärt werden kann und darf, können wir niemals einen Grund haben, an die Realität des Übernatürlichen zu glauben.

Obwohl das Konfliktmodell recht populär sein mag, ist es dennoch keine überzeugende Beschreibung des Verhältnisses von Religion und Wissenschaft. Das liegt zum einen daran, dass es den realen Konflikten zwischen Religion und Wissenschaft eine viel zu hohe Bedeutung beimisst. Solche Konflikte sind in Wirklichkeit eher selten, und die Verfechter des Konfliktmodells konzentrieren sich meist auf ein paar extreme Fälle (wie die Verurteilung Galileos oder den berühmten *Scopes monkey trial*[48]) die kaum als Standard gelten können. Denn nicht wenige Wissenschaftlerinnen und Wissenschaftler sahen kein Problem darin, ihre Forschung mit einer religiösen Haltung zu vereinbaren, z.B. Newton und Darwin. Des Weiteren lassen sich auch Fälle finden, in denen naturwissenschaftliche Erkenntnisse religiöse Überzeugungen nicht angegriffen, sondern unterstützt haben. So war z.B. in der Mitte des 20. Jahrhunderts die sogenannte *Steady-State*-Theorie das vorherrschende Modell in der Kosmologie. Demnach hat das Universum keinen Anfang in der Zeit und bleibt durch einen stetigen Zustrom von Materie aus dem Nichts in einem stabilen Zustand der Gleichförmigkeit. Dieses Modell widerspricht der

---

47 Man sollte beachten, dass der Begriff „Wissenschaft" in diesem Zusammenhang analog dem englischen Begriff „science" gebraucht wird, also hauptsächlich die Naturwissenschaften bezeichnet. Die Voraussetzungen und der daraus resultierende Konflikt tauchen nicht für Religion und Kunst- oder Rechtswissenschaft auf.
48 Bei diesem aufsehenerregenden Prozess im Jahr 1925 wurde ein Lehrer in Alabama zu einem Bußgeld verurteilt, weil er in der Schule die Evolutionstheorie unterrichtet hatte.

Überzeugung theistischer Religionen, dass das Universum von Gott geschaffen wurde und deshalb einen zeitlichen Anfangspunkt haben muss. Durch die Entdeckung der kosmischen Hintergrundstrahlung im Jahr 1965 wurde die *Steady-State*-Theorie jedoch widerlegt und von der Urknalltheorie abgelöst, die bedeutend besser mit der religiösen Vorstellung einer göttlichen Schöpfung übereinstimmt (vgl. Kap. 10.3). Der scheinbare Konflikt zwischen Religion und Wissenschaft wurde hier also zugunsten einer Position aufgelöst, in der beide sich deutlich näher sind als vorher.

Darüber hinaus geht das Konfliktmodell von einem problematischen Wissenschaftsbegriff aus. Das betrifft zu einen die Definition des Naturalismus. Warum sollte nämlich die These, dass es nur natürliche Entitäten gibt, die Existenz Gottes oder anderer religiös bedeutsamer Wesen ausschließen? Gläubige Menschen könnten doch ohne Weiteres sagen, dass auch Gott ein Bestandteil der Natur ist. Naturalisten würden dem entgegnen, dass nur das eine natürliche Entität ist, was von den Naturwissenschaften erklärt werden kann. Aber diese Definition ist zirkulär, denn jetzt haben wir Natur als das definiert, was von den Naturwissenschaften erklärt wird, und Naturwissenschaften als das, was die Natur erklären kann. Damit es also zu einem unauflöslichen Konflikt zwischen Religion und Wissenschaft kommt, muss man erst einmal einen Wissenschaftsbegriff voraussetzen, in dem die Wissenschaft zur einzigen Quelle des Wissens über die Natur erklärt wird. Aber diese Identifikation von Natur und Naturwissenschaft ist selbst keine wissenschaftliche Theorie, sondern eine philosophische Vorannahme über das Wesen der Wissenschaft. Die These, dass nur natürliche Erklärungen als Begründung zulässig sind, ist selbst nicht durch natürliche Erklärungen begründbar, kann also nicht wissenschaftlich (z.B. durch Experimente) begründet werden. Ebenso wenig ist sie eine analytische Wahrheit, die jeder, der sie versteht, sofort einsehen muss. Dann aber muss ein naturalistisches Weltbild, das im Konfliktmodell mit einem wissenschaftlichen Weltbild gleichgesetzt wird, notwendigerweise unwissenschaftliche Voraussetzungen enthalten und sich damit selbst widersprechen. Gibt man diesen strikten Naturalismus aus, dann bricht das Fundament für den angeblich unüberwindlichen Konflikt zwischen Religion und Wissenschaft weg.

(b) Unabhängigkeit

Am anderen Ende des Spektrums liegt das Unabhängigkeitsmodell, nach dem Religion und Wissenschaft einander nicht widersprechen und auch gar nicht widersprechen können, weil sie von unterschiedlichen Dingen handeln. Religion und Wissenschaft haben ihre jeweils eigenen Gegenstandsbereiche, die sich nirgends berühren oder überlappen. Das kann man entweder so verstehen, dass Religion und Wissenschaft komplett verschiedene Gegenstände haben, dass also etwa Wissenschaft sich mit der natürlichen Realität beschäftigt, Religion hingegen mit der übernatürlichen. Oder man versteht es so, dass Religion und Wissenschaft zwar prinzipiell die gleichen Gegenstände betreffen, aber sich in ihren Methoden, Zielen oder Themen unterscheiden. Die erste Variante ist problematisch, denn wo sollen wir die Grenze zwischen dem Natürlichen und dem Übernatürlichen ziehen? Ist die Existenz einer Seele eine natürliche oder eine übernatürliche Tatsache – insbesondere, wenn man z.B. annimmt, dass die Seele aus einer Art feinstofflicher Materie besteht? Und wenn man, wie im Konfliktmodell beschrieben, einen metaphysischen Naturalismus vertritt und damit bestreitet, dass es überhaupt einen Bereich des Übernatürlichen gibt, dann wäre das gerade kein Grund für die Unabhängigkeit von Religion und Wissenschaft, sondern für einen Konflikt.

Die zweite Variante ist besonders bekannt geworden in der Form der NOMA-Theorie des amerikanischen Evolutionsbiologen Stephen Jay Gould (1941-2002). NOMA steht für: *non-overlapping magisteria*, also sich nicht überschneidende Lehrgebiete. Wissenschaft hat die Aufgabe, sich mit den Fragen der empirischen Realität zu beschäftigen, also etwa woraus Materie besteht oder wie sich biologisches Leben entwickelt hat. Religionen hingegen behandeln Fragen nach dem Sinn des Lebens oder danach, was gut und wertvoll ist. So können sich Religion und Wissenschaft zwar auf die gleiche Wirklichkeit beziehen, aber ihre Herangehensweisen sind völlig anders. Beispielsweise können sich sowohl Religion als auch Wissenschaft mit dem Tod befassen. Die Wissenschaft fragt dann, welche Ereignisse im Körper zum Tod führen können, welche Zerfallsprozesse nach dem Tod ablaufen oder welche medizinischen Eingriffe das Sterben abwenden oder zumindest erleichtern können. Religion hingegen fragt, welche Bedeutung der Tod für unser Leben hat, wie wir mit dem Tod anderer Menschen umgehen sollen oder welche Einstellung zum eigenen Tod erstrebenswert ist. All diese Fragen haben ihre Berechtigung, aber berühren sich nicht: Welche Krankheiten tödlich sind, sagt nichts darüber aus, wie ich damit umgehen soll, wenn mein Freund schwer erkrankt ist.

Das Problem dieser Theorie besteht darin, dass sie nur dann funktionieren kann, wenn Religion und Wissenschaft einander wirklich nicht berühren, und gerade das scheint nicht der Fall zu sein. Denn Religionen machen ja Aussagen über Tatsachen, die nach diesem Modell eigentlich in den Bereich der Wissenschaft gehören sollten. Wenn das Christentum z.B. lehrt, dass Jesus am dritten Tag nach seiner Hinrichtung von den Toten auferstanden ist, dann ist das eine prinzipiell empirisch überprüfbare Behauptung über ein historisches Ereignis. Und wenn behauptet wird, dass das Universum von Gott geschaffen wurde, dann ist das eine Behauptung, zu der auch Kosmologie und Astrophysik etwas zu sagen haben. Ebenso können umgekehrt auch wissenschaftliche Erkenntnisse, und nicht nur religiöser Glaube, eine Bedeutung für moralische oder existenzielle Fragen haben. Was wir beispielsweise über die mentalen Fähigkeiten der Tiere herausfinden – ob sie ein Bewusstsein haben, Schmerzen oder Angst empfinden können – hat einen Einfluss darauf, was wir als ethischen Umgang mit ihnen ansehen. Es kann auch bewirken, dass wir über uns selbst und unsere Rolle im Kosmos anders denken, etwa indem wir uns nicht mehr als Krone der Schöpfung betrachten, sondern lernen, dass wir nur ein Tier unter anderen sind. Aber das sind Fragen, für die – laut NOMA-Modell – die Wissenschaft gar nicht zuständig wäre. Es sieht also so aus, als könnten Religion und Wissenschaft nicht einfach getrennte Wege gehen.

(c) Dialog

Das dritte Modell geht davon aus, dass Religion und Wissenschaft grundsätzlich gemeinsam in ein vollständiges Weltbild integriert werden können. „Die Wissenschaft kann die Religion von Irrtum und Aberglauben reinigen; die Religion kann die Wissenschaft von Götzendienst und falschen Absolutsetzungen reinigen. Jede kann die andere in eine weitere Welt ziehen, eine Welt, in der beide gedeihen können", schreibt etwa Papst Johannes Paul II. (zit. nach Schmitz-Moormann 1992: 159). Dialog muss aber nicht unbedingt bedeuten, dass Religion und Wissenschaft letzten Endes in völlige Harmonie miteinander gebracht werden können. Es heißt lediglich, dass Religion und Wissenschaft grundsätzlich die gleichen Gegenstandsbereiche betreffen und dass es immer eine Wechselwirkung zwischen beiden geben kann, positiv oder negativ. Wissenschaftliche Erkenntnisse können religiöse Überzeugungen stützen oder untergraben, und religiöse Überzeugungen können wissenschaftlichen Fortschritt motivieren oder blockieren. Es besteht immer die Möglichkeit eines Konflikts, aber anders als im Konfliktmodell sind diese Konflikte (wenn sie auftreten) prinzipiell lösbar, indem wir abwägen, welche Seite die besseren Argumente hat. Idealtypisch ist dieses Modell im Projekt der natürlichen Religion verwirklicht, das vor allem die Philosophie der Aufklärung verfolgt hat. Demnach können wir nur das als religiöse Überzeugung akzeptieren, was allein aus der Vernunft und aus der empirischen Betrachtung des Universums geschlossen werden kann – Offenbarungen und religiöse Traditionen scheiden als Erkenntnisquellen aus. So schließt man beispielsweise aus der Existenz eines Universums, in dem Leben existiert, auf einen intelligenten, machtvollen und gutwilligen Schöpfer dieses Universums (vgl. Kap. 11.1). Wissenschaft und Religion arbeiten hier Hand in Hand: Die Wissenschaft liefert das Datenmaterial, aus dem die Religion dann ihre Konsequenzen zieht. Das Dialogmodell ist sicherlich das plausibelste Modell für das Verhältnis von Religion und Wissenschaft, aber es muss sich noch zeigen, wie dieser Dialog ausgeht. Denn das Projekt der natürlichen Religion ist in der Gegenwart weitgehend aufgegeben worden, und es sieht nicht selten so aus, als ob im Dialog zwischen Religion und Wissenschaft die Religion immer wieder den Kürzeren zieht. Wenn aber das Ergebnis des Dialogs darin besteht, dass religiöse Überzeugungen einer wissenschaftlichen Revision nicht standhalten, wo ist dann der Unterschied zum Konfliktmodell?

8.2 Wunder

Ein wichtiger Punkt, in dem Religion und Wissenschaft aneinandergeraten, ist die Frage, ob es Wunder gibt. In fast allen Religionen existieren Berichte über wundersame Ereignisse, die direkt oder indirekt dem Wirken der Götter zugeschrieben werden. Im Neuen Testament beispielsweise heißt es, dass Jesus Kranke geheilt und Tote zum Leben erweckt haben soll. Heiligenlegenden erzählen oft von besonderen Fähigkeiten wie Levitation (Schweben in der Luft) oder Bilokation (an zwei Orten zugleich sein), und bis in die Gegenwart findet man immer wieder Berichte über Stigmatisierungen, bei denen Menschen die Wundmale Jesu an ihrem Körper entwickeln, oder über Marienstatuen, die plötzlich Tränen vergießen. Solche Wunderberichte sind keineswegs auf das Christentum beschränkt, sondern tauchen in praktisch allen religiösen Traditionen der Menschheit auf. Könnten nicht derartige wissenschaftlich nicht erklärbare Phänomene ein wichtiges Argument für die Existenz eines Gottes oder die Wahrheit bestimmter religiöser Überzeugungen sein? Bei genauerer Betrachtung zerfällt diese Frage in drei Teilprobleme, die wir uns der Reihe nach näher anschauen wollen: (a) Was ist eigentlich ein Wunder: Unter welchen Bedingungen können wir ein Ereignis berechtigterweise als Wunder bezeichnen? (b) Wann darf man an ein Wunder glauben: Wann ist es vernünftig, anzunehmen, dass ein bestimmtes Ereignis ein Wunder ist und eben keine (möglicherweise unbekannte) natürliche Erklärung hat? (c) Was folgt aus der Existenz von Wundern, wenn es sie denn geben sollte?

(a) Was ist ein Wunder?

Im Alltag sprechen wir schon von einem Wunder, wenn etwas vollkommen Unerwartetes passiert. Wenn ich einen schweren Unfall auf der Autobahn habe und trotzdem unverletzt aus den rauchenden Trümmern meines Wagens krieche, könnte man sagen: „Es ist ein Wunder, dass dir nichts passiert ist". In diesem Sinne ist ein Wunder ein Ereignis, das extrem unwahrscheinlich, aber prinzipiell nicht unmöglich ist.[49] Dass etwa jemand spontan von einer schweren Krebserkrankung geheilt wird, ist zwar sehr unwahrscheinlich, aber möglich ist es trotzdem. Aber warum sollte jedes unwahrscheinliche Ereignis gleich ein Wunder sein? Ein Lottogewinn ist auch extrem unwahrscheinlich, aber dass irgendwann einmal irgendwer im Lotto gewinnt, ist bestimmt kein Wunder. Wenn die glückliche Gewinnerin allerdings ihren Gewinn als Geschenk Gottes oder als Antwort auf ihre Gebete empfindet – also das an sich neutrale Ereignis religiös interpretiert – dann würde sie vielleicht doch von einem Wunder sprechen. Sind Wunder also Ansichtssache, so dass das gleiche Ereignis für die eine Person ein Wunder sein könnte, für die andere nicht? Wahrscheinlich denken nicht wenige religiöse Menschen tatsächlich so: Jemand, der gerade an dem Tag wegen einer Autopanne seinen Flug verpasst, an dem der Flieger abstürzt, könnte das Ganze ein Wunder nennen, selbst wenn es eine völlig natürliche Erklärung für alles gibt. Als Ausgangspunkt für ein religionsphilosophisches Argument taugt diese Definition aber nicht viel, denn in der religiösen Interpretation wird ja die Existenz Gottes als Verursacher des Wunders bereits vorausgesetzt. Dass jemand im richtigen Moment den Flieger verpasst, ist kein Argument dafür, dass es einen Gott gibt. Das wäre erst dann der Fall, wenn er den Flieger verpasst, weil Gott es bewirkt hat – aber das bloße Verpassen des Flugs gibt noch keinerlei Anlass zu glauben, dass Gott dahintersteckt. Ein unwahrscheinliches Ereignis ist zunächst einmal nicht mehr als das: ein unwahrscheinliches Ereignis.

Sollten wir dann vielleicht sagen, dass ein Wunder ein unwahrscheinliches Ereignis ist, das von Gott (oder einer anderen religiösen Entität) verursacht worden ist? Das ist grundsätzlich sinnvoll, aber diese Definition ist immer noch problematisch. Nicht, weil sie Wunder dem Wirken Gottes zuschreibt, sondern weil

---

[49] Darüber hinaus muss es noch in irgendeiner Weise positiv oder wünschenswert sein – an einer Infektion zu sterben, die man sich durch einen eingewachsenen Zehennagel geholt hat, ist ebenfalls sehr unwahrscheinlich, aber niemand würde hier von einem Wunder sprechen.

sie von Wundern nur verlangt, unwahrscheinlich zu sein. Denn ein Ereignis, das zwar unwahrscheinlich, aber prinzipiell möglich ist, kann ja immer mit Hilfe der bekannten Naturgesetze erklärt werden. Wir müssen uns zu keinem Zeitpunkt in unserer Erklärung auf einen Eingriff Gottes berufen – aber dann ist es niemals notwendig, anzunehmen, dass es sich bei einem Ereignis um ein Wunder handelt. Ein Lottogewinn kann immer einfach ein glücklicher Zufall sein. Das Problem rührt daher, dass wir Wunder als unwahrscheinliche Ereignisse bestimmt haben. Denn nicht jedes unwahrscheinliche Ereignis ist auch ein Wunder. Wenn z.B. an einem heißen Tag Regen fällt, würden wir nicht von einem Wunder sprechen, sogar wenn Gott diesen Regen verursacht hat. Wenn aber der Regen urplötzlich aus einem strahlend blauen, wolkenlosen Himmel fällt, sieht die Sache schon anders aus. Hier würden wir eher von einem Wunder sprechen, denn nach dem naturgesetzlichen Verlauf der Welt wäre nicht zu erwarten gewesen, dass es jetzt regnet. Das Ereignis ist nicht bloß unwahrscheinlich, sondern es ist naturwissenschaftlich betrachtet unmöglich. Damit haben wir eine erste präzise Definition von Wundern: Ein Wunder ist eine von Gott verursachte Durchbrechung der Naturgesetze.

Hier könnte man allerdings bereits stutzig werden, denn wie sollte es überhaupt eine Durchbrechung der Naturgesetze geben können? Naturgesetze sind ja nicht wie die StVO, die man einfach ignorieren kann, wenn einem ein Strafzettel egal ist – Naturgesetze *kann* man gar nicht durchbrechen. Ich kann, wenn ich will, schneller fahren als erlaubt, aber ich kann nicht schneller sein als das Licht. Wenn es so aussieht, als würde ein Naturgesetz durchbrochen, zeigt das nur, dass wir uns geirrt haben: Was wir für ein Naturgesetz hielten, ist in Wahrheit keines. Wenn dieser Einwand berechtigt ist, müssten wir schließen, dass es keine Wunder geben kann, weil bereits der Begriff des Wunders inkonsistent ist. Gehen wir aber für den Moment davon aus, dass die Idee einer Verletzung der Naturgesetze nicht in sich widersprüchlich ist,[50] dann können wir ein Wunder definieren als ein Ereignis, dass (a) von Gott verursacht wurde und (b) gegen mindestens ein Naturgesetz verstößt. Beide Bedingungen hängen miteinander zusammen, denn wenn ein Ereignis gegen die Naturgesetze verstößt, muss diese überraschende Tatsache erklärt werden. Wie kann es sein, dass jemand, der seit Tagen tot ist, wieder in Leben zurückkehrt? Eine gute Erklärung in diesem Fall könnte lauten: weil Gott es bewirkt hat. Wer sonst hätte die Fähigkeit, die Naturgesetze zu durchbrechen? Und eine natürliche Ursache kann ein solches Ereignis ja gerade nicht haben, eben weil es gegen den natürlichen Lauf der Dinge verstößt. Außerdem besteht hier, anders als bei bloß unwahrscheinlichen Ereignissen, die erst durch die religiöse Interpretation zu Wundern werden, keine Zweideutigkeit. Nichts anderes als Gott (oder ein anderes übernatürliches Wesen) kann eine Durchbrechung der Naturgesetze verursacht haben. Aber wie kann man entscheiden, ob wirklich eine Durchbrechung der Naturgesetze vorliegt? Das führt uns zur zweiten Frage.

---

50   Für eine plausible Erklärung siehe Mavrodes 2005.

(b) Gibt es Wunder?

Ob es wirklich von Gott verursachte Verstöße gegen die Naturgesetze gibt, lässt sich nicht leicht beantworten, da wir zunächst einmal nur ein Ereignis beobachten können, aber nicht, ob es die Naturgesetze durchbricht oder von Gott verursacht wurde. *Dass* Sie im Lotto gewonnen haben, ist eine offensichtliche Tatsache; *warum* Sie gewonnen haben, ist weniger offensichtlich. Angenommen, wir beobachten tatsächlich, dass jemand wieder sehen kann, der vorher blind war – wie sollten wir dann feststellen, dass diese spontane Heilung gegen die Naturgesetze verstößt? Es könnte doch auch sein, dass es eine natürliche Erklärung für die Heilung gibt, die wir nur einfach noch nicht kennen, so dass die Annahme, dass sie von Gott verursacht wurde, überflüssig wird. Stellen Sie sich einen Menschen des Mittelalters vor, der durch einen kosmologischen Unfall in die Gegenwart katapultiert wird. Wenn dieser Mensch eine Wiederbelebung mit einem Defibrillator beobachten sollte, würde er das vermutlich für ein Wunder halten, denn seine einzige Art, sich diese Rückkehr von den Toten zu erklären, wäre es, ein Wunder anzunehmen. Wir hingegen wissen mehr und können daher auf ein Wunder als Erklärung verzichten. Wenn wir also Zeuge werden, wie ein vermeintlich Toter wieder zum Leben erweckt wird oder wie sich Wasser in Blut verwandelt, und uns fragen, ob wir gerade ein Wunder erlebt haben, müssen wir zwei mögliche Erklärungen miteinander vergleichen. Möglichkeit (a): Das Ereignis kann mithilfe der Naturgesetze erklärt werden. Vielleicht kennen wir nur nicht alle Faktoren, die im Spiel sind, oder es gibt Naturgesetze, die uns bisher verborgen geblieben sind. Möglichkeit (b): Das Ereignis kann nur durch das Wirken Gottes (oder eines anderen übernatürlichen Wesens) erklärt werden. Wenn wir wissen wollen, ob es Wunder gibt, müssen wir also eigentlich fragen: Welche dieser beiden Erklärungen ist die bessere? Könnte es jemals vernünftiger sein, Möglichkeit (b) zu akzeptieren?

Folgt man einem klassischen Argument des schottischen Philosophen David Hume (1711-1776), dann lautet die Antwort: Nein. Es ist immer rationaler, an eine natürliche Erklärung zu glauben als an ein Wunder. Für Hume ist die Frage, welche Erklärung die bessere ist, eine Frage der Wahrscheinlichkeit:

> Ein besonnener Mann bemisst daher seinen Glauben nach der Evidenz. [...] Alle Wahrscheinlichkeit setzt also einen Gegensatz der Erfahrungstatsachen und Beobachtungen voraus, wobei die eine Seite die andere überwiegt und einen Grad von Evidenz erzeugt, der dieser Überlegenheit entspricht. Hundert Fälle oder Erfahrungstatsachen auf der einen und fünfzig auf der anderen Seite ergeben eine zweifelnde Erwartung des Ausgangs; aber hundert gleichförmige Tatsachen gegen nur eine, die ihnen widerspricht, erzeugen füglich einen recht starken Grad von Sicherheit. Überall müssen wir die entgegengesetzten Erfahrungstatsachen, wo sie es wirklich sind, gegeneinander abwägen und die kleinere Anzahl von der größeren abziehen, um die genaue Stärke der überlegeneren Evidenz kennen zu lernen. (Hume 2015: 122)

Vernünftig zu sein heißt für Hume also, das zu glauben, wofür die stärkere Evidenz vorliegt.[51] Wenn wir uns fragen, was wir glauben sollen, müssen wir uns also die Evidenzen für jede Seite anschauen und gegeneinander abwägen. Wenn z.B. Fußballverein A dreißig Spiele gegen Verein B gespielt und jedes einzelne davon verloren hat, dann kann man mit großer Sicherheit davon ausgehen, dass er auch das einunddreißigste Spiel verlieren wird. Wenn es hingegen in dreißig Spielen zwischen Verein A und Verein C zehn Siege, zehn Niederlagen und zehn Unentschieden gegeben hat, dann ist es vernünftig zu glauben, dass die nächste Partie vollkommen offen ist. Genauso müssen wir uns auch bei der Frage, ob wir an ein Wunder glauben sollen oder nicht, die Frage stellen, wofür die verfügbaren Evidenzen und Beobachtungen sprechen. Humes Urteil hierzu ist eindeutig: Es kann niemals die Evidenz für ein Wunder größer sein als dagegen, denn jede Evidenz für ein Wunder ist zugleich Evidenz gegen die Naturgesetze:

> Ein Wunder ist eine Verletzung der Naturgesetze, und da eine feststehende und unveränderliche Erfahrung diese Gesetze gegeben hat, so ist der Beweis gegen ein Wunder aus der Natur der Sache selbst so vollgültig, wie sich eine Begründung durch Erfahrung nur irgend denken lässt. (Hume 2015: 126)

Hume definiert Wunder ähnlich wie wir es getan haben: Wunder sind Verletzungen der Naturgesetze. Aber wenn das so ist, dann kann es niemals vernünftig sein, an ein Wunder zu glauben, denn die Evidenz für die Naturgesetze muss immer stärker sein. Denn, so fragt Hume weiter, woher wissen wir von den Naturgesetzen?

> Warum ist es mehr als wahrscheinlich, dass alle Menschen sterben müssen, dass Blei nicht von selbst in der Luft schweben bleibt, dass Feuer Holz verzehrt und von Wasser gelöscht wird? Doch nur, weil diese Ereignisse mit den Naturgesetzen im Einklang befunden worden sind und es, um sie zu verhüten, einer Verletzung dieser Gesetze oder mit anderen Worten eines Wunders bedarf. Was im gewöhnlichen Lauf der Natur jemals geschieht, das gilt nicht als Wunder. So ist es kein Wunder, wenn ein anscheinend Gesunder plötzlich stirbt, denn eine solche Todesart ist zwar ungewöhnlicher als eine andere, aber doch häufig beobachtet worden. Aber das wäre ein Wunder, wenn ein Toter ins Leben zurückkehrte, weil das zu keiner Zeit und in keinem Lande jemals beobachtet worden ist. (Hume 2015: 126f.)

Alles, was wir über die Naturgesetze wissen, wissen wir aus Erfahrung. Unsere Erfahrung bestätigt uns Tag für Tag aufs Neue, dass z.B. dass Gravitationsgesetz gültig ist: Wir beobachten, dass ein Stein, den wir in die Luft werfen, wieder auf den Boden fällt; dass eine Tasse, die wir vom Tisch stoßen, nicht in der Luft schweben bleibt; oder dass wir Kraft brauchen, um einen Klimmzug zu machen. Was wir hingegen nicht beobachten, ist eine Ausnahme davon. Unsere Erfahrung zeigt uns wieder und wieder, dass die Natur und ihre Gesetze unveränderlich sind.

---

51 Hume erweist sich also als ausgemachter Evidentialist, vgl. Kap. 2.2.

8.2 Wunder

Ein Wunder wäre aber eine Durchbrechung dieser konstanten Erfahrung, und genau das ist das Problem:

> Es steht daher notwendig eine gleichförmige Erfahrung jedem wunderbaren Ereignis entgegen, sonst würde das Ereignis nicht diesen Namen verdienen. Und da eine gleichförmige Erfahrung sich zur Höhe eines Beweises erhebt, so haben wir hier einen unmittelbaren vollen Beweis aus der Natur der Sache gegen die Existenz jedweden Wunders. (Hume 2015: 127)

Es kann niemals genug Evidenzen oder Beobachtungen geben, die für ein Wunder und damit gegen die Unveränderlichkeit der Naturgesetze sprechen, denn das Gewicht der Belege für die Beständigkeit der Natur ist riesig, während die Evidenzen für ein Wunder notwendigerweise sehr spärlich sein müssen – als Wunder kommen ja nur extrem seltene und ungewöhnliche Ereignisse in Frage. Wir müssen also zwei Wahrscheinlichkeiten gegeneinander abwägen: die Wahrscheinlichkeit, dass es sich um ein Wunder handelt (W_{Wunder}), und die Wahrscheinlichkeit, dass wir uns irren und es eine natürliche Erklärung gibt (W_{Irrtum}). Wie groß sind sie jeweiligen Wahrscheinlichkeiten? Glaubt man Hume, dann ist W_{Wunder} immer extrem klein, denn die Erfahrung von Millionen von Menschen hat über viele Jahrtausende immer und immer wieder bestätigt, dass die Natur Gesetzen gehorcht und sich immer gleichförmig verhält. Das Gewicht dieser konstanten Erfahrungen ist so groß, dass es praktisch einem Beweis gleichkommt. Auf der anderen Seite ist W_{Irrtum} abhängig davon, wie glaubwürdig die Quellen sind, aus denen wir von dem Wunder erfahren. Und hier sieht es nicht gut aus. Die biblischen Wunder etwa werden viele Jahrzehnte, nachdem sie sich zugetragen haben sollen, berichtet, von Leuten, deren Zuverlässigkeit wir nicht mehr überprüfen können, unter Umständen, die zumindest dubios sind – denn wie wir aus anderen antiken Quellen wissen, war die Bereitschaft, an Wunder und Magie zu glauben, in der Antike weitaus größer als heutzutage.[52] All das spricht dafür, dass W_{Irrtum} relativ groß sein dürfte, und ganz sicher größer ist als W_{Wunder}. Also ist die Wahrscheinlichkeit für ein Wunder immer geringer als für einen Irrtum. Hume folgert:

> Kein Zeugnis reicht aus, ein Wunder festzustellen, es müsste denn das Zeugnis von solcher Art sein, dass seine Falschheit wunderbarer wäre, als die Tatsache, die es festzustellen trachtet. Berichtet mir jemand, er habe einen Toten wieder aufleben sehen, so überdenke ich gleich bei mir, ob es wahrscheinlicher ist, dass der Erzähler trügt oder betrogen ist oder dass das mitgeteilte Ereignis sich wirklich zugetragen hat. Ich wäge das eine Wunder gegen das andere ab, und je nach der Überlegenheit, die ich entdecke, fälle ich meine Entscheidung und verwerfe stets das größere Wunder. (Hume 2015: 128)

---

52 Beispielsweise berichtet der römische Historiker Tacitus in seinen *Historien* (IV, 81), dass der römische Kaiser Vespasian (9-79) auf einem Besuch in Alexandria von einem Blinden angesprochen wurde, der ihn bat, seine Augen mit seiner Spucke einzureiben, um ihn wieder sehend zu machen. Vespasian ist zunächst skeptisch und hält das Ganze offenbar für abergläubischen Unsinn, konsultiert aber seine Ärzte und entschließt sich doch, der Bitte nachzukommen. Der Blinde erhält sofort seine Sehkraft zurück. Eine Fülle solcher Wunderberichte aus der Antike in Cotter 1999.

Wir dürften also nur dann an ein Wunder glauben, wenn der Irrtum das größere Wunder wäre, d.h. wenn die Wahrscheinlichkeit für einen Irrtum geringer wäre als die für eine Verletzung der Naturgesetze. Das aber kann niemals der Fall sein, denn die Evidenzen dafür, dass die Natur konstanten Gesetzen gehorcht, sind nicht zu übertreffen. Das ist kein Zufall, sondern eine logische Wahrheit: Wunder sind definitionsgemäß Ausnahmen von den Naturgesetzen und Ausnahmen sind immer Einzelfälle – wären sie es nicht, würden wir sie nicht Ausnahmen nennen. Die Einzelfälle sind aber immer zahlenmäßig geringer als die Normalfälle, so dass der Einzelfall (rein statistisch betrachtet) niemals wahrscheinlicher sein kann als der Normalfall. Ein Lottogewinn ist die seltene Ausnahme – der Normalfall ist, dass man verliert. Daher kann es niemals vernünftig sein, zu glauben, dass man diesmal bestimmt gewinnen wird, denn die Evidenz dafür, dass man auch diesmal verlieren wird, ist immer stärker. Also müssen wir mit Hume folgern: Es ist niemals vernünftig, an ein Wunder zu glauben.

Stimmt das wirklich? Dürfen wir niemals an Wunder glauben, wenn wir vernünftig sein wollen? Wenigstens zwei Punkte an Humes Argument sind problematisch.

(a) Hume macht es sich zu einfach, wenn er als Evidenzen zugunsten eines Wunders nur obskure Berichte aus fragwürdigen Quellen berücksichtigt. Bei der Abwägung der Wahrscheinlichkeiten hält er sozusagen den Finger auf die Waage und sorgt dafür, dass das Gewicht auf Seiten des Wunders nicht zu groß werden kann. Denn es gibt natürlich noch andere Formen der Evidenz, die man ebenfalls berücksichtigen könnte, so dass die Abwägung möglicherweise anders ausfällt. Es ist eine Sache, wenn meine Oma mir erzählt, ihre Bekannte hätte Speiseröhrenkrebs gehabt, sei dann nach Lourdes gepilgert und vier Wochen später geheilt zurückgekommen; hier wäre ich auch skeptisch. Eine andere Sache ist es, wenn es nicht nur den Bericht gibt, sondern auch medizinische Fakten, wie z.B. Röntgenbilder vor und nach dem mutmaßlichen Wunder, Blutwerte oder Gewebeproben, mit denen sich nachweisen lässt, dass ein Tumor vorhanden war, der nun verschwunden ist. Wenn diese Fakten nach allen Regeln empirischer Wissenschaft einwandfrei überprüft worden sind und alle verfügbaren Tatsachen keine natürliche Erklärung ergeben, könnte das für ein Wunder sprechen. Ich sage nicht, dass es solche Fälle tatsächlich gibt oder gegeben hat – das kann nur eine gründliche Prüfung des Einzelfalls klären. Aber es sind – anders als Hume meint – zumindest Situationen denkbar, in denen die Annahme eines Wunders die beste Erklärung angesichts der vorliegenden Tatsachen sein könnte. Hume erklärt, dass es niemals vernünftig sein kann, an ein Wunder zu glauben, weil die Evidenzen für Wunder immer zu gering sind. Aber sie sind deshalb so gering, weil Hume nur schlechte Evidenzen berücksichtigt. Könnte es vernünftig sein, an ein Wunder zu glauben? Das kommt drauf an – auf die Menge und die Qualität der Evidenzen nämlich.

(b) Interessanterweise hat Hume unsere eigentliche Frage gar nicht beantwortet: Hume sagt nicht, dass es keine Wunder gibt, sondern nur, dass man niemals an Wunder glauben darf. Aber das ist seltsam – wie sinnvoll ist ein Prinzip, nach dem ich nicht an Wunder glauben darf, selbst wenn es welche geben sollte? Das Problem ist, dass Humes Argument zu stark ist. Denn wenn er Recht hätte, dürften wir niemals glauben, eine Abweichung von einem Naturgesetz beobachtet zu haben, selbst wenn es nicht um Wunder geht. Folgt man Hume, dann wäre ein Irrtum immer wahrscheinlicher als eine Ausnahme. Aber gerade die Entdeckung von Ausnahmen oder Abweichungen in den bekannten Naturgesetzen ist ein wichtiger Motor des wissenschaftlichen Fortschritts. Anfang des 19. Jahrhunderts stellten beispielsweise Astronomen fest, dass die Umlaufbahn des Planeten Uranus geringfügig von der Vorhersage abweicht, die sich aus den Keplerschen Gesetzen ergibt. Mit Hume hätte man hier sagen müssen: Die Richtigkeit der Keplerschen Gesetze ist durch unzählige Beobachtungen immer wieder bestätigt worden, also muss ein Beobachtungsfehler vorliegen. Ein paar abweichende Messungen können niemals so viel Gewicht haben, dass sie alle Evidenzen zugunsten der bekannten Naturgesetze übertrumpfen. Aber es gab keinen Messfehler – die Abweichungen kamen durch die Gravitation des Neptuns zustande, der den Uranus durch seine eigene Gravitation aus der Bahn wirft und der erst dadurch entdeckt werden konnte. Humes Argument übersieht also, dass ungewöhnliche Beobachtungen auch dann einen Wert haben können, wenn sie dem etablierten Wissen widersprechen. Natürlich müssen nicht alle Phänomene, die den scheinbar gesicherten Naturgesetzen zuwiderlaufen, automatisch durch Gott erklärt werden, sondern können ganz einfach Lücken in unserem Wissen über die Natur anzeigen. Aber laut Hume wäre es niemals vernünftig, an eine Lücke zu glauben, denn folgt man seinem Prinzip, dann hat das etablierte Wissen immer recht – und das, hat die Erfahrung gezeigt, stimmt einfach nicht.

Humes Argument kann also nicht zeigen, dass es *niemals* vernünftig wäre, an ein Wunder zu glauben. Allerdings hat Hume insofern recht, als dass die Hürden, um ein Wunder glauben zu dürfen, sehr hoch sind. Nur, wenn sich nach sorgfältigster Prüfung aller verfügbaren Evidenzen keine natürliche Erklärung finden lässt und wenn auch im Lauf der Zeit durch weitere Forschungen keine solche Erklärung gefunden werden kann, darf man an ein Wunder glauben. Und auch das nur quasi auf Widerruf, denn sobald eine natürliche Erklärung gefunden ist, sollten wir sie vorziehen. Ob es tatsächlich Wunder gibt, die diesen strengen Kriterien dauerhaft standhalten, darf bezweifelt werden.

(c) **Was folgt aus Wundern?**

Nehmen wir einmal an, wir könnten tatsächlich ein Ereignis finden, das sich auch nach gründlicher Prüfung nicht natürlich erklären lässt und das wir, ob wir wollen oder nicht, als Wunder anerkennen müssten – was würde daraus folgen? Die überraschende Antwort lautet: erstmal nichts, jedenfalls nichts, was religiöse Bedeutung hätte. Ein Wunder muss zwei Bedingungen erfüllen: Erstens, es muss eine Verletzung der Naturgesetze sein; zweitens, es muss von Gott verursacht sein. Aber alles, was wir nach sorgfältiger Prüfung aller Evidenzen feststellen können, ist lediglich, dass *vermutlich* die erste Bedingung erfüllt ist. Nun könnte man argumentieren, dass dann auch die zweite Bedingung erfüllt sein muss, denn niemand außer Gott könnte überhaupt die Naturgesetze brechen. Aber ist dieser Schluss berechtigt? Die zugrundeliegende Idee ist, dass ein Eingriff Gottes die beste Erklärung für das Ereignis sein muss. Doch diese Erklärung setzt einiges voraus: dass es einen Gott gibt, dass er allmächtig ist oder wenigstens die Naturgesetze außer Kraft setzen kann, dass er in den Verlauf der Welt eingreifen kann und will usw. Gerade, wer dem Glauben an Gott eher skeptisch gegenübersteht, wird kaum bereit sein, diese Voraussetzungen zu akzeptieren. Die Interpretation, dass ein wundersames Ereignis von Gott bewirkt wurde, dürfte also vor allem dann als beste Erklärung erscheinen, wenn man ohnehin bereits an Gott glaubt. Aus Wundern, wenn es sie geben sollte, lassen sich daher keine religiösen Überzeugungen ableiten, sondern Wunder fungieren eher als Bekräftigung eines bereits bestehenden Glaubens. Doch gerade das macht die Interpretation eines seltsamen Ereignisses als Wunder verdächtig, denn wer bereits an Gott glaubt, neigt auch dazu, unerklärliche Ereignisse als Wirken Gottes zu deuten. Wer hingegen nicht an Gott glaubt, wird darin eher unbekannte Naturkräfte sehen wollen. Und damit sieht es doch wieder so aus, als ob es einen unvermeidlichen Konflikt zwischen Wissenschaft und Religion geben könnte, nämlich in der Frage, ob ein seltsames Ereignis ein Wunder ist oder nicht.

Quellen
Humes Traktat über Wunder findet sich in seiner *Untersuchung über den menschlichen Verstand*, Abschnitt 10 (in Hume 2015). Ein klassischer Verfechter des Konfliktmodells ist Draper 1875. Gould entwickelt sein NOMA-Modell in Gould 1999.

Weiterführende Literatur
Verhältnis Religion/Wissenschaft: Murphy 1990. Barbour 1990. Polkinghorne 1998. Wunder: Swinburne 1970 und 1989.

Diskussionsfragen

- Religion zu definieren ist schwer. Wie könnte man *Wissenschaft* definieren?
- Wenn Naturgesetze ausnahmslos gelten, was könnte dann eine Ausnahme von einem Naturgesetz sein?
- Könnte es Wunder geben, die wissenschaftlich erklärbar sind? Könnte es Wunder geben, die gar nicht erklärbar sind – weder durch Gott noch durch Wissenschaft?

9 Was ist Gott?

> **Zusammenfassung**
>
> Der klassisches Gottesbegriff ist der des Theismus: Demnach ist Gott das vollkommene Wesen, das notwendigerweise allein aus sich selbst heraus existiert, allmächtig, allwissend, ewig, vollkommen frei und gut, der personale Schöpfer von allem, was existiert. Jedes dieser Prädikate muss im Rahmen einer philosophischen Theologie untersucht und definiert werden. Alternativen zum Gottesbegriff des klassischen Theismus sind Prozesstheologie und offener Theismus, Deismus und Pantheismus.

Für viele Religionen ist der Glaube an einen Gott ein zentrales Dogma. Manche meinen sogar, dass es ein wesentliches Merkmal von Religion überhaupt ist, an einen oder mehrere Götter zu glauben. Und auch für die Religionsphilosophie ist Gott seit Jahrtausenden ein Thema, das immer wieder neu diskutiert wird. Diejenige Teildisziplin der Philosophie, die sich mit dem Wesen und dem Dasein Gottes beschäftigt, wird philosophische Theologie genannt (und sollte nicht mit der Theologie als eigener Wissenschaft verwechselt werden). Sie befasst sich hauptsächlich mit zwei Fragen: Erstens der Frage nach dem Wesen Gottes: Was für eine Art von Wesen ist Gott, was sind seine Eigenschaften und wie können wir den Gottesbegriff definieren? Zweitens das Dasein Gottes: Welche Gründe gibt es zu glauben, dass es wirklich einen Gott gibt, der dem definierten Begriff entspricht? In diesem Kapitel werden wir uns mit der ersten Frage beschäftigen, während die folgenden Kapitel der anderen Frage gewidmet sind. Also, was ist das eigentlich – Gott?

9.1 Der theistische Gott

Auf die Frage: „Was ist Gott?" muss man eigentlich mit einer Gegenfrage antworten: „Welcher Gott?" Denn der Gottesbegriff ist vielfältig. Die griechische Religion der Antike kennt viele Götter wie z.B. Zeus, den Göttervater; Apollon, den Gott der Kunst und der Weissagung; oder Aphrodite, die Göttin der Liebe. Ein Gott in diesem Sinne ist ein unsterbliches, übermenschliches (aber menschenartiges) Wesen, das die Welt beherrscht. Daneben gibt es in bestimmten philosophischen Strömungen des Hinduismus die Vorstellung, dass es einen ultimativen Urgrund der Realität gibt, das unbedingte Fundament von allem, was existiert: das *brahman*. Auch das *brahman* wird in dieser Tradition als göttlich beschrieben, hat aber kaum etwas mit dem Gott des Christentums oder den griechischen Göttern gemeinsam. Für die philosophische Theologie sind nicht solche polytheistischen oder pantheistischen Gottesbegriffe zentral, sondern der Gott des *Theismus*. Der klassische Theismus ist die Standardposition in den großen monotheistischen Religionen wie Islam, Judentum und Christentum – oder sollte es zumindest sein. Zwar gibt es Ausnahmen, aber der Theismus war und ist trotzdem das bevorzugte Gottesbild dieser Religionen und wurde üblicherweise in der ein oder anderen Form als verbindliches Dogma angesehen. Grund genug, das theistische Gottesbild etwas genauer zu betrachten und zu fragen: Was ist der Gott des Theismus?

9 Was ist Gott?

(a) Das vollkommene Wesen

Der Kern des Gottesbegriffs im klassischen Theismus, aus dem sich alle weiteren Elemente entwickeln lassen, ist die Idee des *vollkommenen Wesens* (im Englischen spricht man auch von *perfect being theology*). Gott ist, um es mit einer berühmten Wendung des mittelalterlichen Philosophen Anselm von Canterbury (1033-1109) auszudrücken, das Wesen, über das hinaus nichts Größeres gedacht werden kann (siehe auch Kap. 12.1).[53] Alle Eigenschaften, die ein Wesen großartig, wertvoll oder gut machen, müssen ihm im höchsten Maße zukommen. Wenn es also für ein Wesen besser ist, weise, mächtig oder gut zu sein, dann muss Gott in höchstem Maße weise (allwissend), mächtig (allmächtig) und gut (allgütig) sein. Wenn wir Gott vollkommen nennen, ist also gemeint, dass ihm alle positiven Eigenschaften in höchstmöglicher Ausprägung zukommen. Für die meisten Theistinnen und Theisten ist das eine analytische Aussage, d.h. eine Aussage, die allein aufgrund ihrer Bedeutung wahr ist, wie z.B. „Ein Schimmel ist ein weißes Pferd": Wenn ich verstehe, was das Wort „Schimmel" bedeutet, weiß ich direkt, dass die Aussage wahr sein muss, ohne mir erst noch ein paar Schimmel anschauen und auf ihre Farbe untersuchen zu müssen. Denn wären diese Pferde nicht weiß, würden wir sie nicht „Schimmel" nennen – und wäre ein Wesen nicht vollkommen, dann würden wir es eben nicht „Gott" nennen.

Im positiven Sinne ist ein vollkommenes Wesen eines, dem alle guten Eigenschaften zukommen, etwa Weisheit, Güte oder Glück; im negativen Sinne ist ein vollkommenes Wesen eines, dem nichts fehlt, denn würde ihm etwas fehlen, wäre es nicht vollkommen. Eine Suppe kann nicht perfekt sein, wenn ihr Salz fehlt, denn würden wir Salz dazugeben, würde sie besser werden – aber was besser werden kann, war vorher offensichtlich noch nicht perfekt. Daher gehört es zur Idee eines vollkommenen Wesens, dass es keine Bedürfnisse hat (denn hätte es die, so würde ihm etwas fehlen, nämlich das, was es braucht) und dass es auf nichts anderes als sich selbst angewiesen ist, um zu existieren. Im Gegensatz zu uns unvollkommenen Wesen, die immer von bestimmten Dingen abhängig sind, um zu existieren (Luft, Wasser, Kaffee), braucht Gott als vollkommenes Wesen nichts als sich selbst. Diese Eigenschaft eines vollkommenen Wesens, aus sich selbst heraus und völlig unabhängig von anderem zu existieren, nennt man die *Aseität* Gottes (von lat. *a se* – aus sich selbst). Ein vollkommenes Wesen kann nicht in seiner Existenz von etwas anderem abhängen kann so wie die Existenz eines Gemäldes von der Malerin abhängt, die es gemalt hat, denn von etwas anderem abhängig zu sein, ist ein Mangel, nämlich an Freiheit oder Macht über sich selbst. Also muss das vollkommene Wesen absolut unabhängig sein und den Grund seiner Existenz allein in sich selbst haben.[54] Das heißt nicht, dass Gott sich selbst erschaffen hat, denn dazu hätte er existieren müssen, bevor er existierte, was offensichtlich widersprüchlich ist. Es bedeutet nur, dass es außerhalb Gottes keinen Grund für seine Existenz gibt.[55] Wenn ich beispielsweise eine Tasse süßen

---

53 Anselm *Proslogion* 2 (Anselm 2005).
54 So argumentiert Anselm *Monologion* 3 (Anselm 1964).
55 Als meine Tochter ungefähr drei Jahre alt war, fragte sie mich: „Warum gibt es Gott?" und meinte damit soviel wie „Wozu gibt es Gott?"? In der Logik Dreijähriger gibt es Autos, um zu fahren, und Spielplätze, um

Kaffee trinke, kann ich mich fragen, was der Grund dafür ist, dass der Kaffee süß ist. Die Antwort ist natürlich, dass es am Zucker liegt, den ich reingetan habe. Aber warum ist der Zucker süß? Dafür gibt es keinen weiteren Grund – Zucker ist eben süß, weil das seine Natur ist. Dass Gott den Grund seiner Existenz in sich hat, kann man also genauso verstehen, wie dass der Zucker den Grund seiner Süße in sich hat: es ist seine Natur.

Gott ist damit das einzige Wesen, das den Grund seiner Existenz in sich selbst hat, dessen Existenz also unbedingt ist (d.h. von keinerlei Bedingungen abhängt). Damit ist eine weitere Idee des klassischen Theismus verbunden, wonach Gott ein *notwendiges* Wesen ist. Die Tatsache, dass es einen Gott gibt, hängt von keiner anderen Tatsache ab, so dass die Welt sein könnte, wie sie will – es würde sich nichts an der Existenz Gottes ändern. Bei alltäglichen Dingen ist das anders: dass ich z.B. gestern Nachmittag im Schwimmbad war, hing davon ab, dass das Wetter schön war. Wäre das Wetter anders gewesen, wäre ich nicht ins Schwimmbad gegangen. Mein Schwimmbadbesuch war demnach nicht notwendig, sondern kontingent (er hätte auch ausfallen können). Gott aber hätte, wenn es ihn gibt, nicht *nicht* existieren können. Das heißt freilich nicht, dass es Gott geben *muss* (dass es also ein logischer Widerspruch wäre, wenn Gott nicht existiert – siehe Kap. 12). Es bedeutet nur, dass wenn Gott existiert, er notwendig existiert, oder mit anderen Worten: Gott existiert entweder in allen möglichen Welten oder in keiner – aber nicht nur in ein paar und in anderen nicht.[56]

Gott ist also ein notwendiges Wesen oder vielmehr: *das* notwendige Wesen, denn er ist das Wesen, von dem die Existenz aller anderen Dinge abhängt, ohne selbst von irgendetwas abzuhängen. Was immer existiert, verdankt seine Existenz Gott – er ist der *Schöpfer* der Welt, die Ursache von allem, was existiert außer ihm selbst. Natürlich haben die meisten Dinge nicht Gott als unmittelbare Ursache ihrer Existenz: Mein Gartenhaus existiert, weil ich es gebaut habe, nicht Gott. Aber auch wenn das Gartenhaus mir seine Existenz verdankt, kann ich trotzdem die Kette der Ursachen, die zu seiner Existenz geführt haben, zurückverfolgen: über mich, meine Eltern, deren Eltern und immer weiter in die Vergangenheit bis zum Anfang des Universums und damit zu Gott. Die letzte Instanz in Sachen Existenz ist Gott.[57] Da alle Dinge von Gott geschaffen wurden, kann es auch nicht irgendeine Art von Urstoff gegeben haben, aus dem Gott die Welt erschafft, sondern er muss die Welt aus nichts (lat. *ex nihilo*) erschaffen haben. Warum gibt es überhaupt etwas und nicht vielmehr nichts, fragen wir uns, und die Antwort des Theismus lautet: wegen Gott. Dass Gott Schöpfer der Welt ist, bedeutet aber nicht nur, dass er am Anfang der Welt den Startschuss gegeben hat. Gott ist auch der Grund dafür, dass die Dinge, nachdem sie einmal geschaffen wurden, nicht einfach aus der Existenz verschwinden. Er hält alles kontinuierlich in der Existenz. Die christliche Tradition spricht hier von einer *creatio continua*, also einer konti-

---

zu spielen – also muss es doch einen Grund geben, wozu es Gott gibt? Es ist mir leider nicht gelungen, ihr das Konzept der Aseität Gottes näher zu bringen.
56 Manche Philosophen vertreten allerdings die Position, dass Gott kontingent ist, z.B. Swinburne 2016.
57 Man muss das nicht unbedingt so verstehen, dass Gott die erste *Ursache* aller Dinge ist und die Welt einen Anfang in der Zeit hat, auch wenn faktisch viele Philosophen das gedacht haben. Gott könnte auch der letzte Grund dafür sein, warum überhaupt etwas existiert. Mehr zu dieser Frage in Kap. 10.

nuierlichen Schöpfung. Die Welt ist damit vollständig von Gott abhängig, aber nicht umgekehrt. Als vollkommenem Wesen hätte Gott nichts gefehlt, wenn er die Welt niemals geschaffen hätte. Er ist also radikal von der Welt, die er geschaffen hat, verschieden. Diese Eigenschaft bezeichnet man als Gottes *Transzendenz* oder auch Außerweltlichkeit. Damit soll nicht gesagt sein, dass Gott in einem räumlichen Sinne irgendwo jenseits der Welt existiert, sondern dass Gott und Welt metaphysisch gesehen auf zwei verschiedenen Ebenen liegen (Theorien, die das bestreiten und Gott und Welt in irgendeiner Weise miteinander identifizieren, bezeichnet man als Pantheismus – siehe Kap. 9.2).

Fassen wir zusammen: Gott ist das vollkommene Wesen, das notwendig existiert. Er hat den Grund seiner Existenz allein in sich selbst, und alles, was existiert, existiert durch Gott. Aus diesem Konzept eines vollkommenen Wesens lassen sich die weiteren Eigenschaften Gottes ableiten, die wir näher besprechen wollen: Ewigkeit, Allmacht, Allwissenheit und Personalität.

(b) Ewigkeit

Gottes Ewigkeit kann auf zwei Weisen verstanden werden: entweder als Existenz *außerhalb* der Zeit (Eternalismus) oder als unendlich lange Existenz *in* der Zeit (Sempiternalismus). Schauen wir uns zunächst die erste Variante an. Die Vorstellung, dass Ewigkeit Außerzeitlichkeit bedeutet, ist die klassische Idee der großen Theologen der Antike und des Mittelalters, z.B. Augustinus, Boethius (ca. 475-526) oder Anselm.[58] Demnach existiert Gott nicht wie die geschaffenen Wesen innerhalb der Zeit, sondern als Schöpfer von allem (inklusive der Zeit) außerhalb von ihr. Anders ausgedrückt: Gott hat keine temporalen Teile. Darin unterscheidet er sich von uns zeitlich verfassten Wesen. Ich z.B. habe gestern existiert, existiere heute und werde (hoffentlich) auch morgen noch existieren. An keinem dieser Zeitpunkte existiere ich komplett, sondern es existiert nur ein temporaler Teil von mir. Ich bin in einzelnen Teilen zu unterschiedlichen Zeitpunkten anwesend, als Ganzes aber nur über einen längeren Zeitraum hinweg. Insgesamt bin ich eine Art vierdimensionale Salami: So, wie eine Salami aus einer Reihe aufeinanderfolgender zweidimensionaler Scheiben besteht, die in ihrer Summe die Salami als Ganzes ausmachen, so bin ich eine Folge dreidimensionaler Momentaufnahmen eines Körpers, die in der Dimension der Zeit aneinandergereiht werden. In ähnlicher Weise habe ich auch räumliche Teile: mein Körper existiert in einzelnen Teilen an unterschiedlichen Orten des Raumes (hier ein Finger, da ein Fuß) und die Gesamtheit dieser über verschiedene Orte verteilten Teile ist mein Körper als Ganzes. Nicht so Gott: Er hat weder zeitliche noch räumliche Teile, sondern ist in jedem Moment der Zeit und an jedem Punkt des Raumes gleichermaßen vollständig präsent. Die Lehre von der Außerzeitlichkeit Gotte spiegelt also auch seine *Omnipräsenz* wider, d.h. dass Gott überall vollständig anwesend ist. Während ich nur in München sein kann, aber nicht zur gleichen Zeit in Berlin, ist Gott überall zugleich. Ebenso ist Gott an allen Zeitpunkten vollständig anwesend (und nicht nur ein temporaler Teil von ihm), denn alle Zeitpunkte fallen

---

[58] Augustinus *Confessiones* Buch 11 (Augustinus 2003); Boethius *Consolatio philosophiae* V, 6 (Boethius 2002); Anselm *Proslogion* 19 (Anselm 2005).

für ihn in eins. Die Unterscheidung von Vergangenheit, Gegenwart und Zukunft macht nur Sinn für Wesen, die temporale Teile haben, denn sie ergeben sich aus der Anordnung dieser Teile. Für Gott hingegen sind alle Zeitpunkte in einem ewigen Jetzt präsent – die Zeit vergeht für ihn nicht. Unsere Perspektive auf die Welt ist vergleichbar mit einem Zuschauer, der vom Straßenrand ein Autokorso beobachtet, der an ihm vorbei fährt: Für ihn ist der Korso eine Abfolge von Autos, die einzeln an ihm vorüberfahren. Gottes Perspektive gleicht eher einem Beobachter in einem Hubschrauber hoch oben, der den Korso als Ganzes auf einmal betrachten kann.

Ein wesentlicher Vorteil der Lehre von der Außerzeitlichkeit Gottes liegt darin, dass sie mit bestimmten anderen Vorstellungen vom Wesen Gottes gut zusammenpasst. Beispielsweise impliziert sie, dass Gott als vollkommenes Wesen nicht den Beschränkungen einer zeitlichen Existenz unterliegt, so wie wir es tun, wenn wir altern und sterben. Außerdem macht Gottes Außerzeitlichkeit seine *Unveränderlichkeit* verständlich. Nach dieser Lehre kann Gott keinerlei Veränderungen unterworfen sein, denn da er ein vollkommenes Wesen ist, wäre jede Veränderung eine Veränderung zum Schlechteren – besser werden kann ein vollkommenes Wesen ja nicht. Nun ist Veränderung aber ein Prozess, der sich in der Zeit vollzieht. Wenn ein Wesen sich verändert, dann bedeutet das, dass es zu einem bestimmten Zeitpunkt eine bestimmte Eigenschaft hat, die es zu einem anderen Zeitpunkt nicht mehr hat. Ein Gott, der außerhalb der Zeit existiert, könnte diesen Prozess nicht durchlaufen. Allerdings ist die Lehre von der Außerzeitlichkeit auch mit einigen schwierigen Problemen konfrontiert. So gehört es z.B. zum Konzept eines personalen Gottes, dass er handeln und in den Lauf der Welt eingreifen kann. Handeln ist aber ein zeitlicher Prozess (wir können ja immer fragen, *wann* Gott z.B. meine Gebete erhört hat), so dass ein Gott außerhalb der Zeit gar nicht handeln könnte. Thomas von Aquin entgegnet darauf, dass Gott sehr wohl außerhalb der Zeit stehen und trotzdem handeln kann, indem nämlich seine Handlungen bereits von Ewigkeit an bestimmt sind. Er vergleicht Gott mit einem Arzt, der einer Patientin verordnet, ein bestimmtes Medikament vor dem Schlafengehen zu nehmen.[59] Die Anordnung führt dazu, dass die Patientin das Medikament nimmt, bevor sie schlafen geht, aber natürlich hat der Arzt zu *diesem* Zeitpunkt nichts getan. Gottes Handlungen sind also ewig, auch wenn ihre Wirkungen sich erst zu einem bestimmten Zeitpunkt realisieren. Dann stellt sich allerdings die Frage, ob ein zeitloser Gott noch mit menschlicher Freiheit vereinbar ist. Denn wenn für Gott alle Zeitpunkte gleichermaßen präsent sind, auch die, die in meiner Zukunft liegen, dann müsste Gott immer schon wissen, wie ich mich entscheide – ein Problem, auf das wir noch zurückkommen müssen.

Viele Menschen finden allerdings die Vorstellung von Gott als unveränderlichem und tatenlosem Zuschauer der Weltgeschichte nicht überzeugend und lehnen daher die Lehre von der Außerzeitlichkeit Gottes ab zugunsten eines zeitlichen Verständnisses von Ewigkeit. Demnach bedeutet Ewigkeit ganz einfach eine unendlich lange Zeit: Gott existiert seit einer unendlich langen Vergangenheit und wird

---

59 *Summa contra gentiles* II, 35 (Thomas 2001).

unendlich lange in der Zukunft weiterexistieren. In dieser Hinsicht unterscheidet er sich nicht von uns: Auch Gott existiert in der Zeit und hat temporale Teile, bloß hat er im Gegensatz zu uns unendlich viele davon. Anders als der unnahbare und unpersönliche Gott jenseits der Zeit kann ein solcher in der Zeit ewiger Gott problemlos in Beziehung zu seinen Geschöpfen treten, an ihrem Schicksal teilnehmen oder sich im Lauf der Geschichte wandeln. Doch der Preis dafür ist, dass Gott sozusagen zum Sklaven der Zeit wird (wie wir alle). Gott, obwohl der Schöpfer von allem, hat nicht die Zeit geschaffen, denn sie existiert unabhängig von ihm. Im Gegenteil scheint es sogar so zu sein, dass Gott *ihr* unterworfen ist, denn er hat keine Macht über sie: Was in der Vergangenheit liegt, ist auch für Gott nicht mehr direkt zugänglich, sondern nur in der Erinnerung, und ebenso wie wir muss er abwarten, was die Zukunft bringen mag. Sollte ein vollkommenes Wesen nicht auch vollkommene Souveränität über sein eigenes Leben und seine Schöpfung genießen? Ein zeitlicher Gott scheint aber in dieser Hinsicht nicht signifikant besser dran zu sein als alle anderen zeitlichen Wesen.

(c) Allmacht

Pantokrator, Allesbeherrscher, lautet einer der klassischen Titel, die Gott bereits in der Antike zugesprochen werden. Gott hat Macht über alle Dinge, er ist allmächtig. Aber was bedeutet es, dass Gott allmächtig ist? Die naheliegende Antwort lautet, dass Gott alles kann – nichts ist für Gott unmöglich, wie es auch in der Bibel des Öfteren heißt.[60] Aber wenn Gott alles kann, kann er dann auch schwimmen und Fahrrad fahren? Aber wie, wenn er keinen Körper hat? Um klarzustellen, dass es nicht um ein Können im Sinne von Fähigkeiten geht, sollten wir eher sagen, dass Gott die Macht hat, beliebige Sachverhalte zu bewirken. Für jeden beliebigen Satz *p*, den wir uns denken können, muss gelten: Gott kann bewirken, dass *p*. Die problematische Frage in diesem Zusammenhang ist allerdings, was genau „alles" in dem Satz „Gott kann alles" bedeuten soll.

Erste Möglichkeit: „Alles" bedeutet genau das, was es zu bedeuten scheint, nämlich absolut alles. Für jeden syntaktisch korrekten Satz, den wir formulieren können, gilt, dass Gott den entsprechenden Sachverhalt bewirken kann. Wenn man es sagen kann, dann kann Gott es bewirken: dass es in der Wüste schneit, dass Schweine fliegen oder dass der Papst eine Frau ist. Aber diese auf den ersten Blick plausible Deutung von Allmacht gerät schnell an ihre Grenzen. Denn was ist mit widersprüchlichen Sätzen? Gott müsste seltsamerweise auch bewirken können, dass 1+1=3 ist oder dass ein Dreieck vier Ecken hat. Nun ist keine philosophische Theorie so absurd, dass nicht irgendjemand sie doch einmal vertreten hätte, in diesem Fall der französische Philosoph René Descartes (1596–1650). Descartes behauptet, dass auch die Gesetze der Logik und Mathematik von Gott festgelegt worden sind (ähnlich wie menschliche Gesetze von Regierungen festgelegt werden), so dass Gott auch eine andere Logik hätte anordnen können, nach der tatsächlich 1+1=3 gewesen wäre,[61] auch wenn wir uns nicht vorstellen können, wie das möglich sein sollte. Eine derart radikale Deutung von Allmacht überschreitet

---

60 Z.B. Lk 1, 37 oder Mt 19, 26.
61 In einem Brief an Mersenne vom 15. April 1630.

9.1 Der theistische Gott

aber die Grenzen des Verstehbaren. Was soll es bedeuten, dass 1+1=3 hätte sein können oder dass ein Dreieck vier Ecken hat? Die beiden Teile im Ausdruck „ein viereckiges Dreieck" heben einander auf, so dass es gar keinen Sachverhalt geben kann, den sie bezeichnen. „Das viereckige Dreieck" bezieht sich auf nichts, denn es drückt nichts aus. Insofern ist es keine Einschränkung der Allmacht Gottes, sondern nur eine Präzisierung, wenn wir sagen, dass Gott nur das tun kann, was auch logisch möglich ist zu tun. Denn was logisch unmöglich ist, ist eigentlich nichts – also nicht einmal ein Kandidat für etwas, das überhaupt getan werden könnte.

Zweite Möglichkeit: „Alles" umfasst nur das, was auch logisch möglich ist. Für jeden Satz p gilt also, dass Gott bewirken könnte, dass p, sofern p keinen Widerspruch enthält. Gott könnte beispielsweise bewirken, dass Schalke 04 im Jahr 2030 deutscher Meister wird, denn dieser Sachverhalt ist zwar unwahrscheinlich, aber nicht widersprüchlich. Gott kann aber nicht bewirken, dass Schalke 04 2020 Meister wird, nachdem in diesem Jahr bereits Bayern München Meister geworden ist, denn es ist nicht möglich, dass Schalke zugleich Meister und nicht Meister ist. Das bedeutet allerdings nicht, dass es Dinge gibt, die Gott nicht kann, denn „können" bezieht sich nur auf solche Dinge, die überhaupt logisch möglich sind. Allerdings stellt uns auch diese Deutung der Allmacht vor ein Problem: Kann Gott lügen oder sich selbst vernichten? Nein, denn er ist vollkommen gut und kann daher nichts Schlechtes tun, und er existiert notwendig und ewig, kann also zu keinem Zeitpunkt aufhören zu existieren. Dann gibt es also Dinge, die Gott nicht kann, die aber auch nicht widersprüchlich sind (denn es ist selbstverständlich logisch möglich, die Unwahrheit zu sagen oder aufzuhören zu existieren). Wir müssen also anscheinend das Konzept der Allmacht noch etwas weiter eingrenzen.

Dritte Möglichkeit: „Alles" bedeutet nur alles, was für Gott logisch möglich ist, was also nicht im Widerspruch zu seinem Wesen steht, wenn es *von Gott* ausgesagt wird. Denn ein Satz kann ja nicht nur widersprüchlich sein, wenn in ihm ein widersprüchliches Prädikat gebraucht wird (wie „zugleich Meister und nicht Meister"), sondern auch, wenn zwischen Subjekt und Prädikat ein Widerspruch besteht: „Das Viereck ist rund" ist ein widersprüchlicher Satz, „das Rad ist rund" hingegen nicht. Rund zu sein an sich ist nicht widersprüchlich, wohl aber von etwas Eckigem zu sagen, es sei rund. Ebenso ist der Satz „Der Präsident lügt" nicht selbstwidersprüchlich, der Satz „Gott lügt" hingegen schon. Es gehört zum Wesen Gottes, vollkommen gut zu sein, so dass er, wenn er lügt, aufhören müsste, er selbst zu sein – ebenso wie ein Dreieck, dass keine drei Ecken mehr hat, aufhört ein Dreieck zu sein. Mit dieser Formulierung, wonach Gott alles bewirken kann, was nicht im logischen Widerspruch zu seinem Wesen steht, lassen sich auch Probleme wie das bekannte Stein-Paradox lösen. Dieses Paradox lautet: Kann Gott einen Stein schaffen, der so schwer ist, dass er ihn selbst nicht mehr heben kann? Kann er es nicht, dann gibt es etwas, das Gott nicht kann, nämlich einen solchen Stein schaffen. Kann er es aber doch, dann gibt es auch etwas, das Gott nicht kann, nämlich den Stein hochheben. Wie man es wendet, in jedem Fall scheint Gott nicht allmächtig zu sein. Doch das Paradox beruht auf einem versteckten Widerspruch, der sich jetzt klarmachen lässt: Der Ausdruck „ein Stein, der so

9 Was ist Gott?

schwer ist, dass Gott ihn nicht hochheben kann" ist ein widersprüchlicher Ausdruck, vergleichbar mit „eine Zahl, die größer ist als sie selbst". Beide Ausdrücke wirken auf den ersten Blick unproblematisch, aber sobald man näher hinschaut, zeigt sich, dass sie einen Widerspruch enthalten. Das wird deutlich, wenn wir den Ausdruck „Gott" durch „ein allmächtiges Wesen" ersetzen: Kann ein allmächtiges Wesen einen Stein schaffen, der so schwer ist, dass ein allmächtiges Wesen ihn nicht heben kann? Oder, noch reduzierter: Kann ein allmächtiges Wesen etwas bewirken, das ein allmächtiges Wesen nicht bewirken kann? Es ist klar, dass die Antwort „Nein" lauten muss, aber das ist kein Problem. Denn Allmacht erstreckt sich eben nur auf das, was logisch möglich ist.

Doch leider ist auch diese Konzeption von Allmacht nicht frei von Schwierigkeiten. Denn erstens sieht es jetzt so aus, als hätten wir den Begriff der Allmacht zu stark eingeschränkt. Wenn Gottes Allmacht nur noch darin besteht, dass Gott alles tun kann, was nicht im Widerspruch zu Gottes Natur steht, haben wir dann nicht im Grunde nur gesagt, dass Gott alles tun kann, was Gott tun kann? So gesehen wäre auch eine Maus allmächtig, denn jede Maus kann das tun, was für eine Maus nicht widersprüchlich ist zu tun. Zweitens ist, selbst wenn sich dieses Problem lösen ließe, nicht klar, was genau für Gott logisch nicht möglich ist. Denken wir noch einmal an das Beispiel von eben – warum kann Gott nicht bewirken, dass Schalke 2020 Meister wird? Immerhin enthält der Satz „Schalke 04 wurde im Jahr 2020 Meister" keinen logischen Widerspruch, auch nicht in Bezug auf Gott. Denn Gott hätte ja rechtzeitig eingreifen können, um dafür zu sorgen, dass Schalke die entscheidenden Spiele gewinnt. De facto ist das nicht geschehen, denn jemand anderes wurde Meister. Aber dass Schalke 2020 nicht Meister wurde, ist bloß kontingenterweise wahr, hätte also logisch betrachtet auch anders sein können. Sollte es da nicht möglich sein, dass ein allmächtiger Gott die Vergangenheit ändert und Schalke nachträglich doch zum Meister macht? Ein offensichtlicher Widerspruch ist das nicht.[62] Ein ähnliches Problem ergibt sich, wenn göttliche Allmacht und menschliche Freiheit in Konflikt miteinander geraten. Angenommen, ich stehe in der Eisdiele und muss mich zwischen Vanille und Schokolade entscheiden – könnte Gott dann bewirken, dass ich eine freie Entscheidung für Vanille treffe? Offenbar nicht, denn wenn er meine Entscheidung bestimmt, kann sie nicht mehr frei sein. Aber der Sachverhalt, dass ich mich aus freien Stücken für Vanille entscheide, ist nicht widersprüchlich – wieso kann Gott ihn dann nicht bewirken?

(d) Allwissenheit

Wenn es einen Gott gibt, dann ist er nicht nur allmächtig, sondern auch allwissend: Gott weiß alle Dinge, die man überhaupt wissen kann. Ähnlich wie eben können wir Allwissenheit so definieren: „Gott ist allwissend" bedeutet: Für jede Tatsache p gilt, dass Gott weiß, dass p. Mit anderen Worten: Wenn etwas der Fall ist, dann weiß es Gott, und nichts, was der Fall ist, ist Gott unbekannt. Damit

---

62 Ob es logisch denkbar ist, die Vergangenheit zu ändern, ist umstritten. Thomas von Aquin argumentiert dagegen in der *Summe der Theologie* p.I, q.25, a.4. Siehe auch van Inwagen 2010. Zur Logik von Zeitreisen allgemein Smith 2019 und den klassischen Aufsatz von Lewis 1976.

ist Gottes Wissen infallibel, d.h. er kann sich weder irren noch ahnungslos sein. Wenn Gott allwissend ist, dann gilt für jede wahre Aussage *p*, dass Gott weiß, dass *p*. Wenn es wahr ist, dass die Fichte in meinem Garten genau 15,32 Meter hoch ist, dann weiß es Gott. Und wenn es wahr ist, dass es am 13. Dezember 402 v. Chr. in Athen morgens geregnet hat, dann weiß Gott auch das. Doch dieses Konzept von Allwissenheit führt direkt in ein klassisches Problem, das bereits die römischen Theologen Boethius und Augustinus gesehen haben:[63] Wie sind Allwissenheit Gottes und menschliche Freiheit miteinander vereinbar? Um dieses Problem zu sehen, müssen wir uns bewusst machen, dass ein allwissender Gott alle Tatsachen der Vergangenheit, Gegenwart und Zukunft wissen muss. Nehmen wir an, ich habe für den kommenden Sonntag eine Verabredung mit einer Freundin im Biergarten. Heute habe ich noch nicht entschieden, ob ich ein Weizen oder ein Helles trinken werde. Ich warte ab, worauf ich am Sonntag mehr Lust habe. Ein allwissender Gott müsste aber heute schon wissen, dass ich am Sonntag ein Helles bestellen werde. Und wenn Gott weiß, dass ich ein Helles bestellen werde, dann muss es auch wahr sein, dass ich ein Helles bestellen werde, denn Gottes Wissen ist wie gesagt infallibel: Gott kann sich nicht täuschen. Also bleibt mir gar nichts anderes übrig, als ein Helles zu bestellen – es liegt nicht mehr in meiner Macht, etwas anderes zu tun, denn wenn ich stattdessen ein Weizen bestelle, hätte ich damit bewirkt, dass Gott sich geirrt hat. Gott dachte, ich würde ein Helles bestellen, aber ich habe ein Weizen bestellt und damit Gottes Allwissenheit widerlegt. Es scheint also, als könnte es nur eines von beidem geben: entweder menschliche Freiheit oder göttliche Allwissenheit.

Wie man auf dieses Problem reagieren kann, hängt davon ab, welche Auffassung man von der Ewigkeit Gottes hat. Geht man davon aus, dass Gott außerhalb der Zeit steht, scheint es, als würde sich das Problem gar nicht mehr stellen. Denn der Widerspruch zwischen Freiheit und Allwissenheit entsteht ja, weil Gott weiß, wie ich mich entscheiden werde, *bevor* ich mich entschieden habe. „Bevor" drückt aber eine zeitliche Relation aus und ein außerzeitlicher Gott steht in keiner zeitlichen Beziehung zur Welt. Aus meiner Perspektive sieht es so aus, als läge die Entscheidung für oder gegen das Helle in der Zukunft, aber aus Gottes zeitloser Perspektive sind alle diese Zeitpunkte gleichermaßen gegenwärtig. Die Unterscheidung von Wissen über die Gegenwart und über die Zukunft macht bezogen auf uns Sinn, aber nicht bezogen auf einen zeitlosen Gott, so dass es unsinnig wäre, zu behaupten, dass Gott weiß, was ich tun werde, *bevor* ich es getan habe – Gott weiß einfach, was ich tue. Diese Lösung setzt allerdings voraus, dass man bereit ist, die eternalistische Deutung der Ewigkeit zu akzeptieren, die (wie eben erwähnt) ihre eigenen Schwierigkeiten hat. Bevorzugt man einen Sempiternalismus und versteht Gottes Ewigkeit zeitlich, dann muss der Widerspruch von Allwissenheit und Freiheit anders gelöst werden. Die typische Lösung besteht darin, zu bestreiten, dass Aussagen über die Zukunft bereits jetzt wahr sind. Im Moment ist die Aussage, dass ich am Sonntag ein Helles bestellen werde, weder wahr noch falsch. Da aber Allwissenheit nur bedeutet, dass Gott alle *wahren* Aussagen weiß,

---

[63] Boethius *Consolatio philosophiae* V, 3 (Boethius 2002); Augustinus *De libero arbitrio* Buch III (Augustinus 1972).

9 Was ist Gott?

ist seine Allwissenheit nicht bedroht. Genau wie Allmacht nur bedeutet, alles logisch Mögliche bewirken zu können, bedeutet Allwissenheit nur, alles zu wissen, was logisch möglich ist zu wissen. Und nichts wäre widersprüchlicher als zu behaupten: Ich weiß, dass p, aber es ist nicht wahr, dass p. Das bedeutet allerdings auch, dass Gott ähnlich wie wir davon überrascht werden kann, wie sich die Dinge entwickeln – auch ein allwissender Gott hätte gespannt auf das Finale von *Game of Thrones* warten müssen ohne zu wissen, wie es ausgeht. Ob ein solches Bild mit der traditionellen Vorstellung von Allwissenheit zu vereinbaren ist, ist eine offene Frage.

(e) Person

Gott ist nicht einfach nur eine unpersönliche höhere Macht, eine kosmische Energie oder ein abstraktes Prinzip: Gott ist eine Person. Was genau Personen sind, ist selbst ein kontrovers diskutiertes philosophisches Problem (vgl. Kap. 14.1), das wir hier nur ansatzweise behandeln können. Grundsätzlich sind Personen eine Art von Wesen, die sich von anderen Wesen durch bestimmte Fähigkeiten unterscheiden. Personen haben die Fähigkeit, zu handeln, rational zu denken, zu sprechen und sind sich ihrer selbst bewusst; Personen sind verantwortlich für das, was sie tun und können von anderen Personen als Personen erkannt werden – sie sind füreinander ein „Du", kein „Das". Dass Personen handeln können, bedeutet, dass sie sich selbst Ziele setzen und die Mittel wählen können, die ihnen geeignet erscheinen, um das Ziel zu erreichen. Anders als non-personale Wesen können Personen also bewusst und von sich aus Dinge tun, um etwas anderes zu erreichen. Ich kann mich beispielsweise auf einen Stuhl stellen, um besser an die Box mit Schokolade zu kommen, die ich oben in den Schrank gestellt habe – ich setze mir ein Ziel und wähle ein Mittel, um dieses Ziel zu erreichen. Gleichzeitig bin ich als Person aber frei, mir andere Ziele zu setzen oder andere Mittel zu wählen.[64] Im Gegensatz dazu hat ein non-personales Wesen wie eine Topfpflanze keine Freiheit, zu entscheiden, was sie tut, und kann daher auch nicht handeln. Die Pflanze wächst zum Licht, aber nicht, weil sie sich bewusst dafür entschieden hätte oder weil sie denkt, dass mehr Licht besser für sie wäre, sondern weil sie nicht anders kann. Eng verknüpft mit der Fähigkeit zum Handeln ist ein weiterer Aspekt von Personalität, nämlich die Fähigkeit zu Bewusstsein und Rationalität.[65] Personen können rational denken und handeln, d.h. sie sind in der Lage, aus dem, was sie wissen, Schlüsse zu ziehen und ihr Handeln anzupassen. Wenn ich beispielsweise weiß, dass zu viel Schokolade ungesund für mich ist, kann ich daraus schließen, dass ich diese Schokolade hier nicht essen sollte und sie zurück in den Schrank legen. Daher sind Personen auch für ihr Handeln verantwortlich, denn wenn ein rationales Wesen handelt, entscheidet es sich für diese Handlung und weiß zumindest grob, welche Konsequenzen seine Handlung haben wird. Wer einen Dachziegel vom Dach wirft und damit einen Passanten verletzt, wird zur

---

64 Für eine klassische Darstellung der Idee, dass Personalität Willensfreiheit beinhaltet siehe Frankfurt 1971.
65 Daniel Dennett untersucht diesen Zusammenhang genauer in seiner Theorie intentionaler Systeme in Dennett 1976.

Verantwortung gezogen; wenn aber bloß der Wind den Dachziegel runterweht, wird niemand den Wind dafür bestrafen wollen.

In diesem Sinne können wir auch von Gott sagen, dass Gott eine Person ist, die denkt, handelt und sich ihrer selbst bewusst ist. In einem wichtigen Punkt unterscheidet sich Gottes Personalität aber von unserer: Im Gegensatz zu endlichen Wesen wie uns ist Gott in höchstem Maße personal. Er ist vollkommen rational und in seinen Handlungen *vollkommen frei*. Das bedeutet, dass Gottes Handlungen allein von seinem Willen verursacht werden. Im Gegensatz dazu sind unvollkommene Wesen wie wir nicht vollkommen frei, denn manchmal werden wir durch unsere Neigungen dazu gedrängt, etwas zu tun, was wir eigentlich nicht wollen – etwa die ganze Tafel Schokolade zu essen, obwohl wir wissen, dass uns davon schlecht wird. Solche Anfälle von Willensschwäche sind eine Form von Irrationalität und die wichtigste Einschränkung unserer Freiheit. Gott aber ist vollkommen frei von destruktiven Neigungen und durch nichts in seinem Willen eingeschränkt. Nichts hindert ihn, vollkommen rational und gut zu handeln, so dass er immer das Bestmögliche tut. Daher ist Gott auch *vollkommen gut*, denn er weiß nicht nur, was das Gute ist, sondern es gibt auch nichts, was ihn davon abhalten könnte, das Gute zu tun. Personen sind also Wesen, die über Bewusstsein, Rationalität, Freiheit und die Fähigkeit zum Handeln verfügen. In diesem Sinne ist auch Gott eine Person, und zwar in höchstem Maße, denn er ist uneingeschränkt frei, rational und gut.

Dennoch ist Gott eine seltsame Art von Person, denn anders als die Personen, die wir sonst kennen, ist er eine *körperlose* Person. Aber kann es wirklich körperlose Personen geben? Denn wenn zum Person-Sein die Fähigkeit zum Handeln gehört, wie sollte ein körperloses Wesen handeln können? Zu handeln beinhaltet ja immer, dass ich irgendwelche Dinge in der Welt kausal beeinflusse, indem ich ein anderes Ding in der Welt (nämlich meinen Körper) dazu einsetze: Ich hole die Schokolade, indem ich sie mit meinen Händen aus der Box nehme; ich werde Hausbesitzer, indem ich einen Stift in der richtigen Weise über ein Blatt Papier bewege; ich heirate, indem ich im richtigen Moment meinen Mund so bewege, dass bestimmte Laute („Ja, ich will") produziert werden. Diese Handlungen bestehen natürlich nicht *nur* aus den körperlichen Ereignissen, aber es ist ziemlich schwer, sich vorzustellen, wie eine Handlung ohne jede Beteiligung eines Körpers aussehen sollte. Aber Gott hat keinen Körper, mit dem er handeln kann – also kann er nicht handeln und damit auch keine Person sein. Man könnte nun darauf erwidern, dass es zwar schwer ist, sich eine Handlung ohne Körper vorzustellen, aber auch nicht widersprüchlich. Nichts im Begriff des Bewirkens verlangt, dass dieses Bewirken körperlich vermittelt sein muss. Wenn ich z.B. morgens im Bett liege und beschließe, dass es jetzt Zeit ist aufzustehen, dann setzt mein bloßer Gedanke, dass ich jetzt aufstehen will, meinen Körper in Bewegung. Der Gedanke ist nicht körperlich, bewirkt aber eine körperliche Veränderung. Hartgesottene Naturalisten könnten entgegnen, dass wir hier einen problematischen Leib-Seele-Dualismus voraussetzen. Warum sollte der Gedanke nicht einfach auf einen Vorgang im Gehirn, also wieder auf ein körperliches Ereignis reduzierbar sein? Die Idee einer körperlosen Person mag also denkbar sein, aber nur unter Zuhilfenahme dubioser metaphysischer Rahmenannahmen. Die Körperlosigkeit Gottes hat, nebenbei gesagt, auch die interessante Konsequenz, dass Gott kein Geschlecht hat, zumindest insofern Geschlecht als Eigenschaft physischer Körper interpretiert wird. Gott ist weder männlich noch weiblich (und eigentlich auch nicht non-binär, denn die Kategorie des Geschlechts ist einfach nicht auf „ihn" anwendbar). Wenn wir üblicherweise von Gott als Mann oder Vater sprechen, dann ist das nur eine menschliche Konvention, die unsere kulturellen Präferenzen widerspiegelt. Nichts spricht dagegen, Gott ebenso als weiblich oder divers zu verstehen, sofern man dabei nicht vergisst, dass „er" eigentlich weder das eine noch das andere ist.[66]

9.2 Alternativen zum Theismus

Der klassische Theismus sieht Gott als erhabenen, aber auch unnahbaren Grund des Daseins, als perfektes, aber auch unpersönliches Wesen. In Abgrenzung von dieser klassischen Vorstellung eines abstrakten und distanzierten Gottes haben sich insbesondere in der Moderne einige alternative Gottesbegriffe entwickelt, die Gottes personalen Charakter stärker betonen und ihn in engerer Beziehung zu seiner Schöpfung sehen. Daneben gibt es aber auch bereits in der Neuzeit Ansätze, denen der klassische Theismus zu irrational ist und zu sehr das Element der Einmischung in die Geschichte (etwa durch Offenbarung) betont. Diese fordern stattdessen einen Gott der reinen Vernunft. Schließlich gibt es noch, meist in den Religionen jenseits des Westens, nicht-theistische Vorstellungen einer göttlichen Realität, die noch weiter vom klassischen Theismus entfernt sind. Schauen wir uns diese Alternativen kurz näher an.

(a) Prozesstheologie und offener Theismus

Die Prozesstheologie basiert auf der Prozessphilosophie, einer Anfang des 20. Jahrhunderts vom britischen Philosophen Alfred North Whitehead (1861-1947) entwickelten und insbesondere vom amerikanischen Philosophen Charles Hartshorne (1897-2000) weiter ausgebauten Theorie.[67] Im Zentrum dieser Philosophie steht der Gedanke, dass die Realität nicht statisch, sondern dynamisch ist. Die Wirklichkeit besteht nicht aus beharrlichen Substanzen mit wechselnden Eigenschaften, wie es die klassische Metaphysik gelehrt hat, sondern aus Ereignissen oder eben Prozessen: Alles, was existiert, existiert nur insofern als es in einen Prozess des Werdens eingebunden ist. Der Fokus verschiebt sich damit vom statischen Sein auf das dynamische Werden. Konsequenterweise betont die Prozesstheologie die Veränderlichkeit Gottes. Auch Gott ist, wie alles andere, was existiert, in einen permanenten Prozess der Veränderung eingebunden und kann nicht als ewig unveränderliches Wesen jenseits der Welt gedacht werden. Gott entwickelt sich also gemeinsam mit der Welt weiter. Er empfindet Freude oder auch Traurigkeit darüber, wie die Dinge sich entwickeln. Die Beziehung zwischen Gott und Welt geht in beide Richtungen, so dass beide in gewisser Weise aufeinander angewiesen sind (weshalb auch die Prozesstheologie der Idee einer Schöpfung *ex nihilo* (lat. aus dem Nichts) skeptisch gegenübersteht). Im Kontrast zum klassischen Theismus

---

66 Zur Möglichkeit nicht maskulin fokussierter Sprache über Gott, siehe Soskice 2007: Kap. 4.
67 Klassische Texte sind Whitehead 1929 und Hartshorne 1948.

lehrt also die Prozesstheologie, dass Gott kein unveränderliches und unbedingtes Wesen jenseits der Zeit ist, sondern auf engste mit der Realität verflochten. Damit geht einher, dass die Prozessphilosophie die Zukunft auch als grundsätzlich offen ansieht, für Gott ebenso wie für alle anderen Wesen, so dass es kein göttliches Vorherwissen geben kann, das die menschliche Freiheit bedroht. Auch Gott kennt die Zukunft nicht und muss gemeinsam mit seiner Schöpfung gespannt erleben, was sie bringen könnte.

Der offene Theismus ist eine relativ neue Bewegung innerhalb der philosophischen Theologie, die durchaus ein paar Anleihen bei der Prozesstheologie macht, aber doch einen grundsätzlich eigenständigen Ansatz vertritt und in der Gegenwart speziell im englischsprachigen Bereich bedeutend ist.[68] Die zentrale Idee des offenen Theismus ist die Offenheit der Zukunft: die Zukunft ist nicht determiniert oder geschlossen, sondern unbestimmt. Wie auch die Prozesstheologie lehnt der offene Theismus ein göttliches Vorherwissen ab, so dass es keinen Konflikt mit der menschlichen Freiheit geben kann. Daher kann Gott auch nicht außerhalb der Zeit stehen, sondern ist ihr ebenso wie wir unterworfen und bewegt sich gemeinsam mit uns immer weiter in die Zukunft. Der Gott des offenen Theismus bleibt so auch in ständigem Kontakt mit seiner Schöpfung, deren Entwicklung auch für ihn offen ist. Insgesamt steht aber der offene Theismus dem klassischen Theismus deutlich näher als die Prozesstheologie, indem er etwa daran festhält, dass Gott als Person mit den üblichen Prädikaten von Allmacht, Allwissenheit und Allgüte gedacht werden muss. Der personale Charakter wird sogar noch stärker betont, denn im Gegensatz zum unveränderlichen und unbeeinflussbaren Gott des klassischen Theismus nimmt der Gott des offenen Theismus Anteil am Schicksal seiner Schöpfung und ist ansprechbar durch Gebete.

(b) Deismus

Der Deismus ist eine bereits in der Aufklärung entstandene Alternative zum Theismus. Zu seinen wichtigsten Vertretern gehören der französische Philosoph Voltaire (1694-1778) oder die amerikanischen Gründerväter Thomas Jefferson (1743-1826) und Thomas Paine (1737-1809); und auch bei Immanuel Kant finden sich Züge deistischen Denkens, auch wenn er sich nicht explizit dazu bekennt. Den rationalistisch gesinnten Aufklärern waren die schwer erklärbaren Besonderheiten des christlichen Theismus ein Dorn im Auge, etwa die Dreifaltigkeit Gottes oder seine Menschwerdung in Jesus Christus an einem bestimmten Ort zu einer bestimmten Zeit in der Menschheitsgeschichte. Diesem traditionellen Theismus, in dem sich philosophische Theologie und biblische Offenbarung vermischen, setzen sie einen aufs Wesentliche reduzierten Gott der reinen Vernunft entgegen – eine Art Theismus *light*. Für die Deisten ist Religion einzig und allein *natürliche Religion*, d.h. Religion, die nur auf der Vernunft basiert und auf keinerlei Offenbarungen oder Überlieferungstraditionen angewiesen ist. Nichts muss geglaubt werden, denn alles, was es über Gott zu sagen gibt, kann mit den Mitteln der menschlichen Vernunft erkannt werden. Gott ist demnach zwar Schöpfer der

---

68 Ein kurze Einführung in Sanders 2007. Schlüsseltexte in Pinnock et al. 1994.

9 Was ist Gott?

Welt, greift aber ansonsten nicht mehr in den Lauf der Welt ein, weshalb es auch sinnlos wäre, irgendwelche Gebete an ihn zu richten. Auch religiöse Rituale sind weitgehend überflüssig, sofern sie nicht irgendeine moralische Bedeutung haben. Diese ablehnende Haltung der Deisten gegenüber den traditionellen Religionen brachte sie oft in Konflikt mit den Vertretern der etablierten Kirchen ihrer Zeit und führte dazu, dass sie oft in die Nähe des Atheismus gerückt wurden, während heute der Deismus eher als eine minimalistische Variante des Theismus erscheint.

(c) Pantheismus und Panentheismus

Für den Theismus ist ein personal gedachter Gott die ultimative Realität: Er ist der letzte Grund aller Dinge. Aber könnte die ultimative Realität nicht auch anders als durch Gott bestimmt werden? Muss denn der letzte Grund aller Dinge auch ein persönlicher Gott sein? Viele nicht-theistische Religionen (besonders asiatische Religionen, z.B. manche Strömungen des Hinduismus, Buddhismus oder Daoismus) haben eine andere Vorstellung von der ultimativen Realität: Sie lehnen einen personalen Gott ab, ohne zugleich atheistisch zu sein. Oft werden solche Lehren als monistisch oder pantheistisch bezeichnet (wobei die Grenze zwischen beiden fließend ist). Unter Pantheismus (von gr. *pan* – alles) versteht man die These, dass Gott alles ist – Gott ist mit der Welt identisch. Alles, was existiert, bildet eine Einheit (Monismus) und diese Einheit kann in bestimmter Weise als göttlich bezeichnet werden. Innerhalb der diversen pantheistischen Philosophien gibt es allerdings massive Unterschiede hinsichtlich der Frage, was unter „Einheit" und „göttlich" zu verstehen ist. Der Pantheismus lehnt die Lehre von der Transzendenz im klassischen Theismus ab und damit konsequenterweise auch die Personalität Gottes (denn die Welt als Ganzes ist ja keine Person). Als bekanntester Vertreter des Pantheismus in der westlichen Philosophie gilt der niederländisch-portugiesisch-jüdische Philosoph Baruch de Spinoza (1632-1677). Spinoza nimmt an, dass die Realität nur eine einzige Substanz ist, die notwendig und aus sich selbst heraus existiert – und damit wichtige Eigenschaften hat, die traditionell dem theistischen Gott zugeschrieben werden. Da es aber nur *eine* Substanz gibt, kann die göttliche Substanz nicht von der Welt verschieden sein, so dass Gott und Welt in eins fallen müssen: *deus sive natura* – Gott beziehungsweise die Welt, schreibt Spinoza; beide Begriffe drücken im Kern das gleiche aus. Was uns als Einzeldinge der Welt erscheint, sind nur Modifikationen der göttlichen Substanz.

Pantheistische Ideen sind in den Religionen Asiens weiter verbreitet als im Westen, so z.B. im *Advaita Vedanta* (oder Nondualismus), einer Strömung der indischen Philosophie, die maßgeblich von Shankara, einem indischen Philosophen des 8. oder 9. Jahrhunderts, geprägt wurde.[69] Shankara lehrt, dass die alltägliche Realität eigentlich eine Illusion ist – die einzig wahre, ultimative Realität ist das *brahman*. Dieses *brahman* ist das Absolute, das ewige und unbedingte Fundament von allem, was existiert. Insofern hat es Ähnlichkeit mit dem theistischen Gott, darf aber für Shankara nicht personal verstanden werden, auch wenn es eine Form von Bewusstsein ist. Das *brahman* ist eine undifferenzierte Einheit, so dass

---

[69] Für eine Einführung zu Shankara siehe Adamson/Ganeri 2020: Kap. 20.

es keinen Unterschied geben kann zwischen der Realität, die wir erleben, und dem *brahman*: Alles ist *brahman*. Ein anderes Beispiel für pantheistische Ideen in asiatischen Religionen ist der Daoismus, eine philosophisch-religiöse Strömung, die sich ab dem 5. Jahrhundert v. Chr. in China entwickelte. Grundgedanke des Daoismus ist, dass der Kosmos in permanentem Wandel ist. Die Natur der Realität ist die permanente Veränderung. Das Prinzip dieses Wandels ist das *Dao* (wörtlich: der Weg) – das einzige im Kosmos, das beständig ist. Das *Dao* ist das Gesetz, nach dem sich der Wandel vollzieht, es ist der Weg, den der Kosmos im Wandel geht. Daher kann das *Dao* auch mit der Natur identifiziert werden, insofern Natur das ist, was von selbst so ist, wie es ist, also ohne aktives Handeln oder Eingreifen. Das Ziel des Lebens besteht für die Daoisten unter anderem darin, durch eine mystische Intuition das *Dao* zu erkennen und zur Einheit mit ihm und der Natur zurückzukehren. Doch obwohl das Dao das ultimative Fundament der Realität ist, ist es keine personale Gottheit, sondern ein apersonales Prinzip, das das gesamte Universum durchzieht.[70]

Quellen

Thomas von Aquin behandelt verschiedene Eigenschaften Gottes in seiner *Summe der Theologie* am Anfang des ersten Teils; besonders interessant sind Frage 6 (Güte), 10 (Ewigkeit), 14 (Wissen) und 25 (Allmacht), online unter: *https://bkv.unifr.ch/de/works/8/versions/811/divisions/168674* und in Thomas 1934. Weitere wichtige Klassiker zur philosophischen Theologie sind Anselm von Canterburys *Proslogion* (Anselm 2005) und *Monologion* (Anselm 1964) und Boethius' *Trost der Philosophie* (Boethius 2002).

Weiterführende Literatur

Zum theistischen Gottesbegriff insgesamt: Sans 2018. Swinburne 2016: Kap. 7-15. Mawson 2005: Teil 1. Hoffman/Rosenkrantz 2002. Morris 1991. Ewigkeit: Pike 1970. Leftow 1991. Helm 2010. Allmacht: Geach 1973. Allwissenheit: Stump/Gasser/Grössl 2015. Alternative Gottesbegriffe: Buckareff/Nagasawa 2016. Prozessphilosophie: Rescher 1996. Pantheismus: Levine 1994.

Diskussionsfragen

- Kann Gott den besten Schachcomputer der Welt schlagen?
- Hätte es Gott auch nicht geben können? Wenn ja, was ist dann der Grund dafür, dass er doch existiert?
- Ist ein Gott, der Mitleid empfinden kann, besser als ein gefühlloser Gott oder nicht?

---

70 Zur daoistischen Mystik siehe van Norden 2011: Kap. 8.

10 Das kosmologische Argument

> **Zusammenfassung**
>
> Kosmologische Argumente versuchen, die Existenz Gottes aus der Existenz des Universums abzuleiten. Entweder argumentieren sie, dass Gott die erste Ursache aller Dinge sein muss, oder dass Gott der zureichende Grund für die Existenz der Welt ist. Eine dritte Möglichkeit sind *Kalam*-Argumente, die behaupten, dass die Welt einen Anfang in der Zeit gehabt haben muss. Problematisch für kosmologische Argument ist, dass immer ein metaphysisches Prinzip der Begründung vorausgesetzt werden muss, dass Gott diesem Prinzip aber nicht unterworfen sein darf und dass der Ursprung der Welt mit Gott identifiziert werden soll.

Im letzten Kapitel haben wir uns gefragt was Gott ist bzw. was das Wort „Gott" bedeutet. Es ging zunächst nur darum, den Begriff zu definieren – ob der so definierte Gott auch existiert, blieb offen. *Wenn* es einen Gott gibt, so der Gedanke, welche Eigenschaften müsste er haben? In diesem und den folgenden Kapiteln wollen wir uns diesem „Wenn" zuwenden: Gibt es einen Gott? Ein klassisches Argument für die Existenz Gottes, das seit der Antike immer wieder vorgetragen wird, ist das sogenannte kosmologische Argument. Genaugenommen handelt es sich dabei nicht um ein einziges Argument, sondern eher um Familie von Argumenten, die eine gewisse Ähnlichkeit miteinander haben. Allen Formen des Arguments ist gemeinsam, dass sie nur von einer einzigen, simplen Tatsache ausgehen: Es existiert etwas. Sie setzen also nur die Existenz des Universums (d.h. der Gesamtheit vom allem, was es gibt) oder des Kosmos voraus – daher der Name. Der zentrale Gedanke aller kosmologischen Argument lautet: Es muss einen Grund geben, warum das Universum existiert, und dieser Grund ist Gott. Wieso aber das Universum einen Grund haben muss und warum dieser Grund ausgerechnet Gott sein sollte, darin unterscheiden sich die einzelnen Varianten des Arguments.

Kosmologische Argumente haben eine lange Geschichte, die bis in die Anfänge der westlichen Philosophie zurückreicht. Zum ersten Mal tauchen sie in Platons (ca. 428-348) Dialog *Nomoi* (*Die Gesetze*) auf (893 ff. in Platon 2019), und auch Aristoteles' (384-322) Argument im 12. Buch seiner *Metaphysik* (1071b in Aristoteles 2009: 249 ff.), wonach es einen ersten Beweger geben muss, hat sich als einflussreich erwiesen. Religionsphilosophisch spannender sind allerdings die mittelalterlichen Varianten des Arguments, etwa beim aristotelisch-jüdischen Philosophen Moses Maimonides (1138-1204), bei Thomas von Aquin oder den muslimischen Denkern al-Kindi (ca. 800-870) und al-Ghazali (ca. 1058-1111). Wichtige Neufassungen des kosmologischen Arguments in der Neuzeit stammen von Gottfried Wilhelm Leibniz (1646-1716) und Samuel Clarke (1675-1729), entscheidende Kritikpunkte von David Hume (1711-1776) und Immanuel Kant. Auch in der Gegenwart wird das Argument immer noch diskutiert. Insbesondere die Entwicklung der Urknalltheorie im 20. Jahrhundert hat ihm einigen Auftrieb gegeben, da aus ihr folgt, dass das Universum einen Anfang in der Zeit hat, der einen natürlichen Ansatzpunkt für theistische Erklärungsversuche bietet.

10 Das kosmologische Argument

Man kann die verschiedenen, im Lauf der Philosophiegeschichte entwickelten kosmologischen Argumente in drei Typen einteilen:[71]

a) *Kausaltheoretische* Argumente operieren mit dem Begriff der Kausalität und versuchen nachzuweisen, dass es eine erste Ursache für die Existenz des Universums geben muss.

b) *Kontingenztheoretische* Argumente arbeiten mit dem Gegensatz von Kontingenz und Notwendigkeit. Was kontingent ist, könnte auch anders sein; was notwendig ist, nicht. Wenn aber die Dinge anders sein könnten, als sie sind, muss es einen letzten, nicht mehr kontingenten Grund geben, der erklärt, warum sie so sind, wie sie sind.

c) *Kalam*-Argumente (von arab. *Kalam* – Debatte, Gespräch) gehen davon aus, dass das Universum keine unendlich lange Vergangenheit haben kann, sondern irgendwann einmal angefangen haben muss zu existieren. Was aber zu existieren beginnt, muss einen Grund dafür haben, dass es in die Existenz tritt.

Schauen wir uns jeweils ein Beispiel für jeden Typ des kosmologischen Arguments etwas genauer an.

10.1 Der zweite Weg: Thomas von Aquin

Einer der Höhepunkte seiner *Summe der Theologie* sind Thomas von Aquins sogenannte fünf Wege (*quinque viae*): fünf Argumente, die mit den Mitteln bloßer Vernunft nachweisen sollen, dass es einen Gott gibt. Die ersten drei dieser Argumente sind Variationen des kosmologischen Arguments, wobei der zweite Weg am deutlichsten kausaltheoretisch formuliert ist. Thomas schreibt:

> Der zweite Weg ist aus dem Begriff der bewirkenden Ursache (genommen): Wir finden nämlich, dass in den sinnlich wahrnehmbaren (Dingen) hier eine Ordnung der wirkenden Ursachen besteht. Es findet sich jedoch nicht, und ist auch nicht möglich, dass etwas Wirkursache seiner selbst sei, da es so früher wäre als es selbst, was unmöglich ist. Es ist aber nicht möglich, dass die Wirkursachen ins Unendliche gehen, weil bei allen geordneten Wirkursachen (insgesamt) das Erste Ursache des Mittleren, und das Mittlere Ursache des Letzten ist, sei es dass das Mittlere mehreres oder nur eines ist. Ist aber die Ursache entfernt worden, dann wird auch die Wirkung entfernt. Wenn es also kein Erstes in den Wirkursachen gibt, wird es kein Letztes und auch kein Mittleres geben. Wenn aber die Wirkursachen ins Unendliche gehen, wird es keine erste Wirkursache geben, und so wird es weder eine letzte Wirkung noch mittlere Wirkursachen geben: was offenbar falsch ist. Also ist es notwendig, eine erste Wirkursache anzunehmen. Diese nennen alle: Gott. (*Summe der Theologie* I, q.2, a.3)

Thomas' Argument ist ausgesprochen dicht formuliert, so dass wir es am besten Schritt für Schritt durchgehen. Am Anfang steht der Begriff der bewirkenden

---

[71] Man könnte noch modale Argumente als moderne vierte Variante hinzufügen. Ein Überblick zu dieser Art kosmologischer Argumente in Almeida 2018: Kap. 4.

Ursache. An diesem für unsere Ohren etwas redundant klingenden Begriff sollten wir uns nicht stören – Thomas geht von einer aristotelischen Metaphysik aus, die vier verschiedene Typen von Ursachen unterscheidet. Eine davon ist die Wirkursache, die im Prinzip dem entspricht, was wir heute als Ursache bezeichnen würden, d.h. eine Ursache im kausalen Sinn. Thomas macht also klar, dass es sich um ein kausaltheoretisches Argument handelt. Sein erster Punkt ist dann die Feststellung, dass es eine Ordnung der Ursachen in den Dingen gibt, dass also in allen Dingen, die wir in der Welt beobachten können, die Ordnung der Kausalität eingehalten wird: Auf Ursachen folgen Wirkungen, und keine Wirkung ohne Ursache. Eine Fensterscheibe zerbricht nicht von selbst, sondern weil jemand einen Stein dagegen geworfen hat, und der Motor des Autos startet erst, nachdem ich den Schlüssel umgedreht habe. Gemeint ist also die scheinbar banale Tatsache, dass Dinge Ursachen haben – nichts passiert einfach so, sondern nur, wenn es durch irgendetwas verursacht worden ist. Aber was genau meint Thomas – meint er, dass *alle* Dinge eine Ursache haben, oder meint er, dass *einige* Dinge eine Ursache haben? Im Text ist das nicht klar. Gehen wir erst einmal davon aus, dass er die allgemeine Form im Sinn hat und meint, dass alle Dinge eine Ursache haben; wir werden später auf diesen Punkt noch zurückkommen. Nun folgt der zweite Schritt: Kein Ding kann Ursache seiner selbst sein. Dinge werden immer von etwas Anderem verursacht als von sich selbst: Eine Statue existiert, weil ein Bildhauer sie geschaffen hat. Und natürlich muss die Ursache vor der Wirkung existieren – der Bildhauer kann nur dann eine Statue schaffen, wenn es ihn bereits gibt. Dann aber kann kein Ding Ursache seiner selbst sein, denn dazu müsste es, wie Thomas sagt, vor sich selbst existieren. Es müsste bereits da sein, um sich selbst erschaffen zu können. Aber wenn es bereits da ist, wie kann es dann erst erschaffen werden? Ein Ding, das Ursache seiner selbst ist, müsste als Ursache bereits existieren, bevor es als Wirkung existiert – ein klarer Widerspruch.[72]

Der nächste Schritt ist der entscheidende in Thomas' Argument: Eine Kette von Ursachen kann nicht ins Unendliche gehen, oder technisch ausgedrückt: Es kann keinen *infiniten Regress* von Ursachen geben. Aber wie begründet Thomas diese Annahme? Sein Argument ist sehr minimalistisch. Stellen wir uns drei Dinge vor, die eine kleine Kausalkette bilden: $Ding_1$ ist Ursache von $Ding_2$ und $Ding_2$ ist Ursache von $Ding_3$. Nun argumentiert Thomas: Gäbe es keine erste Ursache in dieser Kausalkette, dann gäbe es auch keine zweite und auch keine dritte – hätte $Ding_1$ nicht $Ding_2$ verursacht, dann hätte $Ding_2$ auch nicht $Ding_3$ verursachen können und es hätte $Ding_3$ niemals gegeben. Oder, an einem Beispiel illustriert: Die Ursache meiner Existenz ist meine Mutter, und die Ursache ihrer Existenz ist wiederum ihre Mutter, meine Großmutter. Hätte es meine Großmutter nicht gegeben, dann hätte es meine Mutter nicht gegeben, und dann hätte es auch mich nicht gegeben. Aber es gibt mich ja offensichtlich – dass es dieses letzte Glied der Kausalkette nicht gibt, ist offensichtlich falsch, wie Thomas sagt. Dann aber müssen auch die vorherigen Glieder der Kette existiert haben. Übertragen auf

---

72 Für Thomas muss diese Abfolge nicht unbedingt zeitlich sein. Wenn mein Kopf auf dem Kissen liegt, ist er die Ursache dafür, dass das Kissen eingedrückt wird, aber beides passiert gleichzeitig. Wichtig ist, dass die Ursache logisch vor der Wirkung kommt, d.h. dass sie für die Wirkung vorausgesetzt ist.

das kosmologische Argument bedeutet das: Das Universum, das wir jetzt um uns herum wahrnehmen können, ist $Ding_3$. Hätte es keine erste Ursache gegeben, die am Anfang der Existenz des Universums steht (kein $Ding_1$), dann hätte es auch nicht all die vergangenen Zustände des Universums gegeben, die zu unserer aktuellen Gegenwart geführt haben ($Ding_2$), und damit auch nicht das gegenwärtige Universum. Aber es gibt ja das gegenwärtige Universum – wir müssen uns nur umschauen, um zu erkennen, dass das wahr ist. Also muss es auch eine erste Ursache geben.

Jetzt hat Thomas uns da, wo er uns haben will: Ausgehend von einer beliebigen Tatsache in der Welt können wir durch Zurückverfolgen der Ursachenkette schließen, dass es einen Gott geben muss. Nehmen wir als Beispiel eine Walnuss, die vor mir auf dem Tisch liegt. Ich kann mich fragen, wo diese Walnuss herkommt: Was ist die Ursache ihrer Existenz? Nun, wie jede andere Walnuss ist sie an einem Walnussbaum gewachsen und irgendwann runtergefallen. Die Ursache ihrer Existenz ist also der Baum, an dem sie gewachsen ist. Aber was ist die Ursache der Existenz des Walnussbaums? Der ist irgendwann aus einer anderen Walnuss gewachsen, die niemand eingesammelt und gegessen hat. Und woher kam diese Walnuss? Von einem anderen Walnussbaum und immer so weiter. Was wir hier haben, ist eine Kette von Ursachen, bei denen sich immer Nüsse und Bäume abwechseln:

... → $Baum_1$ → $Nuss_1$ → $Baum_2$ → $Nuss_2$ → ...

Genaugenommen ist es nur ein Ausschnitt einer längeren Kausalkette, die in beide Richtungen offen ist (es sei denn, jemand isst die letzte Nuss, dann geht eine Jahrmillionen alte Kausalkette jäh zu Ende). Wenn wir diese Kette immer weiter in die Vergangenheit verfolgen, gibt es zwei Möglichkeiten: Entweder erreichen wir irgendwann ein Ende oder wir erreichen kein Ende. Im ersten Fall müsste es einen allerersten Walnussbaum geben, der aus keinem Samen gewachsen ist, sondern einfach da ist, ohne eine Ursache zu haben (ein *brute fact*). Dass das nicht sein kann, ergibt sich aus den ersten beiden Schritten: Es gibt eine Ordnung von Ursachen und Wirkungen und nichts ist Ursache seiner selbst. Im zweiten Fall müsste sich die Baum-Nuss-Kette unendlich in die Vergangenheit fortsetzen, was ebenfalls nicht sein kann und durch den dritten Schritt ausgeschlossen ist: ohne erste Ursache keine letzte Ursache. Wenn aber die Kette aller Ursachen weder anfangslos ist noch sich selbst verursacht hat, was bleibt dann noch? Sie muss von etwas Anderem außerhalb von sich selbst verursacht worden sein – eben von Gott.

Wenn wir Thomas' Gedankengang bis hierhin gefolgt sind, müssen wir akzeptieren, dass es eine erste Ursache gibt. Das ist die erste Schlussfolgerung. Aber damit ist das Argument noch nicht abgeschlossen, denn Thomas geht es ja nicht darum, die Existenz irgendeiner ersten Ursache zu beweisen, sondern die Existenz Gottes. In einem weiteren Argumentationsschritt schließt er daher aus der Existenz einer ersten Ursache auf Gott, indem er am Ende lapidar erklärt: Das nennen alle Gott. Thomas stellt also klar, dass nur Gott als erste Ursache in Frage kommt: Wenn es eine erste Ursache gibt, dann muss diese erste Ursache mit Gott identisch sein, also gibt es einen Gott. Mit dieser zweiten Schlussfolgerung ist nun endgültig

Thomas' Beweisziel erreicht. Fassen wir das Argument schematisch zusammen, dann sieht es ungefähr so aus:

(1) [Alle] Dinge haben Ursachen.
(2) Nichts ist Ursache seiner selbst.
(3) Ursachenketten sind nie unendlich.
(4) Also: Es gibt eine erste Ursache.
(5) Wenn es eine erste Ursache gibt, dann ist diese erste Ursache Gott.
(6) Also: Es gibt einen Gott.

Aber ist das auch ein überzeugendes Argument? Gelingt es Thomas tatsächlich, mit seinem kausaltheoretischen Ansatz die Existenz eines Gottes nachzuweisen? Grundsätzlich müssen wir uns, wenn wir ein Argument philosophisch untersuchen wollen, zwei Fragen stellen: (a) Ist das Argument gültig (*valid*)? (b) Ist das Argument überzeugend (*sound*)? Ein Argument ist, abstrakt formuliert, eine Beziehung zwischen mehreren Sätzen, so dass aus einer Gruppe von Sätzen eine andere Gruppe von Sätzen hergeleitet werden kann. Die erste Gruppe nennt man die Prämissen des Arguments (das, woraus etwas geschlossen wird), die zweite die Konklusion (das, was geschlossen wird). Man kann sich ein Argument als eine Art Wahrheitsübertragungsmaschine vorstellen. Wenn ein Argument funktioniert, dann überträgt es die Wahrheit der Prämissen auf die Konklusion. Tut es das, dann nennt man das Argument *gültig*, was bedeutet: Wenn die Prämissen wahr sind, dann muss auch die Konklusion wahr sein. Oder anders formuliert: es ist nicht möglich, dass die Prämissen wahr sind, die Konklusion aber falsch. Betrachten wir als Beispiel das folgende, sehr simple Argument:

(1) Wenn das Lämpchen aus ist, ist der Ofen heiß.
(2) Das Lämpchen ist aus.
(3) Also ist der Ofen heiß.

Dieses Argument ist gültig. Denn wenn es wahr ist, dass der Ofen heiß ist, wenn das Lämpchen ausgeht, und wenn es wahr ist, dass das Lämpchen jetzt aus ist, dann muss es auch wahr sein, dass der Ofen jetzt heiß ist. Die Wahrheitsübertragung von den Prämissen zur Konklusion funktioniert. Aber dass ein Argument gültig ist, bedeutet nur, dass *wenn* die Prämissen wahr sind, auch die Konklusion wahr sein muss. Das sagt uns nichts darüber, was passiert, wenn die Prämissen falsch sind. Möglicherweise ist die Konklusion dann auch falsch oder auch zufälligerweise wahr – wir wissen es einfach nicht. Das folgende Argument ist beispielsweise genauso gültig wie das vorherige:

(1) Wenn der Mond aus Käse ist, ist Paris die Hauptstadt von Deutschland.
(2) Der Mond ist aus Käse.
(3) Also ist Paris die Hauptstadt von Deutschland.

Weder die Prämissen noch die Konklusion in diesem Argument sind wahr. Es mag also ein gültiges Argument sein, das eine wahre Konklusion ausspucken würde, wenn wir es mit wahren Prämissen füttern, aber es ist kein *überzeugendes* Argument – denn seine Prämissen sind *de facto* einfach nicht wahr. Die

Wahrheitsübertragungsmaschine streikt, weil wir keine wahren Sätze reingesteckt haben. Damit ein Argument überzeugend ist, muss es also erstens gültig sein: Die Wahrheitsübertragungsmaschine muss korrekt konstruiert sein, so dass sie ihre Aufgabe auch erfüllen kann. Und zweitens müssen die Prämissen faktisch wahr sein – entweder weil sich ihre Wahrheit klar beweisen lässt oder weil ich wenigstens gute Gründe habe, die Prämissen für wahr zu halten.

Wir müssen uns also mit Blick auf Thomas' Argument fragen, ob es formal gültig ist und ob seine Prämissen wirklich wahr sind. Die erste Frage ist schnell beantwortet: Ja, das Argument ist gültig – wenn die Prämissen wahr sind, beweist es, dass es einen Gott geben muss. Aber sind sie auch wahr? Schauen wir uns die einzelnen Sätze an.

Prämisse (1): Alle Dinge haben eine Ursache. Hier beruft sich Thomas auf ein metaphysisches Prinzip der Kausalität, wonach alles, was existiert, eine Ursache seiner Existenz haben muss. Dieses Prinzip und der damit verwandte Satz vom Grund (vgl. Kap. 10.2) sind von entscheidender Bedeutung für jede Variante des kosmologischen Arguments. Allerdings gibt es mehrere Möglichkeiten, das Prinzip zu formulieren. Wir sind bisher davon ausgegangen, dass Thomas die Form „Alle Dinge haben eine Ursache" vertritt. Dann liegt natürlich die Frage nahe: Hat Gott auch eine Ursache? Das wäre fatal, denn wenn es eine Ursache für Gott geben muss, kann er nicht mehr die erste Ursache sein. Schlimmer noch, er könnte auch nicht mehr Gott sein. Denn wenn Gott ein vollkommen unabhängiges Wesen ist, das allein aus sich selbst heraus existiert (vgl. Kap. 9.1a), kann es keine Ursache für Gott geben, ohne seine Vollkommenheit zu bedrohen. Hätte Gott eine Ursache, dann wäre er nicht mehr Gott bzw. hätten wir keinen Grund mehr, ihn Gott zu nennen. Also darf es keine Ursache für Gott geben. Aber das stürzt uns in ein Dilemma: Einerseits besagt Prämisse (1), dass alle Dinge eine Ursache haben, andererseits soll Gott gerade etwas sein, das keine Ursache hat. Es scheint, als müssten wir bei Prämisse (1) sofort eine Ausnahme machen, nachdem sie uns zu Gott als erster Ursache geführt hat. Aber so geht es nicht, wie Arthur Schopenhauer trocken bemerkt: „Das Gesetz der Kausalität ist also nicht so gefällig, sich brauchen zu lassen, wie ein Fiaker, den man, angekommen wo man hingewollt, nach Hause schickt." (Schopenhauer 1970: 53).

Zweifel an der Wahrheit von Prämisse (1) kommen auch von Seiten der Naturwissenschaft, denn für bestimmte Ereignisse im Bereich der Quantenphysik scheint es keine Ursachen zu geben. Ein Beispiel ist der radioaktive Zerfall eines Atoms. Radium etwa hat eine Halbwertszeit von etwa 1600 Jahren, was bedeutet, dass von einer gegebenen Menge Radium nach 1600 Jahren noch die Hälfte da ist, während der Rest radioaktiv zerfallen ist. Auf ein einzelnes Radiumatom bezogen heißt es, dass mit einer Wahrscheinlichkeit von 0,5 das Atom innerhalb der nächsten 1600 Jahre zerfallen wird. Mehr als eine solche statistische Aussage können wir aber nicht machen. Wenn das Atom in dieser Zeitspanne tatsächlich zerfällt, gibt es anscheinend keine Ursache dafür. Ein langsames Verfaulen eines toten Baums bewirkt, dass er irgendwann umstürzt, aber innerhalb des Atoms läuft kein vergleichbarer Prozess ab. Im einen Moment ist es noch stabil, im nächsten zerfällt es, ohne dass im Atom etwas passiert wäre, was den Zerfall verursacht.

Radioaktiver Zerfall scheint ein genuin akausales Ereignis zu sein. Wenn es aber wirklich Ereignisse ohne Ursache gibt, müssten wir Prämisse (1) umformulieren und könnten nur noch sagen: „*Einige* Dinge haben eine Ursache". Das trägt der Existenz unverursachter Ereignisse Rechnung, öffnet aber die Tür für die Möglichkeit, dass auch das Universums eines der Dinge ist, die keine Ursache haben. Warum nicht einfach sagen, dass der Urknall, mit dem das Universum begonnen hat, ein Ereignis ohne Ursache war? Jede Formulierung des Satzes vom Grund in Prämisse (1) ist also problematisch: Die starke Variante („alle") würde bedeuten, dass auch Gott eine Ursache haben muss; die schwache Variante („einige") würde erlauben, dass auch andere Dinge als Gott ohne Ursache sein können.

Ein weiterer denkbarer Kritikpunkt betrifft den metaphysischen Status des Prinzips der Kausalität: Wieso gilt es und wovon handelt es eigentlich? Beschreibt das Kausalitätsprinzip tatsächlich eine fundamentale Eigenschaft der Realität oder nur unsere Art und Weise, die Realität zu denken? Möglicherweise handelt es sich ja bloß um eine regulative Idee, die wir zum Verständnis der Wirklichkeit voraussetzen müssen, der aber in der Realität nichts entspricht. David Hume kritisiert, dass wir bedenkenlos davon ausgehen, dass das Universum vom Gesetz der Kausalität regiert wird, obwohl wir niemals die Kausalität selbst beobachten können:

> Sehe ich z. B. eine Billardkugel sich in gerader Linie gegen eine andere bewegen – selbst angenommen, die Bewegung der zweiten Kugel falle mir zufällig als das Ergebnis der Berührung oder des Stoßes ein –, kann ich mir nicht vorstellen, dass hundert verschiedene Ereignisse ebenso gut aus dieser Ursache hervorgehen könnten? Könnten nicht alle beiden Kugeln in voller Ruhe verharren? Könnte nicht der erste Ball in gerader Linie zurückprallen, oder von dem zweiten nach irgend einer Seite oder Richtung abspringen? All diese Annahmen sind widerspruchslos und vorstellbar. (Hume 2015: 39)

Ich sehe also, dass die eine Billardkugel die andere berührt und diese dann anfängt, sich zu bewegen, aber ich sehe nicht, dass der Stoß durch die eine Kugel die *Ursache* dafür ist, dass sich die andere bewegt. Ich unterstelle eine notwendige kausale Verknüpfung zwischen beiden Ereignissen, aber diese notwendige Verknüpfung ist in Wahrheit gar nicht zu beobachten. Alles, was wir beobachten können, ist die zeitliche Abfolge von zwei Ereignissen. Für Hume ist daher das vermeintliche Prinzip der Kausalität nur eine Sache der Gewohnheit: Wir sind es gewohnt, die Welt so zu sehen, als würde sie dem Gesetz von Ursache und Wirkung unterliegen. Aber wenn die Welt in Wahrheit gar keinem Kausalprinzip gehorcht, dann ist Prämisse (1) falsch – nicht: alle Dinge haben eine Ursache, sondern: *wir denken*, dass alle Dinge eine Ursache haben. Prämisse (1), die intuitiv sehr überzeugend erscheint, ist also alles andere als unproblematisch. Freilich wäre auch der Preis, sie aufzugeben, sehr hoch – denn wie sollte unser alltägliches Leben aussehen, wenn wir *nicht* davon ausgehen, dass die Welt dem Prinzip der Kausalität gehorcht?

Prämisse (2): Nichts ist Ursache seiner selbst. Hier drückt Thomas einen eigentlich plausiblen Aspekt unseres Verständnisses von Kausalität aus: die Irreflexivität der Kausalbeziehung. Dieser Grundsatz wird normalerweise aus genau den Gründen anerkannt, die Thomas auch nennt, nämlich dass eine reflexive Kausalität (dass also ein Ding Ursache seiner selbst ist) mit dem Verlauf der Zeit in Konflikt geraten würde. Aber was ist mit Gott? Prämisse (2) müsste doch auch ausschließen, dass Gott Ursache seiner selbst ist. Hier geraten wir in ein Dilemma: Prämisse (1) und (2) zusammen scheinen genau das auszuschließen, was Thomas eigentlich möchte: dass es einen Gott als erste, unverursachte Ursache geben kann. Prämisse (1) sagt, dass alles eine Ursache hat – aber dann muss auch Gott eine Ursache haben. Man könnte darauf zwar erwidern, dass er selbst seine eigene Ursache ist. Aber dann geraten wir in Konflikt mit Prämisse (2), die besagt, dass kein Ding Ursache seiner selbst sein kann. Ein möglicher Ausweg bestünde darin, Prämisse (1) zu beschränken auf Dinge, die zu existieren *beginnen*. Was immer schon existiert hat, braucht keine Ursache. Und da Gott ewig ist und keinen Anfang seiner Existenz hat, wäre er legitimerweise vom Prinzip der Kausalität ausgenommen. Aber warum sollte nicht auch das Universum ewig sein und keine Ursache brauchen? Warum die Ausnahme ausgerechnet bei Gott machen? Faktisch glaubte Thomas nicht an die Ewigkeit des Universums, aber er hielt das für eine Sache der Offenbarung, nicht der Vernunft. Wenn das Universum einen Anfang in der Zeit haben sollte, bräuchten wir eine zusätzliche Verteidigung dieser Annahme. Wir werden später im Zusammenhang mit dem *Kalam*-Argument noch einmal darauf zurückkommen.

Vielleicht gibt es aber auch Gründe, an der Irreflexivität der Kausalbeziehung zu zweifeln – dann nämlich, wenn man eine Krümmung der Zeit annimmt. Der Grund dafür, dass kein Ding Ursache seiner selbst sein kann, lautet ja, dass es dann früher als es selbst existieren müsste: Es müsste als Ursache bereits existieren, bevor es als Wirkung existiert, was widersprüchlich aussieht. Aber betrachten wir einmal eine Analogie zum Raum: Stellen Sie sich ein Blatt Papier vor (so wie dieses hier), auf dem zwei Punkte U und W eine Ursache und eine Wirkung symbolisieren sollen:

U → W

Die Zeit verläuft hier von der Vergangenheit (links) zur Zukunft (rechts). Offensichtlich kann die Ursache nur links von der Wirkung liegen, d.h. in der Vergangenheit. Nehmen sie nun die Seite und rollen Sie sie zu einem Zylinder, so dass der rechte und der linke Rand sich berühren. Wenn Sie jetzt eine Linie ziehen von U nach W und diese Linie immer weiter verlängern, werden Sie wieder bei U ankommen. Genauso werden Sie auch, wenn Sie immer weiter nach Westen reisen, nicht irgendwann den westlichen Rand der Welt erreichen, sondern wieder da ankommen, wo sie gestartet sind. Das heißt: Obwohl die Zeit nach der Ursache U immer weiter in die Zukunft voranschreitet, kann es bei einer gekrümmten Zeit sein, dass die Wirkung W in der Vergangenheit von U liegt – so wie Sie auch irgendwann östlich von Ihrem Startpunkt sind, wenn Sie immer weiter nach Westen gehen. In einer gekrümmten Raumzeit könnte also tatsächlich das Universum ohne Widerspruch Ursache seiner selbst sein.[73] Auch wenn also Prämisse (2), ähnlich wie Prämisse (1), einen hohen Grad an intuitiver Plausibilität hat, sind doch Szenarien vorstellbar, in denen sie falsch sein könnte.

Prämisse (3): Ursachenketten sind nie unendlich. Das ist die Schlüsselstelle des Arguments, denn nur wenn ein infiniter Regress von Ursachen ausgeschlossen werden kann, darf auf eine erste Ursache geschlossen werden. Thomas' Begründung lautet, wie wir bereits wissen, dass es ohne die erste Ursache keine mittlere und ohne die mittlere keine letzte Ursache geben kann. Wenn es also aktuell Dinge gibt, die von etwas in der Vergangenheit verursacht worden sind, dann muss es eine erste Ursache gegeben haben, so Thomas. Doch leider taugt seine Begründung nichts. Denn es genügt ja, zu sagen, dass es ohne eine frühere Ursache keine spätere gegeben hätte – aber die *frühere* Ursache muss nicht die *erste* sein. Ersetzt man in Thomas' Argument „erste" durch „frühere", dann bleibt nur noch die triviale Feststellung, dass Dinge, die es aktuell gibt, von etwas anderem verursacht worden sein müssen, denn wenn sie nicht von etwas Früherem verursacht worden wären, dann gäbe es sie jetzt nicht. Die Ursachenkette könnte trotzdem unendlich weit in die Vergangenheit reichen. Dass es eine erste Ursache geben muss, ist eine zusätzliche Behauptung, die Thomas nicht begründet hat.

Aber damit ist nur gezeigt, dass Thomas' Begründung nicht funktioniert, nicht, dass seine Prämisse falsch ist. Könnte es nicht trotzdem sein, dass die Vorstellung einer unendlich langen Kette von Ursachen problematisch ist? Stellen wir uns beispielsweise eine Leitung vor, aus deren Ende Wasser in ein Becken fließt. Wir können uns fragen, woher das Wasser im Becken kommt, und antworten, dass es aus dem Leitungsrohr kommt. Aber wie kommt es in das Leitungsrohr? Nun, es ist aus dem Stück der Leitung davor hineingeflossen. Und wie kam es da rein? Wieder aus dem vorherigen Stück usw. Aber trotzdem muss das Wasser ursprünglich irgendwo hergekommen sein – es genügt nicht, eine Wasserleitung ins Unendliche zu verlängern, damit Wasser aus ihr fließt. Und auch ein unendlich langer Zug würde nicht allein deshalb fahren, weil jeder Waggon vom vorherigen gezogen wird – es muss eine Lokomotive da sein, die alles zieht. Innerhalb einer unendlichen Kette von Waggons kann zwar der Bewegungsimpuls immer weitergereicht werden, aber die unendliche Länge ist keine Erklärung dafür, warum es überhaupt den Bewegungsimpuls gibt. Es scheint ein Problem mit der Vorstellung zu geben, dass Vermittlungsbeziehungen (wie die Kausalität) ins Unendliche gehen.[74] Thomas' Begründung mag also nicht gut sein, aber dennoch spricht einiges dafür, dass seine Prämisse trotzdem wahr ist. Aber das hilft leider nichts, wenn die anderen Prämissen falsch sind bzw. im Widerspruch zueinander stehen.

Satz (4): Es gibt eine erste Ursache. Thomas schließt diese Aussage aus den ersten drei Prämissen. Aber selbst wenn wir akzeptieren, dass Kausalketten nicht ins Unendliche gehen können und irgendwo einen Anfang haben müssen – wieso muss es exakt nur *einen* Anfang geben? Könnte es nicht auch mehrere voneinander

---

73 Eine solche These vertritt der amerikanische Physiker Richard Gott in Gott 1998. Eine leicht lesbare Darstellung in Gott 2002: Kap. 4.
74 Diesen Punkt betont Mackie 1985: 144.

unabhängige erste Ursachen geben? Hier liegt offenbar eine Verwechslung vor zwischen „Es gibt eine Ursache für alles" und „Es gibt genau eine Ursache für alles". Aber die beiden Sätze sind nicht identisch: Es ist richtig, dass z.b. jeder Mensch eine Mutter hat – aber daraus folgt nicht, dass es genau eine Mutter für alle Menschen gibt.[75] Thomas setzt eine Eindeutigkeit hinsichtlich der ersten Ursache voraus, die sich nicht aus dem Argument ableiten lässt.

Satz (5): Wenn es eine erste Ursache gibt, dann ist diese erste Ursache Gott. Diese unausgesprochene Voraussetzung steht im Hintergrund, um den Schluss auf Gott erst zu ermöglichen. Doch wieso muss die erste Ursache unbedingt mit Gott identifiziert werden? Thomas könnte argumentieren, dass Gott der Schöpfer der Welt und damit der abschließende Grund ihrer Existenz ist. Dasjenige Wesen, das die Existenz der Welt verursacht hat und selbst keine Ursache außerhalb seiner selbst hat, erfüllt daher ein wesentliches Kriterium, das wir für den Gottesbegriff definiert haben – aber eben nur eines. Wenn das kosmologische Argument erfolgreich ist, dann zeigt es nur, dass es eine erste Ursache geben muss, die selbst durch nichts anderes verursacht sein kann und offenbar auch sehr mächtig sein muss (immerhin bringt sie ein ganzes Universum hervor). Aber daraus folgt nicht, dass sie auch eine Person sein muss oder allwissend oder vollkommen gut.[76] Die Erweiterung von der ersten Ursache auf den klassischen Gottesbegriff ist gewagt, denn genauso gut könnte man das kosmologische Argument als Nachweis eines pantheistischen ersten Prinzips oder eines Urstoffes verstehen, ohne auch nur in die Nähe des theistischen Gottesbegriffs zu kommen.

10.2 Der Grund der Welt: Leibniz

Offenbar ist gerade der Begriff der Kausalität das größte Problem für die kausaltheoretische Variante des kosmologischen Arguments. Stehen die anderen Varianten besser da? Der deutsche Aufklärer Gottfried Wilhelm Leibniz entwickelt seiner Schrift *Über den ersten Ursprung der Dinge* eine alternative Form, die anders als Thomas' zweiter Weg auf dem Begriff der Kontingenz aufbaut. Er argumentiert, dass es jenseits der Welt einen letzten Grund für ihre Existenz geben muss:

> Denn weder in einem einzelnen noch in der ganzen Ansammlung und Reihe der Dinge kann der zureichende Grund für deren Dasein gefunden werden. Stellen wir uns vor, das Buch über die Elemente der Geometrie sei ewig gewesen, immer sei eines vom anderen abgeschrieben worden, so leuchtet ein, dass – wenn auch der Grund für das gegenwärtige Buch in dem früheren, von dem es abgeschrieben ist, aufgezeigt werden kann – man doch, wenn man auch auf noch so viele Bücher zurückgeht, nirgends zu einem vollen Grunde gelangen wird, da man sich immer wundern kann, weshalb es seit aller Zeit solche Bücher gegeben hat, weshalb Bücher überhaupt und weshalb in dieser Weise geschriebene. Was von den Büchern gilt, gilt auch für die verschiedenen Zustände der Welt, denn der folgende

---

75 Technisch gesehen liegt hier ein sogenannter Quantorendreher vor: „Für alle x gilt: es gibt ein y, so dass gilt x steht in Relation R zu y" ($\forall x: \exists y: R(xy)$) wird verwechselt mit „Es gibt ein y, so dass gilt: Für alle x gilt: y steht in Relation R zu x" ($\exists y: \forall x: R(xy)$).

76 Fairerweise muss man erwähnen, dass Thomas für diese Punkte eigenständige Argumente vorgelegt hat.

ist gewissermaßen aus dem vorhergehenden abgeschrieben [...]. Man wird daher, wie weit man auch auf frühere Zustände zurückgeht, niemals in den Zuständen einen vollen Grund finden, warum überhaupt eine Welt und warum eine solche besteht. (Leibniz 1966: 39)

Leibniz' Argument arbeitet mit dem sogenannten *Satz vom (zureichenden) Grund*. Dieses Prinzip, das eng mit dem bereits erwähnten Prinzip der Kausalität verwandt ist, besagt, dass jede kontingente Tatsache einen zureichenden Grund haben muss, der erklärt, warum sie besteht. Kontingent ist eine Tatsache, die auch anders sein könnte; das Gegenteil dazu ist eine notwendige Tatsache, also eine, die nicht anders sein könnte. Dass ich z.B. braune Haare habe, ist eine kontingente Tatsache, denn ich hätte auch blonde Haare haben können. Dass 1+1=2 ist, ist hingegen eine notwendige Tatsache, denn egal, was sonst in der Welt passiert wäre, 1+1 hätte nie etwas anderes sein können als 2. Der Satz vom Grund unterscheidet sich vom Prinzip der Kausalität dadurch, dass er einen Grund für jede kontingente Tatsache verlangt, nicht eine Ursache. Gründe und Ursachen sind aber nicht in jedem Fall dasselbe: Eine Ursache ist etwas, das etwas anderes kausal bewirkt; ein Grund ist etwas, das etwas anderes erklärt. Ursachen können natürlich Gründe sein, denn ich kann ja erklären, warum z.B. ein Unfall passiert ist, indem ich die Unfallursache angebe. Aber es kann auch Gründe geben, die keine Ursachen sind. Wenn ich mich auf eine Party am nächsten Samstag freue, ist die Party der Grund meiner Freude, aber nicht die Ursache, denn sie hat noch nicht stattgefunden: Dass am nächsten Samstag eine Party stattfindet, *erklärt* meine Freude, *verursacht* sie aber nicht.[77] Mit diesen Ergänzungen, die Leibniz voraussetzt, können wir sein Argument jetzt so formulieren:

(1) Jede kontingente Tatsache hat einen zureichenden Grund ihres Bestehens.
(2) Die Existenz der Welt ist selbst eine kontingente Tatsache und muss daher einen Grund haben.
(3) Dieser Grund kann nicht Teil der Welt sein.
(4) Also: Es gibt außerhalb der Welt einen zureichenden Grund für ihre Existenz.
(5) Also: Dieser Grund kann nicht kontingent sein.
(6) Also: Dieser Grund ist Gott.

Prämisse (1) macht den Satz vom Grund als Voraussetzung des Arguments explizit. *Prämisse (2)* erklärt, dass nicht nur die einzelnen Tatsachen in der Welt kontingent sind. Dass ich braune Haare habe, dass Äpfel auf Bäumen wachsen, oder dass der Mond die Erde in 28 Tagen umkreist, sind kontingente Tatsachen. Die Summe all dieser kontingenten Tatsachen ist das, was wir mit Leibniz „die Welt" nennen können. Aber auch die Menge aller Tatsachen insgesamt ist eine Tatsache: Dass es die Welt gibt, ist eine kontingente Tatsache, und damit genauso erklärungsbedürftig wie jede einzelne Tatsache in der Welt. Wichtig ist hier, dass es für Leibniz keine Rolle spielt, ob die Welt endlich oder unendlich ist. Denn selbst wenn die Welt anfangslos ist und keine erste Ursache hat, so dass jede

---

[77] Im Deutschen ist das Wort „Grund" mehrdeutig und kann auch im Sinne von „Ursache" gebraucht werden. Im Englischen ist die Unterscheidung zwischen „reason" und „cause" eindeutiger.

Tatsache in der Welt durch ihre kausale Verknüpfung mit vorherigen Tatsachen erklärt werden kann, bleibt immer noch die Frage: Was ist der Grund für die Existenz der Welt *als Ganzes*? Warum gibt es überhaupt eine endlose Kette von Tatsachen und nicht vielmehr nichts oder eine andere Kette? „Wenn man daher auch die Welt als ewig annimmt, so setzt man dennoch nichts als eine Folge von Zuständen, und man wird in keinem von ihnen einen zureichenden Grund finden", schreibt Leibniz wenig später (Leibniz 1966: 39). *Prämisse (3)* erklärt, dass dieser Grund für die Welt als Ganzes nicht Teil der Welt sein kann, sondern außerhalb von ihr liegen muss. Denn wenn die Welt die Menge aller kontingenten Tatsachen ist, wäre jeder Grund, der Teil der Welt ist, ja auch wieder eine kontingente Tatsache, für die wir selbst wieder einen zureichenden Grund bräuchten. Es muss also einen zureichenden Grund für die Existenz der Welt geben, der selbst nicht Teil der Welt ist. Und dieser außerweltliche Grund kann nicht kontingent sein, wie *Prämisse (5)* erklärt, sonst wäre er nicht außerweltlich, da wie gesagt die Welt die Menge aller kontingenten Tatsachen ist. Dann muss dieser zureichende Grund außerhalb der Welt ein notwendiger Grund sein. Und ein notwendiges Wesen, das außerhalb der Welt existiert? Das ist natürlich Gott!

Ist dieses Argument erfolgreicher als die kausaltheoretische Variante von Thomas? Immerhin hat es den Vorteil, dass es die Probleme vermeidet, die sich aus dem infiniten Regress der Ursachen ergeben und der Annahme, dass Gott (und nur Gott) Ursache seiner selbst ist. Ansonsten steht Leibniz aber vor einem ähnlichen Problem wie Thomas. Thomas muss ein metaphysisches Kausalprinzip voraussetzen (Alle Dinge haben eine Ursache) und Leibniz den Satz vom Grund. Aber warum sollte man diese Voraussetzung akzeptieren? Ist der Satz vom Grund eine analytische Wahrheit? Das würde bedeuten, dass alle, die ihn verstehen, auch von seiner Wahrheit überzeugt sein müssen. Das ist zumindest umstritten, denn der Gedanke, dass ein Gegenstand existiert, ohne dass es einen Grund dafür gibt, scheint nicht offensichtlich widersprüchlich zu sein.[78] Und wenn es, wie oben erwähnt, Ereignisse ohne Ursache geben sollte, dann wären das auch gute Kandidaten für *grundlose* Ereignisse: Dass ein Radiumatom genau jetzt zerfällt, passiert einfach, ohne dass es dafür einen erkennbaren Grund gäbe. Oder vielleicht ist der Satz vom Grund eine notwendige Voraussetzung rationalen Denkens, also eine Art transzendentales Prinzip, ohne das wir die Welt nicht verstehen könnten? Aber nur weil wir ihn voraussetzen müssen, wenn wir rational sein wollen, bedeutet das nicht, dass auch die Wirklichkeit diesem Prinzip unterliegen muss. Wie bei Thomas steht und fällt die Überzeugungskraft des Arguments mit der Gültigkeit des Satzes vom Grund.

Ebenfalls kritisch ist *Prämisse (2)*, die behauptet, dass die Existenz der Welt eine eigene Tatsache ist, die nach einer gesonderten Erklärung verlangt. Wieso sollte die Menge aller Tatsachen noch eine weitere Tatsache sein? Ist nicht „die Tatsache, dass die Welt existiert" bloß eine Abkürzung für „Die Tatsache, dass Ding$_1$, Ding$_2$... existieren"? Eine Fußballmannschaft besteht aus elf Personen. Diese elf Personen zusammen *sind* die Fußballmannschaft – es gibt nicht zusätzlich zu den

---

78 So argumentiert Hume 2013: 102. Dagegen Anscombe 1974.

elf Spieler noch ein weiteres Ding, das wir die Mannschaft nennen. Wir haben nicht insgesamt elf plus eins Dinge (elf Personen und eine Mannschaft), sondern nur die elf Spieler, die zugleich die Mannschaft sind. Aber vielleicht meint Leibniz die Tatsache, dass überhaupt etwas existiert? Es ist ja denkbar, dass es die Welt nie gegeben hätte, und wenn wir die Frage stellen können: „Warum gibt es etwas und nicht vielmehr nichts?", dann muss es nach dem Satz vom Grund auch eine Antwort darauf geben. Also ist doch die Tatsache, dass es überhaupt eine Welt gibt, eine kontingente Tatsache, die erklärt werden muss, oder? Vielleicht. Bertrand Russell antwortet auf die Frage lapidar: „Das Universum ist einfach vorhanden, und das ist alles." (Russell 1965: 266) Möglicherweise ist die Existenz von überhaupt etwas der ultimative *brute fact*, der nicht erklärt werden kann, denn jede Erklärung für die Existenz von irgendetwas muss sich ja wieder auf etwas anderes berufen, das ebenfalls existiert. Dann aber wäre die Frage, warum es überhaupt etwas gibt, so sinnvoll wie die Frage, was nördlich des Nordpols liegt. Es scheint so, als würde hier ein falsches Dilemma aufgemacht: Ist denn der Satz „Es gibt nichts" überhaupt eine sinnvolle Aussage? Geben kann es ja eigentlich nur etwas, und nicht nichts.[79] Dann aber haben wir es gar nicht mit zwei echten Optionen zu tun (entweder es existiert etwas oder es existiert nichts), und müssen uns auch nicht fragen, warum die eine und nicht die andere Option realisiert wurde.

Aber übersehen wir hier nicht wieder etwas? Es gibt doch mehrere Optionen – vielleicht nicht die zwischen Nichts und Etwas, aber die zwischen dieser Welt und einer anderen Welt. Die kontingente Tatsache ist nicht, *dass* die Welt existiert, sondern dass *diese* Welt existiert. Mit Blick auf die Fußballmannschaft können wir ja auch fragen, warum gerade *diese* elf Spieler die Mannschaft ausmachen – der Trainer hätte statt Müller auch Meier aufstellen können, und dann wäre eine andere Elf die Mannschaft gewesen. Dass es gerade diese elf sind, ist also nicht notwendig, und braucht damit einen zureichenden Grund. Lässt sich dieser Gedankengang auf die Welt übertragen? Man könnte entgegnen, dass die Menge aller kontingenten Tatsachen nicht ebenfalls eine kontingente Tatsache sein muss. Nur weil alle Elemente einer Menge eine bestimmte Eigenschaft haben, muss die Menge selbst diese Eigenschaft nicht haben: Alle Spieler der Mannschaft mögen unter vierzig sein, aber deshalb ist die Mannschaft nicht unter vierzig. Andererseits: ein Turm, der nur aus roten Bauklötzen besteht, muss auch selbst rot sein. Was für alle Teile gilt, gilt manchmal auch für das Ganze. Und wie könnte die Welt nicht kontingent sein, solange wir uns eine andere Welt denken können? Gestehen wir also zu, dass die die Existenz dieser Welt selbst eine kontingente Tatsache ist. Warum ist dann nicht der zureichende Grund für die Welt als Ganzes bereits dadurch gegeben, dass wir einfach den Grund für jede einzelne Tatsache anführen? Genauso können wir erklären, warum gerade diese Elf die Mannschaft ausmacht, indem wir erklären, warum jeder einzelne Spieler in der Mannschaft ist. Der Trainer hat Müller aufgestellt, weil Meier verletzt ist, und Koslowski, weil Yilmaz zuletzt ständig die Ecken verschossen hat usw. Die Tatsache, dass gerade diese (kontingente) Elf im Finale spielt, wird bereits hinreichend dadurch erklärt,

---

[79] Ausführlich zu dieser Frage Sorensen 2017. Eine unterhaltsame Darstellung der Thematik in Holt 2014.

dass wir die Gründe nennen, warum Müller, Koslowski usw. im Finale spielen. Wir brauchen keinen *Extra*grund, der noch zusätzlich erklärt, warum neben diesen elf auch noch die Mannschaft im Finale spielt. Gleiches muss dann für die Welt gelten: die Erklärung aller kontingenten Tatsachen, die die Welt ausmachen, ist bereits die Erklärung dafür, dass es gerade diese Welt gibt und keine andere. Es scheint also, als wäre die Welt nicht auf Gott als ihren letzten Grund angewiesen. Die Frage „Warum gibt es die Welt?" wird entweder durch die Tatsachen der Welt selbst beantwortet, oder sie ist sinnlos, oder sie hat keine Antwort.

10.3 Alles auf Anfang: Kalam-Argumente

Die dritte Form des kosmologischen Arguments geht vor allen Dingen auf die mittelalterliche islamische Tradition der philosophischen Theologie zurück und wurde maßgeblich von Denkern wie al-Kindi und al-Ghazali vertreten. In der Gegenwart wurde es besonders vom amerikanischen Philosophen William Lane Craig (*1949) aufgegriffen und neu formuliert. Schauen wir uns eine klassische Formulierung bei al-Ghazali an:

> Es gibt zeitliche Erscheinungen in der Welt. Und manche anderen Erscheinungen sind die Ursache dieser Erscheinungen. Nun ist es aber unmöglich, dass eine Menge von zeitlichen Erscheinungen von einer anderen solchen Menge verursacht worden ist, und diese Kette ins Unendliche geht. [...] Wäre es möglich gewesen, hättet ihr [die Philosophen] es nicht für nötig gehalten, einen Schöpfer in eure Theorien einzubauen, oder die Existenz eines notwendigen Wesens zu behaupten, in dem alle möglichen Dinge ihren Grund haben. Wenn es also eine Grenze gibt, an der die Kette zeitlicher Erscheinungen endet, nennen wir diese Grenze das Ewige.[80]

Al-Ghazalis Argumentation ist ziemlich kompakt und muss um einige implizite Prämissen ergänzt werden. Zunächst erklärt er, dass es zeitliche Erscheinungen gibt, d.h. die Dinge der alltäglichen Welt um uns herum. Diese Erscheinungen werden von anderen Erscheinungen verursacht, was nichts anderes ist als die Kette von Ursachen, die auch im Zentrum von Thomas' Argument steht. Diese Kette kann für al-Ghazali nicht ins Unendliche gehen, sondern muss einen Anfang haben. Allerdings nicht, weil das ein infiniter Regress von Ursachen wäre, wie Thomas erklärt hatte, sondern weil sie dann unendlich weit in die Vergangenheit reichen würde. Während Thomas also eine unendliche Kette von Ursachen für unmöglich hält (selbst wenn diese unendliche Kette in einer endlichen Zeit abliefe), schließt al-Ghazali aus, dass es einen unendlich langen Zeitraum geben könnte. Thomas operiert also mit dem Begriff der Kausalität, al-Ghazali hingegen mit dem der Zeit (die Idee einer ersten Ursache spielt in seinem Argument nur eine Nebenrolle). Dann aber muss das Universum einen Anfang in der Zeit haben, und wenn es einen Anfang hat, muss etwas diesen Anfang verursacht haben – und das ist Gott. Sein Argument hat in etwa diese Form:

---

80 Aus Al-Ghazalis Werk *Tahafut al falasifah* (Inkohärenz der Philosophie), zit. und übers. nach Craig 1979: 45. Es gibt bislang keine deutsche Übersetzung dieses Textes.

(1) Alles, was zu existieren beginnt, hat eine Ursache.
(2) Die Welt kann keine unendlich lange Vergangenheit haben.
(3) Also hat die Welt zu existieren begonnen.
(4) Also hat die Welt eine Ursache.
(5) Also gibt es einen Gott.

Die ersten beiden Prämissen sind die kritischen Punkte des Arguments. *Prämisse (1)* formuliert ein Kausalitätsprinzip sehr ähnlich dem, das wir bei Thomas gesehen haben, allerdings mit der Einschränkung, dass es nur für das gilt, was zu existieren *beginnt* (so dass ein ewiger Gott, der keinen Anfang in der Zeit hat, davon ausgenommen wäre). *Prämisse (2)* behauptet, dass es kein aktual Unendliches geben kann, d.h. keine real existierende unendlich lange Folge von Ereignissen, so dass auch die Welt nur eine endlich lange Vergangenheit haben kann. Von einem *aktual* Unendlichen muss man ein *potentiell* Unendliches unterscheiden, also eine Folge, die an jedem beliebigen Punkt ohne Ende fortgesetzt werden könnte. Wenn ich beispielsweise alle natürlichen Zahlen aufzählen möchte: „Eins, zwei, drei...", dann ist das eine potentiell unendliche Folge, denn ich könnte nach jeder Zahl immer noch eine weitere nennen und käme nie an ein Ende. Aber diese Folge ist nicht aktual unendlich, weil ich zu jedem beliebigen Zeitpunkt ja immer nur viele, aber endlich viele Zahlen genannt habe. Eine aktual unendliche Folge hätten wir erst dann vor uns, wenn ich wirklich alle natürlichen Zahlen aufgezählt habe und mit dem Zählen fertig bin. Viele Philosophinnen und Philosophen haben Zweifel an der Möglichkeit eines aktual Unendlichen angemeldet. Ein häufig genannter Grund ist das sogenannte Tristram-Shandy-Paradox, benannt nach der Hauptfigur des gleichnamigen Romans von Laurence Sterne (1713-1768). Im Roman nimmt sich Tristram Shandy vor, seine Autobiographie zu schreiben, muss aber feststellen, dass er allein für den ersten Tag zwei Jahre gebraucht hat – dann aber könnte er nie fertig werden, denn für jeden Tag, den er beschrieben hat, kommen 730 neue hinzu, die er noch beschreiben muss. Nimmt man aber an, dass Tristram Shandy schon seit einer aktual unendlich langen Zeit an seiner Autobiographie arbeitet, dann muss er bereits fertig sein. Obwohl die Biographie unmöglich fertiggestellt werden kann, da die Menge der zu beschreibenden Tage immer größer ist als die Menge der bereits beschriebenen Tage, muss sie doch nach einer unendlichen Zeit fertig sein. Al-Ghazali selbst verwendet ein anderes Beispiel: Der Planet Jupiter benötigt etwa zwölf Jahre, um die Sonne einmal zu umkreisen, während der Saturn etwa 30 Jahre dafür braucht. Also muss der Jupiter die Sonne bereits ungefähr zweieinhalbmal so oft umkreist haben wie der Saturn – aber in einer aktual unendlich langen Zeit hätten beide genau gleich viele Umläufe zurückgelegt: unendlich viele.

Wie überzeugend ist dieses Argument? Der erste Kritikpunkt richtet sich wieder gegen das in *Prämisse (1)* ausgedrückte Prinzip der Kausalität, das sich geringfügig von Thomas' Fassung unterscheidet, aber dennoch den gleichen Einwänden ausgesetzt ist: Woher wissen wir, dass dieses Prinzip gilt? Auch das abgeschwächte Kausalprinzip der *Kalam*-Argumente ist nicht selbsterklärend, sondern muss begründet werden, denn auf den ersten Blick sieht es nicht so aus, als ob die Idee eines Dings, das einfach so in die Existenz hereinplatzt, ohne dass es eine Ursache hätte, einen Widerspruch enthält. Wenn wir bereits mit Blick auf Thomas' Kausalitätsprinzip die Möglichkeit unverursachter Ereignisse zugestanden haben, dann spricht das auch gegen die schwache Variante des Prinzips bei al-Ghazali. Die Überzeugungskraft von *Prämisse (2)* hängt daran, ob man bereit ist, ein aktual Unendliches zu akzeptieren. Allerdings könnte man auch zugestehen, dass ein aktual Unendliches zwar grundsätzlich möglich wäre, aber dass das Universum trotzdem *de facto* einen Anfang in der Zeit hat. Die besten Theorien der modernen Kosmologie sagen aus, dass das Universum mit dem Urknall vor etwa 13,8 Milliarden Jahren zu existieren begonnen hat. Die theoretische Frage, ob ein aktual Unendliches möglich ist, kann also eigentlich ignoriert werden, denn wir wissen heute rein empirisch, dass Prämisse (3) wahr ist. Dennoch bleiben, ebenso wie bei Thomas und Leibniz, am Ende die entscheidenden Fragen offen: Warum erfordert der Anfang des Universums eine erste Ursache? Was erlaubt es, den zeitlichen Anfang mit Gott gleichzusetzen? Und wieso sollte der Anfang des Universums nur auf das Wirken einer einzigen Ursache zurückzuführen sein? Die Bruchstellen des *Kalam*-Arguments sind also weitgehend identisch mit denen der beiden anderen Varianten.

Wir haben gesehen, dass kosmologische Argumente als Nachweis der Existenz Gottes nicht überzeugen können, und zwar im Wesentlichen aus drei Gründen: (a) Es muss ein metaphysisches Prinzip vorausgesetzt werden, wonach alle Dinge eine Ursache haben oder einen zureichenden Grund ihrer Existenz. Dieses Prinzip ist aber nicht evident und muss selbst begründet werden. Insbesondere muss begründet werden, warum Gott und nur Gott von diesem Prinzip ausgenommen werden kann. (b) Es muss gezeigt werden, dass unendliche Ketten von Ursachen oder kontingenten Tatsachen unmöglich sind, dass aber dennoch Gott als erste Ursache bzw. letzter Grund nicht in Konflikt mit dem vorausgesetzten metaphysischen Prinzip gerät. (c) Die erste Ursache oder notwendige Tatsache muss mit dem Gott des Theismus gleichgesetzt werden. Aber diese Gleichsetzung geht über das hinaus, was das Argument zeigen kann. Am Ende zeigt das kosmologische Argument vielleicht sogar, dass das Universum zwar einen Grund haben muss – aber dieser Grund muss nicht Gott sein, sondern etwas oder jemand anderes. Ob das so eine beruhigende Vorstellung wäre?

Quellen:
Thomas' Fünf Wege finden sich in seiner *Summe der Theologie* Teil I, Frage 2, Artikel 3 (online verfügbar: https://bkv.unifr.ch/de/works/8/versions/811/divisions/168692). Leibniz' Argument ist nachzulesen in seiner Schrift *Über den ersten Ursprung der Dinge* (Leibniz 1966: 39-50). Wichtige klassische Kritiken sind Humes *Dialoge über natürliche Religion*, Teil 9 (Hume 2016: 84-89) und Kants *Kritik der reinen Vernunft* (B 631-642 in: Kant 1998: II/536-544).

Weiterführende Literatur:
Allgemein: Rowe 1975. Craig 1980. Bromand/Kreis 2011. Oderberg 2013. Almeida 2018. Thomas' Argument: Kenny 1969. *Kalam*-Argumente: Craig 1979. Craig/Smith 1993.

Diskussionsfragen:

- Wenn Gott nicht der Ursprung der Welt ist, wer oder was käme sonst in Frage?
- Im Alltag verlangen wir nie eine letztgültige Erklärung, sondern brechen irgendwann ab. Heißt das, dass wir den Satz vom Grund missachten?
- Könnte die Existenz des Universums eine notwendige Tatsache sein?

11 Das teleologische Argument

> **Zusammenfassung**
>
> Teleologische Argumente behaupten, dass das Universum zweckmäßig eingerichtet ist, und dass diese Zweckmäßigkeit durch die Existenz Gottes erklärt werden muss. Eine klassische Form des teleologischen Arguments geht von der zweckmäßigen Anpassung der Lebewesen aus, eine moderne Variante ist das *fine-tuning*-Argument, das sich auf die Feinabstimmung der Naturkonstanten stützt. Teleologische Argumente schließen auf Gott als Urheber der zweckmäßigen Ordnung, indem sie Analogien zu menschlicher Planung herstellen oder indem sie Wahrscheinlichkeitsargumente verwenden. Problematisch für teleologische Argumente sind alle alternativen Ansätze zur Erklärung der beobachtbaren Zweckmäßigkeit, wie die Evolutionstheorie oder die Hypothese verborgener Naturgesetze.

Das zweite klassische Argument für die Existenz Gottes, das auch heute noch große Popularität genießt, ist das teleologische Argument. Auch hier handelt es sich eher um eine Familie von Argumenten, deren gemeinsames Merkmal ist, dass sie von einer scheinbaren Zweckmäßigkeit im Universum ausgehen und behaupten, dass diese Zweckmäßigkeit durch das Wirken Gottes erklärt werden muss („teleologisch" bedeutet: auf einen Zweck hin ausgerichtet). Der Kerngedanke aller teleologischen Argumente lautet, dass bestimmte Dinge in der Welt Anzeichen von Zweckmäßigkeit aufweisen, weshalb es ein Wesen geben muss, das für diese zweckmäßige Ordnung verantwortlich ist, und das ist Gott. Die einzelnen Varianten des Arguments unterscheiden sich darin, welche Merkmale der Welt sie als Ausgangspunkt nehmen, z.B. die Anpassung der Lebewesen an ihre Umwelt oder die Gesetzmäßigkeit des Universums. Darüber hinaus unterscheiden sie sich darin, wie sie von einer zweckmäßigen Ordnung auf die Existenz Gottes schließen, etwa durch eine Analogie mit menschlicher Intelligenz oder durch Wahrscheinlichkeitsargumente.

Teleologische Argumente, manchmal auch *physiko-theologische* oder *design*-Argumente genannt, gibt es bereits in der Antike und im Mittelalter. So ist beispielsweise der fünfte von Thomas' fünf Wegen eine Variante des teleologischen Arguments. Wirklich bedeutsam werden sie aber erst im Lauf der Neuzeit, und zwar im Gefolge des Fortschritts der modernen Naturwissenschaften. Im 17. und 18. Jahrhundert explodiert das Wissen über die Natur geradezu und liefert scheinbar immer mehr Beispiele für eine zweckmäßige Ordnung im Universum, die den Denkern des Mittelalters noch nicht bekannt waren, z.B. die einfachen, aber eleganten Gesetze, nach denen sich die Planeten bewegen, oder die anatomische Konstruktion des menschlichen Körpers. Gerade die Philosophie der Aufklärung ist fasziniert vom teleologischen Argument. Doch auch die wichtigsten Kritiken stammen aus dieser Zeit, nämlich von Immanuel Kant oder David Hume, der das teleologische Argument in seinen *Dialogen über natürliche Religion* vernichtend kritisiert. Auch heute noch ist das teleologische Argument in manchen Formen recht populär, etwa in Gestalt der *intelligent-design*-Hypothese, die in religiös geprägten Zirkeln der Naturwissenschaft diskutiert wird (besonders in den USA) und immer wieder für Kontroversen an Schulen sorgt. Jenseits dieser eigentlich überholten Debatten über Evolution und Schöpfung gibt es aber auch moderne Varianten des teleologischen Arguments, die von sehr allgemeinen Merkmalen der Natur ausgehen wie der mutmaßlichen Feinabstimmung der Naturgesetze (das sogenannte *fine-tuning*-Argument) und zumindest von den Einwänden gegen eine klassische Teleologie der Lebewesen nicht betroffen sind. Schauen wir uns zwei sehr verschiedene, aber durchaus repräsentative Beispiele für teleologische Argumente etwas näher an: zuerst eine klassische Variante aus Humes *Dialogen über natürliche Religion*, danach ein modernes Argument, das vom *fine-tuning* der Naturkonstanten ausgeht.

11.1 Cleanthes: Das geplante Universum

1779, wenige Jahre nach seinem Tod, erschien David Humes Buch *Dialoge über natürliche Religion*, zunächst noch ohne Angabe eines Autors. Hume, der immer ein problematisches Verhältnis zur Kirche hatte, hatte sich zeitlebens geweigert, den Text zu veröffentlichen, da er negative Konsequenzen befürchtete. Nicht zu Unrecht, denn seine *Dialoge* sind eine radikale Kritik des aufklärerischen Ideals einer natürlichen Religion, die rein aus der Vernunft begründet werden kann. In ihnen diskutieren drei Personen (Demea, Cleanthes und Philo) über die Existenz Gottes, vor allem über das teleologische Argument. Demea ist der traditionelle Theist,[81] der auf Offenbarung vertraut und dem neumodischen Projekt einer vernunftbasierten Religion skeptisch gegenübersteht; Cleanthes der Aufklärer und Verteidiger der natürlichen Religion; Philo der Skeptiker und Kritiker, der sich mal mit Demea, mal mit Cleanthes verbündet, um die Argumente seiner Kontrahenten sorgfältig zu zerlegen, sich aber dennoch nie als Atheisten bezeichnen mag. Welcher dieser drei Charaktere Humes wahre Ansichten ausspricht oder ob überhaupt einer von ihnen mit Hume identifiziert werden kann, ist ungewiss, so dass wir die Figuren am besten für sich sprechen lassen. Zu Beginn des Gesprächs präsentiert Cleanthes seine Fassung des teleologischen Arguments:

> Schau dich um in der Welt; betrachte das Ganze und jeden seiner Teile. Du wirst feststellen, dass sie nichts weiter ist als eine einzige große Maschine, die unterteilt ist in eine unendliche Anzahl kleinerer Maschinen, die ihrerseits weitere Unterteilungen über einen Punkt hinaus aufweisen, jenseits dessen menschliche Sinne und Fähigkeiten nichts weiter verfolgen oder erklären können. Alle diese verschiedenen Maschinen und selbst ihre kleinsten Teile sind einander mit einer Genauigkeit angepasst, die jedermann in Bewunderung versetzt, der sie jemals betrachtet hat. Die kunstvolle Art, wie Mittel und Zwecke in der ganzen Natur aufeinander abgestimmt sind, entspricht genau, wenngleich sie weit darüber hinaus geht, den Hervorbringungen menschlicher Kunstfertigkeit, menschlicher Planung, Erfindung, Weisheit und Intelligenz. Weil daher die Wirkungen einander gleichen, werden wir nach allen Regeln der Analogie zu dem Schluss geführt, dass auch die Ursachen einander gleichen und dass der Urheber der Natur dem

---

81 Demea ist ein männlicher Name.

Geist des Menschen einigermaßen ähnlich ist, wenn gleich er der Großartigkeit des von ihm ausgeführten Werks entsprechend über viel größere Fähigkeiten verfügt. Durch dieses Argument a posteriori und durch dieses Argument allein beweisen wir zugleich das Dasein einer Gottheit und ihre Ähnlichkeit mit menschlichem Geist und Verstand. (Hume 2016: 24)

Cleanthes beginnt sein Argument mit einer Beobachtung: Die Welt ist wie eine Maschine. Er geht also von bestimmten empirischen Fakten in der Welt aus, so dass wir es hier (wie auch beim kosmologischen Argument) mit einem Argument *a posteriori* zu tun haben. Aber wieso ist die Welt wie eine Maschine? Zum einen ist die Welt komplex, d.h. sie besteht aus vielen einzelnen Teilen oder kleineren Maschinen, die miteinander interagieren: Man kann etwa das Ökosystem der Erde als eine Art Maschine aus einzelnen Arten und Lebewesen betrachten, und auch jedes Lebewesen für sich ist eine Maschine, in der einzelne Organe zusammenarbeiten. Komplexität alleine reicht allerdings nicht aus, denn ein bloßer Haufen Teile ist noch keine Maschine. Ein Lenkrad, ein Vergaser, ein Tank usw. sind zusammen noch kein Auto, sondern nur ein Haufen Schrott. Erst dann, wenn alle Teile so angeordnet sind, dass sie sinnvoll miteinander interagieren und ihre Funktion erfüllen können, wird aus den Teilen eine Maschine. Genauso ist es beim Universum: Auch seine Einzelkomponenten sind für Cleanthes so aufeinander abgestimmt und so zweckmäßig angeordnet, dass sie ihre Funktion erfüllen können. Aber welche Funktion soll das Universum eigentlich erfüllen? Cleanthes sagt es nicht explizit, aber allen Leserinnen und Lesern seiner Zeit dürfte klar gewesen sein, worauf er anspielt: die Entstehung und Bewahrung des Lebens, vor allem des menschlichen Lebens. Für die neuzeitlichen Varianten des teleologischen Arguments ist das der entscheidende Punkt: Das Universum ist optimal konstruiert, um Leben zu ermöglichen. Die Natur und auch die Körper von Menschen und Tieren hätten ganz anders sein können, als sie sind – aber sie sind genau so, wie sie für das Leben sein müssen. Wie könnte das Universum da nicht speziell zu diesem Zweck geplant worden sein? Belege für diese Zweckmäßigkeit werden überall entdeckt, etwa im Wechsel der Jahreszeiten oder auch in der Konstruktion des menschlichen Körpers. Teilweise nimmt diese Begeisterung für die vermeintliche Zweckmäßigkeit aller Dinge absurde Ausmaße an. Der englische Philosoph Henry More (1614-1687) beispielsweise sieht in der Tatsache, dass wir Zähne im Mund haben (und nicht etwa woanders) und dass die vorderen Zähne zum Abbeißen, die hinteren hingegen zum Kauen geeignet sind, einen Beleg für die intelligente Planung des Universums. Bertrand Russell kommentiert später derartige Ideen trocken: „[Es] wird zum Beispiel behauptet, Kaninchen hätten weiße Schwänze, damit man sie leicht abschießen könne. Ich weiß nicht, wie sich die Kaninchen zu dieser Auffassung stellen." (Russell 1965: 27) Jedenfalls ist für Cleanthes klar, dass das Universum einer Maschine gleicht, insofern seine einzelnen Komponenten sinnvoll aufeinander abgestimmt sind, um den Zweck zu erfüllen, zu dem die Maschine konstruiert worden ist. Im Fall des Universums bedeutet das, dass Lebewesen so konstruiert sind, wie sie es sein müssen, um in diesem Universum zu leben und dass das Universum so konstruiert ist, dass es den Wesen darin ein Leben ermöglicht. Lebewesen und Universum sind perfekt aufeinander abgestimmt. Damit lautet Cleanthes' erste Prämisse: Das Universum ist zweckmäßig angeordnet.

Cleanthes fährt fort und erklärt, dass sich diese Zweckmäßigkeit genauso in menschlichen Produkten findet. Darüber muss man nicht wirklich diskutieren: Autos, Flugzeuge oder Computer sind ebenfalls Maschinen, die aus einer zweckmäßigen Anordnung ihrer Teile bestehen. Damit haben wir die zweite, wenig kontroverse Prämisse des Arguments: Menschliche Produkte sind zweckmäßig angeordnet. Das ist allerdings nicht der einzige Punkt, den Cleanthes in diesem Schritt macht. Er zieht gleich einen ersten Schluss aus den beiden Prämissen (wenn auch nicht explizit) und stellt fest, dass das Universum und die Produkte menschlicher Intelligenz einander ähnlich sind – nämlich insofern, als beide Anzeichen der Zweckmäßigkeit aufweisen.

Der nächste Schritt des Arguments ist entscheidend: *Wenn die Wirkungen einander gleichen, müssen auch die Ursachen einander gleichen*, erklärt Cleanthes. Menschliche Produkte wie Autos und Computer sind nicht einfach durch Zufall entstanden und sehen nur so aus, als wären sie zweckmäßig konstruiert, sondern sie sind das Ergebnis vernünftiger Planung durch Ingenieure und Programmiererinnen, die vor Augen haben, was die Maschine können soll. Von Menschen konstruierte Maschinen sind also tatsächlich, nicht nur scheinbar, das Ergebnis intelligenter Planung. Cleanthes schließt daraus nach dem Prinzip der Analogie, dass andere Dinge, die zweckmäßig konstruiert zu sein scheinen, ebenfalls ein Resultat intelligenter Planung sein müssen. Das Analogieprinzip, mit dem er hier arbeitet, ist in den meisten Fällen ein sinnvolles Instrument rationalen Denkens. Anhand dieses Prinzip schließen wir: Wenn eine Klasse von Gegenständen eine bestimmte Eigenschaft hat, dann muss eine andere, in relevanter Hinsicht ähnliche Klasse von Dingen auch diese Eigenschaft haben. Wenn z.B. ein Medikament in Versuchen mit Affen tödliche Schocks hervorruft, vermuten wir, dass es auch für Menschen gefährlich ist, denn die Körper von Menschen und Affen ähneln sich in vielen Punkten. Wenn das Medikament hingegen Quallen tötet, werden wir nicht ohne weiteres annehmen, dass es auch Menschen tötet, denn Menschen und Quallen unterscheiden sich sehr stark voneinander. Gegen dieses Prinzip ist oft nichts einzuwenden: Wer weiß, dass man von einer Flasche Weißwein der Marke „Le Coq" Kopfschmerzen bekommt, und daraus schließt, dass auch der Rotwein nicht besser ist, verhält sich nicht irrational. Cleanthes leitet aus dem Analogieprinzip den Satz ab: Gleiche Wirkungen entstehen aus gleichen Ursachen. Wenden wir das auf das teleologische Argument an, so ergibt sich: Wenn menschliche Produkte durch intelligente Planung entstehen, dann entsteht gemäß dem Prinzip „gleiche Ursache – gleiche Wirkung" auch das Universum durch intelligente Planung. Aber wo es Planung gibt, muss es auch einen Planer geben – also existiert ein Wesen, das das Universum so geplant hat, wie ein menschlicher Planer sein Produkt plant, und uns Menschen in relevanter Hinsicht ähnlich ist. Und da die menschliche Fähigkeit, Dinge zu planen und zu konstruieren, ein Ergebnis bewussten, rationalen Nachdenkens ist, bedeutet das, dass auch der Planer des Universums über Bewusstsein und Vernunft verfügen muss. Verglichen mit uns Menschen muss er oder sie natürlich über deutlich größere Macht verfügen, denn ein Universum ist eine ungleich komplexere Maschine als ein Auto, ein Flugzeug oder auch ein Computer. Und von da ist es nur noch ein kleiner Schritt zum allmächtigen und allwissenden Gott, der die Welt in freier und bewusster Entscheidung geschaffen hat. Fassen wir Cleanthes' Argument zusammen:

(1) Das Universum ist zweckmäßig geordnet.
(2) Menschliche Produkte sind zweckmäßig geordnet.
(3) Also: das Universum und menschliche Produkte sind sich ähnlich.
(4) Gleiche Wirkungen entstehen aus gleichen Ursachen.
(5) Menschliche Produkte entstehen durch intelligente Planung.
(6) Also: Das Universum entsteht durch intelligente Planung.
(7) Also: Es gibt einen Gott, der zum Universum im gleichen Verhältnis steht wie der menschliche Geist zu seinen Produkten.

Wieder müssen wir uns fragen, ob das Argument gültig und überzeugend ist (vgl. Kap. 10.1). Hinsichtlich seiner Gültigkeit scheint das Argument unproblematisch zu sein, d.h. wenn seine Prämissen wahr sind, dann ist auch die Konklusion wahr. Kritischer ist die Frage, ob die Prämissen tatsächlich wahr sind. Lässt sich das nachweisen bzw. haben wir hinreichend gute Gründe, sie für wahr zu halten?

Prämisse (1): Das Universum ist zweckmäßig geordnet. Auf den ersten Blick sieht es sicher so aus, als ob das Universum bestimmten Gesetzen gehorcht, die erst die Entstehung und Evolution von Leben ermöglichen. Ebenso scheinen Tiere perfekt an ihren Lebensraum angepasst zu sein, und die Organe des menschlichen Körpers arbeiten in bemerkenswerter Präzision zusammen. Aber ist das tatsächlich dieselbe Art von Zweckmäßigkeit, die wir aus menschlichen Produkten kennen? Wir sagen, dass ein Auto zweckmäßig konstruiert ist, weil wir seinen Zweck kennen, und wissen, dass Autos von Menschen konstruiert werden. Gerade das wissen wir aber über das Universum nicht – das Argument soll ja erst beweisen, dass das Universum von einem Schöpfer zweckmäßig konstruiert worden ist. Dann aber scheint es so, als hätten wir es in Prämisse (1) und (2) mit einer *Äquivokation* des Ausdrucks „zweckmäßig geordnet" zu tun: in beiden Fällen tauchen die gleichen Worte auf, aber sie haben nicht die gleiche Bedeutung. In Prämisse (1) heißt „zweckmäßig geordnet", dass das Universum *den Anschein* einer zweckmäßigen Ordnung erweckt; in Prämisse (2) hingegen, dass menschliche Produkte *de facto* zweckmäßig geordnet sind. Dann aber stimmt Prämisse (3) nicht mehr, denn die beide sind einander gar nicht ähnlich – und das Argument ist in Wirklichkeit nicht gültig. Um seine Gültigkeit zu bewahren, müssen wir uns für eine der beiden Bedeutungen entscheiden. Vernünftigerweise kommt nur das neutrale „hat den Anschein zweckmäßiger Ordnung" in Frage, denn wenn man in Prämisse (1) bereits behauptet, dass das Universum *de facto* zweckmäßig geordnet ist, ist es kein Wunder mehr, wenn wir am Ende bei Gott ankommen. Das Argument wäre dann nur ein philosophischer Zaubertrick, bei dem am Ende das Kaninchen aus dem Hut kommt, das wir vorher hineingesteckt haben.

Prämisse (3): Das Universum und menschliche Produkte sind sich ähnlich. Cleanthes' Analogieschluss funktioniert natürlich nur, wenn es auch eine Ähnlichkeit zwischen den beiden Gegenständen gibt, die analog zueinander sein sollen. Aber sind sie das auch? In gewisser Weise ja, denn letzten Endes ist alles allem in irgendeiner Weise ähnlich. Auch der Planet Jupiter und ein Käsesandwich sind sich ähnlich – beides sind materielle Gegenstände in Raum und Zeit. Aber deswegen können wir noch lange nicht schließen, dass der Jupiter kross und fettig ist. Es kommt für den Analogieschluss vielmehr darauf an, dass beide Gegenstände einander *in der relevanten Hinsicht* ähnlich sind. Ich kann nicht schließen, dass eine Chemikalie auf Mäuse genauso wirken wird wie auf Beton, auch wenn beide grau sind, denn eine ähnliche Farbe ist hier irrelevant. Aber welche Hinsichten relevant sind, hängt von der Frage ab, mit der wir die Vergleichsgegenstände betrachten. Sind Äpfel und Bananen einander ähnlich? Ja, wenn es darum geht, dass beides Früchte sind. Nein, wenn es darum geht, welche Form sie haben. Wenn wir das Universum und menschliche Produkte miteinander vergleichen, ist die relevante Hinsicht, dass beide Merkmale intelligenter Planung aufweisen. Aber ist das der Aspekt, den wir hervorheben sollten? Das Universum ist doch auch anderen Dingen ähnlich, entgegnet Philo: „Die Welt gleicht offensichtlich mehr einem Tier oder einer Pflanze als einer Uhr oder einem Webstuhl." (Hume 2016: 69) Möglicherweise ähnelt das Universum in mancherlei Hinsicht einer Maschine, aber wenn es einem Lebewesen noch ähnlicher ist, warum sollten wir dann nicht aus *dieser* Analogie unsere Schlüsse ziehen? Wir könnten sogar noch weiter gehen und bestreiten, dass es überhaupt gute Gründe für die Ähnlichkeitsthese gibt. Problematisch ist nämlich, dass wir anscheinend gar nicht genug über das Universum wissen, um sie zu verteidigen. Ironischerweise lässt sich das sehr gut an einem berühmten Beispiel von William Paley (1743-1805) illustrieren, das er eigentlich als Argument *für* die Zweckmäßigkeit des Universums einsetzen möchte: Angenommen, ich gehe am Strand spazieren und finde im Sand eine Uhr, dann würde ich selbstverständlich nicht denken, dass die Uhr durch Zufall entstanden ist, weil das Meer im Lauf der Zeit einzelne Uhrenteile angespült hat, die dann von den Gezeiten durch einen glücklichen Zufall richtig zusammengesetzt worden sind. Ich würde vielmehr annehmen, dass die Uhr das Produkt eines menschlichen Uhrmachers ist, da ein derart komplexer und zweckmäßig konstruierter Gegenstand kein Zufallsprodukt sein kann.[82] Ebenso müssen wir dann laut Paley aus der zweckmäßigen Konstruktion des Universums, wie Cleanthes, per Analogie auf einen Gott als den Uhrmacher des Universums schließen. Aber wir wissen sehr viel über Uhren: was sie sind, wozu man sie verwendet, wie sie hergestellt werden usw. Wir wissen diese Dinge, weil wir in unserem Leben bereits sehr vielen Uhren begegnet sind und reichlich Gelegenheit hatten, einschlägige Erfahrungen mit Uhren und ihrer Entstehung zu sammeln. Daher ist es nur natürlich, dass wir eine Uhr, die wir am Strand finden, ebenfalls für ein Ergebnis planender Intelligenz halten – alle Uhren, die wir kennen und die es auf der Welt gibt, sind das Ergebnis intelligenter Planung, warum sollte diese hier anders sein? Beim Universum hingegen sieht die Sache anders aus: Wir kennen nur ein einziges Universum, haben keinerlei Erfahrung mit der Entstehung von Universen und wissen nicht, ob Universen immer oder auch nur in den meisten Fällen das Produkt intelligenter Planung sind. Wir

---

82 Paley 2006: 7.

kennen nicht die Kontexte, in denen Universen entstehen, oder die Zwecke, die ihre Schöpfer mit ihnen verfolgen könnten. Während wir also mit großer Sicherheit sagen können, dass eine Uhr das Ergebnis intelligenter Planung ist, weil wir eine Vielzahl von Fällen haben, aus denen wir das ableiten können, kennen wir nur dieses eine Universum. In unser Urteil, dass die Uhr das Ergebnis intelligenter Planung ist, fließt eine Fülle von Hintergrundwissen mit ein, das uns im Fall des Universums fehlt. Stellen wir uns eine Gruppe außerirdischer Archäologen vor, die lange nach dem Ende der Menschheit die Ruinen der Zivilisation untersuchen und auf Seiten bedruckten Papiers stoßen. Die Außerirdischen verwenden selbst zwar keine graphische Schrift, um Information zu speichern, aber einige von ihnen sind dennoch der Meinung, dass es sich um Texte handeln könnte. Andere halten das für Unfug und glauben, dass es bloß bedeutungslose Tapetenmuster sind. Sind die Farbspuren auf Papier also eine Schrift (und damit das Ergebnis intelligenter Planung) oder sind sie nur Zufallsprodukte? Diese Frage ist für die Außerirdischen nicht zu beantworten, weil ihnen das notwendige Hintergrundwissen über Schriften, Texte und Kommunikation fehlt, ohne das sie ihren Fund nicht angemessen interpretieren können.[83] Uns geht es mit Blick auf das Universum nicht anders als den außerirdischen Archäologen. Auch uns fehlt genau dieses Wissen über die Entstehung von Universen, um berechtigterweise sagen zu können, dass das Universum und menschliche Artefakte einander in der relevanten Hinsicht ähnlich sind. Die Ähnlichkeit des Universums mit menschlichen Artefakten, die in Prämisse (3) postuliert wird, steht also auf wackligen Beinen. Es handelt sich mehr um eine Vermutung, die ins Wanken gerät, sobald es uns gelingt, eine alternative Erklärung für die scheinbare Zweckmäßigkeit des Universums zu finden.

Genau das ist der Punkt, den wir bei *Prämisse (4): Gleiche Wirkungen haben gleiche Ursachen* genauer betrachten müssen. Denn das ist einfach nicht wahr. Die gleiche Wirkung kann sehr verschiedene Ursachen haben: Fieber z.B. kann durch eine Grippe entstehen, eine Blasenentzündung oder durch Krebs. Nur das umgekehrte Prinzip ist korrekt: Gleiche Ursachen haben gleiche Wirkungen, z.B. wenn ich mit der gleichen Flamme nacheinander einzelne Seiten eines Briefs anzünde. Aber gleiche Wirkungen lassen nur dann auf gleiche Ursachen schließen, wenn es keine alternativen Erklärungen für die Wirkung gibt: Wenn meine Magenschmerzen das Ergebnis von zu viel „Frikandel Speciaal" sind, folgt daraus nicht, dass Ihre Magenschmerzen es auch sind, denn es gibt diverse alternative Erklärungen dafür. Das bedeutet: Wir haben keinen Grund zu der Annahme, dass die Ordnung im Universum das Ergebnis intelligenter Planung ist, sofern wir eine alternative Erklärungsmöglichkeit finden können. Aber wie kann eine zweckmäßige Ordnung anders als durch intelligente Planung entstehen? Für das 18. Jahrhundert war das eine praktisch unlösbare Frage. Doch bereits wenige Jahrzehnte nach Humes *Dialogen* tauchte eine überzeugende Erklärung auf: die Evolutionstheorie. Lebewesen sind demnach tatsächlich zweckmäßig konstruiert und an das Leben in ihrer Umwelt ideal angepasst, aber nicht, weil sie so geplant

---

83 Falls allerdings die Außerirdischen über eine mathematische Theorie der Information verfügen und das Zipf'sche Gesetz kennen, könnten sie die Shannon-Entropie der Zeichen messen und (ausgehend von der Annahme, dass ihre Sprache der unseren fundamental ähnlich ist) zum Schluss kommen, dass es sich wirklich um Texte handeln muss.

11 Das teleologische Argument

wurden, sondern weil sie sich in einem ungesteuerten Prozess von zufälliger Mutation und natürlicher Selektion zu einer optimalen Anpassung hin entwickelt haben. Lebewesen neigen dazu, einen Überschuss von Nachkommen zu produzieren, also mehr als im vorhandenen Lebensraum überleben können. Daraus resultiert ein Kampf ums Überleben und die knappen Ressourcen, aus dem am Ende diejenigen Individuen als Sieger hervorgehen, die an ihre Lebensumstände am besten angepasst sind. Diese wiederum werden sich häufiger fortpflanzen und ihre Eigenschaften an ihre Nachkommen weitergeben, während die anderen weit häufiger ohne Nachkommen bleiben und schließlich aussterben. Am Ende bleiben nur die Lebewesen übrig, die optimal angepasst sind, gerade so, als ob sie genau für ihre Nische im Lebensraum geschaffen worden wären. Das Standardbeispiel ist der lange Hals der Giraffe: Im statischen Bild der Natur, wie es den Verfechtern des teleologischen Arguments vorschwebt, hat Gott am Anfang der Welt die Giraffen mit einem langen Hals geschaffen, der es ihnen ermöglicht, die Blätter der hohen Bäume in der Savanne zu fressen. Im dynamischen Bild der Evolutionstheorie hingegen haben die Giraffen, die längere Hälse hatten, leichter Futter finden können als ihre kurzhalsigen Artgenossen und sind daher seltener verhungert oder waren kräftiger, wenn es darum ging, vor Angreifern zu fliehen. Daher haben sie häufiger überlebt und ihren langen Hals an ihre Nachkommen weitergegeben, so dass über lange Zeiträume in einer Umgebung mit hohen Bäumen nur Giraffen mit langem Hals übrig bleiben. Die optimale Anpassung der Giraffen an ihre Umgebung kann problemlos ohne Rückgriff auf einen göttlichen Planer erklärt werden. Prämisse (4) ist also falsch. Es lässt sich ein plausibles Alternativszenario entwerfen, das erklärt, wie die gleiche Wirkung (scheinbar intelligente Planung) aus einer anderen Ursache entstanden sein kann.

Satz (7): Also gibt es einen Gott, der zum Universum im gleichen Verhältnis steht wie der menschliche Geist zu seinen Produkten. In der Konklusion wird das unangenehmste Problem des teleologischen Arguments deutlich: Es geht nach hinten los. Selbst wenn Cleanthes uns davon überzeugt hat, dass es wirklich Grund gibt, aus der Ähnlichkeit von Universum und menschlichen Produkten auf einen intelligenten Planer zu schließen, kann er nicht ohne weitere Diskussion davon ausgehen, dass dieser Planer mit dem theistischen Gott identifiziert werden muss, und zwar aus zwei Gründen:

(a) Denkt man die Analogie zu menschlichen Produkten konsequent zu Ende, dann führt sie zu zwei gleichermaßen unbequemen Folgerungen: entweder landen wir im Anthropomorphismus (d.h. der naiven Idee, dass Gott wie ein Mensch ist) oder im Polytheismus. Denn wenn die Ähnlichkeit zwischen dem Universum und menschlichen Artefakten so groß ist, sollte dann nicht auch die Ähnlichkeit zwischen den menschlichen Planern und was immer das Universum geplant hat besonders groß sein? Menschliche Planer sind aber körperliche Wesen, die Dinge erschaffen, indem sie Materie bearbeiten. Dann müsste doch auch der Planer des Universums ein körperliches Wesen sein und nicht ein immaterieller Gott. Außerdem sind menschliche Produkte in den allermeisten Fällen nicht das Produkt eines einzigen Planers – die wenigsten Häuser wurden von einer einzelnen Person erbaut, sondern sind das Ergebnis der Kooperation vieler Beteiligter. Müsste man nicht, wenn man Cleanthes' Prinzip der Analogie konsequent anwendet, aus der intelligenten Planung des Universums auf einen Polytheismus schließen? „Warum sollten sich nicht mehrere Gottheiten zur Planung und Gestaltung einer Welt zusammenschließen?" fragt Philo, „das würde die Ähnlichkeit mit den Verfahrensweisen der Menschen doch nur vergrößern." (Hume 2016: 56)

(b) Selbst wenn wir bereit sind, diese Punkte zu ignorieren und von einem einzigen, immateriellen intelligenten Planer des Universums ausgehen – warum muss ein solcher Planer ein Gott im Sinne des Theismus sein, d.h. ein allmächtiges, allwissendes und allgütiges Wesen? Wenn wir eine Ursache aus ihrer Wirkung erschließen, so Philo, dann können wir der Ursache nur die Eigenschaften zuschreiben, die notwendig sind, um die Wirkung zu erklären (Hume 2016: 55). Sicherlich muss ein intelligenter Planer des Universums über Wissen und Fähigkeiten verfügen, die unsere Vorstellung weit übersteigen, aber unendlich müssen diese Fähigkeiten nicht sein. Es würde auch ein „Weltbaumeister" genügen, wie Kant es nennt (B 655 in Kant 1998: II/553), der in der Lage ist, aus vorhandenem Material ein Universum zu basteln. Und vollkommen gut müsste dieser Weltbaumeister auch nicht sein, denn die Welt ist nicht vollkommen – im Gegenteil, Krankheiten, Naturkatastrophen und der permanente Kampf ums Dasein sind eine unerschöpfliche Quelle des Leidens für alles, was lebt. Wäre der intelligente Planer ein allwissendes, allgütiges Wesen mit unendlicher Macht, warum sollte er dann diese grausamen Elemente in seine Schöpfung miteingebaut haben (mehr dazu in Kap. 13)? Aus einer unvollkommenen Welt, argumentiert Philo, müssen wir auch auf einen unvollkommenen Schöpfer schließen:

> Möglicherweise ist sie nur der erste, rohe Versuch einer noch in den Kinderschuhen steckenden Gottheit, die ihn später aus Scham über ihr armseliges Machwerk aufgab. Vielleicht ist sie nur das Werk einer abhängigen, untergeordneten Gottheit und Gegenstand des Spottes der höherstehenden; oder sie ist das kindische Alterswerk einer senilen Gottheit, das seit deren Tod infolge des von ihr empfangenen ersten Anstoßes und der dadurch vermittelten aktiven Wirksamkeit aufs Geratewohl weiterläuft. (Hume 2016: 56)

Sollte das teleologische Argument in dieser Form also Erfolg haben, wäre das fatal – denn es würde zu etwas ganz Anderem führen als zum theistischen Gott.

11.2 Die Feinabstimmung des Universums

Cleanthes' Argument beruht auf dem inzwischen übergeholten Stand der Naturwissenschaft des 18. Jahrhunderts und hat insbesondere durch die Entwicklung der Evolutionstheorie an Glaubwürdigkeit verloren – nicht anders übrigens als seine modernen Nachfahren unter dem Namen *intelligent design*. Aber teleologische Argumente müssen nicht mit einer biologischen Zweckmäßigkeit der Lebewesen arbeiten. Aktuelle Varianten des Arguments gehen stattdessen von der modernen Physik aus und berufen sich auf die scheinbare Feinabstimmung der Naturgesetze und Naturkonstanten.

11 Das teleologische Argument

Alle Dinge im Universum werden von Naturgesetzen bestimmt, die beschreiben, wie bestimmte Faktoren (Masse, Geschwindigkeit, Ladung usw.) voneinander abhängen. Nehmen wir als Beispiel das Gravitationsgesetz:

$$F = G\frac{m_1 m_2}{r^2}$$

Diese Formel besagt, dass die Anziehungskraft F zwischen zwei Objekten gleich ist der Masse des einen (m_1) multipliziert mit der Masse des anderen (m_2) geteilt durch das Quadrat des Abstands zwischen beiden (r^2) multipliziert mit der Gravitationskonstante G. Während die Werte für Masse und Abstand Eigenschaften oder Relationen der beiden Objekte beschreiben, ist die Gravitationskonstante ein Faktor, der einfach sagt, wie stark die Gravitation im Universum ist. Ihr Wert kann nicht aus irgendeinem anderen Naturgesetz abgeleitet, sondern nur gemessen werden. Er ist einfach so, wie er ist, und könnte nach allem, was wir wissen, auch anders sein. In unserem Universum beträgt der Wert der Gravitationskonstante ungefähr $6{,}67 \times 10^{-11}$, aber es ist kein Grund erkennbar, warum sie exakt diesen Wert haben sollte. Neben der Gravitationskonstante gibt es noch etliche andere Naturkonstanten, z.B. das Verhältnis zwischen den Massen der beiden Elementarteilchen Proton und Elektron oder die Feinstrukturkonstante α, die die Stärke der elektromagnetischen Kraft zwischen geladenen Teilchen bestimmt. All diese Konstanten haben einen Wert, der sich messen, aber nicht ableiten lässt. Wir kennen keine Gründe, warum sie genau den Wert haben müssten, den sie *de facto* haben. Die Gesetze des Universums, in dem wir leben, sind zufälligerweise so, wie sie sind, aber natürlich sind zahllose andere Universen mit anderen Naturgesetzen vorstellbar. Warum gibt es z.B. nicht ein Universum, in dem die Gravitation viel stärker ist, oder in dem gar keine Gravitation existiert? Nichts scheint das auszuschließen. Allerdings hätte bereits eine geringfügige Änderung in den Werten mancher Naturkonstanten fatale Folgen, denn nur in einem sehr engen Bereich der möglichen Werte kann es überhaupt ein Universum geben, in dem Leben möglich ist. Hätte es beispielsweise keine Gravitation gegeben, dann hätten sich niemals Galaxien, Sterne und Planeten bilden können, und das Universum wäre eine öde Wüste umhertreibender Wasserstoffatome geblieben. Wäre die Gravitation etwas schwächer als sie ist, dann würden massereiche Sterne nicht am Ende in einer Supernova zusammenbrechen und dabei schwere Elemente wie z.B. Kohlenstoff verteilen, die die Basis für organisches Leben sind. Und wäre sie etwas stärker, dann wären Sterne kleiner, massereicher und damit kurzlebiger geworden als sie jetzt sind, so dass dem Leben die Zeit fehlen würde, sich zu entwickeln. Ähnliche Beobachtungen lassen sich für diverse andere Naturkonstanten machen, z.B. das Verhältnis von elektromagnetischer Kraft und starker Kernkraft oder die Stärke der schwachen Kernkraft, oder auch für die Geschwindigkeit der Expansion des Universums in den ersten Momenten nach seiner Entstehung.[84] In all diesen Fällen zeigt sich, dass schon eine leichte Abweichung von den tatsächlichen Naturgesetzen dazu geführt hätte, dass es niemals Leben gegeben hätte. Das bedeutet: Die

---

[84] Faszinierende Darstellungen für dieses und andere Beispiele finden sich in Rees 2000 und Lewis/Barnes 2016.

11.2 Die Feinabstimmung des Universums

Wahrscheinlichkeit, dass alle relevanten Naturkonstanten die richtigen Werte haben (also die Werte, die sie haben müssen, um komplexes Leben zu ermöglichen), ist rein statistisch betrachtet extrem gering – es gibt sehr viel mehr Fälle, in denen die Abstimmung nicht funktioniert und kein Leben entstehen kann, als Fälle, in denen alles passt. Aber wie lässt sich dann erklären, dass die Feinabstimmung der Naturgesetze *de facto* dennoch funktioniert und uns Lebewesen hervorgebracht hat? Die beste Erklärung, so die Verfechter des *fine-tuning*-Arguments, lautet, dass das Universum so geplant wurde. Das Argument hat also in etwa folgende Form:

(1) Das Universum ermöglicht Leben.

(2) Die Wahrscheinlichkeit dafür, dass das Universum Leben ermöglicht, ist extrem gering

(3) Wenn es dennoch Leben ermöglicht, ist es sehr wahrscheinlich, dass das Universum intelligent geplant wurde.

(4) Also: Das Universum wurde wahrscheinlich intelligent geplant.

Gegenüber Cleanthes' Argument hat diese Variante zwei Vorteile: Erstens ist sie nicht auf das dubiose Mittel des Analogieschlusses angewiesen – das fragwürdige Prinzip, wonach gleiche Wirkungen gleiche Ursachen haben, spielt keine Rolle mehr. Zweitens wird es nicht durch die Evolutionstheorie widerlegt, weil es nur um die *Möglichkeit* von Leben an sich geht, nicht um spezielle Merkmale von Lebewesen wie ihre Anpassung an ihre Umwelt. Und auch die Prämissen des Arguments sind auf den ersten Blick ziemlich plausibel. *Prämisse (1)* ist offensichtlich wahr, denn schließlich sind wir hier. Wenn Leben existiert, muss Leben auch trivialerweise möglich sein. *Prämisse (2)* kann mit Verweis auf die prekäre Balance der Naturkonstanten gut begründet werden: Es gibt zahlreiche Naturkonstanten, die sehr viele mögliche Werte annehmen können, aber nur sehr wenige ausgewählte Kombinationen dieser Werte erlauben die Entstehung von Leben. Eine Analogie: Wenn ich Sie bitte, aus einem Kartenspiel verdeckt eine Karte zu ziehen und behaupte, dass ich die richtige Karte erraten kann, sollten Sie mir nicht glauben, denn es ist sehr unwahrscheinlich, dass ich die richtige Karte nennen. Schließlich gibt es 51 Fälle, in denen ich falsch liege, aber nur einen, in dem ich richtig liege. Ebenso sollten wir nicht davon ausgehen, dass bei einem Universum, dessen Naturkonstanten zufällig ausgewürfelte Werte haben, ein System herauskommt, das Leben ermöglicht, da die Menge der glücklichen Treffer statistisch gesehen extrem gering ist, die der Nieten aber äußerst hoch. Diese Überlegung erklärt auch, warum es vernünftig ist, *Prämisse (3)* anzunehmen. Wenn ich nämlich tatsächlich die Karte errate, die Sie gezogen haben, werden Sie nicht an einen glücklichen Zufall glauben, sondern davon ausgehen, dass ich irgendeinen Trick angewandt habe. Denn ein unwahrscheinliches Ereignis verlangt nach einer Erklärung: Wenn es so unwahrscheinlich ist, warum ist es dann trotzdem passiert? Eine gute Erklärung für ein unwahrscheinliches Ereignis muss eine hohe Erklärungskraft besitzen. Das ist dann der Fall, wenn das Ereignis für sich betrachtet zwar unwahrscheinlich ist, aber sehr wahrscheinlich wird, wenn wir annehmen, dass die Hypothese zu seiner Erklärung wahr ist.[85] Die Hypothese, dass ich einen Kartentrick kenne, hat eine sehr hohe Erklärungskraft für die Tatsache, dass ich seltsamerweise die richtige Karte erraten habe, denn wenn man annimmt, dass diese Hypothese wahr ist, sollte man erwarten, dass ich die richtige Karte errate – was auch tatsächlich passiert ist. Gleiches gilt für die Hypothese, dass das Universum von einem intelligenten Planer feinabgestimmt wurde: Für sich betrachtet ist die Wahrscheinlichkeit, dass alle Naturgesetze passen, um Leben zu ermöglichen, extrem gering, aber wenn man annimmt, dass das Universum intelligent geplant wurde, ist es sehr wahrscheinlich. Die theistische Hypothese hat also eine hohe Erklärungskraft für das, was wir tatsächlich beobachten können, so dass es nur vernünftig wäre, sie auch zu glauben.

Steht das *fine-tuning*-Argument also besser da als die ältere Variante? Gelegentlich wird es mit dem Hinweis abgetan, dass wir uns nicht darüber wundern sollten, dass es uns gibt, auch wenn es unwahrscheinlich ist, denn wenn die Naturgesetze anders wären und es uns nicht gäbe, dann wäre auch niemand da, der sich wundern könnte. Aber dieser Einwand geht am eigentlichen Problem vorbei. Variieren wir das Kartenspiel von eben etwas: Ich ziehe eine Karte und wenn Sie nicht raten, welche ich gezogen habe, werde ich sie erschießen. Ich ziehe eine Karte, Sie raten „Herz Zehn" und nichts passiert. Wären Sie dann zufrieden, wenn ich sage: „Wundern Sie sich nicht – wenn Sie falsch geraten hätten, wären Sie ja gar nicht mehr hier, um sich zu wundern."? Vermutlich nicht. Zu existieren ist eine notwendige Bedingung, um sich über die eigene Existenz zu wundern, aber es ist keine *Erklärung* für meine Existenz. Die meisten Philosophinnen und Philosophen geben zu, dass die Feinabstimmung des Universums (falls sie existiert) eine bemerkenswerte Tatsache ist, die prinzipiell erklärt werden müsste.[86] Doch auch das *fine-tuning*-Argument ist nicht frei von Problemen. Das wichtigste betrifft *Prämisse (2)*: Ist es wirklich so unwahrscheinlich, dass die Naturkonstanten genau die Werte haben, die sie haben? Zwei Hypothesen sind denkbar, um diesen scheinbar unwahrscheinlichen Zufall zu erklären: (a) Es könnte noch unbekannte naturgesetzliche Mechanismen geben, die erklären, warum nur bestimmte Werte (oder Kombinationen von Werten) möglich sind. Die faktischen Werte der Naturkonstanten wären also in Wirklichkeit nicht kontingent, sondern ließen sich aus anderen, fundamentaleren Gesetzen ableiten, die verständlich machen, weshalb die Naturkonstanten genau die Werte haben, die sie haben. Die vermeintliche Feinabstimmung des Universums weist laut dieser Hypothese also nicht auf intelligente Planung hin, sondern nur auf noch unbekannte Zusammenhänge der Naturgesetze, die es zu erforschen gilt. Die Werte könnten nicht anders sein als sie es sind, wir wissen nur noch nicht, warum. (b) Es gibt nicht bloß ein einziges Universum, sondern ein Multiversum, d.h. unendlich viele Universen, in denen jede mögliche Kombination von Werten der Naturkonstanten durchgespielt wird. Dann ist klar, dass in irgendeinem dieser unendlich vielen Universen auch die extrem unwahrscheinliche, günstige Kombination von Werten auftritt, die Leben

---

85 Die hier zugrundeliegende epistemische Theorie nennt man auch Bayesianismus, nach dem englischen Mathematiker Thomas Bayes. Zur Einführung siehe Chalmers 2007: Kap. 12.
86 Wenn auch nicht alle, siehe z.B. Carlson/Olsson 1998.

ermöglicht. Auch wenn ein Ereignis sehr unwahrscheinlich ist, wird es bei einer hinreichend großen Zahl von Fällen trotzdem irgendwann auftreten. Es ist ja auch kein Wunder, wenn ich nach zweihundert Versuchen, die richtige Karte zu raten, irgendwann einmal tatsächlich richtig liege. Unser Urteil, dass die glückliche Kombination der Naturkonstanten, die wir in unserem Universum vorfinden, extrem unwahrscheinlich ist, beruht also auf der falschen Annahme, dass es nur ein einziges Universum gibt.

Beide Hypothesen untergraben tatsächlich (sofern sie wahr sind) die Glaubwürdigkeit von Prämisse (2) und damit des *fine-tuning*-Arguments insgesamt. Aber sollten wir sie auch akzeptieren? Vielleicht – das hängt nicht zuletzt davon ab, was Physik und Kosmologie in der Zukunft noch über das Universum herausfinden werden. Nach unserem bisherigen Kenntnisstand sind beide Hypothesen hochgradig spekulativ, denn weder die Existenz einer unendlichen Vielzahl von Paralleluniversen noch die bislang unbekannter Naturgesetze gehören zum Bestand wissenschaftlich gesicherter Erkenntnisse. Was nicht heißen soll, dass sie Unfug sind – beide Hypothesen sind Gegenstand kontroverser Debatten und werden von einigen ernsthaft in Erwägung gezogen.[87] Aber Verfechter des teleologischen Arguments könnten sie dennoch im Verdacht haben, bloße *ad-hoc*-Annahmen zu sein, d.h. Annahmen, die einzig und allein zu dem Zweck gemacht werden, das *fine-tuning*-Argument zu widerlegen, für die aber ansonsten nichts spricht. Was wir bräuchten, sind vom *fine-tuning*-Argument unabhängige Gründe für die eine oder andere Hypothese, doch die sind zumindest bis jetzt nicht sicher verfügbar. Die Überzeugungskraft des *fine-tuning*-Arguments steht und fällt daher mit dem Fortschritt der modernen Kosmologie und es ist zu erwarten, dass zukünftige Erkenntnisse unsere Einschätzung von Prämisse (2) beeinflussen werden. Des Weiteren ließe sich erwidern, dass die theistische Hypothese gegenüber den Alternativen, insbesondere der Multiversums-Theorie, einen entscheidenden Vorteil hat: ihre Einfachheit. Grundsätzlich gilt, dass eine Erklärung um so wahrscheinlicher ist, je einfacher sie ist. Wenn der Gärtner am Tatort gesehen wurde und nur seine Fingerabdrücke auf der Tatwaffe gefunden wurden, ist es wahrscheinlicher, dass er der Mörder ist, als dass er den Mord zusammen mit dem Butler begangen hat, ohne dass es jemand bemerkt hätte, denn die erste Hypothese ist die einfachere: Sie kommt mit einem Täter aus statt zwei. Die theistische Hypothese aber ist sehr einfach, denn sie postuliert nur einen einzigen Gott, nicht unendlich viele Universen. Dem ließe sich allerdings entgegnen, dass es nicht auf die bloße Zahl von Entitäten ankommt, sondern auf die Zahl der Typen von Entitäten. Die Multiversums-Theorie muss nur einen Typ von Entität annehmen: ein Universum (davon allerdings ziemlich viele), die theistische Hypothese hingegen zwei Typen: ein Universum und einen Gott, so dass sie eigentlich die komplexere Hypothese ist.[88]

Unabhängig von der Glaubwürdigkeit der Prämissen ist das *fine-tuning*-Argument aber mit dem gleichen Problem konfrontiert wie die klassische Variante: Was er-

---

87 Gut lesbare Einführungen sind z.B. Tegmark 2014 und Greene 2011. Im Kontext des *fine-tuning*-Arguments siehe auch Schleiff 2019.
88 So etwa Bradley 2002.

laubt die Gleichsetzung des intelligenten Planers mit dem theistischen Gott? Selbst wenn wir akzeptieren, dass die Feinabstimmung des Universums erklärungsbedürftig ist, könnte doch die Planung des Universums vollkommen naturalistisch und areligiös erklärt werden. Eine Möglichkeit wäre die sogenannte Simulationshypothese, die maßgeblich vom schwedischen Philosophen Nick Bostrom (*1973) entwickelt worden ist.[89] Bostrom argumentiert, dass es prinzipiell möglich ist, ein Universum auf einem extrem leistungsfähigen Computer zu simulieren. Wenn es aber möglich ist, dann wird es auch irgendwann einmal gemacht werden (und sei es nur, um rauszufinden, was passiert). Nun kann es zwar unbegrenzt viele simulierte Realitäten geben, aber nur eine einzige echte Realität. Das bedeutet, dass nach dem Kopernikanischen Prinzip (vgl. Kap. 5.2) unsere Realität höchstwahrscheinlich ebenfalls simuliert ist – denn es wäre extrem unwahrscheinlich, wenn gerade wir in der einzigen nicht-simulierten Realität leben sollten. Auch diese Hypothese hat eine hohe Erklärungskraft für das Phänomen der Feinabstimmung, nur nicht so, wie es sich die Verteidiger des Theismus gedacht haben: Für das *fine-tuning* sind einfach die Programmierer des Universums verantwortlich. Sollte es wirklich eine Feinabstimmung des Universums geben, könnte man mit guten Gründen argumentieren, dass diese Feinabstimmung ein mindestens ebenso gutes Argument zugunsten der Simulationshypothese abgibt wie zugunsten des Theismus. Und ähnlich wie beim kosmologischen Argument sollten wir uns auch hier fragen, ob das wirklich die Konklusion ist, auf die wir hinaus möchten.

Quellen
Humes *Dialoge über natürliche Religion* sind eines der großen Meisterwerke philosophischer Literatur (Hume 2016). Paleys berühmtes Argument in Paley 2006. Kant diskutiert das teleologische Argument in der *Kritik der reinen Vernunft* (B 648-658 in Kant 1998: II/548-555). Ein *fine-tuning*-Argument findet sich in Swinburne 2004: Kap. 8.

Weiterführende Literatur
Allgemein: Collins 2013. Mawson 2005: Kap. 8. Manson 2003. Humes Dialoge: O'Connor 2001. *fine-tuning*: Barrow/Tipler 1986. Leslie 1989. Rees 2000. Collins 2003. Davies 2006. Friederich 2018.

> **Diskussionsfragen**
>
> - Wie könnte man begründen, dass das teleologische Argument für einen Monotheismus, nicht für einen Polytheismus spricht?
> - Könnte die Feinabstimmung des Universums reiner Zufall sein? Was würde das bedeuten?
> - Wie müsste ein Universum aussehen, das von einem perfekten Wesen geplant wurde?

---

[89] Schlüsseltext ist sein Aufsatz *Are we living in a computer simulation?* (Bostrom 2003) Spoiler Alert: wahrscheinlich schon.

12 Das ontologische Argument

> **Zusammenfassung**
>
> Ontologische Argumente versuchen, die Existenz Gottes allein aus dem Begriff Gottes abzuleiten, so dass die Behauptung „Gott existiert nicht" ein Widerspruch wäre. Das bekannteste ontologische Argument stammt von Anselm von Canterbury, der argumentiert, dass ein vollkommenes Wesen auch existieren muss, sonst wäre es nicht vollkommen. Problematisch für ontologische Argumente ist die Frage, ob Existenz eine Eigenschaft ist, die zur Vollkommenheit beiträgt, und ob ein Begriff überhaupt die Existenz seines Gegenstands enthalten kann.

Neben dem kosmologischen und dem teleologischen ist das ontologische Argument das dritte klassische Argument für die Existenz Gottes. Anders als die ersten beiden ist es ein Argument *a priori*, das ohne jeden Bezug auf Erfahrung auskommt. Sowohl das kosmologische als auch das teleologische Argument sind Argumente *a posteriori*, die von bestimmten Tatsachen in der empirisch erfahrbaren Wirklichkeit ausgehen. Das ontologische Argument hingegen setzt nichts anderes als den Begriff Gottes (vgl. Kap. 9.1) voraus. Es existiert ebenfalls in verschiedenen Varianten, deren gemeinsamer Grundgedanke lautet, dass wir nur durch eine sorgfältige Analyse des Begriffs „Gott" bereits einsehen können, dass Gott existieren muss. Der Satz „Gott existiert nicht" wäre demnach genauso widersprüchlich wie „Der Kreis ist eckig". Ontologische Argumente sind, im Gegensatz zu den beiden anderen, eine Spezialität der Philosophie und spielen im außerakademischen religiösen Diskurs praktisch keine Rolle. Erste Ansätze sind zwar bereits bei Augustinus zu finden, aber im Wesentlichen geht das ontologische Argument zurück auf Anselm von Canterbury, der es in seiner Schrift *Proslogion* als Erster explizit formuliert hat. Eine weitere wichtige Fassung findet sich in René Descartes' *Meditationen*, wonach Gott als vollkommenes Wesen auch existieren muss, denn Existenz ist eine Vollkommenheit. Auch Leibniz akzeptiert das ontologische Argument, meint aber, dass bisher nur gezeigt wurde, dass aus dem Begriff Gottes seine Existenz folgt. Er ergänzt es um ein Argument, das zeigen soll, dass die Existenz Gottes auch möglich sein muss, da der Begriff eines notwendiges Wesens nicht inkonsistent ist. Die wichtigsten Kritiker der Neuzeit sind wieder einmal Hume und Kant, deren Einwände lange Zeit als vernichtend angesehen wurden. Doch im 20. Jahrhundert entstehen, im Anschluss an Leibniz und ausgerüstet mit den Werkzeugen der modernen Logik, neue Varianten, etwa das modallogische Argument von Alvin Plantinga oder der ontologische Beweis des Logikers und Mathematikers Kurt Gödel.[90] Das ontologische Argument ist allerdings immer kontrovers gewesen, und auch einige eigentlich gläubige Philosophinnen und Philosophen lehnten es ausdrücklich ab. Schauen wir uns Anselms klassische Fassung des ontologischen Arguments etwas näher an; der grundlegende Gedanke und alle relevanten Einwände lassen sich hier bereits nachvollziehen.

---

90 Ich werde auf diese modernen Varianten hier nicht näher eingehen. Gödels Beweis in Gödel 1995: 403 und in Sobel 1987. Zum modallogischen Argument siehe Malcolm 1960, Plantinga 1974b, Löffler 2000.

12 Das ontologische Argument

12.1 Anselms ontologisches Argument

Die zentrale Idee des ontologischen Arguments ist es, dass die Existenz Gottes bereits im Begriff Gottes enthalten ist, so dass jeder, der den Gottesbegriff richtig versteht, einsehen muss, dass Gott auch wirklich existiert. Wer den Gottesbegriff genau analysiert und trotzdem behauptet, dass es keinen Gott gibt, der verhält sich ähnlich irrational wie jemand, der zwar versteht, was das Wort „Großvater" bedeutet, aber trotzdem glaubt, dass Tims Großvater keine Kinder hat. So, wie jemand, der das Wort „Großvater" versteht, unmittelbar einsehen muss, dass ein Großvater Kinder haben muss, muss auch derjenige, der das Wort „Gott" richtig versteht, einsehen, dass Gott nicht *nicht* existieren kann. Aber wie kann die Existenz Gottes im Begriff Gottes versteckt sein? Das versucht Anselm in seinem Argument offenzulegen. Er beginnt mit einer Definition:

> So denn, Herr, der Du die Glaubenseinsicht schenkst, gib mir, soweit Du es für nützlich erachtest, dass ich verstehe, dass Du bist, wie wir es glauben, und dass Du das bist, was wir glauben. Und zwar glauben wir, dass Du etwas bist, über das hinaus nichts Größeres gedacht werden kann. (*Proslogion* 2 in Anselm 2005: 21 f.)

Anselm eröffnet seinen Gedankengang mit einer Anrede (gr. *proslogion* – daher der Titel) an Gott und der Bitte um Einsicht. Manche hat diese Formulierung zu der Ansicht bewogen, es handle sich hier um ein Gebet und nicht um eine Argumentation. Aber warum sollte das ein Widerspruch sein? Dass Anselm das Argument als Gebet formuliert, ist ja kein Grund, seinen Inhalt in Frage zu stellen. Er beginnt, indem er erklärt, was der Ausdruck „Gott" bedeuten soll bzw. er gibt seine Definition des Gottesbegriffs: Gott ist das, über das hinaus nichts Größeres gedacht werden kann. Was meint Anselm hier mit „größer"? Sicherlich nicht physische Größe (wie z.B. ein LKW größer ist als ein Kleinwagen), also nicht die Länge oder das Volumen Gottes. Gemeint ist vielmehr die qualitative Größe – größer zu sein bedeutet *besser* oder wertvoller zu sein. Wenn Anselm sagt, dass Gott dasjenige Wesen ist, über das hinaus nichts Größeres gedacht werden kann, bedeutet das, dass Gott in jeder Hinsicht unübertreffbar gut und wertvoll ist. Alle positiven Eigenschaften kommen Gott im höchsten Maße zu, er ist das vollkommene, das bestmögliche Wesen (vgl. Kap. 9.1a). Deshalb muss er auch etwas sein, über das hinaus nichts Größeres gedacht werden kann, denn sonst wäre er nicht vollkommen. Gäbe es etwas, das besser, gütiger oder weiser wäre als Gott, dann wäre Gott eben nicht mehr Gott bzw. er wäre nicht mehr das, was wir unter dem Ausdruck „Gott" verstehen.

Nach dieser Definition fährt Anselm fort:

> Oder ist etwa ein solches Wesen nicht, weil der Tor in seinem Herzen gesprochen hat: Es ist kein Gott? Wenn aber eben derselbe Tor eben das hört, was ich sage, nämlich etwas, über das hinaus nichts Größeres gedacht werden kann, so versteht er ganz gewiss, was er hört, und was er versteht, ist in seinem Verstande, auch wenn er nicht versteht, dass dies ist. (*Proslogion* 2 in Anselm 2005: 23)

12.1 Anselms ontologisches Argument

Anselm stellt nun die Frage: Gibt es einen Gott, d.h. gibt es wirklich jenes Wesen, über das hinaus nichts Größeres gedacht werden kann? Es könnte doch sein, dass es dieses vollkommene Wesen in Wirklichkeit gar nicht gibt, wie es der Tor (modern gesprochen: der Atheist) denkt. Wir haben dann zwar den Begriff eines vollkommenen Wesens, aber nichts in der Realität entspricht diesem Begriff, so wie wir ja auch den Begriff eines Einhorns haben, aber in der Realität nichts existiert, auf das dieser Begriff zutreffen würde. Anselms Argument will zeigen, dass diese Annahme widersprüchlich ist (jedenfalls in Bezug auf Gott, nicht auf Einhörner). Technisch betrachtet hat es die Form einer *reductio ad absurdum*, d.h. man nimmt zunächst das Gegenteil dessen an, was man beweisen möchte, um dann daraus einen Widerspruch abzuleiten. Daraus folgt dann, dass die Annahme falsch gewesen sein muss. Z.B. könnte man auf diese Weise begründen, dass es keine größtmögliche Zahl geben kann. Denn angenommen, es gäbe eine größtmögliche Zahl, könnte ich doch eins zu dieser Zahl addieren. Das Ergebnis dieser Addition wäre eine Zahl, die größer ist als die größtmögliche Zahl – ein klarer Widerspruch. Also muss die Annahme, dass es eine größtmögliche Zahl gibt, falsch gewesen sein. In gleicher Weise versucht nun Anselm aus der Annahme, dass Gott nicht existiert, einen Widerspruch abzuleiten. Sein erster Schritt dazu lautet: Wer behauptet, dass es keinen Gott gibt, der muss doch zumindest verstehen, was das Wort „Gott" bedeutet, denn sonst könnte er ja gar nicht sinnvollerweise behaupten, dass es keinen Gott gibt. Der Atheist muss also verstehen, dass mit „Gott" das Wesen gemeint ist, über das hinaus nichts Größeres gedacht werden kann. Sollte er etwas anderes unter „Gott" verstehen oder gar keine Definition des Begriffs haben, dann läuft Anselms Argument ins Leere und jede Diskussion wird sinnlos, denn dann würden Anselm und sein Gegner einfach aneinander vorbei reden. Das allerdings könnte Anselm egal sein, denn ihm geht es ja nur darum zu zeigen, dass ein vollkommenes Wesen existieren muss – ob es etwas anderes nicht gibt, das manche „Gott" nennen, ist nicht relevant.

Nun fährt Anselm fort: Wenn der Atheist den Ausdruck „Gott" versteht, dann muss dieses Wesen zumindest in seinem Verstand existieren. Für Anselm bedeutet einen Begriff zu verstehen, dass der Gegenstand, auf den sich der Begriff bezieht, im Verstand als Objekt des Bewusstseins existiert. Stellen Sie sich z.B. einmal den Eiffelturm vor. Das Wort „Eiffelturm", das ich gebraucht habe, bezieht sich auf den Eiffelturm, der jetzt in Ihrem Verstand existiert, weil ich Ihnen gesagt habe, dass Sie ihn sich vorstellen sollen. Darüber hinaus existiert der Eiffelturm aber natürlich auch noch in der Realität als konkreter Gegenstand an einem bestimmten Ort in Raum und Zeit (nämlich Paris). Der Eiffelturm existiert also zweifach, einmal im Verstand und zusätzlich noch in der Realität, als konkreter Gegenstand. Das bedeutet allerdings nicht, dass es zwei Eiffeltürme gibt, einen in Ihrem Verstand und einen in Paris, sondern dass der eine Eiffelturm in zwei verschiedenen Formen existiert. Das ist nicht bei allen Dingen so – ich kann über Atlantis reden und nachdenken, so dass Atlantis zwar in meinem Verstand existiert, aber es existiert eben nur in meinem Verstand und nicht auch noch in der Realität. Mit Anselm könnte man daher den Atheisten auch so verstehen, dass er behauptet: Gott existiert zwar in meinem Verstand, aber nicht auch noch in der Realität. Gegen diese Deutung dürfte der Atheist zunächst einmal nichts einzuwenden haben, denn sie stellt Gott in eine Reihe mit anderen fiktiven Objekten wie Atlantis oder Einhörnern.

Aber genau dieses Zugeständnis wird für Anselm zum Ausgangspunkt seiner *reductio*. Er fährt fort:

> Eines nämlich ist es, wenn eine Sache im Verstande ist, etwas anderes, wenn man versteht, dass eine Sache ist. Wenn nämlich ein Maler zuvor denkt, was er ausführen wird, hat er [es] zwar im Verstande, aber er versteht noch nicht, dass das, was er noch nicht geschaffen hat, sei. Hat er es aber bereits gemalt, so hat er es sowohl im Verstande als auch versteht er, dass das, was er bereits geschaffen hat, ist. So wird also auch der Tor überzeugt, dass etwas, über das hinaus nichts Größeres gedacht werden kann, zumindest im Verstande ist, weil er das versteht, wenn er es hört. Und was auch immer verstanden wird, ist im Verstande. (ebd.)

Anselm erläutert hier seine Unterscheidung zwischen Existenz im Verstand und Existenz in der Realität. Sein Beispiel ist ein Maler, der sich das Gemälde vorstellt, das er malen möchte. Das Gemälde existiert zu diesem Zeitpunkt bereits in seinem Verstand, aber noch nicht in der Realität. Hat er es aber fertiggestellt, dann existiert es zweifach, nämlich sowohl im Verstand als auch in der Realität. Nochmal: Es existieren nicht zwei Bilder, eins im Verstand und eins in der Realität, sondern es existiert ein einziges Bild in zwei verschiedenen Seinsweisen. Der Atheist muss also zugestehen, dass wenn er versteht, was „das Wesen, über das hinaus nichts Größeres gedacht werden kann" bedeutet, dieses Wesen mindestens in seinem Verstand existiert. Die Frage lautet dann lediglich, ob es darüber hinaus auch in der Realität existiert. Und genau das, so Anselm, kann nicht vernünftigerweise bestritten werden:

> Und gewiss kann das, über das hinaus Größeres nicht gedacht werden kann, nicht allein im Verstande sein. Denn wenn es nur im Verstande allein ist, so kann man denken, es sei auch in der Wirklichkeit, was größer ist. Wenn also das, über das hinaus Größeres nicht gedacht werden kann, im Verstande allein ist, so ist eben das, über das hinaus Größeres nicht gedacht werden kann, dasjenige, über das hinaus Größeres gedacht werden kann. Das aber kann mit Sicherheit nicht der Fall sein. Es existiert also ohne Zweifel etwas, über das hinaus Größeres nicht gedacht werden kann, [und zwar] sowohl im Verstande als auch in der Wirklichkeit. (ebd.)

Das ist die Schlüsselstelle in Anselms Argument. Seine These lautet: Das, über das hinaus nichts Größeres gedacht werden kann, kann nicht ausschließlich im Verstand (und nicht zusätzlich noch in der Realität) existieren. Warum? Weil es dann eben nicht dasjenige wäre, über das hinaus nichts Größeres gedacht werden kann. Denn nehmen wir einmal an, dasjenige, über das hinaus nichts Größeres gedacht werden kann, würde wirklich nur im Verstand existieren (nennen wir diesen Gegenstand Gott$_1$). Dann könnte ich mir doch ein anderes Ding denken, über das hinaus ebenfalls nichts Größeres gedacht werden kann, aber das nicht nur im Verstand, sondern auch zusätzlich noch in der Realität existiert (nennen wir es Gott$_2$). Gott$_1$ und Gott$_2$ sind in allen Punkten identisch, abgesehen von der Tatsache, dass Gott$_1$ eine bloße Vorstellung ist, der in der Realität nichts entspricht, während Gott$_2$ real ist. Welcher von beiden wäre in Anselms Sinne größer – Gott$_1$ oder Gott$_2$? Doch wohl derjenige, der nicht nur im Verstand, sondern auch in der Realität existiert! Denn es ist besser, wirklich zu existieren, als nur eine Vorstellung zu sein. Um es mit einer etwas kruden Analogie zu verdeutlichen: Sie haben die Wahl zwischen zwei Autos, die Sie sich kaufen können. Beide sind in allen wesentlichen Punkten identisch: das gleiche Modell, die gleiche Leistung, die gleiche Ausstattung usw. Der einzige Unterschied ist, dass das eine Auto eine schöne Farbe hat, das andere nicht. Welches von beiden ist das bessere Auto? Natürlich das schöne, weil es zusätzlich zu allen sonstigen positiven Eigenschaften, die es mit dem anderen Auto gemeinsam hat, noch eine weitere bedeutende Eigenschaft hat, nämlich die Eigenschaft schön zu sein. In gleicher Weise fordert uns Anselm auch dazu auf, zwischen zwei Göttern zu entscheiden. Beide sind vollkommen in dem Sinne, dass sie alle positiven Eigenschaften haben, die dem göttlichen Wesen zukommen können: Sie sind beide allwissend, allmächtig, vollkommen gut usw. Sie unterscheiden sich nur in einem einzigen Punkt: Gott$_1$ existiert nur im Verstand, Gott$_2$ existiert im Verstand und in der Realität. Welcher von beiden ist der bessere Gott? Natürlich der real existierende.

Damit sind wir auf den Widerspruch gestoßen, den Anselm aus der Annahme, dass es keinen Gott gibt, ableiten wollte. Erinnern wir uns, dass mit „Gott" das Wesen gemeint ist, über das hinaus nichts Größeres gedacht werden kann. Gott$_1$, der Gott des Atheisten, der nur im Verstand, aber nicht in der Realität existiert, soll eigentlich gemäß der Definition des Gottesbegriffs dasjenige sein, über das hinaus nichts Größeres gedacht werden kann. Aber es gibt ja etwas Größeres als Gott$_1$: Gott$_2$! Ein real existierender Gott ist besser als ein bloß gedachter Gott. Aber von einem Wesen, über das hinaus nichts Größeres gedacht werden kann, zu sagen, dass darüber hinaus etwas Größeres gedacht werden kann, ist ein Widerspruch – also muss die ursprüngliche Annahme, dass es keinen Gott gibt, falsch sein. Anders ausgedrückt: Wenn Gott das maximal größte und beste Wesen ist, dann kann er nicht nur ein bloß vorgestellter Gott sein, denn ein bloß vorgestellter Gott wäre nicht das maximal größte und beste Wesen. Es könnte etwas geben, das noch besser ist: ein Gott, der auch real existiert. Versteht man also Gott mit Anselm als das vollkommene Wesen, dann muss er auch existieren, denn würde er nicht real existieren, dann wäre er nicht vollkommen und damit nicht Gott. Anselm hat also allein aus dem Begriff Gottes ableiten können, dass er wirklich existieren muss. Bringen wir das Argument wieder in eine schematische Form, dann sieht es so aus:

(1) Gott ist etwas, über das hinaus nichts Größeres gedacht werden kann. *[Definition]*
(2) Wenn man einen Begriff versteht, dann existiert er im Verstand.
(3) Annahme: Es gibt keinen Gott (d.h. Gott existiert nur im Verstand).
(4) Wenn Gott nur im Verstand existiert, gibt es etwas, das größer ist: Gott, der real existiert
(5) Satz (4) widerspricht Satz (1).

(6) Also ist Satz (3) falsch. *[reductio ad absurdum]*
(7) Also existiert Gott auch real.

12.2 Kritik am ontologischen Argument

Ist das ein gutes Argument? Auf manche wirkt es wie ein philosophischer Taschenspielertrick, anderen erscheint es intuitiv plausibel und selbst der Skeptiker und Atheist Bertrand Russell konnte sich in jungen Jahren seinem Reiz nicht entziehen:

> Ich erinnere mich genau an den Moment: eines Tages im Jahr 1894 ging ich durch die Trinity Lane, als ich schlagartig erkannte (oder dachte, dass ich erkannte), dass das ontologische Argument korrekt ist. Ich war unterwegs gewesen, um eine Dose Tabak zu kaufen. Auf dem Rückweg warf ich plötzlich die Dose in die Luft und rief, als ich sie wieder auffing: ‚Großer Gott, das ontologische Argument stimmt!' (Russell 2009: 14)

Später änderte Russell seine Meinung wieder. Aber was lässt sich gegen das Argument einwenden?

(a) Zwei schlechte Einwände

Versucht das ontologische Argument nicht etwas Unmögliches – nämlich durch reines Denken zu zeigen, dass etwas existiert? Sowohl Hume als auch Kant hielten dem entgegen, dass die Existenz einer Sache nur mittels Erfahrung erkannt werden kann. Hume schreibt: „Was immer wir uns als existierend vorstellen, können wir uns auch als nichtexistierend vorstellen. Es gibt also kein Ding, dessen Nichtexistenz einen Widerspruch einschließt." (Hume 2016: 86)[91] Etwas formaler ausgedrückt: Existenzialsätze sind niemals analytisch. In einem analytischen Satz wie „Ein Kreis ist rund" folgt seine Wahrheit bereits aus der Bedeutung der Begriffe, die in ihm enthalten sind. Analytische Sätze sind daher immer notwendigerweise wahr. In einem synthetischen Satz hingegen (wie: „Die Donau mündet ins Schwarze Meer") reicht es nicht aus, allein seine Bedeutung zu kennen. Um festzustellen, ob dieser Satz auch wahr ist, muss ich nicht nur wissen, was „Donau" und „Schwarzes Meer" bedeuten, sondern ich (oder jemand anderes) muss auch noch dem Verlauf der Donau folgen, um ihre Mündung zu entdecken. Synthetische Sätze sind also nur kontingenterweise wahr – die Donau hätte auch anderswo münden können. Hätte Anselm recht, dann wäre der Satz „Gott existiert" ebenso eine notwendige, analytische Wahrheit wie „Ein Kreis ist rund". Aber weil der Satz nicht bloß die Bedeutung von Begriffen, sondern die Existenz eines Gegenstands betrifft, geht er, so der Einwand, über das zulässige Gebiet analytischer Aussagen hinaus. Eine analytische Existenzaussage wäre ein Widerspruch in sich. Doch leider sagt uns Hume nicht, *warum* das so sein sollte, sondern behauptet nur, *dass* es so ist. Dann aber könnte Anselm einfach erwidern, dass Hume sich irrt, denn es gibt eben doch mindestens einen analytischen Existenzialsatz: dass Gott existiert. Vielleicht ist das nicht einmal die einzige Ausnahme. Was ist mit

---

91 Kant äußert den gleichen Gedanken in der *Kritik der reinen Vernunft* (B 625f. in Kant 1998: II/532f.).

Sätzen wie „Es gibt eine Primzahl zwischen 2 und 4"? Hier handelt es sich doch auch um eine Existenzaussage, die definitiv nicht synthetisch und nicht kontingent ist. Wir haben also keinen Grund, Humes Behauptung einfach so zu glauben, und dazu noch auf den ersten Blick ein ziemlich klares Gegenbeispiel. Dieser Einwand scheitert also.

Ein zweiter Einwand lautet, dass Anselms Gottesbegriff inkonsistent ist. Es kann kein Wesen geben, über das hinaus nichts Größeres gedacht werden kann, weil der Begriff sich selbst widerspricht, ähnlich wie „die größtmögliche Zahl". Dieser Begriff sieht von seiner grammatischen Form her ganz normal aus, aber in Wahrheit kann es nichts geben, auf das er zutrifft. Es handelt sich um einen leeren Term, d.h. einen Ausdruck, der sich auf nichts bezieht. Es kann keine größtmögliche Zahl geben, weil ich zu jeder Zahl, die ich mir denken kann, immer eins addieren kann. Wie sollte es dann ein Wesen geben können, über das hinaus nicht Größeres gedacht werden kann? Ich kann mir ja immer ein anderes Wesen vorstellen kann, das in irgendeinem Punkt noch besser ist, und somit besser als das bestmögliche Wesen, so dass ich niemals beim bestmöglichen Wesen ankommen werde. Dieser Einwand setzt allerdings voraus, dass Anselms Größe, ähnlich wie die natürlichen Zahlen, potenziell unendlich ist und immer weiter gesteigert werden kann. Aber warum sollte das so sein? Könnte Größe nicht einen intrinsischen Maximalwert haben? Bei manchen Dingen ist das, anders als bei Zahlen, durchaus möglich. Es gibt beispielsweise einen größtmöglichen Winkel, denn kein Winkel kann größer sein als 360 Grad. 360 Grad ist daher derjenige Winkel, über den hinaus nichts Größeres gedacht werden kann. Während also „die größtmögliche Zahl" in sich widersprüchlich ist, ist „der größtmögliche Winkel" unproblematisch. Daher gibt es zunächst einmal keinen Grund zu der Annahme, dass „das größtmögliche Wesen" ein widersprüchlicher Begriff sein sollte. Auch dieser Einwand gegen das ontologische Argument kann also abgewiesen werden.

(b) Gaunilos vollkommene Insel

Der nächste wichtige Einwand gegen Anselms Argument stammt von seinem Zeitgenossen Gaunilo von Marmoutiers (994-1083). Stellen wir uns eine vollkommene Insel vor, so Gaunilo, die in jeder Hinsicht perfekt ist (Anselm 2005: 85 f.): Klima, Vegetation, die Entfernung vom Hotel zum Strand usw. Eine solche Insel muss gemäß Anselms Argument auch existieren, denn würde sie nur als Vorstellung im Verstand existieren, dann wäre sie nicht vollkommen. Wie auch bei Gott als dem vollkommenen Wesen gilt, dass eine vollkommene Insel erst dann vollkommen ist, wenn sie auch real existiert, denn sonst würde ihr etwas zur Vollkommenheit fehlen. Aber leider wissen wir, dass eine solche Insel nicht existiert. Doch wenn Anselms Argument, sobald wir die Begriffe in den Prämissen austauschen, zu einer falschen Konklusion führt, dann kann etwas mit diesem Argument nicht stimmen: es ist nicht gültig. Vergleichen wir es mit diesem simplen Argument:

(1) Alle Menschen sind sterblich.
(2) Alle Griechen sind sterblich.
(3) Also sind alle Griechen Menschen.

Auf den ersten Blick sieht es so aus als wäre alles in Ordnung. Die Prämissen sind wahr und die Konklusion ist es auch, also ist das Argument doch korrekt, oder? Dass etwas damit nicht stimmt, merken wir erst, wenn wir die zentralen Begriffe austauschen, z.B. so:

(1*) Alle Äpfel sind Obst.
(2*) Alle Birnen sind Obst.
(3*) Also sind alle Birnen Äpfel.

Das Argument ist nicht gültig – obwohl beide Prämissen wahr sind, produziert es eine falsche Konklusion. Im ersten Fall hatten wir nur Glück (oder Pech), dass die Konklusion zufälligerweise doch wahr ist. Wenn Gaunilo Recht hat, dann leidet Anselms Argument an genau dem gleichen Problem – das Argument besteht aus wahren Prämissen und gelangt zu einer Konklusion, die Anselm und Gaunilo für wahr halten, bloß hat die Wahrheit dieser Konklusion nichts mit dem Argument zu tun.

Gaunilos Einwand zeigt allerdings (wenn überhaupt) nur, *dass* etwas mit dem Argument nicht stimmt, aber nicht, wo der Fehler liegt. Anselm macht sich das in seiner Erwiderung zunutze und entgegnet, sollte irgendjemand ihm zeigen, wie sich das Argument auf etwas anderes als Gott anwenden ließe, dann werde er sich selbst auf die Suche nach der vollkommenen Insel machen und sie ihm schenken. Für Anselm gibt es also einen entscheidenden Unterschied zwischen dem vollkommenen Wesen und der vollkommenen Insel, weshalb das ontologische Argument gültig ist, Gaunilos Argument aber nicht. Aber was ist dieser Unterschied? Anselm selbst schweigt darüber, doch eine Möglichkeit wäre, dass es gar keine vollkommene Insel geben kann. Wie müsste denn eine Insel beschaffen sein, um als vollkommen zu gelten? Sollte sie eher groß oder eher klein sein? Sollte sie im Mittelmeer, der Karibik oder in der Nordsee liegen? Hat sie einen Sand- oder einen Kiesstrand? Palmen oder Kiefern? Es sind sehr viele verschiedene Inseln vorstellbar, die man unter diversen Aspekten als vollkommen ansehen könnte. Was aber eine Insel zur vollkommenen Insel macht, hängt von den Präferenzen dessen ab, der sie bewertet – das Urteil, welches die perfekte Insel ist, wird deutlich unterschiedlich ausfallen, je nachdem, ob jemand Sylt oder Jamaica bevorzugt. Die Vollkommenheit einer Insel kann also immer nur eine *relative* Vollkommenheit sein, bezogen auf die Präferenzen der bewertenden Person und auf die Kriterien, die wir an die jeweilige Klasse von Dingen anlegen. Aber dann ist die Vorstellung einer vollkommenen Insel tatsächlich absurd, denn keine Insel kann *absolut* vollkommen sein. In diesem Punkt unterscheiden sich Inseln (und überhaupt alle anderen Dinge) von Gott, denn er ist das einzige Wesen, das in einem absoluten Sinne vollkommen ist. Er ist dasjenige, über das hinaus nichts Größeres gedacht werden kann, so dass seine Vollkommenheit definitionsgemäß nicht von irgendjemandes Präferenzen abhängen kann. Die Idee eines (absolut) bestmöglichen Wesens ist also konsistent, die Idee einer bestmöglichen Insel hingegen nicht. Daher können wir nicht einfach in Anselms Argument den Begriff Gottes durch den der vollkommenen Insel ersetzen, denn wenn wir einen widersprüchlichen Begriff einsetzen, wird jede Prämisse automatisch falsch, ohne dass das etwas mit der Gültigkeit des Arguments zu tun hätte.[92] Gaunilos Einwand vermag also Anselms Argument auch nicht zu Fall zu bringen.

(c) Kant: Existenz ist kein reales Prädikat

In seiner *Kritik der reinen Vernunft* trägt Kant einen Einwand gegen das ontologische Argument vor, der oft als entscheidend angesehen wird. Er schreibt:

> Sein ist offenbar kein reales Prädikat, d.i. ein Begriff von irgendetwas, was zu dem Begriffe eines Dinges hinzukommen könne. Es ist bloß die Position eines Dinges, oder gewisser Bestimmungen an sich selbst. Im logischen Gebrauche ist es lediglich die Kopula eines Urteils. Der Satz: Gott ist allmächtig, enthält zwei Begriffe, die ihre Objekte haben: Gott und Allmacht; das Wörtchen: ist, ist nicht noch ein Prädikat oben ein, sondern nur das, was das Prädikat beziehungsweise aufs Subjekt setzt. Nehme ich nun das Subjekt (Gott) mit allen seinen Prädikaten (worunter auch die Allmacht gehöret) zusammen, und sage: Gott ist, oder es ist ein Gott, so setze ich kein neues Prädikat zum Begriffe von Gott, sondern nur das Subjekt an sich selbst mit allen seinen Prädikaten, und zwar den Gegenstand in Beziehung auf meinen Begriff. [...] Und so enthält das Wirkliche nichts mehr als das bloß Mögliche. Hundert wirkliche Taler enthalten nicht das mindeste mehr, als hundert mögliche. (B 626 f. in Kant 1998: II/533 f.)

Existenz ist also für Kant kein reales Prädikat, denn es fügt dem Begriff einer Sache nichts mehr hinzu. Aber was ist ein reales Prädikat? Eines, das uns etwas darüber sagt, *was* das Ding ist, dem es zugesprochen wird (und nicht bloß, *dass* das Ding ist). Ein reales Prädikat schreibt einem Gegenstand eine Eigenschaft zu. Wenn ich z.B. sage: „Der Himmel ist blau", dann ist „blau" ein reales Prädikat, denn es schreibt dem Himmel die Eigenschaft zu, blau zu sein. Dieses Prädikat sagt uns etwas über den Himmel, weil es eine Information für denjenigen enthält, der den Satz hört – der Himmel könnte ja auch wolkenverhangen und grau sein oder rot vom Sonnenuntergang. Sein (oder Existenz) ist aber laut Kant gar keine Eigenschaft, sondern nur die Verknüpfung von Subjekt und Prädikat des Satzes. Das Wort „ist" im Satz „Der Himmel ist blau" schreibt dem Himmel keine zusätzliche Eigenschaft zum Blau-Sein zu, sondern ist nur ein Bindewort (die Kopula), das den Gegenstand und die Eigenschaft in Beziehung zueinander setzt. Der Satz enthält nur zwei Begriffe, den Himmel und das Blau-Sein, aber keinen dritten, den der Existenz. Dem Begriff eines blauen Himmels wird durch die Tatsache, dass er existiert, nichts hinzugefügt. Blau bleibt blau und Himmel bleibt Himmel.

---

[92] Technisch gesprochen ist die Ersetzung von „ein Wesen, über das hinaus nichts Größeres gedacht werden kann" durch „eine Insel, über die hinaus nichts Größeres gedacht werden kann" keine Ersetzung *salva veritate*, d.h. die den Wahrheitswert des Satzes nicht beeinträchtigt.

Man kann sich das an folgendem Beispiel klarmachen: Ein Schäfer, der sich einen Überblick über seine Herde verschaffen möchte, kann seine Schafe unterteilen in männlich und weiblich, in schwarz und weiß oder in Lämmer und ausgewachsene Schafe. Was er aber nicht tun kann, ist, sie in existierende und nicht-existierende Schafe zu unterteilen, denn wie auch immer er seine Herde sortieren möchte, er kann nur die existierenden Schafe berücksichtigen. Reale Prädikate schreiben Gegenständen Eigenschaften zu, so dass ich die Gegenstände danach sortieren kann, ob sie die Eigenschaft haben oder nicht. Aber wenn ich sie sortiere, dann ist ihre Existenz dabei immer schon vorausgesetzt. Der Schäfer sortiert seine existierenden Schafe nach schwarz und weiß, aber nicht die nicht-existierenden, denn die gibt es einfach nicht. Es wäre auch sinnlos, sich zu fragen, ob die nicht-existierenden Schafe schwarz oder weiß sind oder wie viele nicht-existierende Schafe er hat. Auf diese Fragen gibt es keine korrekte Antwort, eben weil die nicht-existierenden Schafe nicht existieren. Anders als Schwarz-Sein oder Weiß-Sein also ist Existent-Sein keine Eigenschaft, die einem Gegenstand zukommen kann oder nicht, sondern die notwendige Voraussetzung dafür, dass ihm überhaupt irgendwelche Eigenschaften zukommen können. Daher schreibe ich Gott (laut Kant) im Satz „Gott existiert" auch keine Eigenschaft zu. Aber gerade das ist ja der kritische Schritt des ontologischen Arguments. Anselm hatte behauptet, dass der nur gedachte Gott nicht vollkommen sein kann, weil ihm etwas fehlt – die reale Existenz. Aber wenn reale Existenz keine Eigenschaft ist, dann ist sie auch nichts, was einem vollkommenen Gott überhaupt fehlen könnte. Dass Gott vollkommen ist, bedeutet ja, dass ihm alle positiven Eigenschaften im höchstmöglichen Ausmaß zukommen. Und wenn Existenz keine Eigenschaft ist, die er haben kann oder nicht, dann fehlt einem nur gedachten Gott auch nichts zu seiner Vollkommenheit, denn er hat alle positiven Eigenschaften, die man sich denken kann, in höchstmöglichem Ausmaß. Sicher, er existiert nicht – aber das ist egal, denn es beeinträchtigt seine Vollkommenheit nicht im Geringsten.

Kants Kritik wiegt schwer, und wenn sein Einwand korrekt ist, dann muss das ontologische Argument scheitern. Aber eben nur, wenn er korrekt ist, d.h. wenn Existenz wirklich keine Eigenschaft ist. Diese Einschätzung wird in der modernen Logik und Metaphysik zwar meistens geteilt, ist aber nicht vollkommen unumstritten.[93] Sollte Existenz kein reales Prädikat sein, hätte das unter anderem die unangenehme Konsequenz, dass Sätze wie „ich existiere" sinnlos sind, da in ihnen nichts über mich gesagt wird und es auch keinen Begriff von „ich" gibt, der irgendwelche Prädikate enthalten könnte. Aber ist der Gedanke „Ich hätte auch niemals existieren können" etwa sinnlos? Und könnte man nicht auch einwenden, dass es in manchen Fällen durchaus einen Unterschied macht, ob etwas existiert oder nicht? Was etwa, wenn mein Arbeitgeber sich weigert, mir am Ende des Monats meinen Lohn zu zahlen und auf meine Beschwerde antwortet: „Ich habe

---

93 Es gibt in der Moderne eine ausführliche und komplexe Debatte über die Bedeutung des Existenzbegriffs, deren logische und metaphysische Grundlagen ich hier nicht nachzeichnen kann. Im Kern dieser Debatte steht die Frage, ob das, was wir mit Existenz meinen, vollständig durch den Existenzquantor erfasst wird. Zur Einführung in diese Thematik siehe Tugendhat/Wolf 1993: Kap. 11 und Luckner/Ostritsch 2018: Kap. 3 und 4. Eine klassische Gegenposition zu Kant findet sich bei Bernard Bolzano in seiner *Wissenschaftslehre* (Bolzano 1987: § 142).

Ihnen doch Ihr Geld gegeben, nur waren es eben tausend gedachte Euro, nicht tausend reale Euro. Kant hat schließlich gesagt, dass tausend gedachte Euro nicht mehr enthalten als tausend reale, also stimmt doch alles." Ich persönlich bevorzuge es, in realen Euro bezahlt zu werden und nicht in gedachten. Aber warum, wenn es doch keinen relevanten Unterschied zwischen beiden gibt? Oder nehmen wir an, ich erzähle Ihnen immer wieder von meinem Freund Tim und Sie beschließen, Tim und mich zum Abendessen einladen, um ihn endlich einmal selbst kennenzulernen. Aber als Sie am Samstagabend die Tür öffnen, steht nur ich davor, denn wie sich herausstellt, ist Tim bloß ein imaginärer Freund. Aber wäre es nicht durchaus eine substanzielle Information für Sie gewesen, ob mein Freund Tim nun existiert oder nicht? Ähnlich sieht es aus bei Aussagen wie „Einhörner existieren nicht". Auch ein solcher Satz enthält die durchaus relevante Einsicht, dass Einhörner nicht existieren. Wir können uns ja eine Welt vorstellen, in der es Einhörner wirklich gibt, und bei vielen Dingen – Geister, Feen oder Äther – war es ein bedeutender Erkenntnisfortschritt, herauszufinden, dass sie nicht existieren. Aber wenn wir in dem Moment etwas Neues lernen, in dem wir erkennen, dass es irgendetwas *nicht* gibt, dann scheint es doch einen substanziellen Unterschied zwischen Sein und Nicht-Sein zu geben. Und wenn es sehr wohl einen Unterschied macht, ob ein Ding existiert oder nicht, wieso sollte dann Existenz kein reales Prädikat sein?

(d) Wovon handeln Existenzaussagen?

Dieses Problem führt uns zu der Frage, was eigentlich die Bedeutung von Aussagen über Existenz und Nicht-Existenz ist, und damit zum letzten und entscheidenden Einwand gegen das ontologische Argument. Auch dieser Einwand findet sich im Prinzip schon bei Kant, allerdings nicht in der *Kritik der reinen Vernunft*, sondern in seiner Schrift *Der einzig mögliche Beweisgrund zu einer Demonstration des Daseins Gottes*:

> Es ist aber das Dasein in denen Fällen, da es im gemeinen Redegebrauch als ein Prädikat vorkommt, nicht so wohl ein Prädikat von dem Dinge selbst, als vielmehr von dem Gedanken, den man davon hat. Z. E. dem Seeeinhorn kommt die Existenz zu, dem Landeinhorn nicht.[94] Es will dieses nichts anders sagen, als die Vorstellung des Seeeinhorns ist ein Erfahrungsbegriff, das ist, die Vorstellung eines existierenden Dinges. Daher man auch, um die Richtigkeit dieses Satzes von dem Dasein einer solchen Sache darzutun, nicht in dem Begriffe des Subjekts sucht, denn da findet man nur Prädikate der Möglichkeit, sondern in dem Ursprunge der Erkenntnis, die ich davon habe. Ich habe, sagt man, es gesehen, oder von denen vernommen, die es gesehen haben. *Es ist daher kein völlig richtiger Ausdruck zu sagen: Ein Seeeinhorn ist ein existierend Tier, sondern umgekehrt, einem gewissen existierenden Seetiere kommen die Prädikate zu, die ich an einem Einhorn zusammen gedenke.* Nicht: regelmäßige Sechsecke existieren in der Natur, sondern: gewisse Dinge in der Natur, wie denen Bienenzellen oder dem

---

[94] Falls Sie sich fragen, was Kant mit „Seeeinhorn" meint: den Narwal.

Bergkristall kommen die Prädikate zu, die in einem Sechsecke beisammen gedacht werden. (A 6 f. in Kant 1998: I/631 f.)

Kant gibt hier eine plausiblere Deutung von Aussagen über Existenz und Nicht-Existenz: Wenn ich sage, dass Einhörner nicht groß sind, dann bedeutet das, dass Einhörnern die Eigenschaft der Größe fehlt. Wenn ich aber sage, dass Einhörner nicht existieren, bedeutet das nicht, dass den Einhörnern die Eigenschaft der Existenz fehlt. Das wäre ja auch paradox, denn wie gesagt, um eine Eigenschaft zu haben oder nicht zu haben, muss man bereits existieren. Zu sagen, dass Einhörner nicht existieren, bedeutet vielmehr, dass keinem Ding in der Welt die Eigenschaften zukommen, die ich im Begriff des Einhorns zusammen denke. Ich habe einen bestimmten Begriff von einem Einhorn, der eine Reihe von Prädikaten enthält, anhand derer ich beschreibe kann, was ein Einhorn ist, z.B.: hat vier Beine, hat ein Horn, sieht aus wie ein Pferd usw. Wenn ich jetzt sage, dass es keine Einhörner gibt, meine ich damit, dass unter allen Dingen, die in der Welt existieren, keines unter diesen Begriff fällt. Ein Ding fällt genau dann unter einen Begriff, wenn es die Bedingungen für die korrekte Anwendung des Begriffs erfüllt, die sich aus dem Begriff selbst ergeben. Um festzustellen, ob irgendein Ding, das ich vor mir habe, unter den Begriff des Einhorns fällt, müsste ich es also daraufhin untersuchen, ob es vier Beine hat, ein Horn, aussieht wie ein Pferd usw. Tut es das, dann fällt es unter den Begriff des Einhorns. Dass es keine Einhörner gibt, bedeutet demnach: Wenn ich in die Welt hinausgehe und alle Dinge, denen ich begegne, daraufhin untersuche, ob sie unter den Begriff des Einhorns fallen, dann werde ich feststellen, dass das bei keinem Ding der Fall ist. Auf nichts in der Welt kann ich all die Prädikate anwenden, die meinen Begriff „Einhorn" ausmachen. Technisch ausgedrückt: Der Begriff „Einhorn" ist in der Welt nicht *instanziiert*. Existenzaussagen handeln also interessanterweise gar nicht von Dingen, sondern von Begriffen.[95] Sie sagen nicht, welche Dinge existieren oder nicht, sondern sie sagen, welche Begriffe instanziiert sind. Wenn ich sage: „Das vollkommene Wesen existiert nicht", dann meine ich damit nur, dass kein Ding, das es gibt, unter den Begriff eines vollkommenen Wesens fällt – aber dadurch wird das vollkommene Wesen nicht weniger vollkommen. Existenzaussagen können also durchaus eine substanzielle Information enthalten (nämlich dass ein bestimmter Begriff instanziiert ist), ohne dass Existenz eine Eigenschaft sein müsste. Aus diesem Grund möchten wir auch lieber in realen als in gedachten Euro bezahlt werden. Denn auch wenn die realen und die fiktiven tausend Euro in allen Eigenschaften gleich sind, bevorzugen wir es doch, wenn der Begriff der tausend Euro auch instanziiert ist. Schließlich bezahlt man mit Geld und nicht mit Begriffen. Und damit bleibt der Einwand bestehen: Ein vollkommenes Wesen ist nicht weniger vollkommen, wenn es nicht existiert.

---

95 Dieses Verständnis von Existenzialsätzen wird oft mit dem deutschen Philosophen und Logiker Gottlob Frege assoziiert. Frege schreibt: „Es ist ja Bejahung der Existenz nichts Anderes als Verneinung der Nullzahl." (Frege 1988: 64). Wenn ich also sage, dass es Einhörner gibt, meine ich damit, dass die Menge aller Dinge, die unter den Begriff des Einhorns fällt, keine leere Menge ist. Meine Aussage bezieht sich auf den Umfang des Begriffs, nicht auf irgendwelche konkreten Gegenstände.

12.2 Kritik am ontologischen Argument

Hier könnte Anselm noch einmal Widerspruch einlegen und auf einen relevanten Unterschied zwischen Gott und Einhörnern verweisen: Der Begriff Gottes enthält bereits die Existenz, der des Einhorns aber nicht. In den Gottesbegriff ist sozusagen von Anfang an eingebaut, dass es ein Ding geben muss, das unter ihn fällt. Der Gottesbegriff wäre damit eine Ausnahme – der einzige Begriff, der notwendigerweise instanziiert sein muss. Aber das ändert leider auch nichts. Nehmen wir einmal an, dass der Begriff Gottes wirklich seine Existenz einschließt. Dann folgt daraus nur, dass nichts, was nicht existiert, eine Instanziierung des Gottesbegriffs sein kann. Wenn wir sagen, dass es notwendigerweise zum Begriff des vollkommenen Wesens dazugehört, dass es existiert bzw. dass der Begriff instanziiert ist, dann bedeutet das, dass nur etwas, das auch existiert, jemals unter diesen Begriff fallen könnte. Einen bloß gedachten Gott würden wir nicht „Gott" nennen können. Ob aber *tatsächlich* etwas unter diesen Begriff fällt, ist dann immer noch eine offene Frage. Definieren wir beispielsweise einen neuen Begriff: den des R-Einhorns (für *reales Einhorn*). Der Begriff des R-Einhorns ist komplett identisch mit dem des Einhorns, nur, dass es darüber hinaus auch real existieren muss. Ein Einhorn ist ein vierbeiniges, pferdeartiges Tier mit einem Horn auf der Stirn; ein R-Einhorn ist ein Einhorn, das auch real existiert. Ist es dann nicht ein Widerspruch, zu sagen, dass R-Einhörner nicht existieren (sie sind ja als existierend definiert)? Offensichtlich nicht, denn es bedeutet nur, dass ich unter allen Dingen der Welt, die es gibt, keines finden kann, das alle Eigenschaften hat, die den Begriff „Einhorn" ausmachen und zugleich auch real existiert. Wenn es zum Begriff des R-Einhorns gehört, dass es real existiert, dann folgt daraus: Kein nicht-existierendes Ding ist ein R-Einhorn. Aber das ist leider nicht gleichbedeutend mit: ein existierendes Ding ist ein R-Einhorn. Was immer mein Begriff auch enthalten mag, ich muss, wie Kant es ausdrückt, „über den Begriff hinausgehen", um festzustellen, ob er wirklich instanziiert ist oder nicht. Selbst wenn also Existenz Bestandteil des Gottesbegriffs sein sollte, heißt das nur, dass nichts, was nicht existiert, Gott sein kann. Aber daraus folgt eben nicht, dass auch etwas, das existiert, Gott sein muss. Das ontologische Argument ist ohne Zweifel eine der genialsten Ideen der Philosophiegeschichte, aber dennoch beruht es letztlich auf einer logischen Verwirrung von Begriff und Gegenstand.

Quellen

Anselms Argument kann man in seinem *Proslogion*, Kap. 2 nachlesen (Anselm 2005), das ontologische Argument von Descartes in seinen *Meditationen*, Kap. 5 (Descartes 1986). Leibniz ergänzt Anselms und Descartes' Argumente in seinen *Nouveaux Essais*, Buch IV, Kap. 10 (Leibniz 1996: 466-477). Humes Kritik in seinen *Dialogen*, Kap. 9 (Hume 2016: 83-89), Kants Kritik in der *Kritik der reinen Vernunft* (B 620-630 in Kant 1998: II/529-536) und in *Der einzig mögliche Beweisgrund zu einer Demonstration des Daseins Gottes*, Abschnitt I, Erste Betrachtung (A 1-16 in Kant 1998: I/629-636).

Weiterführende Literatur

Allgemein: Alston 1960. Barnes 1972. Plantinga 1974a: Kap. IIc. Oppy 1995. Oppy 2018. Existenz: Kneale/Moore 1936. Morscher 1974. Luckner/Ostritsch 2018. Anselm: Hartshorne 1965. Millican 2004. Moderne Varianten: Plantinga 1974b. Malcolm 1960.

12 Das ontologische Argument

Diskussionsfragen

- Wie viele nicht-existierende Euro haben Sie im Portmonee?
- Mal angenommen, Existenz wäre eine Eigenschaft – warum sollte es eine positive Eigenschaft sein?
- Wenn es eine Primzahl zwischen 2 und 4 gibt, heißt das, dass diese Zahl existiert?

13 Das Problem des Übels

> **Zusammenfassung**
>
> Das Problem des Übels ist das stärkste Argument gegen die Existenz Gottes: wenn es einen allmächtigen und vollkommen guten Gott gibt, woher kommt dann das Übel in der Welt? Es gibt verschiedene Strategien, auf diese Herausforderung zu antworten: entweder das Übel wurde von etwas anderem als Gott verursacht, oder es gibt in Wirklichkeit keine Übel, oder es steht uns nicht zu, diese Frage zu stellen. Die wichtigste Strategie ist jedoch die Theodizee, d.h. der Versuch, Gründe zu finden, warum Gott das Übel zulassen musste. Die wichtigsten Theodizeen kreisen um den Begriff der Freiheit und behaupten, dass echte Freiheit nur möglich ist, wenn auch die Gefahr besteht, dass sie zum Schlechten missbraucht wird.

Bisher haben wir uns diverse Argumente angesehen, die versuchen, die Existenz Gottes zu beweisen oder wenigstens plausibel zu machen. Das Ergebnis ist bisher allerdings eher ernüchternd – all diese Argumente haben jeweils eigene Probleme und keinem von ihnen gelingt es eindeutig zu zeigen, dass es einen Gott im Sinne des Theismus gibt. Bedeutet das, dass es keinen Gott gibt? Nicht unbedingt, denn nur, weil ich nicht *nachweisen* kann, dass es einen Gott gibt, folgt daraus noch nicht, dass ich nachweisen kann, dass es ihn *nicht* gibt. Wenn alle Schwäne, die ich bisher gesehen habe, weiß sind, heißt das nicht, dass es keine schwarzen Schwäne gibt – es könnte ja auch sein, dass ich die schwarzen Schwäne einfach noch nicht gefunden habe. Wenn also kein Argument für die Existenz Gottes überzeugend ist, können wir zwar sagen, dass wir nicht wissen, ob Gott existiert. Aber zu sagen, dass wir wissen, dass er *nicht* existiert, erfordert mehr als das. Dazu müssten wir ein gutes Argument *gegen* die Existenz Gottes finden. Das wichtigste derartige Argument ergibt sich aus dem Problem des Übels. Manchmal wird es auch (nach dem gleichnamigen Werk von Leibniz) als „Theodizee-Problem" bezeichnet, von gr. *theos* – Gott und *dikē* – Gerechtigkeit, also etwa: Rechtfertigung Gottes angesichts der Übel in der Welt.

Der Ausgangspunkt dieses Arguments lautet: Wie ist die Existenz von Leid und Übeln in der Welt mit der Existenz eines allmächtigen, allwissenden und allgütigen Gottes vereinbar? Dass es Leid und Übel in der Welt gibt, ist eine nicht zu bestreitende Tatsache. Krankheit, Alter und Tod sind Quellen unermesslichen Leidens seit Anbeginn der Menschheitsgeschichte. Dazu kommen Naturkatastrophen wie Erdbeben, Hungersnöte oder Pandemien und alle Formen menschengemachten Leidens wie Krieg, Gewalt, oder Hass. Und nicht nur Menschen leiden, sondern alle empfindungsfähigen Lebewesen. Das Dasein der Tiere ist ebenso sehr vom Leiden durchzogen wie das der Menschen, wenn nicht sogar noch mehr. Kein Wunder, dass der Buddha den Satz „Alles Dasein ist leidvoll" als erste der vier edlen Wahrheiten zum Fundament seiner Lehre machte.[96] Der Begriff „Übel" (engl. *Evil*, lat. *malum*) ist in diesem Kontext sehr weit gefasst. Man versteht

---

[96] Da der Buddha aber nicht an die Existenz eines theistischen Gottes glaubte, stellt sich für ihn das Problem des Übels in dieser Form nicht. Für den Buddhismus ist das Leiden niemandes Schuld, auch nicht Gottes. Stattdessen steht die eigenständige Überwindung des Leidens im Zentrum. Zur Frage, ob sich aus der

darunter alles, was Leiden erzeugt, ganz gleich, welches Ausmaß und welchen Ursprung es hat. Gemeint ist also nicht nur das im moralischen Sinne Böse oder Schlechte, sondern überhaupt alles, was dazu führen kann, das empfindungsfähige Wesen leiden (man könnte also genauso gut vom Problem des Leidens sprechen). Innerhalb dieses umfassenden Begriffs des Übels unterscheidet man üblicherweise zwei Arten des Übels, die uns jeweils vor ein eigenes Problem stellen und daher auch jeweils eigene Lösungsansätze erforderlich machen:

(a) Das *physische* Übel. Hierunter versteht man jede Form von Leiden, das aufgrund natürlicher Prozesse entsteht, also nicht das Produkt bewusster Handlungen von Personen ist, z.B. Naturkatastrophen oder Krankheiten. Für diese Übel kann niemand verantwortlich gemacht werden, da sie nicht das Resultat absichtlichen Handelns irgendwelcher Wesen sind.

(b) Das *moralische* Übel. Damit ist jedes Leiden gemeint, das durch menschliche Handlungen zustande kommt (oder die Handlungen nicht-menschlicher Personen, sofern es welche gibt), für das also jemand die Verantwortung trägt, also z.B. Krieg, Vergewaltigung, und Folter. Moralische Übel können nicht einfach kausal aus dem natürlichen Lauf der Dinge erklärt werden, sondern erfordern das aktive Handeln bewusster Subjekte.

Dass es diese Übel in der Welt gibt, kann man kaum bestreiten. Wenn aber Gott der Schöpfer der Welt ist, wie es der klassische Theismus behauptet (vgl. Kap. 9.1a), dann ist er der letzte Grund von allem, was existiert, also auch aller Übel in der Welt. Damit trägt Gott trägt die Verantwortung für die Existenz des Übels. Aber warum sollte ein gütiger Gott eine Welt erschaffen, in der es Übel und Leiden gibt? Es scheint einen eklatanten Widerspruch zwischen dem theistischen Gottesbegriff und der Existenz von Übeln in der Welt zu geben: Gott ist definitionsgemäß allmächtig, allwissend und vollkommen gut, aber dennoch gibt es Übel in der Welt. Weiß Gott nichts vom Übel? Dann ist er nicht allwissend. Kann Gott nichts gegen das Übel tun? Dann ist er nicht allmächtig. Oder will er nichts dagegen tun? Dann ist er nicht vollkommen gut. Wenn es also einen Gott im Sinne des Theismus gäbe, dann dürfte es keine Übel geben. Es gibt aber Übel – also kann es keinen Gott geben. Ein Argument, das vom Problem des Übels ausgeht, könnte etwa so aussehen:

(1) Gott ist allmächtig, allwissend und vollkommen gut.
(2) Wenn ein allmächtiges, allwissendes und vollkommen gutes Wesen existiert, würde es niemals die Existenz von Übeln zulassen.
(3) Es gibt Übel.
(4) Also gibt es keinen Gott.

An dieser Stelle wird oft zwischen zwei Fassungen des Problems des Übels unterschieden, dem logischen und dem evidentiellen Problem. Das logische Problem

---

buddhistischen Deutung des Leidens etwas für das theistische Problem des Übels lernen lässt, siehe Gäb 2015.

besagt, dass es einen logischen Widerspruch zwischen der Existenz des Übels und der Existenz Gottes gibt; das evidentielle Problem besagt, dass die Existenz Gottes zwar mit der Existenz des Übels prinzipiell vereinbar ist, dass aber das Ausmaß des Übels ein starker Beleg (*evidence*) gegen seine Existenz ist: Die Existenz Gottes ist angesichts der Übel in der Welt zwar nicht logisch unmöglich, aber faktisch doch sehr unwahrscheinlich. Aber diese Unterscheidung ist ziemlich künstlich und meist wenig hilfreich. Eine Lösung des logischen Problems ist bereits gefunden, wenn es uns gelingt, irgendeine Möglichkeit zu finden, warum Prämisse (2) falsch ist, z.B.: Auch ein gütiger Gott würde notwendige Übel zulassen, wenn nur so andere wichtige Ziele erreicht werden könnten. Aber dann bleibt die viel wichtigere Frage offen, welche Ziele das denn sind, warum sie nur so zu erreichen sind und ob wirklich alle Übel allein diesem höheren Ziel dienen – also das evidentielle Problem. Das ist in etwa, als würde ein Anwalt zunächst erläutern, warum es logisch möglich ist, dass seine Mandantin das Verbrechen nicht begangen hat (es könnte ja eine unbekannte Zwillingsschwester geben, von deren Existenz bis jetzt nie jemand erfahren hat), und dann erst die echten, plausiblen Gründe vorlegen, warum sie es nicht gewesen ist (sie war zur Tatzeit im Ausland). Den ersten Schritt kann er sich natürlich sparen. Jede interessante Antwort auf das Problem des Übels wird also ohnehin beide Aspekte behandeln müssen, weshalb wir diese Trennung nicht weiter zu beachten brauchen.

Gott sitzt nun also (um es mit C.S. Lewis[97] zu sagen) auf der Anklagebank. Ihm wird vorgeworfen, das Leiden in der Welt verursacht zu haben. Wollen wir weiterhin an einen Gott im Sinne des Theismus glauben, dann muss es uns gelingen, Gott von diesem schwerwiegenden Vorwurf freizusprechen. Wie sind die Aussichten dafür? Angenommen, ich werde angeklagt, einen Mord begangen zu haben, welche Strategien habe ich dann, um mich zu verteidigen? Grundsätzlich stehen mir vier mögliche Wege zur Verteidigung offen:

(a) Strategie 1: *Ich war's nicht.* Ja, es gab einen Mord, aber es war nicht ich, sondern jemand anderes.

(b) Strategie 2: *Nix passiert.* Es gab überhaupt keinen Mord. Sicher, Herr X ist tot, man hat seine Leiche gefunden, aber das hat nichts mit mir zu tun. Er ist eines natürlichen Todes gestorben, ich hatte keinen Einfluss darauf.

(c) Strategie 3: *Geht dich nix an.* Mord? Misch dich nicht in meine Angelegenheiten ein! (In den meisten realen Gerichtsverfahren dürfte diese Strategie ziemlich aussichtslos sein. Allerdings könnte ein ziviles Gericht durchaus eine Klage fallen lassen, weil der Angeklagte nachweisen kann, dass es nicht zuständig ist. Möglicherweise wurde z.B. das Verbrechen von einem Soldaten im Kriegseinsatz begangen, so dass ein Militärgericht zuständig wäre.)

(d) Strategie 4: *Ich kann alles erklären.* Ja, ich habe Herrn X getötet, aber es war gar kein Mord, sondern ein Unfall oder Beihilfe zum Suizid.

---

[97] Britischer Literaturwissenschaftler und Schriftsteller (1898-1963). Den meisten dürfte er aber als Autor der *Chroniken von Narnia* bekannt sein.

13 Das Problem des Übels

Alle vier Strategien sind im Verlauf der Philosophiegeschichte angewandt worden, um das Problem des Übels zu lösen und Gott von der Verantwortung für das Leiden in der Welt freizusprechen. Strategie 1 muss Prämisse (1) angreifen, während Strategie 2 sich gegen Prämisse (3) wendet und Strategie 4 versucht, Prämisse (2) aufzuweichen. Strategie 3 hingegen läuft am ehesten darauf hinaus, das Problem als solches zu verwerfen. Schauen wir uns einige exemplarische Lösungsversuche für die jeweilige Strategie an.

13.1 Manichäismus: Der andere war's

Wäre es nicht möglich, dass nicht Gott der Urheber des Übels ist, sondern jemand oder etwas anderes? Eine solche Position vertritt beispielsweise der antike Manichäismus (benannt nach Mani, dem Begründer dieser Religion, 216-277). Diese zeitweise sehr bedeutende religiöse Bewegung, die sich im gesamten Römischen Reich der Spätantike und weiter bis nach Asien verbreitete, hat gewisse Überschneidungen mit dem Christentum, ist aber deutlich stärker von den Lehren der Gnosis, einer antiken Erlösungsbewegung, geprägt.[98] Der Manichäismus lehrt eine dualistische Kosmologie, in der die Welt der Schauplatz eines Kampfes zweier entgegengesetzter Kräfte ist: der Kraft des Lichts und der Kraft der Finsternis. Gott ist Herrscher des Reichs des Lichts, sein Gegenspieler ist der Fürst der Finsternis, und die Welt ist das Ergebnis dieses Kampfes, denn in ihr sind Elemente des Lichts und der Finsternis miteinander vermischt. Das Übel in der Welt ist daher auch nicht Folge des Wirkens Gottes (den die Manichäer nicht als allmächtig verstehen), sondern des Einflusses der Mächte der Finsternis. Ein Echo dieser Lehre findet sich noch immer in naiven Auffassungen des Christentums, wonach der Teufel als Gegenspieler Gottes die Ursache des Leidens in der Welt ist, mit der Konsequenz, dass alle physischen Übel in Wirklichkeit moralische Übel sind. Diese Lösung des Problems des Übels ist zwar bestechend einfach, aber klarerweise nicht mit dem Gottesbegriff des Theismus vereinbar.[99] Gott ist der allmächtige Schöpfer der Welt und als solcher verantwortlich für die Existenz von allem, was es gibt. Dann müsste er aber auch den Teufel oder die Kraft der Finsternis geschaffen haben, die das Übel hervorbringt und wäre deshalb in letzter Instanz doch wieder für die Existenz des Übels verantwortlich. Und wenn ein allmächtiger Gott eine Kraft der Finsternis schafft (oder nicht verhindert), warum sollte er danach dem bösen Wirken negativer Kräfte einfach zusehen anstatt einzugreifen und sie zu stoppen? Diese Frage ist nur eine leicht veränderte Form der ursprünglichen Frage – warum lässt Gott das Übel zu? – und um nichts einfacher zu beantworten. Wenn wir sagen, dass nicht Gott, sondern etwas anderes für das Übel in der Welt verantwortlich ist, müssen wir also entweder annehmen, dass Gott nicht wirklich das ist, was wir mit „Gott" (im Sinne des Theismus) meinen, oder wir haben das Problem des Übels nur anders formuliert, ohne es zu lösen.[100]

---

98 Eine Einführung in die Gnosis (und den Manichäismus) in Markschies 2006.
99 Was einige nicht davon abhält, die Idee trotzdem ernst zu nehmen. Für eine philosophische Verteidigung dieser *Satan hypothesis* siehe Kelly 1997.
100 Grundsätzlich ist es auch möglich, den Gottesbegriff zu modifizieren, indem man z.B. seine Allmacht aufgibt, wie es etwa in der Prozesstheologie versucht wird (vgl. Kap. 9.2a). Siehe dazu Woell/Howe 2008.

13.2 Augustinus: Es gibt gar keine Übel

Die zweite Strategie wirkt auf den ersten Blick ziemlich seltsam – wie könnte man ernsthaft bestreiten, dass es Übel gibt? Was könnte realer sein als die universale Erfahrung des Leidens? Dennoch wurde diese These tatsächlich prominent in der Debatte vertreten, nämlich von Augustinus. Natürlich ist Augustinus nicht so naiv, einfach zu leugnen, dass es Übel gibt. Er spricht stattdessen dem Übel eine eigene Realität ab, was bedeutet, dass es in gewisser Weise zwar Übel gibt, aber eben nicht wirklich. Augustinus entwickelt diese Position in Abgrenzung vom Manichäismus, der in seiner Zeit eine bedeutende religiöse Bewegung war (Augustinus war selbst in jungen Jahren Manichäer), und hält seinem dualistischen Weltbild entgegen, dass es kein eigenständiges Prinzip des Bösen gibt. Es wäre daher ein Fehler, das Übel als ein Etwas zu denken, das eine eigenständige Realität hat. Stattdessen ist es nur ein Mangel an Gutem. Was real ist, ist für Augustinus auch gut, aber es wird schlecht, indem es an Gutem verliert. Das Übel ist also vergleichbar mit Schulden: Wir sprechen davon, dass wir Schulden „haben", aber natürlich hat man nichts, wenn man Schulden hat. Im Gegenteil, gerade der Mangel an etwas macht Schulden aus. Geld ist etwas Reales, das ich besitzen kann, während Schulden einfach ein Mangel an Geld sind. Schulden an sich haben keine reale Existenz, es gibt sie nur in Abhängigkeit vom Geld. Augustinus schreibt:

> [Alle Dinge] sind gut, die irgendwie sind, und das Böse, dessen Ursprung ich suchte, ist kein Wesen (*substantia*), denn wäre es ein Wesen, wäre es gut. Denn es wäre entweder ein unzerstörbares Wesen, also ein hohes Gut, oder es wäre ein zerstörbares Wesen, das nur zerstört werden könnte, wenn es gut wäre. Auf diesem Wege sah ich dann mit aller Klarheit, dass du alle Dinge gut gemacht hast und dass es überhaupt keine Wesen gibt, die du nicht gemacht hast. (*Confessiones* VII, 12 in Augustinus 2003: 186)

Das ist Augustinus' sogenannte *Privationslehre* (von lat. *privatio* – Beraubung), nach der das Übel keine eigene Realität hat, sondern nur ein Mangel an Gutem ist. Eigentlich ist daher das Übel auch nichts, denn es ist kein Ding bzw. keine Substanz, es ist nichts Existierendes, so dass man mit Augustinus sagen könnte: *eigentlich* gibt es keine Übel. Und da Gott nur alles, was existiert, geschaffen hat, kann er nicht für das Übel verantwortlich gemacht werden. Gottes Schöpfung ist also ausnahmslos gut.

Eine überzeugende Lösung für das Problem des Übels ist das leider nicht. Natürlich hat Augustinus eine elegante Erklärung dafür, warum das Übel nicht real ist in dem Sinne, dass es keine substanzielle Realität hat. Aber in diesem Sinne nicht real zu sein ist ja nicht gleichbedeutend damit, dass es keine Übel gibt. Wenn ich mich schlecht fühle und zum Arzt gehe, kann mein Arzt mir zwar sagen: „Sie sind nicht krank, Sie haben nur einen Mangel an Gesundheit", aber was ändert das an meiner Situation? Dass es mir schlecht geht, ist nach wie vor eine Tatsache, die erklärt werden muss. Und sollten Sie in Versuchung geraten, Ihre Schulden einfach zu ignorieren mit dem Argument, dass Schulden keine eigenständige Realität haben, sondern nur ein Mangel an Geld sind, dürfte Ihnen einiger Ärger bevorstehen. Dass es Übel gibt, ist eine Tatsache – für Augustinus zwar eine negative Tatsache, die darin besteht, dass ein bestimmter Sachverhalt *nicht* vorliegt, aber das ändert nichts daran, dass es eine Tatsache ist. Wir können immer noch fragen, warum diese Tatsache besteht (d.h. warum Wesen leiden müssen), unabhängig davon, welchen ontologischen Status wir dem Übel zusprechen wollen. Tatsächlich hat Augustinus auch eine Erklärung dafür, wie das Übel in die Welt kommen konnte bzw. wie das Gute verloren ging: durch den Sündenfall. Wir sind also letzten Endes selbst schuld, denn das Leiden ist die gerechte Strafe für den Verstoß gegen Gottes Gebote. Augustinus primäres Ziel war es, Gott vom Vorwurf freizusprechen, Urheber des Übels zu sein, was ihm auch mit Hilfe seiner Privationslehre gelingt. Aber auch wenn Augustinus diese Lösung genügt haben mag, ist sie doch für diejenigen, die nicht ohnehin bereits an Gott (und den Sündenfall) glauben, nicht überzeugend. Denn die Privationslehre allein liefert noch keine Erklärung dafür, weshalb Gott das Leiden zulässt, und der Verweis auf den Sündenfall bringt eine Menge theologisch-dogmatischen Ballast mit sich, der unmöglich einfach vorausgesetzt werden kann, wenn doch gerade die Existenz Gottes in Frage steht.

13.3 Hiob: Gottes Wege sind unergründlich

Strategie 3 besteht darin, die Frage abzuweisen. Es steht uns Menschen einfach nicht zu, Gottes Schöpfung zu hinterfragen und von ihm eine Rechtfertigung dafür zu verlangen, warum die Dinge so sind, wie sie sind. Möglicherweise fehlen uns auch die kognitiven Fähigkeiten zu verstehen, warum Gott das Übel zulässt. Er mag seine Gründe haben, aber sie sind uns begrenzten Menschen einfach nicht zugänglich. Der Prototyp dieser Strategie findet sich in der biblischen Erzählung von Hiob wieder. Die Erzählung beginnt damit, dass Gott und der Satan sich über Hiob unterhalten, einen wohlhabenden, frommen und gottesfürchtigen Mann. Gott prahlt damit, wie sehr ihm Hiob ergeben ist. Der Satan entgegnet, dass er nur deshalb so fromm ist, weil es ihm so gut geht. Würde er seinen Wohlstand verlieren, hätte sein Glauben keinen Bestand. Also schlägt der Satan Gott eine Wette vor: Er wird es schaffen, Hiob so lange zu quälen, bis er seinen Glauben aufgibt und Gott verflucht. Gott schlägt ein und lässt dem Satan freie Hand, Hiob nach Belieben zu malträtieren. Hiob verliert zuerst seinen Besitz und dann seine Familie, aber bleibt Gott treu. Er wird mit Krankheiten geschlagen, hält aber weiter stand. Dann besuchen ihn drei Freunde, um ihn zu trösten, und fragen, was er getan hat, dass Gott ihn so straft – denn in ihrem Weltbild ist Leiden nur die gerechte Strafe Gottes für den Sünder. Aber Hiob beharrt darauf, nichts falsch gemacht zu haben und gibt nun endgültig auf: Er schimpft auf Gott, der ihn zu Unrecht leiden lässt, und beschwört seine Unschuld. Da erscheint Gott in Gestalt eines Wirbelwinds vor ihm und weist ihn – ohne auf seine Klagen einzugehen – mit folgenden Worten zurecht:

> Wer ist es, der den Ratschluss verdunkelt mit Gerede ohne Einsicht? [...] Wo warst du, als ich die Erde gegründet? Sag es denn, wenn du Bescheid weißt! (Hiob 38, 1 ff.)

Gott versucht also gar nicht erst, sich zu rechtfertigen oder Hiob zu erklären, warum er leiden muss. Er weist seine Klagen einfach ab, seien sie nun berechtigt oder nicht, denn es steht Hiob nicht zu, von Gott Rechenschaft zu verlangen. Am Ende gibt sich Hiob reumütig, kehrt zum Glauben zurück und wird von Gott mit der Wiederherstellung seines Wohlstands und einer neuen Familie belohnt.

Eine moderne, etwas subtilere Variante dieses Gedankens ist der sogenannte skeptische Theismus.[101] Skeptische Theisten argumentieren, dass wir unsere kognitiven Fähigkeiten überschätzen, wenn wir aus dem Problem des Übels folgern, dass es keinen Gott gibt. Denn es ist zwar richtig, dass Gott niemals Übel zulassen würde, wenn sie nicht aus irgendeinem Grund notwendig sind. Aber nur weil wir keine Gründe erkennen können, warum Gott z.B. zulässt, dass ein Baby bei der Geburt stirbt, heißt das noch nicht, dass es diese Gründe nicht gibt. Endliche Wesen wie wir, so der skeptische Theismus, sind nicht in der Lage zu beurteilen, ob es wirklich keine Gründe gibt oder ob sie uns nur verborgen bleiben. Könnten wir die Welt aus der Perspektive Gottes sehen, würden wir verstehen, was Gottes Gründe sind. Hier liegt das Prinzip zugrunde, dass es nur dann vernünftig ist, zu glauben, dass etwas nicht da ist, wenn man auch in der Lage wäre, es zu erkennen, wenn es da wäre.[102] Wenn ich kein Einhorn in meiner Garage sehen kann, ist da mit großer Wahrscheinlichkeit auch kein Einhorn, denn wenn es da wäre, würde ich es auch sehen. Wenn ich aber keine Bakterien in meiner Garage sehen kann, heißt das noch lange nicht, dass keine da sind. Ebenso, argumentieren skeptische Theisten, wären wir nicht in der Lage, Gottes Gründe zu erkennen, selbst wenn es sie gibt. Wir sind wie kleine Kinder, die noch nicht einsehen, warum ihre Eltern sie impfen lassen. Der Stich mag schmerzhaft sein und die Kinder verstehen nicht, weshalb ihnen dieser Schmerz zugefügt wird, aber daraus folgt nicht, dass es keinen guten Grund dafür gibt, und die Kinder dürfen trotzdem darauf vertrauen, dass ihre Eltern es gut mit ihnen meinen.

Nicht wenige gläubige Menschen akzeptieren diesen Ansatz und sind bereit, auf die Güte Gottes auch im Angesicht widriger Umstände zu vertrauen. Philosophisch betrachtet ist die Strategie aber äußerst unbefriedigend, denn sie erklärt eigentlich nichts. Das Problem des Übels besteht darin, dass die Existenz eines allmächtigen und allgütigen Gottes mit der Existenz von Übeln in der Welt unvereinbar ist. An dieser Unvereinbarkeit ändert sich aber nichts, wenn wir behaupten, dass es uns nicht zusteht, diese Frage zu stellen. Einen Grund, weshalb Gott das Übel zulässt, haben wir so immer noch nicht gefunden. Es wird nur bekräftigt, dass Gott Übel zulassen darf und dass es einen Grund gibt, weshalb er es tut, aber dass wir diesen Grund nicht einsehen können – aber damit sind wir genauso schlau wie vorher. Wer ohnehin bereits an Gott glaubt und vielleicht nach einem Weg sucht, seine Zweifel angesichts des Leidens in der Welt zu beruhigen, für den wird das Argument eine gewisse Überzeugungskraft haben, die es aber allein aus dem schon vorausgesetzten Glauben an einen guten Gott bezieht. Wer hingegen ernsthafte Zweifel an der Existenz Gottes hat und das Problem des Übels für

---

101 Für eine Einführung in die moderne Debatte siehe McBrayer 2010.
102 Vgl. dazu Wykstra 1984.

ein echtes und schwerwiegendes Hindernis hält, dem wird Hiobs Strategie nichts nützen.

13.4 Höhere Güter

Die letzte und interessanteste Strategie versucht, eine *Theodizee* zu formulieren, d.h. eine plausible Theorie, die erklären kann, weshalb Gott das Übel zulässt. Denn nicht immer ist es moralisch geboten, ein drohendes Übel auch zu verhindern. Manche Übel sind notwendig, wenn sie der einzige Weg sind, auf dem ein höheres Gut erreicht werden kann. Eine Blinddarmoperation ist beispielsweise ziemlich schmerzhaft und verursacht sicher ein gewisses Maß an Leiden. Aber dieses Leiden ist gerechtfertigt, weil dadurch ein größeres Übel verhindert werden kann bzw. ein größeres Gut, nämlich das Leben, gesichert wird. Auch wenn die Chirurgin ihrem Patienten durch die Operation Schmerzen zufügt, kämen wir niemals auf die Idee, ihr deswegen einen Vorwurf zu machen. Für eine Theodizee ist demnach das Leiden in der Welt ein unvermeidliches Nebenprodukt, das entsteht, weil Gott bestimmte wichtige Güter erreichen möchte. Diese Strategie greift Prämisse (2) an: Auch ein allmächtiges, allwissendes und allgütiges Wesen ist nicht gezwungen, jedes denkbare Übel zu vermeiden. Daher wäre Gott für die Existenz der Übel in der Welt entschuldigt, wenn es uns gelingen sollte, eine gute Erklärung zu finden, warum er diese Übel in Kauf nehmen musste. Eine solche Erklärung muss zwei Bedingungen erfüllen:

a) Das Übel muss notwendig sein, um das Gut zu erreichen (es darf also keine andere Möglichkeit geben).

b) Der Wert des Guts, das erreicht wird, muss den Unwert des Übels übersteigen (das Übel muss sich also lohnen).

Übel, die diese beiden Bedingungen erfüllen, sind *notwendige* Übel; Übel, die sie nicht erfüllen, können wir als *sinnlose* Übel bezeichnen. Wer eine Theodizee vertritt, behauptet dann, dass es keine sinnlosen Übel in der Welt gibt. Aber was könnte eine Erklärung dafür sein, dass die Übel der Welt nicht sinnlos sind?

(a) Willensfreiheit

Das klassische Gut, das zur Rechtfertigung des Übels dienen soll, ist die menschliche Freiheit. Wenn Gott will, dass Menschen echte Freiheit besitzen, dann muss er auch das Risiko in Kauf nehmen, dass diese Freiheit missbraucht wird. Diese in der Gegenwart weit verbreitete Position wird meist als *free-will-defense* bezeichnet.[103] Demnach hat Gott eine Welt geschaffen, in der Menschen Willensfreiheit besitzen, was ohne Zweifel ein hohes Gut ist, aber immer die Gefahr mit sich bringt, Leiden zu verursachen. Das Übel ist also notwendig, wenn es wahrhaft freie Wesen geben soll: Wer frei sein will, muss leiden. Will man diese Strategie der Rechtfertigung akzeptieren, muss man folgende fünf Thesen unterschreiben:[104]

---

103 Oft wird ein feiner Unterschied zwischen *defense* und *theodicy* gemacht: *defense* ist eine Antwort auf das logische Problem, *theodicy* eine auf das evidentielle. Wir können das hier ignorieren.
104 Diese Einteilung stammt von Kreiner 2005: 28 ff.

13.4 Höhere Güter

(1) Es gibt Wesen mit einem freien Willen.
(2) Einen freien Willen zu haben ist besser, als determiniert zu sein.
(3) Freiheit setzt logisch Freiheit zum Guten und zum Schlechten voraus.
(4) Wenn es möglich ist, das Schlechte zu tun, wird das Schlechte auch irgendwann getan werden.
(5) Der Wert des freien Willens übersteigt den Unwert des dadurch verursachten Leidens.

Kann man diese fünf Thesen guten Gewissens akzeptieren? Schauen wir uns an, was dagegen sprechen könnte.

These (1) erscheint auf den ersten Blick plausibel, denn wir gehen normalerweise davon aus, dass wir frei sind. Aber sie zwingt uns auch dazu, in einer der Kernfragen der Philosophie – Freiheit oder Determinismus? – eindeutig Stellung zu beziehen, und nicht wenige Philosophinnen und Philosophen haben erklärt, dass der freie Wille eine Illusion ist. Die *free-will-defense* funktioniert aber natürlich nur dann, wenn man davon ausgeht, dass Menschen einen freien Willen haben, dass Freiheit nicht mit Determinismus vereinbar ist, und dass diese Position auch gegen die Einwände des Determinismus verteidigt werden kann. Wir können diese komplexe Debatte hier nicht nachzeichnen,[105] aber sollten uns klar machen, dass dieser Nebenschauplatz abgehandelt sein muss, bevor man über die *free-will-defense* auch nur nachdenken kann. Außerdem müssen sich Theisten, die These (1) akzeptieren, die Frage gefallen lassen, wie sie die Allwissenheit Gottes mit der Willensfreiheit vereinbaren wollen: Wenn Gott bereits weiß, was ich tun werde, wie kann ich mich dann frei dafür entscheiden? Wir haben diesen Punkt bereits oben angesprochen (vgl. Kap. 9.1d), so dass hier der Hinweis genügen soll, dass auch diese Frage zufriedenstellend gelöst sein muss, bevor man sich den nächsten Thesen zuwenden kann.

These (2) dürfte die am wenigsten kontroverse des ganzen Pakets sein: Ist es nicht immer besser, frei zu sein? Aber was ist eigentlich so großartig an einem freien Willen? Faktisch ist es natürlich so, dass wir Freiheit als ein großes Gut betrachten. Wir wollen gerne frei sein und wehren uns gegen Fremdbestimmung und Unterdrückung. Aber in einer starken Lesart behauptet These (2), dass der Wert der Freiheit absolut ist, dass also Freiheit *in jedem Fall* besser ist als Unfreiheit. Doch Freiheit ist nur ein Gut unter vielen anderen, und je nach Situation müssen wir den Wert der Freiheit gegen den Wert anderer Güter abwägen. Ein Schwerverbrecher wird ja gerade deswegen eingesperrt und seiner Freiheit beraubt, weil es andere Güter gibt, die wichtiger sind als seine Freiheit, z.B. das Leben und die Sicherheit seiner potenziellen Opfer. Nun könnte man diesem Einwand entgehen, indem man die These abschwächt und nur verlangt, dass Freiheit *ceteris paribus* (d.h. wenn alle anderen Bedingungen gleich sind) besser ist als Unfreiheit. Dann wäre These (2) zunächst gesichert, wobei es immer noch Gründe geben könnte, sie zu bezweifeln: Ist es nicht manchmal so, dass wir gar nicht so dringend frei sein

---

[105] Eine gute, knappe Einführung in die Willensfreiheitsdebatte in Quante 2017: Kap. X. Ausführlicher Keil 2017 und Kane 2005.

wollen? Denn Freiheit bedeutet auch, für die eigenen Entscheidungen verantwortlich zu sein. Wenn ich mich z.B. frei dazu entscheide, Philosophie zu studieren, dann trage ich auch die Verantwortung für die Konsequenzen, insbesondere wenn es schief geht und meine Lebenspläne sich nicht verwirklichen. Wenn mir aber mein Lebensweg von der Familie oder der Gesellschaft vorgegeben wird, bleibt mir diese Verantwortung erspart. Ich werde zwar gelegentlich über alle schimpfen, die mich daran gehindert haben, meine Träume zu verwirklichen, aber insgeheim bin ich vielleicht froh, dass andere mir sagen, was ich tun soll, statt selbst Verantwortung dafür zu tragen, es besser zu machen. These (2) ist vielleicht nicht so offensichtlich wahr, wie es den Anschein hat.

Auch *These (3)* erscheint zunächst einleuchtend, denn Freiheit besteht ja gerade darin, dass wir die Möglichkeit haben, uns zu entscheiden, ob wir so oder anders handeln wollen. Dennoch haben nicht wenige Philosophinnen und Philosophen (z.B. Thomas Hobbes, David Hume oder John Stuart Mill) auch unabhängig von religiösen Überlegungen die These vertreten, dass Freiheit und Determinismus miteinander vereinbar sind; diese Position wird als *Kompatibilismus* bezeichnet. Zentral ist hier die Unterscheidung zwischen Willensfreiheit und Handlungsfreiheit. Handlungsfrei zu sein, bedeutet tun zu können, was man will: Ich bin z.B. in diesem Sinne frei, mich in der Eisdiele für Schoko oder Vanille zu entscheiden, denn nichts und niemand hindert mich daran. Wäre ich im Gefängnis, hätte ich diese Freiheit nicht, denn ich könnte gar nicht zur Eisdiele gehen. Willensfrei hingegen bin ich nur dann, wenn ich auch wollen kann, was ich will, wenn also durch nichts anderes als meinen Willen bestimmt wird, ob ich Schoko oder Vanille bestelle. Und wenn ich mich aus freiem Willen für Schoko entscheide, ist es trotzdem wahr, dass ich mich genauso gut für Vanille hätte entscheiden können. Kompatibilisten erklären nun, dass der einzig sinnvolle Begriff von Freiheit der der Handlungsfreiheit ist. Dann aber hätte Gott sehr wohl die Möglichkeit zu verhindern, dass Menschen etwas Schlechtes tun, ohne ihnen damit ihre Freiheit zu nehmen, indem er ihnen nämlich jede Neigung zum Schlechten nimmt.[106] Diese Argumentation ist dem Theismus nicht fremd, denn ein ähnliches Problem stellt sich ja mit Blick auf Gott: Gott soll sowohl allmächtig und vollkommen frei als auch vollkommen gut sein – müsste er dann nicht auch in der Lage sein, etwas Schlechtes zu tun (vgl. Kap. 9.1e)? Die Verteidiger des Theismus laufen hier Gefahr, sich ein Eigentor zu schießen, denn ist damit Gott nicht das perfekte Gegenbeispiel für These (3)? Will man zwischen den beiden Abgründen (böser Gott oder unfreier Gott) balancieren, so kann man einräumen, dass Gott zwar prinzipiell die Möglichkeit hat, das Schlechte zu tun, spricht ihn aber dann von jeder Neigung dazu frei. Doch wenn das grundsätzlich möglich ist, warum konnte Gott nicht auch die Menschen so schaffen, dass sie prinzipiell frei sind, Leiden zuzufügen, aber einfach keine Neigung dazu haben? Für viele Menschen trifft das ja ohnehin bereits zu: Jede und jeder von uns hat die Möglichkeit, einen anderen Menschen zu töten, aber die wenigsten werden tatsächlich zum Mörder, denn es fehlt ihnen an einem inneren Antrieb, diese Möglichkeit auch zu realisieren. Dennoch haben wir alle die (Handlungs-)Freiheit, zum Mörder zu werden. Hätte also

---

106 So etwa Mackie 1955.

Gott nicht eine Welt schaffen können, in der die Menschen die Freiheit haben, einander zu töten, sich aber alle frei dazu entscheiden, von dieser Möglichkeit keinen Gebrauch zu machen? Ob man diese Option für denkbar hält, hängt davon ab, wie man das kompatibilistische Projekt insgesamt bewerten will. Ein zentraler Kritikpunkt lautet, dass die Kompatibilisten gar nicht verstehen, was „Freiheit" eigentlich bedeutet. Würde ich beispielsweise durch einen ominösen Chip in meinem Gehirn von einem Superschurken auf subtile Weise kontrolliert – nämlich so, dass ich immer das Gefühl habe, genau das tun zu wollen, was der Superschurke mir eingibt – dann wäre ich im kompatibilistischen Sinne frei. Die Frage bleibt natürlich, ob diese Erwiderung nicht nach hinten losgeht und uns zum Eingeständnis zwingt, dass ein vollkommener Gott eben doch nicht frei sein kann. In jedem Fall verlangt These (3) von uns, einige Anpassungen an anderen Stellen unseres philosophischen Systems vorzunehmen, und es ist nicht klar, ob sich diese Anpassungen miteinander vereinbaren lassen.

These (4) behauptet, dass die Freiheit, das Schlechte zu tun, auch notwendigerweise zu Leiden führen wird. Hier allerdings könnte man fragen, warum ein allmächtiger Gott nicht immer dann eingreift, wenn Menschen im Begriff sind, etwas Schlechtes zu tun. Könnte Gott nicht einfach den Mörder, der gerade beschlossen hat, sein Opfer zu töten, daran hindern? Verteidiger von These (4) können hier einwenden, dass wir dann keine echte Freiheit hätten: Ich bin nicht frei, zu gehen wohin ich will, wenn mich jedes Mal, wenn ich die Tür aufmachen will, jemand zurückhält. Dieser Punkt spielt auch eine Rolle, wenn es darum geht, die sogenannte Verborgenheit Gottes (*divine hiddenness*) zu erklären: Wenn es einen Gott gibt, warum macht er seine Existenz nicht so offensichtlich, dass jeder Zweifel ausgeschlossen ist?[107] Eine Antwort auf diese Herausforderung bezieht sich wieder genau auf die Möglichkeit echter Freiheit und behauptet, dass Freiheit nur dann möglich ist, wenn wir nicht alles, was wir tun, unter dem wachsamen Auge Gottes tun müssen. Das allerdings führt zur nächsten Frage: Wie viel Leid sollte Gott durch seine Verborgenheit in Kauf nehmen, um echte Freiheit zu ermöglichen?

Diese Frage ist es, die *These (5)* so problematisch macht. Denn selbst wenn wir allen vorherigen Thesen zustimmen können, scheint es so, als könne der Wert der Freiheit nicht den Unwert des Übels aufwiegen, das durch sie zustande gekommen ist. Man denke nur an die Diktatoren des 20. Jahrhunderts wie Hitler, Stalin, oder Mao, die den Tod vieler Millionen Menschen zu verantworten und unvorstellbares Leid über die Welt gebracht haben. Wie groß muss der Wert der Willensfreiheit sein, dass wir nicht bereit wären, sie wenigstens ein bisschen zu beschränken und so dieses Leiden zu verhindern oder wenigstens zu mildern? Hier macht es doch einmal Sinn, den oben genannten Unterschied von logischem und evidentiellem Problem ins Spiel zu bringen: die *free-will-defense* mag, wenn man These (1) bis (4) akzeptiert, eine Lösung für das logische Problem darstellen, denn sie beseitigt den Widerspruch zwischen der Existenz Gottes und der Existenz des Leidens. Aber daraus folgt nur, dass Gott grundsätzlich manche Übel zulassen

---

107 Siehe dazu Schellenberg 2006, 2017a und 2017b. Zur Frage nach der Verborgenheit Gottes und der Willensfreiheit siehe Dumsday 2010.

könnte. Es erklärt nicht, warum Gott ein derartiges Ausmaß an Leiden zulässt. Ein allgütiger Gott dürfte ja nicht mehr Übel zulassen als unbedingt notwendig sind, um das hohe Gut der Freiheit zu erreichen. Eine Chirurgin darf ihrem Patienten durch die Blinddarmoperation Schmerzen zufügen, um so sein Leben zu retten. Aber sie darf nicht auf eine Narkose verzichten. Ebenso dürfte auch Gott nur solche Übel erlauben, die weder sinnlos noch vermeidbar sind, und nur so viele, dass ihr Unwert niemals den Wert der Güter übersteigt, die durch sie erreicht werden sollen (sonst sind die oben genannten Bedingungen nicht mehr erfüllt). Dass dies auf alle Übel in der Welt zutrifft, darf bezweifelt werden. These (5) fordert uns auf, den Wert zweier Weltzustände gegeneinander abzuwägen: eine Welt, in der es Freiheit und Leiden gibt, gegen eine Welt, in der es weder das eine noch das andere gibt – sind wir sicher, dass wir mit unserer Welt das bessere Geschäft gemacht haben?

(b) Der Wert des Leidens

Eine wichtige Frage haben wir bisher noch nicht angesprochen: Selbst wenn man bereit ist, die *free-will-defense* trotz ihrer Probleme zu akzeptieren, wie erklärt man dann die physischen Übel? Pandemien und Hungersnöte sind ja keine Folge menschlicher Freiheit. Der einfachste Ausweg wäre es, sie den freien Handlungen anderer Wesen (z.B. böser Dämonen) zuzuschreiben. Aber das funktioniert nicht aus Gründen, die wir schon besprochen haben (vgl. Kap. 13.1), denn warum sollte ein allmächtiger Gott solche Wesen in seine Schöpfung aufnehmen? Auch hier besteht die einzig sinnvolle Lösung darin, höhere Güter zu finden, zu deren Verwirklichung Gott die physischen Übel in Kauf nehmen muss. In der Gegenwart hat besonders Richard Swinburne diesen Ansatz verfolgt. Seiner Meinung nach sind die physischen Übel eine unvermeidliche Konsequenz, wenn Gott eine Welt schaffen möchte, in der Menschen echte Freiheit besitzen. Dazu führt er zwei Argumente an.

(a) Erst durch das Übel werden bestimmte intrinsisch wertvolle Verhaltensweisen oder Tugenden ermöglicht: Mitleid zu zeigen, indem man beispielsweise ehrenamtlich in einem Hospiz arbeitet, ist eine großartige Tugend, und Mitleid mit anderen zu empfinden, macht uns zu besseren Menschen. Aber Mitleid kann es eben nur dann geben, wenn auch jemand leidet. Ebenso kann ich nur dann Tapferkeit beweisen, indem ich einen Verletzten aus einem brennenden Auto berge, wenn mir auch Gefahr droht. Wenn Gott aber den Menschen die Möglichkeit geben will, sich im Angesicht von Gefahren zu bewähren und durch selbstloses Mitgefühl zu wahrer Größe heranzuwachsen, dann muss er eine Welt schaffen, in der es Gefahr und Leid gibt.[108]

---

[108] Swinburnes Argument ähnelt hier stark einem anderen Ansatz, der sogenannten *soul-making*-Theodizee von John Hick (vgl. Hick 1978). Hick nimmt an (in Anlehnung an den antiken Theologen Irenäus), dass die Schöpfung unfertig ist und die Menschen die Aufgabe haben, sich spirituell und moralisch weiterzuentwickeln, bis sie Gott ähnlich geworden sind. Dazu muss es aber die Möglichkeit geben, sich im Leiden zu bewähren und zu wachsen. Hick und Swinburne stimmen überein, dass zur Verwirklichung moralischer und spiritueller Tugenden ein gewisses Ausmaß an Leiden unvermeidlich ist, wobei Swinburne eher die Freiheit betont, Hick eher die Tugend.

(b) Wenn echte Freiheit bedeutet, sich zwischen richtig und falsch zu entscheiden, dann müssen wir auch wissen, was es heißt, sich für das Richtige oder das Falsche zu entscheiden. Das wissen wir aber nur aus Erfahrung. Daher muss es z.B. giftige Pflanzen geben, an denen Menschen sterben, denn ohne die Erfahrung, dass solche Gifte tödlich sind, wäre es unmöglich, eine echte Entscheidung zu treffen, ob man einen anderen vergiften soll oder nicht. Ohne das physische Übel wäre die Welt eine Welt, in der wir zwar Entscheidungen treffen könnten, die aber weder in die eine noch in die andere Richtung gravierende Konsequenzen hätten. Das aber ist für Swinburne keine echte Freiheit, sondern nur eine „Spielzeugwelt" (Swinburne 2004: 264). Echte Freiheit und echte Tugend sind nur dann möglich, wenn auch etwas auf dem Spiel steht. Aber rechtfertigt das wirklich die Übel in der Welt?

(a) Ein wichtiger *moralischer* Einwand lautet, dass Freiheit und Tugend nur dann als Rechtfertigung des Übels taugen, wenn die Übel auch tatsächlich etwas zur Entwicklung von Freiheit und Tugend beitragen. Aber wie viele Menschen sind im Verlauf der Menschheitsgeschichte an Krankheiten gestorben, ohne dass es sie oder jemand anderen stärker, mitleidsvoller oder demütiger gemacht hätte? Wenn Swinburne Recht hat, dann müssten – so absurd es klingt – die Opfer des Leidens immer von ihrem Leiden profitieren, denn sonst wäre das Übel sinnlos und nicht gerechtfertigt. Sicher, es gibt Fälle, in denen Menschen daran wachsen, eine schwere Krankheit zu überwinden, so dass dieses Leiden ihr Leben letztendlich zum Positiven gewandelt hat. Aber welche Tugenden kann sich ein kleines Kind dadurch erwerben, dass es im Alter von drei Jahren an Polio stirbt? Swinburne entgegnet, dass vielleicht nicht die Betroffenen selbst durch ihr Leiden profitieren, aber möglicherweise andere, die aus deren Leiden lernen können oder dadurch die Möglichkeit haben, sich durch Mitleid, Nächstenliebe und Aufopferungsbereitschaft auszuzeichnen. Aber das würde bedeuten, dass Gott unbeteiligte Dritte ohne deren Einverständnis zum Wohle anderer leiden lassen muss – ähnlich wie ein Vater, der das Kaninchen seiner Kinder verhungern lässt, um ihnen Verantwortungsbewusstsein beizubringen.

(b) Darüber hinaus muss man Swinburne vorwerfen, dass er einem *logischen* Missverständnis aufsitzt, was das Verhältnis von Tugend und Leiden betrifft. Es stimmt nicht, dass es das Leiden gibt, weil Tugenden wertvoll sind, sondern Tugenden sind wertvoll, weil es Leiden gibt. Sicher, Mitleid ist eine Tugend und in einer Welt ohne Leid könnte es aus rein begrifflichen Gründen kein Mitleid geben. Aber warum ist Mitleid überhaupt ein *Wert*? Der Wert des Mitleids hängt ja davon ab, dass es Leid gibt, so dass in einer Welt ohne Leiden zwar kein Mitleid existieren könnte, aber das Mitleid auch keinerlei Wert hätte. In einer Welt ohne Leiden gibt es kein Mitleid mehr, aber das ist kein Verlust, denn was verlorengegangen ist, ist in einer Welt ohne Leiden wertlos geworden. Ebenso hat Monopoly-Geld nur innerhalb des Spiels einen Wert. Und während ich mich im Spiel ärgern kann, einen Fünfhunderter zu verlieren, wäre es albern, diesen Verlust außerhalb des Spiels zu bedauern. Die Bedingungen, die dem Papierstück seinen Wert verliehen haben, sind nicht mehr gegeben. Schöner, als ich das kann, drückt der englische Dichter William Blake diesen Gedanken in seinem Gedicht *I heard an Angel* aus:

> Mercy could be no more
> If there was nobody poor.
> And pity no more could be
> If all were as happy as we.
> (Blake 1996: 124)

(c) Eine letzte Frage ist, wie dieses Argument das Leiden der Tiere erklären soll. Tiere haben im Gegensatz zum Menschen kaum die Möglichkeit, überhaupt tugendhaft zu sein, sind aber trotzdem weit größerem Leiden ausgesetzt als Menschen. Dieser Einwand betrifft nicht nur Swinburnes Theodizee, sondern eigentlich alle Versuche, das Leiden zu begründen, denn Tiere haben keine Willensfreiheit, deren Wert ihr Leiden rechtfertigen könnte. Eine Theodizee, die das Leiden der Tiere ernst nimmt, steht vor noch größeren Herausforderungen als eine, die nur den Menschen im Blick hat.

13.5 Das Übel der Theodizee

Falls Sie die Überlegungen der vorangegangenen Abschnitte verstörend oder zynisch finden, sind Sie nicht allein. Seit dem Ende des 20. Jahrhunderts mehren sich in der Philosophie Stimmen, die das Projekt einer Theodizee für prinzipiell verfehlt halten. Der Versuch, die Existenz Gottes angesichts des Leidens in der Welt zu rechtfertigen, scheint vielen bereits in sich moralisch fragwürdig zu sein. Denn jede Theodizee muss eine implizite Teleologie annehmen: Letzten Endes ist das Übel immer *gut für etwas*. Aber wer so denkt, kann das Leiden nicht mehr ernst nehmen, denn alles Leiden muss ihm als letzten Endes nicht so schlimm erscheinen – schließlich ist es nur der unvermeidliche Preis eines höheren Gutes, und könnten wir die Welt mit den Augen Gottes sehen, würden wir erkennen, dass es nur ein geringer Preis ist. Wer eine Theodizee vertritt, ist immer auf die These festgelegt, dass es keine sinnlosen Übel geben kann. Jedes Leiden, so sinnlos es auch erscheinen mag, muss aus kosmischer Perspektive einem höheren Gut dienen. Aber wie glaubwürdig ist diese These? Kann man wirklich die Geschichte der Menschheit (oder nur die Nachrichten) anschauen und daran festhalten, dass es keine sinnlosen Übel gibt?[109] Ein Beispiel aus meinem eigenen Bekanntenkreis: Bei einer jungen Frau, die gerade mit ihrem ersten Kind schwanger ist, wird eine Krebserkrankung diagnostiziert. Eine Chemotherapie, die das ungeborene Kind töten würde, lehnt sie ab. Ihr Zustand verschlechtert sich über die kommenden Monate immer weiter, bis die Ärzte beschließen, das Kind vorzeitig per Kaiserschnitt auf die Welt zu holen, weil ihr die Zeit ausgeht. Mit letzter Kraft übersteht die Mutter die Operation und stirbt wenige Tage, nachdem sie ihr Kind zu ersten und einzigen Mal gehalten hat. Welcher Sinn lässt sich im unermesslichen Leiden der jungen Frau und des Kindes, des Vaters und der Großeltern finden? Wo hat

---

[109] Manche ja. Swinburne schreibt in bemerkenswerter Ehrlichkeit: „I must admit that whenever I write sentences like the above and then watch some of the world's horrors on TV, I ask myself, ‚Do I really mean this?' But in the end I always conclude that I do." (Swinburne 2002: 305.).

dieses Leiden die Welt besser gemacht? Skeptische Theisten könnten antworten, dass wir es vielleicht nicht wissen, aber dass es eine Antwort geben muss. Doch selbst wenn es eine Antwort gibt, scheint allein der Versuch, hier eine plausible Rechtfertigung zu finden, grausam und unmoralisch zu sein. Kann man angesichts dieses Leidens noch behaupten, dass am Ende alles seine Richtigkeit haben muss, ohne hartherzig und gefühllos zu werden?

Falls es wirklich ein höheres Gut gibt, das Gott nur durch dieses Leiden erreichen konnte, muss er sich vorwerfen lassen, die Würde der leidenden Personen verletzt zu haben. Es ist ein Grundprinzip der Moralität, Personen niemals nur als Mittel zum Zweck, sondern immer auch als Zweck an sich zu behandeln.[110] Natürlich sind Personen oft Mittel zum Zweck: Wenn mein Physiotherapeut mich massiert, dann ist er für mich ein Mittel, um meine Rückenschmerzen loszuwerden. Aber wenn ich mich bedanke und ihn für seine Dienste bezahle, behandle ich ihn nicht mehr ausschließlich als Mittel, sondern respektiere ihn als Person mit eigenen Rechten und Bedürfnissen. Würde ich hingegen wortlos verschwinden ohne zu bezahlen, hätte ich ihn als bloßes Mittel zum Zweck behandelt, denn er spielt als Person für mich keine Rolle mehr und wird austauschbar. Ein Gott aber, der mich leiden lässt, um höhere Güter zu gewinnen, macht aus mir ebenfalls ein reines Mittel zum Zweck – zumindest dann, wenn ich nicht in den Genuss dieser Güter kommen kann. Und wer, wie die Mutter in meiner Geschichte, am Ende tot ist, hat am Ende für nichts gelitten. Manche würden hier erwidern, dass Gott dieses Leiden im Jenseits wiedergutmachen wird und auf die biblische Versprechung verweisen, dass Gott am Ende „alle Tränen von ihren Augen abwischen wird" (Offb 21, 4), so dass letztlich doch jeder in den Genuss derjenigen Güter kommt, für die Gott ihn leiden lässt. Doch diese angebliche Kompensation macht das Leiden ja nicht ungeschehen. Kompensation ist immer nur die zweitbeste Lösung: Wer Opfer eines brutalen Angriffs oder einer Vergewaltigung wird, erhält eine Kompensation in Form von Schmerzensgeld. Aber selbstverständlich kann diese Kompensation das erlittene Leid nicht wieder ausgleichen, und das Beste wäre es, wenn das Verbrechen niemals geschehen wäre. Wie könnte dann ein vollkommen guter Gott uns zugunsten anderer leiden lassen, selbst wenn (und das ist ein großes „Wenn", siehe Kap. 14) uns am Ende ein glückliches Leben nach dem Tod erwartet?

Das Problem des Übels ist eine massive und bleibende Herausforderung für jeden theistischen Gottesglauben – wenn es einen Gott geben soll, dann muss geklärt werden, woher das Übel kommt und wie Gott dieses Übel zulassen konnte. Nichts ist eine größere Quelle des Zweifels an der Existenz Gottes als die Realität des Leidens, und es ist nicht klar, wie diese Zweifel überwunden werden können.

Quellen
Augustinus Privationslehre ist nachzulesen in seinen *Bekenntnissen* (*Confessiones*), Buch VII (Augustinus 2003) und seiner Abhandlung *Über die Natur des Guten* (*De natura boni*, Augustinus 2010). Leibniz' Schlüsseltext zum Thema ist seine *Theodicée* (Leibniz 1996b)

---

110 Die sogenannte Zweckformel des kategorischen Imperativs von Kant. Für eine genaue Erläuterung siehe Hübner 2021: 196-205.

13 Das Problem des Übels

Literatur

Allgemein: McBrayer/Howard-Snyder 2013. (eher optimistisch): Kreiner 2005. Stosch 2018. (eher pessimistisch): Streminger 2016. Hoerster 2017. Neuere Ansätze: Hick 1978. Swinburne 1998 und 2004: Kap. 11. Van Inwagen 2006. Stump 2012. Adams 1999. Gegen Theodizee: Phillips 2004. Tilley 1991. Leid der Tiere: Murray 2008.

Diskussionsfragen

- Gibt es noch andere Güter als Freiheit, die notwendige Übel rechtfertigen könnten?
- Wie könnten Theisten versuchen, das Leiden der Tiere zu begründen?
- Wenn eine Theodizee wirklich zynisch und gefühllos ist, was würde daraus folgen? Ist sie deshalb falsch?

14 Tod und Unsterblichkeit

> **Zusammenfassung**
>
> Praktisch alle Religionen lehren, dass das menschliche Leben nicht mit dem Tod endet. Es gibt unterschiedliche Vorstellungen vom Leben nach dem Tod, die entweder dualistisch sind und eine Fortexistenz einer immateriellen Seele unabhängig vom Körper annehmen, oder monistisch, d.h. das Leben nach dem Tod als Wiederauferstehung der Einheit von Körper und Seele verstehen. Ebenso kann man Unsterblichkeitsvorstellungen danach unterscheiden, ob sie ein personales oder ein apersonales Weiterleben annehmen. Außerdem ist fraglich, ob Unsterblichkeit und ewiges Leben für uns überhaupt wünschenswert sein können.

So unterschiedlich die einzelnen Religionen auch sein mögen, es gibt doch einen Punkt, in dem praktisch alle übereinstimmen: der Glaube, dass das menschliche Leben nicht mit dem Tod endet. Die jeweiligen Vorstellungen unterscheiden sich zwar stark voneinander, aber man findet eigentlich keine Ausnahmen, so dass öfters behauptet wurde, der eigentliche Zweck der Religion sei es, uns die Angst vor dem Tod zu nehmen. *„Primus in orbe deos fecit timor* – die Angst brachte als erstes die Götter in die Welt", schreibt der römische Dichter Publius Statius (ca. 45-96), und Bertrand Russell wiederholt fast zweitausend Jahre später: „Die Religion stützt sich vor allem und hauptsächlich auf die Angst." (Russell 1965: 43) Die zeitgenössische Variante dieses Gedankens ist die sogenannte *terror-management-theory*, für die Religionen komplexe Mechanismen zur Bewältigung des Horrors vor der eigenen Sterblichkeit sind.[111] Wie sich die einzelnen Religionen ein Leben nach dem Tod vorstellen, variiert stark. In manchen Religionen hat es zentrale Bedeutung, in anderen ist es nur ein ödes Nachgeklapper zum wirklichen Leben. Manchmal ist es eine Erlösung von den Leiden des Daseins, auf die man hoffen kann, manchmal sind es Höllenqualen, vor denen man sich fürchten muss. Wieder andere Religionen erwarten nur ein mattes Dahindämmern in einem Schattenreich und für manche heißt Leben nach dem Tod einfach: noch mal dasselbe. Die einzige Gemeinsamkeit ist die abstrakte Idee, dass dieses Leben nicht das einzige ist. Aber ist diese Idee mehr als nur Wunschdenken? Haben wir wirklich Grund zu glauben, dass es eine Fortsetzung unseres Lebens nach dem Tod geben kann?

14.1 Tod und Unsterblichkeit: begriffliche Klärungen

Der Tod ist das vollständige und endgültige Ende des Lebens, also der Zustand, in dem alle Lebensfunktionen irreversibel erloschen sind. So gesehen wirkt der Ausdruck „Leben nach dem Tod" paradox – wenn der Tod doch gerade die Abwesenheit des Lebens ist, wie kann es dann ein Leben nach dem Tod geben? Aber die Begriffe „Leben" und „Tod" sind zweideutig. Zum einen sind beides *biologische* Konzepte. Wir fragen uns z.B., ob ein Schwerverletzter noch am Leben ist, und meinen damit das biologische Leben, also ob ein sein Körper

---

[111] Siehe dazu Vail et al. 2018.

noch wesentliche Vitalfunktionen wie Atmung oder Blutkreislauf aufrechterhalten kann. Wenn wir hingegen sagen, was uns in unserem Leben wichtig ist, dann ist nicht nur das biologische Leben gemeint, sondern *mein* Leben als Individuum oder als Person. Entsprechend gibt es einen biologischen Tod: den Tod des Organismus, und einen personalen Tod: das Ende unseres Lebens als Person.[112] Was es heißt, eine Person zu sein, ist selbst eine schwierige Frage, die wir hier nicht im Detail klären können (oder müssen, vgl. Kap. 9.1e).[113] Es genügt, wenn wir darunter unsere aktuelle Existenzform verstehen (denn wenn Sie dieses Buch lesen, sind Sie höchstwahrscheinlich eine Person): Wir sind Wesen, die rational denken, handeln und sprechen können und sind uns bewusst, dass wir es sind. Wir haben außerdem eine Identität, die im Verlauf unserer Existenz unverändert bleibt: Ich bin stets mit mir selbst identisch. Diese Zweiteilung des Todesbegriffs gibt dem Konzept eines Lebens nach dem Tod seinen Sinn: ein Leben nach dem Tod ist eine Fortsetzung des *personalen* Lebens nach dem *biologischen* Tod. Der Tod wäre damit nicht das Ende unserer Existenz, sondern nur der Übergang von einer Existenzform in eine andere, weshalb Unsterblichkeit auch nicht bedeutet, dass wir nicht sterben, sondern dass wir als Person den biologischen Tod irgendwie überleben. Machen Sie sich bewusst, dass Sie jetzt gerade in diesem Moment existieren, bei Bewusstsein sind und bestimmte Gedanken und Wahrnehmungen haben – wenn es ein Leben nach dem Tod gibt, dann wird sich diese Art zu existieren, auf die Sie jetzt gerade ihre Aufmerksamkeit lenken, nach dem Tod Ihres Körpers fortsetzen. Das philosophische Problem des Lebens nach dem Tod entpuppt sich daher als Spezialfall des allgemeineren Problems der *personalen Identität*, in dem es um die Frage geht, was mich zu der Person macht, die ich bin, und was garantiert, dass ich im Verlauf der Zeit die gleiche Person bleibe. Mein Körper verändert sich langsam, aber ununterbrochen, ebenso meine Gedanken und Überzeugungen, vielleicht auch mein Charakter und meine Persönlichkeit. Dennoch besteht kein Zweifel, dass ich heute noch die gleiche Person bin wie vor zehn Jahren und es auch in zehn Jahren noch sein werde. Zu fragen, wie es ein Leben nach dem Tod geben kann, heißt dann, zu fragen, wie meine Identität über den Tod meines Körpers hinaus weiterbestehen kann.

Wenn es ein Leben nach dem Tod geben soll, müsste es zwei wichtige Eigenschaften haben: es müsste *real* und *personal* sein. *Real* bedeutet, dass wir nicht bloß in einem metaphorischen Sinne unsterblich sind. Manchmal sprechen wir z.B. vom unsterblichen Freddy Mercury. Aber das ist keine reale Unsterblichkeit, denn natürlich meinen wir nicht, dass Freddy Mercury nicht gestorben ist, sondern dass er in seiner Musik auf Dauer irgendwie weiterleben wird (wobei „weiterleben" weder ein personales noch ein biologisches Weiterleben bedeutet). Metaphorische Unsterblichkeit bedeutet, nicht vergessen zu werden. Was uns hier interessiert, ist aber nicht die metaphorische, sondern die reale Möglichkeit des Lebens nach dem Tod.

---

112 In der Philosophie des Todes gibt es eine intensive Debatte über den Begriff des Todes und die Frage, ob es sich um ein einheitliches Konzept handelt oder ob man mehrere Tode stirbt. Ein guter Einstieg hierzu ist Wittwer 2009, für Fortgeschrittene empfiehlt sich Feldman 1994.
113 Zur Einführung in das Thema Person und personale Identität: Kind 2015 und Brasser 1999. Etwas anspruchsvoller: Quante 2007.

Personal ist das Weiterleben nach dem Tod, wenn die Person, die vor dem Tod existiert hat, auch danach noch da ist, wenn also ihre personale Identität über den Tod hinaus bestehen bleibt. Die Alternative dazu wäre ein nicht-personales Leben nach dem Tod, in dem die Person zwar ihre individuelle Existenz verliert, aber nicht vernichtet wird, sondern als Bestandteil eines überpersönlichen größeren Ganzen weiterexistiert. Solche Vorstellungen findet man vor allem in einigen östlichen Religionen, etwa in manchen Formen des Hinduismus (z.B. im *Advaita Vedanta*) und des Daoismus, sie tauchen aber gelegentlich auch in der modernen westlichen Philosophie auf, z.B. bei William James. In seinem Vortrag *Human Immortality* schlägt er vor, den Zusammenhang von Gehirn und Bewusstsein nicht produktiv, sondern transmissiv zu verstehen. Das Gehirn produziert demnach nicht das Bewusstsein, sondern ist nur das Einfallstor, in dem sich ein universales, transpersonales Bewusstsein in individueller Form manifestiert. Es ähnelt einem Radio, das Funkwellen in Musik umsetzt, aber die Musik nicht selbst produziert. Wird das Radio zerstört, hört die Musik auf, aber natürlich sind nicht die Wellen verschwunden, in denen diese Musik immer noch enthalten ist. In ähnlicher Weise könnte das transpersonale Bewusstsein nach dem Ende eines individuellen Gehirns weiterexistieren:

> [W]enn das Gehirn seine Aktivität ganz einstellt oder stirbt, verschwindet jener besondere Bewusstseinsstrom [...] vollständig aus dieser natürlichen Welt. Aber diejenige Seinssphäre, aus der das Bewusstsein letztlich stammt, bliebe immer noch intakt. Und in dieser realeren Welt, mit der das Bewusstsein selbst hier unten ein Kontinuum bildet, könnte das Bewusstsein, in einer Weise, die wir nicht kennen, fortbestehen. (James 2010: 160)

Bloß, warum sollte man ein Interesse an dieser Form des Weiterlebens haben? Dass ein transpersonales Bewusstsein weiterexistiert, ist ungefähr so, wie dass die Materie, aus der mein Körper zusammengesetzt ist, auch nach meinem Tod fortbesteht: nicht falsch, aber für mich letzten Endes bedeutungslos, denn mich interessiert nicht, ob *das* Bewusstsein nach dem Tod weiterbesteht, sondern ob *mein* Bewusstsein es tut.

Innerhalb der Kategorie des personalen Lebens nach dem Tod kann man noch einmal unterscheiden zwischen *dualistischen* und *monistischen* Modellen. Dualistische Modelle gehen von einer dualistischen Anthropologie aus, d.h. sie verstehen Menschen als Wesen, die aus zwei verschiedenen Substanzen zusammengesetzt sind, einer physischen Substanz (dem Körper) und einer geistigen Substanz (die oft als Seele bezeichnet wird). Der Körper ist materiell, die Seele ist immateriell, und nur einer der beiden Teile (üblicherweise die Seele) überdauert den Tod.[114] Das kann entweder bedeuten, dass die Seele unsterblich ist und nach dem Tod als unkörperliches Wesen weiterexistiert, oder es bedeutet, dass die Seele sich nach dem Tod vom Körper trennt, um in einem neuen Körper wiedergeboren zu werden (Reinkarnation). Beide Vorstellungen sind in den Religionen der Welt in

---

[114] Es gibt auch dualistische Ideen, nach denen nur der Körper ohne Seele weiterleben kann. Diese Vorstellung hat zwar keine wirklich religiöse Bedeutung, existiert aber in Form eines Glaubens an Zombies, Untote oder lebende Leichname in verschiedensten Kulturen.

unterschiedlichen Formen verbreitet. Während beispielsweise Platon und später das Christentum lehren, dass es *eine* Seele gibt, die den Tod als Ganzes überdauert, herrscht in der frühgriechischen Religion, wie sie bei Homer beschrieben ist, die Idee vor, dass ein Mensch mehrere Seelen mit unterschiedlichen Funktionen hat, von denen nur eine (die *psychē*) nach dem Tod weiterexistiert, während die anderen mit dem Körper zugrunde gehen.[115] Auch die Frage, *wo* die Seele nach dem Tod weiterlebt, wird unterschiedlich beantwortet. Manchmal bewohnt sie einfach weiter die alltägliche Welt (in vielen indigenen Religionen) oder wandert in einen besonderen Bereich dieser Welt, beispielsweise in der homerischen Religion: Der Hades, das Totenreich der griechischen Mythologie, ist keine transzendente Schattenwelt, sondern ein konkreter Ort unter der Erde, der von der Welt der Lebenden aus betreten werden kann.[116] Für andere lebt die Seele nach dem Tod in einem besonderen Bereich der Wirklichkeit weiter, der von der physischen Realität getrennt ist. Ähnlich vielfältig sind die Konzepte von Reinkarnation. Reinkarnationsglaube wird hauptsächlich mit Hinduismus und Buddhismus in Verbindung gebracht, ist aber auch in der europäischen Antike eine populäre Vorstellung (etwa bei Pythagoras oder Platon) und spielt in einigen afrikanischen Religionen eine wichtige Rolle. Unterschiede betreffen hier vor allem Fragen wie die, ob Reinkarnation nur in menschlicher oder auch in tierischer Form möglich ist (vielleicht sogar pflanzlicher); ob wir nur in dieser Welt wiedergeboren werden können oder auch in anderen Bereichen des Universums; ob Reinkarnation einem moralischen Gesetz wie dem *karma* folgt, und ob der Prozess der Reinkarnation endlos fortläuft oder irgendwann einmal ein Ziel erreicht.

Im Gegensatz dazu nehmen monistische Modelle an, dass Personen nur als psychophysische Einheit existieren können. Ein Leben nach dem Tod kann es daher nur geben, wenn Körper und Seele weiterexistieren, denn die Seele allein ist keine Person, sondern nur ein Teil einer Person. Das klassische monistische Modell ist die Auferstehung der Toten, wie sie Christentum, Judentum und Islam lehren. Nach dieser Vorstellung ist der Tod des Körpers das vorläufige (aber nicht das endgültige) Ende des Lebens. Gott bewahrt die Seele auf und fügt am Jüngsten Tag Seele und Auferstehungskörper wieder zu einer Einheit zusammen, so dass wir unser Leben nach einer längeren Unterbrechung fortsetzen können. Eine moderne Variante der monistischen Idee ist die transhumanistische Vorstellung des *mind-uploading*. Verfechter dieser Idee gehen davon aus, dass das Bewusstsein wesentlich Informationsverarbeitung ist. Informationsverarbeitung braucht immer einen physischen Träger, in unserem Fall das Gehirn. Die Information selbst ist aber unabhängig vom Medium, in dem sie gespeichert wird, so dass es prinzipiell möglich sein sollte, die im Gehirn gespeicherte Information (also das Bewusstsein bzw. die Person) in ein anderes, digitales Medium zu übertragen. Auf diese Weise

---

[115] Mehr zur homerischen Psychologie in Snell 1975, Kap. I. Siehe auch Gäb, Sebastian: *Seelenvorstellung und Totenglaube bei Homer*. Online verfügbar: *https://epub.ub.uni-muenchen.de/77239/*.

[116] Im 11. Gesang der Odyssee wird beschrieben, wie Odysseus zum Eingang in die Unterwelt reist, der sich in einer Höhle am Rand der bewohnten Welt befindet. Eine geniale literarische Umsetzung dieser Idee findet sich in der Erzählung *Hell is the absence of God* von Ted Chiang (in Chiang 2002).

könnte eine Person den Tod ihres Körpers überleben und als Software weiterexistieren.[117]

Schauen wir uns nun diese verschiedenen Vorstellungen aus philosophischer Perspektive etwas näher an. Dazu müssen wir zwei Fragen berücksichtigen: Erstens, die Frage nach der Möglichkeit – kann man sich ein solches Szenario widerspruchsfrei vorstellen? Wenn ein personales Leben nach dem Tod denkbar sein soll, dann müssen dazu drei Bedingungen erfüllt sein:

(a) *Personalität*: Was nach dem Tod existiert, muss eine Person sein. Sie muss also Bewusstsein haben, vernünftig denken, handeln und sprechen können und sich ihrer Selbst bewusst sein.

(b) *Identität*: Die Person vor und nach dem Tod müssen faktisch identisch sein. Es ist nicht hinreichend, nur subjektiv das Gefühl zu haben, man sei eine Person, die bereits vorher existiert hat, und auch nicht, von anderen als identisch anerkannt zu werden. Ich bin nicht die Reinkarnation von Napoleon, wenn ich felsenfest davon überzeugt bin, Napoleon zu sein, und auch nicht, wenn alle mich so behandeln.

(c) *Bewusstsein*: Die Person nach dem Tod muss sich ihrer Identität mit ihrem früheren Selbst bewusst sein. Ein Leben nach dem Tod wird erst dann zu *meinem* Leben nach dem Tod, wenn ich nicht nur faktisch mit mir selbst identisch bin, sondern wenn ich das auch weiß. Wenn mein Bewusstsein nicht weiter zurückreicht als bis zum Beginn der aktuellen Phase meiner Existenz, ist das nicht anders, als hätte es mich vorher niemals gegeben. Wir könnten seit Jahrmillionen immer wieder reinkarniert worden sein, aber wenn wir nichts davon wissen, macht es für uns keinen Unterschied, denn das einzige Leben, das wir als unseres erkennen können, ist dieses aktuelle Leben.

Zweitens: die Frage nach der Wahrheit – gibt es Argumente, die zeigen, dass es vernünftig ist, an ein Leben nach dem Tod zu glauben? Solche Argumente können entweder *a priori* sein, d.h. sie berufen sich nicht auf Erfahrung, sondern versuchen die Möglichkeit eines Lebens nach dem Tod allein durch Analyse der relevanten Begriffe zu begründen oder zu widerlegen. Oder sie können *a posteriori* sein, also sich auf empirische Belege berufen, wie etwa Nahtoderfahrungen oder paranormale Phänomene. Wir werden uns hier auf die Argumente a priori konzentrieren.[118]

14.2 Dualistische Modelle

(a) Die unsterbliche Seele

Was ist eine Seele? Nach der klassischen Vorstellung, etwa in Descartes' *Meditationen*, sind Menschen Mischwesen, die aus zwei voneinander unabhängigen Substanzen bestehen, Körper und Seele. Die Seele ist der wichtigere Teil, da sie

---

117 Zu naturalistischen Theorien des Lebens nach dem Tod siehe Gäb 2018. Ausführlich dazu Steinhart 2014.
118 Zur Frage, ob Nahtoderfahrungen Belege für ein Leben nach dem Tod sein können, siehe z.B. Fischer 2020, Kap. 8 und 9.

das eigentliche Ich ist: „Also was bin ich nun?" fragt Descartes. „Ein denkendes Ding." (Descartes 1986: 87) Die Seele ist, was denkt: der immaterielle Träger des Bewusstseins. Unser mentales Leben, unsere Gedanken und Gefühle, Wahrnehmungen und Erinnerungen, haben ihren Sitz in ihr. Sie ist das Lebensprinzip des Körpers, aber von ihm radikal verschieden. Sie ist der Kern der Person – ich *bin* meine Seele, nicht mein Körper. Beide stehen in Verbindung miteinander, aber ihre Verbindung ist bloß kontingent und wird sich nach dem Tod wieder auflösen: Der Körper zerfällt, die Seele lebt weiter.

> Zwar habe ich vielleicht [...] einen Körper, mit dem ich aufs innigste verbunden bin. Denn einerseits habe ich doch eine klare und deutliche Vorstellung meiner selbst, sofern ich lediglich ein denkendes, nicht ausgedehntes Ding bin; andererseits habe ich eine deutliche Vorstellung vom Körper, sofern er lediglich ausgedehntes, nicht denkendes Ding ist. Somit ist sicher, dass ich wirklich vom Körper verschieden bin und ohne ihn existieren kann. (Descartes 1986: 189)

Die Idee einer unsterblichen Seele beruht damit auf einem metaphysischen *Dualismus*, also der Theorie, dass die Realität aus zwei voneinander unabhängigen Substanzen besteht. Wenn der Dualismus wahr ist, dann ist die Idee, dass die Seele den Tod des Körpers überleben kann, zumindest nicht völlig abwegig. Sie folgt aber nicht allein daraus, sondern benötigt noch eine zusätzliche Prämisse, etwa, dass die Seele auch unzerstörbar ist und nicht sterben kann, wie es z.B. Platon in seinem Dialog *Phaidon* behauptet. Dort argumentiert Sokrates, dass die Seele, anders als der Körper, nicht aus kleineren Bestandteilen zusammengesetzt ist und daher nicht zerstört werden kann (78b-80e in Platon 2019: Bd. 3). Ein Auto besteht aus vielen Einzelteilen: Motor, Karosserie, Reifen usw. Wird das Auto in seine Einzelteile zerlegt, hört es auf zu existieren. Was keine Teile hat, so Platon, kann nicht zerlegt werden, und daher auch nicht aufhören zu existieren. Aber warum sollte die Seele keine Teile haben? Sollten wir uns nicht, fragt David Hume, die geistige Substanz ähnlich wie die physische Materie vorstellen (Hume 1999)? Wenn ich einen Apfel esse, wird seine Materie zunächst zerlegt und dann in meinen Körper eingebaut – die Materie ist noch da, aber der Apfel hat aufgehört zu existieren. Warum sollte es bei der geistigen Substanz anders sein? Und selbst wenn die Seele einfach und unteilbar ist, wieso kann sie nicht einfach aus der Existenz verschwinden, ohne in ihre Einzelteile zerlegt zu werden? Wenn ein Verein sich auflöst, endet seine Existenz, ohne dass er in seine Teile zerfällt.

Weil die Theorie der unsterblichen Seele auf dem metaphysischen Dualismus basiert, erbt sie auch alle kritischen Einwände gegen ihn, z.B. das Problem der Interaktion: Wenn materielle und geistige Substanz absolut unabhängig voneinander sind, wie können sie dann miteinander interagieren? *Dass* sie interagieren, steht außer Frage – wenn mein Geist beschließt, dass es Zeit ist zum Aufstehen, dann bewegt mein Körper sich aus dem Bett (meistens), und wenn der Alkoholpegel in meinem Körper steigt, beeinflusst das auch die Gedanken und Gefühle in meinem Geist. Doch wie kann das sein, wenn beide durch einen tiefen ontologischen Graben voneinander getrennt sind? Spricht nicht die Tatsache, dass beide miteinander interagieren, eher dafür, dass die Seele von Körper abhängig ist?[119] Aber auch unabhängig vom Dualismus steht die Theorie einer unsterblichen Seele vor massiven Problemen:

(a) *Individuation*: Wie kann man eine körperlose Seele als ein konkretes Individuum von anderen unterscheiden und später wieder als dieselbe Person erkennen? Bei menschlichen Personen basiert diese Fähigkeit zur Reidentifikation auf körperlichen Merkmalen. Wenn ich Tim von seinem Zwillingsbruder Tom unterscheiden kann, tue ich das z.b. über seinen Haarschnitt, seine Figur oder seine Art zu sprechen. Wohlgemerkt: Tim und Tom werden nicht durch ihre Frisur zu verschiedenen Personen, aber sie ist ein Kriterium, um diese Verschiedenheit festzustellen. Und alle Kriterien, die wir kennen, sind untrennbar mit körperlichen Aspekten verbunden. Wenn aber in einer Séance meine verstorbene Großmutter durch ein Medium zu mir spricht, wie könnte ich diese Seele dann als die meiner Großmutter erkennen, ohne irgendwelche körperlichen Merkmale heranzuziehen? Es gibt keinen erkennbaren Unterschied zwischen einer echten Präsenz der Seele und einem perfekten Betrug. Dagegen ließe sich einwenden, dass Reidentifikation nur ein epistemisches Problem ist, kein ontologisches. Anders ausgedrückt: Eine Person kann nach einer massiven Veränderung immer noch dieselbe sein, ohne dass es einen Weg gäbe, das auch zu erkennen. Wir haben eine klare Vorstellung davon, was es bedeuten würde, wenn meine Großmutter zu mir spricht im Gegensatz dazu, dass das Medium mich betrügt. Zwischen beiden Szenarien gibt es einen eindeutigen Unterschied, auch wenn dieser Unterschied vielleicht niemals zweifelsfrei erkennbar ist. Und nur, weil wir uns nicht vorstellen können, wie wir die Identität einer körperlosen Seele feststellen würden, heißt das noch nicht, dass diese Identität nicht besteht.

(b) *Konsistenz*: Kann man sich wirklich vorstellen, als körperlose Seele zu existieren? Für Descartes ist das kein Problem – wir können bezweifeln, dass wir einen Körper haben und ihn daher aus unserem Bewusstsein ausklammern. Aber was bleibt von uns übrig, wenn wir nur noch körperlose Seelen sind? Alle Wahrnehmungen, die ja durch die Sinnesorgane des Körpers zustande kommen, hören auf – nichts sehen, nichts hören, keine Bewegung, keine Berührung, nur ein denkendes Ding mit seinen Gedanken in einem endlosen Nichts... keine besonders attraktive Vorstellung. Aber vielleicht hat die körperlose Seele ja auch die mysteriöse Fähigkeit zu außersinnlicher Wahrnehmung und telepathischer Kommunikation, so dass wir nach unserem Tod (ähnlich wie im Traum) eine Art geistige Welt bewohnen könnten?[120] Genau das bezweifelt der britische Philosoph Peter Geach (1916-2013). Seiner Meinung nach ist schon die Idee einer unkörperlichen, rein geistigen Existenz nicht mehr wirklich verstehbar (Geach 1969: Kap. 2). Denn, so Geach, all unsere Begriffe von Wahrnehmen und Handeln sind aufs engste mit körperlichen Konzepten verbunden, z.B. wenn wir sagen „Ich kann nichts sehen, es ist zu dunkel." Was immer Sehen ist, es hat etwas mit Licht zu tun, das in unsere Augen fällt, und die Idee, dass es so etwas wie ein Sehen geben könnte, für das man weder Licht noch Augen braucht, löst sich bei näherer Betrachtung

---

[119] Mehr zum klassischen Dualismus und seinen Alternativen in Teichert 2006, Kap. 2.
[120] Price 1953 verteidigt ein solches Modell.

in Nichts auf: Was immer das ist, warum sollte man es überhaupt noch „Sehen" nennen? Es muss etwas derart anderes sein, dass wir das Wort „sehen" hier gar nicht mehr sinnvoll gebrauchen können. Wenn aber all unsere Vorstellungen von unserer Existenz irgendeinen Bezug zum Körper voraussetzen, dann ist die Idee einer körperlosen Seele sinnlos.

(c) *Identität*: Was garantiert, dass die Person vor dem Tod und die unsterbliche Seele identisch sind? Für die Verteidiger der Seelentheorie ist die Sache klar: Ich bin meine Seele. Die Seele ist der Träger meiner Identität und sofern dieselbe Seele nach dem Tod weiterexistiert, die vorher mit meinem Körper verbunden war, bin ich es, der weiterexistiert. Aber diese Antwort verschiebt das Problem nur, da wir jetzt fragen müssen, was denn die Identität einer Seele ausmacht. Wir wollen ja nicht wissen, ob dieselbe Seele weiterexistiert, sondern dieselbe Person. Und das, so z.B. John Locke, ist nicht dasselbe:

> Nehmen wir an, jemand denkt über sich selbst nach und kommt zu dem Schluss, dass er einen immateriellen Geist in sich habe, der das ist, was in ihm denkt und ihn bei dem fortgesetzten Wechsel in seinem Körper als denselben erhält. Dieser Geist sei das, was er sein Selbst nennt. Stellen wir uns ferner vor, der betreffende Mensch nehme an, dieser Geist sei dieselbe Seele, die bei der Belagerung von Troja dem Nestor oder dem Thersites innegewohnt habe [...]. Wird oder kann sich dieser Mensch, der *keinerlei Bewusstsein von einer einzigen Tat* des Nestor oder des Thersites hat, dann vorstellen, dass er mit einem dieser beiden Männer identisch sei? (Locke 2000: 427)

Die Identität der Seele, also der geistigen Substanz, ist eigentlich vollkommen irrelevant, genau wie die Identität der Materie meines Körpers. Die Moleküle, aus denen mein Körper zusammengesetzt ist, verändern sich im Lauf der Jahrzehnte unablässig, aber mein Körper bleibt trotzdem derselbe. Worauf es ankommt, ist Kontinuität. Genauso garantiert die Kontinuität des Bewusstseins bzw. der Erinnerung meine Identität, nicht die Gleichheit der Seele. Nur, wenn ich mich an meine früheren Erlebnisse erinnern kann, kann ich sie auch als *meine* Erlebnisse betrachten. Meine Identität reicht also so weit zurück wie meine Erinnerung – wie lange der immaterielle *Träger* dieser Erinnerungen schon existiert (oder ob es so etwas überhaupt gibt), ist nicht relevant, auch nicht, ob es immer der gleiche geblieben ist. Denn solange meine Erinnerungen kontinuierlich sind, könnten sie auch von einer Seele in die nächste übertragen worden sein, ohne dass ich deshalb aufhören müsste zu existieren. Und wenn wir keine Erklärung haben, wie die Seele dieses Kunststück fertigbringt – die Kontinuität des Bewusstseins herzustellen – dann ist sie eine überflüssige Annahme.

(b) Reinkarnation

Reinkarnation oder Wiedergeburt bedeutet, dass eine Person nach dem Tod ihres Körpers ihr Leben in einem anderen Körper fortsetzt. Viele Wiedergeburtslehren beinhalten den Glauben an eine Seele als wandernden, unzerstörbaren Träger der Persönlichkeit. Es gibt aber auch Ausnahmen: Der Buddhismus lehnt den

Glauben an eine Seele oder überhaupt an ein stabiles Selbst ab und versteht Wiedergeburt nicht als Seelenwanderung, sondern als einen kontinuierlichen Prozess, der mehrere Leben umfasst (wie die Flamme einer Kerze, die an einer anderen Kerze entzündet wird). Oft verbindet sich der Glaube an die Wiedergeburt mit der Vorstellung eines kosmischen Gesetzes, das die Art der Wiedergeburt bestimmt, z.B. das Karma in Hinduismus und Buddhismus. Das Karma ist ein moralisches Naturgesetz, das eine kausale Verbindung zwischen unseren Handlungen in unserem aktuellen Leben und unserer nächsten Wiedergeburt herstellt. Wer Gutes tut, wird eine erfreuliche Wiedergeburt haben, wer Schlechtes tut, eine unangenehme.

Als Argument für die Realität der Wiedergeburt werden oft Erinnerungen an frühere Leben angeführt, die sich als scheinbar korrekt erweisen und nicht anders erklärt werden können. So wird beispielsweise über Pythagoras (570-510), der an eine Seelenwanderung glaubte, berichtet:

> Als er sich einmal in Argos aufhielt und einen Schild aus der Kriegsbeute von Troja sah, den man an eine Wand genagelt hatte, begann er zu weinen. Als die Argeier ihn nach dem Grund fragten, sagte er, dass er selbst diesen Schild vor Troja getragen hatte, als er Euphorbos war. Die Leute glaubten ihm nicht und hielten ihn für verrückt. Also sagte er, er werde ihnen einen Beweis liefern, dass es so sei, wie er gesagt hatte: Auf der Innenseite des Schildes sei mit altertümlicher Schrift geschrieben: „des Euphorbos". Wegen dieser seltsamen Antwort sagten alle, man solle den Schild herunterholen und tatsächlich fand sich auf der Innenseite die Inschrift.[121]

So faszinierend derartige Geschichten klingen mögen – in der Gegenwart ist trotz intensiver Forschungen und einer gewaltigen Menge an Datenmaterial kein einziger Fall dokumentiert, der zweifelsfrei nur durch Wiedergeburt erklärbar wäre.[122] Die meisten Fälle beruhen auf Kryptomnesie (verdrängte Erinnerungen, die nicht mehr als Erinnerungen erkannt werden), absichtlicher oder unabsichtlicher Täuschung oder sind schlicht zu vage, um verifizierbar zu sein.

Wiedergeburtstheorien haben gegenüber dem Glauben an eine unsterbliche Seele den Vorteil, dass sie ohne die kritische Annahme auskommen, eine Existenz als Person sei ohne Körper möglich. Wenn man allerdings Reinkarnation als Seelenwanderung versteht, ergeben sich natürlich die gleichen Probleme, die bereits gegen die Idee der unsterblichen Seele und den zugrundeliegenden Dualismus gesprochen haben. Aber nicht nur das – Reinkarnation wirft zusätzlich noch neue Fragen auf:

(a) Wenn es eine Wiedergeburt gibt, dann sind einige Dinge im Universum nicht so, wie wir erwarten sollten. Warum kommen Menschen immer im gleichen Alter (als Babys) auf die Welt, wenn sie doch eigentlich die Wiedergeburt älterer Menschen sind? Und wie ist die Wiedergeburtslehre mit der Evolution vereinbar?

---

121 Diodorus Siculus: *Bibliotheke* X, 6, 2 – eigene Übersetzung.
122 Ian Stevenson hat zahllose Fälle spontaner Wiedererinnerung an frühere Leben dokumentiert (Stevenson 1966). Leider halten die allermeisten einer kritischen Prüfung nicht stand. Für eine unterhaltsame Analyse eines Fallbeispiels siehe Mary Roachs Buch *Spook*. (Roach 2005: Kap. 1) Ebenfalls kritisch: Edwards 1996.

Es gab Leben lange bevor die Evolution den Menschen hervorgebracht hat – existieren die Seelen, die reinkarniert werden, erst, seit es Menschen gibt (aber wo kommen sie dann her)? Oder durchlaufen auch Seelen einen Evolutionsprozess? Und wie kann die Zahl der Menschen auf der Welt stetig zunehmen, ohne dass permanent neue Seelen geschaffen werden? Manche dieser Fragen lassen sich beantworten, wenn man zusätzliche Hypothesen einführt, z.B. dass Wiedergeburt in allen Bereichen des Kosmos möglich ist und als jede Art von Lebensform, nicht bloß als Mensch. Aber diese Hypothesen sind selbst hochgradig spekulativ und machen es nicht leichter, die Wiedergeburtslehre in Einklang mit dem zu bringen, was wir über die Realität wissen.

(b) Das schwierigere Problem betrifft wieder die Identität. Sollte die Reinkarnationstheorie richtig sein, haben wir alle bereits frühere Leben hinter uns, auch wenn die meisten von uns nichts mehr davon wissen. Aber wieso sollte man dann überhaupt sagen, mein aktuelles Leben sei die Fortsetzung eines früheren Lebens, wenn ich keinerlei bewusste Verbindung mehr mit diesem Leben habe? Wie kann ich behaupten, ich sei die Wiedergeburt von Julius Cäsar, ohne eine Erinnerung an Cäsars Leben zu haben und ohne irgendwelche signifikanten Persönlichkeitsmerkmale mit Cäsar zu teilen? Es scheint, als gäbe es praktisch nichts, was mich mit meiner früheren Inkarnation verbindet – aber was ist dann der Unterschied dazwischen, die Reinkarnation Cäsars zu *sein* und nur zu *glauben*, es zu sein? Natürlich könnte man antworten, dass die Seele das Bindeglied ist: Die Seele, die jetzt in meinem Körper wohnt, ist die gleiche, die früher Cäsars Körper beseelt hat. Aber hier können wir wieder wie oben mit Locke erwidern, dass es nicht darauf ankommt, ob Cäsar und ich zu verschiedenen Zeiten einmal das gleiche Stück immaterielle Substanz besessen haben (wie ein Auto, das nacheinander mehrere Besitzer hat). Was zählt, ist dass wir die gleiche Person sind, und das können wir nur sein, wenn es eine Kontinuität des Bewusstseins zwischen uns gibt. Wenn aber jede Erinnerung an mein früheres Leben gelöscht wurde, dann macht es keinen Unterschied mehr, ob dieses Leben die Fortsetzung eines anderen ist oder tatsächlich im Moment meiner Geburt ganz neu begonnen hat. *Ein* Leben setzt sich möglicherweise nach meinem Tod fort, aber ohne Kontinuität des Bewusstseins ist es nicht *mein* Leben:

> Setzen wir einmal, irgendjemand sollte plötzlich König von China werden, aber unter der Bedingung, zu vergessen, was er gewesen ist, so, als würde er von neuem geboren; bedeutet das nicht praktisch oder in Bezug auf die Wirkungen, deren man sich bewusst werden kann, beinahe soviel als ob er vernichtet und als ob in demselben Augenblicke ein König von China statt seiner erschaffen werden sollte? (Leibniz 2002: 99)

Selbst wenn es also Gründe gäbe, eine Reinkarnation der Seele anzunehmen, ist das dennoch keine besonders interessante Perspektive *für mich*, denn es sieht so aus, als könnte ich in diesem Fall nicht damit rechnen, dass *mein* Leben sich fortsetzt – nur das meiner Seele.

14.3 Monistische Modelle: Auferstehung

Die Auferstehung der Toten ist die klassische Vorstellung des Lebens nach dem Tod in Islam, Judentum und Christentum. Demnach ist der Tod des Körpers tatsächlich das vorläufige Ende unserer menschlichen Existenz. In den ältesten jüdischen Auferstehungsvorstellungen ist der Mensch in der Zeit nach dem Tod wirklich tot, existiert also nicht mehr und wird erst am Ende der Zeiten von Gott wieder ins Leben gerufen. Die klassische christliche Vorstellung hingegen, wie sie beispielsweise der Kirchenvater Irenäus von Lyon (135-200) oder Thomas von Aquin vertreten haben, vereinigt die jüdische Auferstehungsidee mit dem griechisch-platonischen Konzept einer unsterblichen Seele: Gott bewahrt die Seele auf, die sich im Tod vom Körper trennt, und fügt sie am Jüngsten Tag mit dem auferstandenen Körper zusammen, wobei dieser Körper derselbe Körper ist, der einst gestorben war und nun wiederhergestellt wird. Erst mit der Wiederherstellung der Einheit von Körper und Geist wird die Existenz des Individuums fortgesetzt, denn für die Vertreter der Auferstehungslehre ist der Mensch eine Einheit aus Körper und Seele. Weder Körper noch Seele allein meine Identität garantieren: „Ich bin nicht meine Seele" schreibt Thomas in größtmöglichem Kontrast zu Descartes.[123] Wenn es ein Leben nach dem Tod geben soll, dann muss dieses Leben wie das Leben vor dem Tod sein: ein Leben als verkörperte Person.

Damit fällt es der Auferstehungstheorie leicht, einigen Schwierigkeiten ihrer dualistischen Alternativen zu entkommen. Das Leben nach dem Tod ist problemlos vorstellbar, weil es nicht fundamental anders ist als unser gegenwärtiges Leben. Wir müssen nicht mehr erklären, wie eine körperlose Seele in einer rein geistigen Welt existieren kann, und auch das Problem der Individuation fällt weg, denn es gibt ja einen Körper, über den wir eine Person identifizieren können. Nicht zuletzt ist die Vorstellung von einem körperlichen Leben nach dem Tod deutlich attraktiver als die einer rein geistigen Existenz als unkörperliche Seele, die allein in ihren Gedanken lebt (außer vielleicht für Philosophen).[124] Auf anderen Gebieten steht die Auferstehungstheorie aber vor nicht weniger schwierigen Fragen.

(a) Da sind zum einen eine Reihe „technischer" Probleme, ausgehend von der Annahme, dass der Auferstehungskörper identisch mit dem Körper sein soll, der gestorben ist. Wenn man darunter versteht, dass der Auferstehungskörper aus derselben Materie besteht, aus der auch der ursprüngliche Körper bestand, muss das bedeuten, dass Gott am Ende der Zeiten die Atome des ursprünglichen Körpers wieder einsammelt und in ihrer ehemaligen Form wieder zusammenfügt. Aber das zieht eine Reihe von Problemen nach sich: Was ist mit Atomen, die in mehr als einem Körper enthalten waren? Wenn ein Schiffbrüchiger, der auf einer öden, verlassenen Insel angespült wird, aus purer Verzweiflung beginnt, die Leiche eines Kameraden zu essen, wie könnte Gott dann entscheiden, zu welchem Körper die entsprechenden Teile gehören? Angesichts der Tatsache, dass

---

[123] In seinem Kommentar zum ersten Korintherbrief (*Super primam epistolam ad Corinthios* XV, 2, online unter: https://www.corpusthomisticum.org/c2c.html).
[124] Bedauerlicherweise wird es aber laut Thomas in der Auferstehungswelt weder Essen noch Sex geben, weil diese Dinge dem vergänglichen Leben angehören – allerdings auch keine Kleider. (*Compendium theologiae*, 156 in Thomas 2009: 122).

die Natur ein Kreislauf permanenten Recyclings ist, müssen wir ohnehin aus rein statistischen Überlegungen davon ausgehen, dass ein nennenswerter Anteil der Atome in unserem Körper in den letzten Jahrtausenden Bestandteil des Körpers anderer Personen gewesen ist. Es ist naiv, anzunehmen, man könne jedes Materieteilchen genau einem Körper zuordnen. Außerdem: Unser Körper verändert sich permanent. Wenn unser Körper in der Auferstehung wiederhergestellt wird, welches Alter wird er haben? Augustinus und einige andere lösen das Problem, indem sie sagen: Anfang dreißig, da auch Jesus mit Anfang dreißig auferstanden ist. Wer in jüngerem Alter stirbt, wird so aussehen, wie er ausgesehen hätte, wäre er Anfang dreißig geworden, und wer in hohem Alter stirbt, wird wieder in den früheren Zustand zurückversetzt. Aber gibt es eine Antwort auf diese Frage, die nicht vollkommen willkürlich erscheint?

(b) Diese Probleme lassen sich lösen, wenn man annimmt, dass Gott nicht das Original des verstorbenen Körpers wiederherstellen muss, sondern stattdessen ein Duplikat erzeugen kann, also einen neuen Körper. Anders als beim Original gibt es dann keine Identitätsbeziehung zwischen dem Körper vor und nach dem Tod – es ist der *gleiche* Körper, aber nicht der*selbe*. Technisch ausgedrückt: Der Auferstehungskörper ist *qualitativ identisch* mit dem ursprünglichen Körper (beide haben die gleichen Eigenschaften), aber nicht *numerisch* mit ihm identisch (beide sind nicht der Zahl nach nur ein einziges Ding). Aber was garantiert dann, dass die auferstandene Person auch die gleiche ist wie die verstorbene? Es sieht so aus, als würde es sich in diesem Szenario gar nicht um die Auferstehung einer Person handeln, sondern um die Neuschöpfung einer anderen Person, die mir extrem ähnlich ist, denn hier gibt es einen radikalen Bruch in der Kontinuität der personalen Existenz. An sich muss das nicht problematisch sein. Wir können in vielen Fällen akzeptieren, dass manche Dinge zeitweilig aufhören zu existieren und später ihre Existenz fortsetzen. Wenn beispielsweise ein Fußballverein seit vielen Jahren besteht, sich aber dann wegen finanzieller Probleme auflösen muss, hat er aufgehört zu existieren. Etliche Jahre später tun sich einige ehemalige Mitglieder des früheren Vereins zusammen, um den Verein neu zu gründen – unter gleichem Namen, im gleichen Vereinsheim, mit dem gleichen Fußballplatz. Dann würden wir wohl sagen, dass es den Verein jetzt *wieder* gibt, nachdem er eine Zeitlang nicht existiert hat. Die Existenz eines Gegenstands kann also durchaus Lücken einschließen, ohne dass seine Identität dadurch in Gefahr gerät. Das funktioniert aber nur dadurch, dass noch gewisse Fäden da sind, die die beiden getrennten Phasen der Existenz des Fußballvereins miteinander verbinden (Name, Mitglieder, Vereinsheim usw.). Für das Original-Modell der Auferstehung erfüllt die identische Materie diese Funktion – aber im Duplikat-Modell gibt es nichts, was diese Rolle spielen könnte. Es scheint keinen Grund zu geben, warum man das irdische Leben einer Person und das Auferstehungsleben ihres Duplikats als zwei Phasen *eines* Lebens betrachten sollte. Natürlich könnte man auch hier wieder argumentieren, dass die unsterbliche Seele die Identität garantiert – aber dann werden Locke und Hume ihre oben genannten Einwände gegen dieses Konzept einfach wiederholen.

14.3 Monistische Modelle: Auferstehung

Kann mein Duplikat nicht doch mit mir identisch sein? John Hick versucht mit einem Gedankenexperiment, genau das nachzuweisen (Hick 1994: 280 ff.). Nehmen wir an, eine Wissenschaftlerin sitzt gerade in einer Konferenz in London und hört sich den Vortrag eines Kollegen an. Von einem Moment auf den anderen verschwindet sie – löst sich buchstäblich in Luft auf – und taucht augenblicklich in New York wieder auf. Ihr Körper ist bis ins kleinste Detail der gleiche, selbst der Inhalt ihres Magens ist noch derselbe wie Augenblicke zuvor in London. Zu keinem Zeitpunkt hat sie das Bewusstsein verloren. Sie erinnert sich daran, in London gewesen zu sein und dann übergangslos in New York aufzutauchen. Es gibt einen harten Schnitt, aber keine Lücke in der Kontinuität ihres Bewusstseins. Trotz all dieser in der Tat rätselhaften Veränderungen würden wir ihre Identität nicht bezweifeln, so Hick. Die Wissenschaftlerin ist immer noch dieselbe, auch wenn sie durch einen mysteriösen metaphysischen Unfall plötzlich nach New York verschlagen wurde. Variieren wir nun den Fall ein wenig: Die Wissenschaftlerin verschwindet nicht in London, sondern stirbt, taucht aber ansonsten genau wie im ersten Fall in New York auf, ununterscheidbar von ihrer Londoner Kopie. Dieser Fall ist zwar etwas komplizierter (Anwälte werden ihre Freude daran haben, zu diskutieren, ob die Verwandten der Wissenschaftlerin jetzt erbberechtigt sind oder nicht), aber auch hier können wir akzeptieren, dass die Wissenschaftlerin immer noch die gleiche ist. Wir (und sie) werden uns wohl eine Zeitlang wundern, aber trotzdem die New Yorkerin relativ bald als dieselbe Person betrachten, die vorher die Londonerin gewesen ist. Und nehmen wir nun an, dass die Wissenschaftlerin nach dem Tod ihrer Londoner Version nicht in New York auftaucht, sondern in einer Art transzendenter Auferstehungswelt, dann haben wir genau den Fall, um den es geht: Auferstehung in Form eines nicht-kontinuierlichen Duplikats. Wenn wir im zweiten Szenario keine Bedenken haben, die Person als die gleiche zu betrachten, warum sollte es im dritten Szenario anders sein?

Hicks Gedankenexperiment scheint auf den ersten Blick plausibel, geht aber am Kern des Problems vorbei. Denn uns interessiert ja nicht, ob wir bereit wären, die Auferstehungsperson so zu *behandeln*, als ob sie mit ihrem früheren Ich identisch wäre – uns interessiert, ob sie es auch wirklich *ist*. Die Auferstehung meines Duplikats kann nur dann für mich von Bedeutung sein, wenn ich es bin, der auferstanden ist, wenn ich also immer noch da bin. Aber ob ich noch da bin oder nicht, hängt nicht von der Bereitschaft anderer ab, mich als denselben anzuerkennen. Aus meiner subjektiven Perspektive ist mir unmittelbar klar, was es heißen würde, noch da zu sein, selbst wenn niemand bereit ist, mich wiederzuerkennen. Und ebenso ist mir klar, was es bedeuten würde, nicht mehr da zu sein. Aber egal, wie exakt mein Duplikat in der Auferstehungswelt mir gleicht, ich werde trotzdem nicht mehr da sein, auch wenn alle der Meinung sind, ich sei es (das Duplikat eingeschlossen). Um es an einem Beispiel von Peter van Inwagen klarzumachen (van Inwagen 1978): Angenommen, ein Kloster behauptet, ein Manuskript zu besitzen, das von Augustinus selbst verfasst worden ist. Das fragliche Manuskript wurde jedoch im Jahr 457 verbrannt – wie kann dann jemand dieses Manuskript besitzen? Die Antwort der Mönche lautet: Im Jahr 458 hat Gott das Manuskript auf wundersame Weise wiedererschaffen. Doch dieses Manuskript ist dann nicht mehr dasselbe, so van Inwagen. Das neue Manuskript ist niemals mit Augustinus in Berührung gekommen, schließlich begann seine Existenz erst lange nach dessen Tod. Es ist also nicht das Original, sondern eine exakte Kopie, und selbst ein allmächtiger Gott kann nicht bewirken, dass Kopie und Original identisch sind (denn auch ein allmächtiger Gott kann nur bewirken, was logisch möglich ist – vgl. Kap. 9.1c). Was zählt, ist das Original, das es nur geben kann, wenn es irgendeine Form von physischer Kontinuität gibt. Für die Auferstehungslehre heißt das: Entweder es gibt physische Kontinuität – aber dann geraten wir in unlösbare technische Probleme; oder es gibt keine physische Kontinuität – aber dann gibt es keine Auferstehung, oder zumindest keine Auferstehung *von mir*.

14.4 Who wants to live forever?

Jorge Luis Borges' (1899-1986) Erzählung *Der Unsterbliche* enthält den Bericht eines römischen Militärtribuns, der sich auf die Suche nach einem Fluss macht, dessen Wasser Unsterblichkeit verleiht. Nachdem es ihn in eine Wüste am Ende der Welt verschlagen hat, stößt er schließlich auf eine Stadt, in deren Nähe die Troglodyten leben – menschliche Wesen, die nackt und schmutzig in Löchern hausen und sich von Schlangen ernähren. Halb verdurstet trinkt er aus dem Fluss, der an der Stadt vorbeifließt, und muss feststellen, dass die Stadt in Wirklichkeit ein verlassenes, bizarres Labyrinth ist. Da wird ihm klar, dass die Troglodyten die Unsterblichen sind. Die Unsterblichkeit hat ihrem Leben jeden Reiz genommen und jeden Antrieb, irgendetwas zu tun. Da sie immer noch die Unendlichkeit vor sich haben, hat für sie alles seine Bedeutung verloren:

> Der Tod (oder die Anspielung auf ihn) macht die Menschen preziös und pathetisch. Das Bewegende an ihnen ist ihr gespenstischer Zustand; jede Handlung, die sie ausführen, kann die letzte sein; es gibt kein Gesicht, das nicht zu zerfließen bestimmt ist wie das Gesicht in einem Traum. Alles hat bei den Sterblichen den Wert des Unwiederbringlichen und des Gefährdeten. Bei den Unsterblichen dagegen ist jede Handlung (und jeder Gedanke) das Echo von anderen, die ihr in der Vergangenheit ohne ersichtlichen Grund vorangingen, oder zuverlässige Verheißung anderer, die sie in der Zukunft bis zum Taumel wiederholen werden. (Borges 1970: 19)

Auf den ersten Blick wirkt diese Idee absurd. Der Tod ist etwas Schreckliches und die meisten Menschen wollen nicht sterben – sollte Unsterblichkeit nicht etwas Wunderbares sein? Aber Borges weist auf die Kehrseite der Unsterblichkeit hin: In einer unendlichen Existenz verliert irgendwann alles seine Bedeutung, denn alles wiederholt sich und nichts ist jemals neu oder einzigartig. Wer unendlich viel Zeit hat, verliert jede Motivation zu handeln, da es zu keinem Zeitpunkt einen Grund gibt, warum irgendetwas gerade jetzt getan werden sollte – wir haben ja noch unendlich viel Zeit vor uns. So paradox es klingt, aber möglicherweise ist die Unsterblichkeit nicht weniger schrecklich als der Tod.

Was sollten wir also vernünftigerweise hoffen – dass wir unsterblich sind oder dass wir es nicht sind? Der britische Philosoph Bernard Williams (1929-2003) argumentiert, dass kein Leben jemals so wünschenswert sein kann, dass es ewig dauern sollte (Williams 1978). Warum nicht? Ausgangspunkt seiner Überlegung ist die Tatsache, dass wir immer bestimmte Wünsche haben. Wir wollen z.B. einen Kaffee trinken, ein Buch lesen, oder den Kilimandscharo besteigen. Solange wir diese Wünsche haben, haben wir auch einen Grund, alles zu vermeiden, was uns an der Erfüllung dieser Wünsche hindern könnte. Daher fürchten wir auch den Tod – er nimmt uns jede Chance, die Wünsche zu erfüllen, die wir noch haben. Nun muss man zwischen zwei Arten von Wünschen unterscheiden: instrumentelle und kategorische Wünsche. Instrumentelle Wünsche sind solche, die allein der Erhaltung des Lebens dienen, also z.B. der Wunsch, genug zu essen zu haben oder gesund zu bleiben. Kategorische Wünsche sind hingegen solche, die zwar die Erhaltung des Lebens voraussetzen, aber darüber hinausgehen: eine Weltreise machen, Kinder großziehen usw. Unsere instrumentellen Wünsche, so Williams, sind nur so lange berechtigt, wie es auch kategorische Wünsche gibt, die darauf aufbauen. Es macht keinen Sinn, sich zu wünschen, man möge am Leben bleiben, wenn es nichts gibt, was man mit diesem Leben noch anfangen kann. Gleichzeitig sind kategorische Wünsche essenziell für unsere Identität, denn wer ich bin, hängt entscheidend davon ab, was ich will, welche Wünsche und Ziele ich habe. Und genau hier liegt das Problem mit der Unsterblichkeit. In einem unendlichen Leben gibt es zwei Möglichkeiten: Entweder gehen uns irgendwann die kategorischen Wünsche aus oder sie gehen uns nicht aus. Der erste Fall bedeutet entsetzliche Langeweile. In einem unendlichen Leben ohne kategorische Wünsche liegt vor uns eine unendlich lange Zeit, mit der wir nichts anzufangen wissen. Es gibt nichts mehr, was den Wunsch weiterzuleben rechtfertigen kann. „Das einzige, was für die Ewigkeit gut genug ist, ist etwas, das die Langeweile *unvorstellbar* macht", schreibt Williams. „Aber was könnte das sein? Etwas, das mit Sicherheit in jedem Augenblick fesselnd wäre? Aber wenn jemand einen Charakter hat und behält, so gibt es keinen Grund zu der Annahme, es könne so etwas geben." (Williams 1978: 154) Irgendwann sind alle Dinge, die mich interessieren könnten, abgehandelt. Will ich nicht der ewigen Langeweile anheimfallen, muss ich mir neue kategorische Wünsche suchen. Aber je länger dieser Prozess sich fortsetzt, umso mehr entferne ich mich von der Person, die ich ursprünglich gewesen bin. Die Alternative zur Langeweile ist also der zweite Fall: Selbstverlust. Meine Wünsche und Ziele haben sich so stark verändert, dass ich nichts mehr mit dem Menschen gemeinsam habe, der ich einmal gewesen bin. Ich kann also nicht alles haben: ein interessantes Leben, ein authentisches Selbst und Unsterblichkeit. Letzten Endes sollten wir dankbar sein, nicht unsterblich werden zu können: „Man kann sich glücklich schätzen, dass man die Möglichkeit hat, zu sterben." (Williams 1978: 162) Vielleicht sollten wir also die skeptischen Einwände der Philosophie gegen die Ideen von Auferstehung und unsterblicher Seele gar nicht so negativ sehen. Am Ende könnte die Einsicht, dass wir sterblich sind, eine gute Nachricht sein.

Quellen
Eine Auswahl aus klassischen und modernen Texten zur Unsterblichkeit bietet Edwards 1992. Der Klassiker des Dualismus sind Descartes' *Meditationen* (Descartes 1986). Die klassischen Argumente für die Unsterblichkeit der Seele finden sich in Platons Dialog *Phaidon* (Platon 2019: Bd. 3). Locke behandelt Seele und Identität in seinem *Versuch über den menschlichen Verstand* Buch II, Kap. 27 (Locke 2000). Die Essays von Hume und James über die Unsterblichkeit der Seele finden sich in Hume 1999 und James 2010. Williams über die Langeweile der Unsterblichkeit in Williams 1978.

Weiterführende Literatur
Allgemein: Birnbacher 2017. Nagasawa/Matheson 2017. Hick 1994. Unsterbliche Seele: Penelhum 1970. Kagan 2012. Reinkarnation: Edwards 1996. Burley 2016. Auferstehung: Geach 1969. Van Inwagen 1978.

> **Diskussionsfragen**
>
> - Ist der Glaube an ein Leben nach dem Tod wesentlich für eine Religion oder könnte es auch eine Religion ohne Unsterblichkeitsglaube geben?
> - Wie würde sich unsere Haltung zum Leben ändern, wenn es sicher wäre, dass es ein Leben nach dem Tod gibt? Wie, wenn es sicher wäre, dass es keines gibt?
> - Was ist besser: wenn ein Duplikat von mir nach meinem Tod weiter existiert oder wenn mein Leben ohne Nachfolger endet?

Literatur

Andere Einführungen

Clack, Beverley; Clack, Brian: The philosophy of religion. A critical introduction. Polity Press ³2019. [etwas anders als andere Einführungen, behandelt auch Themen wie feministische Religionsphilosophie und Terrorismus.]

Davies, Brian: An Introduction to the Philosophy of Religion. Oxford University Press ³2004 [gut lesbare, stärker an klassischen Positionen der Philosophiegeschichte orientierte Einführung.]

Hoerster, Norbert: Die Frage nach Gott. C.H. Beck 2005. [Behandelt nur Argumente für und gegen die Existenz Gottes. Knapp und polemisch, aber scharfsinnig und unterhaltsam.]

Le Poidevin, Robin: Arguing for Atheism. An Introduction to the Philosophy of Religion. Routledge 1996.

Löffler, Winfried: Einführung in die Religionsphilosophie. WBG ³2019. [beste Einführung in deutscher Sprache. Schwerpunkt auf Argumenten für und gegen die Rationalität religiöser Überzeugungen, aber auch andere Themen kommen zur Sprache.]

Mackie, John L.: Das Wunder des Theismus. Reclam 2002 u.ö. [moderner Klassiker, der diverse Argumente für und gegen die Existenz Gottes behandelt. Umfassend und dicht.]

Peterson, Michael et al.: Reason and Religious Belief. An Introduction to the Philosophy of Religion. OUP ⁴2009.

Rea, Michael; Murray, Michael: An Introduction to the Philosophy of Religion. Cambridge University Press 2011.

Ricken, Friedo: Religionsphilosophie. Kohlhammer 2003. [historisch aufgebaut und autorenzentriert. Sehr gute Ergänzung.]

Rowe, William: An Introduction to the Philosophy of Religion. Wadsworth ⁴2007. [beste Einführung in englischer Sprache. Deutlich analytisch geprägt, sehr gut im Erklären und Diskutieren der relevanten Argumente.]

Handbücher und Nachschlagewerke

Mann, William (Hg.): The Blackwell guide to the philosophy of religion. Blackwell 2005.

Oppy, Graham (Hg.): The Routledge handbook of contemporary philosophy of religion. Routledge 2015.

Peterson, Michael; van Arragon, Raymond (Hgg.): Contemporary Debates in Philosophy of Religion. Wiley-Blackwell ²2013.

Taliaferro, Charles; Draper, Paul; Quinn, Philip (Hgg.): A companion to philosophy of religion. Blackwell ²2010.

Viertbauer, Klaus; Gasser, Georg (Hgg.): Handbuch analytische Religionsphilosophie. Metzler 2019.

Wainwright, William (Hg.): The Oxford handbook of philosophy of religion. Oxford University Press 2005.

Zitierte Literatur

Adams, Marylin McCord: *Horrendous evils and the goodness of God*. Cornell University Press 1999.

Adams, Robert: Divine command metaethics modified again. *Journal of religious ethics* 7 (1979), 66-79.

Adamson, Peter; Ganeri, Jonardon: *Classical Indian philosophy*. Oxford University Press 2020.

Almeida, Michael: *Cosmological Arguments*. Cambridge University Press 2018.

Alston, William: The ontological argument revisited. *Philosophical Review* 69 (1960), 452-474.

Alston, William: *Divine Nature and Human Language*. Cornell University Press 1989.

Alston, William: *Perceiving God*. Cornell University Press 1991.

Anscombe, Elizabeth: ‚Whatever has a beginning of existence must have a cause': Hume's argument exposed. *Analysis* 34 (1974), 145-151.

Anselm von Canterbury: *Monologion*. Frommann 1964.

Anselm von Canterbury: *Proslogion. Anrede*. Übers. von Robert Theis. Reclam 2005.

Aristoteles: *Metaphysik*. Übers. von Horst Seidl. Meiner 2009.

Augustinus: *Der freie Wille*. Schöningh 1972.

Augustinus: *Bekenntnisse*. Übers. von Kurt Flasch. Reclam 2003.

Augustinus: *Opera/Werke 22: De natura boni. Die Natur des Guten*. Schöningh 2010.

Ayer, Alfred: *Language, truth and logic*. Dover 1946.

Barbour, Ian: *Religion in an age of science*. Harper & Row 1990.

Barnes, Jonathan: *The ontological argument*. St. Martin's Press 1972.

Barrow, John; Tipler, Frank: *The anthropic cosmological principle*. Oxford University Press 1986.

Basinger, David: *Religious diversity. A philosophical assessment*. Ashgate 2002.

Birnbacher, Dieter: *Tod*. De Gruyter 2017.

Blake, William: *Zwischen Feuer und Feuer. Poetische Werke*. DTV 1996.

Boethius: *Consolatio philosophiae. Trost der Philosophie*. Übers. von Olaf Gigon. Artemis und Winkler ^{6}2002.

Bolzano, Bernard: *Wissenschaftslehre*. 4 Bde. Fromann-Holzbog 1987.

Borges, Jorge L.: *Sämtliche Erzählungen*. Hanser 1970.

Bostrom, Nick: Are we living in a computer simulation? *Philosophical Quarterly* 53 (2003), 243-255.

Boyer, Pascal: *Religion explained*. Basic Books 2001.

Bradley, Michael: The fine-tuning argument: the Bayesian version. *Religious Studies* 38 (2002), 375-404.

Braithwaite, Richard: Die Ansicht eines Empiristen über die Natur des religiösen Glaubens. In: Ingolf Dalferth (Hg.): *Sprachlogik des Glaubens*. Chr. Kaiser 1974, 167-189.

Brasser, Martin (Hg.): *Person. Philosophische Texte von der Antike bis zur Gegenwart*. Reclam 1999.

Bromand, Joachim; Kreis, Guido: *Gottesbeweise von Anselm bis Gödel*. Suhrkamp 2011.

Buckareff, Andrei; Nagasawa, Yujin (Hgg.): *Alternative Concepts of God*. Oxford University Press 2016.

Burley, Michael: *Rebirth and the stream of life*. Bloomsbury 2016.

Carlson, Erik; Olsson, Erik: Is our existence in need of further explanation? *Inquiry* 41 (1998), 255–275.

Carnap, Rudolf: *Logische Syntax der Sprache*. Springer ²1968.

Carnap, Rudolf: *Scheinprobleme in der Philosophie und andere metaphysikkritische Schriften*. Meiner 2004.

Carrier, Martin: *Wissenschaftstheorie zur Einführung*. Junius 2006.

Chalmers, Alan: *Wege der Wissenschaft*. Springer ⁶2007.

Chiang, Ted: *Stories of your life and others*. Tor Books, 2002.

Clifford, William: *Lectures and Essays*. Bd. 2. Cambridge University Press 2011.

Collins, Robin: The teleological argument. In: Chad Meister/Paul Copan (Hgg.): *The Routledge companion to philosophy of religion*. Routledge 2013, 411-421.

Comte-Sponville, André: *Woran glaubt ein Atheist?* Diogenes 2009.

Cotter, Wendy: *Miracles in Greco-Roman antiquity*. Routledge 1999.

Craig, William L.: *The Kalam cosmological argument*. Macmillan 1979.

Craig, William L.: *The cosmological argument from Plato to Leibniz*. Macmillan 1980.

Craig, William L.; Smith, Quentin: *Theism, atheism and Big Bang cosmology*. Clarendon 1993.

Craig, William L.: Opening statement. In: Robert Garcia; Nathan L. King (Hgg.): *Is Goodness without God good enough?* Rowman & Littlefield 2009, 29-33.

Cupitt, Don: *Nach Gott. Die Zukunft der Religionen*. DTV 2004.

Cusanus, Nikolaus: *Vom Frieden zwischen den Religionen*. Insel 2002.

D'Aquili, Eugene; Newberg, Andrew: *The mystical mind*. Fortress Press 1999.

Dalferth, Ingolf (Hg.): *Sprachlogik des Glaubens*. Chr. Kaiser 1974.

Davies, Paul: *The Goldilocks enigma*. Allen Books 2006.

Davis, Caroline Franks: *The evidential force of religious experience*. Oxford University Press 1989.

Dennett, Daniel: Conditions of Personhood. In: Amélie Oksenberg Rorty (Hg.): *Identities of Persons*. University of California Press 1976, 175-196.

Dennett, Daniel: *Breaking the spell. Religion as a natural phenomenon*. Penguin 2006.

Descartes, René: *Meditationes de prima philosophia. Meditationen über erste Philosophie*. Reclam 1986.

Dostojewski, Fjodor: *Die Brüder Karamasow*. Fischer 2006.

Draper, John William: *History of the conflict between religion and science*. Appleton 1875.

Dumsday, Travis: Divine hiddenness, free-will, and the victims of wrongdoing. *Faith and Philosophy* 27 (2010), 423-438.

Edwards, Paul (Hg.): *Immortality*. Prometheus Books 1992.

Edwards, Paul: *Reincarnation. A critical study*. Prometheus Books 1996.

Ernst, Gerhard: *Einführung in die Erkenntnistheorie*. WBG ⁶2016.

Eshleman, Andrew: Can an atheist believe in God? *Religious Studies* 41 (2005), 183-199.

Evans, Stephen: *Faith beyond reason*. Edinburgh University Press 1998.

Feldman, Fred: *Confrontations with the reaper*. Oxford University Press 1992.

Fenner, Dagmar: *Ethik. Wie soll ich handeln?* Narr Francke ²2020.

Fischer, John M.: *Death, immortality and meaning in life*. Oxford University Press 2020.

Flew, Antony: *God and philosophy*. Prometheus Books 1966.

Flew, Antony: The presumption of atheism. *Canadian Journal of Philosophy* 2 (1972), 29-46.

Flew, Antony; MacIntyre, Alasdair (Hgg.): *New essays in philosophical theology*. Macmillan 1955.

Frankfurt, Harry: Freedom of the will and the concept of a person. *Journal of Philosophy* 68 (1971), 5-20.

Frege, Gottlob: *Die Grundlagen der Arithmetik*. Meiner 1988.

Freud, Sigmund: *Studienausgabe. Band 9: Fragen der Gesellschaft. Ursprünge der Religion*. Hg. von Alexander Mitscherlich, Fischer 1974.

Friederich, Simon: Fine-tuning. *The Stanford Encyclopedia of Philosophy* (Winter 2018 Edition), https://plato.stanford.edu/archives/win2018/entries/fine-tuning/.

Gäb, Sebastian: *Wahrheit, Bedeutung und Glaube*. Mentis 2014.

Gäb, Sebastian: Why do we suffer? Buddhism and the problem of evil. *Philosophy Compass* 10 (2015), 345-353.

Gäb, Sebastian: Naturalistische Theorien des Lebens nach dem Tod. In: Sebastian Gäb; Dominic Harion; Peter Welsen (Hgg.): *Person und Identität*. Roderer 2018.

Gäb, Sebastian: Die Möglichkeit apophatischer Theologie. In: Axel Hutter; Georg Sans (Hgg.): *Zeit-Sprache-Gott*. Kohlhammer 2019, 253-268.

Gäb, Sebastian: Mystik ohne Begriffe. Nonkonzeptualität und die *common-core*-These. In: Sebastian Gäb (Hg.): *Religion und Pluralität*. Kohlhammer 2020, 193-209.

Galen, L. W.: Does religious belief promote prosociality? A critical examination. *Psychological Bulletin 138* (2012), 876–906.

Geach, Peter: *God and the Soul*. Schocken 1969.

Geach, Peter: Omnipotence. *Philosophy* 48 (1973), 7-20.

Gödel, Kurt: *Collected works. Volume III: unpublished essays and lectures*. Oxford University Press 1995.

Gott, Richard: Can the universe create itself? *Physics Review D* 58 (1998), 023501.

Gott, Richard: *Zeitreisen in Einsteins Universum*. Rowohlt 2002.

Gould, Stephen: *Rock of ages. Science and religion in the fullness of life*. Ballantine 1999.

Greene, Brian: *The hidden reality*. Vintage 2011.

Griffiths, Paul: *An apology for apologetics. A study in the language of interreligious dialogue*. Orbis 1991.

Grundmann, Thomas: *Analytische Einführung in die Erkenntnistheorie*. de Gruyter ²2017.

Gunsser, Ilse-Lore: *Reden des Buddha*. Reclam 2015.

Hanson, Norwood: *Patterns of Discovery*. Cambridge University Press 1958.

Hartshorne, Charles: *The divine relativity. A social conception of God*. Yale University Press 1948.

Hartshorne, Charles: *Anselm's discovery*. Open Court Press 1965.

Helm, Paul: *Eternal God. A study of God without time*. Oxford University Press ²2010.

Hick, John: *Evil and the God of love*. Harper & Row ²1978.

Hick, John: *Death and eternal life*. John Knox Press 1994.

Hick, John: *An interpretation of religion*. Palgrave ²2004.

Hock, Klaus: *Einführung in die Religionswissenschaft.* WBG 2006.

Hoerster, Norbert: *Der gütige Gott und das Übel.* C.H. Beck 2017.

Hoffman, Joshua; Rosenkrantz, Gary: *The Divine Attributes.* Oxford University Press 2002.

Holt, Jim: *Gibt es alles oder nichts? Eine philosophische Detektivgeschichte.* Rowohlt 2014.

Hood, Ralph et al.: *The psychology of religion. An empirical approach.* Guilford Press ⁵2018.

Hübner, Dietmar: *Einführung in die philosophische Ethik.* Vandenhoek & Ruprecht ³2021.

Hughes, Gerard: Conscience. In: Ian Ker; Terrence Merrigan (Hgg.): *The Cambridge companion to John Henry Newman.* Cambridge University Press 2009, 189-220.

Hume, David: *Die Naturgeschichte der Religion. Über Aberglaube und Schwärmerei. Über die Unsterblichkeit der Seele. Über Selbstmord.* Meiner 1999.

Hume, David: *Eine Untersuchung über den menschlichen Verstand.* Meiner 2015.

Hume, David: *Dialoge über natürliche Religion.* Meiner 2016.

James, William: Der Wille zum Glauben. In: Ekkehard Martens (Hg.): *Philosophie des Pragmatismus.* Reclam 1986, 128-160.

James, William: *Die Vielfalt religiöser Erfahrung.* Insel 1997.

James, William: *Der Sinn des Lebens. Ausgewählte Texte.* WBG 2010.

Jonkers, Peter: Religion as a source of evil. *International Journal for philosophy and theology* 78 (2017), 419-431.

Jordan, Jeffrey: *Pascal's wager. Pragmatic arguments and belief in God.* Oxford University Press 2006.

Kagan, Shelly: *Death.* Yale University Press 2012.

Kane, Robert: *A contemporary introduction to free will.* Oxford University Press 2005.

Kant, Immanuel: *Werke in sechs Bänden.* Hg. von Wilhelm Weischedel, WBG 1998.

Katz, Steven: Language, epistemology, and mysticism. In: Katz, Steven (Hg.): *Mysticism and philosophical analysis.* Oxford University Press 1978, 22-74.

Keil, Geert: *Willensfreiheit.* De Gruyter 2017.

Kelly, Stewart: The problem of evil and the Satan hypothesis. *Sophia* 36 (1997), 29-42.

Kenny, Anthony: *The five ways.* Routledge 1969.

Kierkegaard, Sören: *Philosophische Brosamen und Unwissenschaftliche Nachschrift.* dtv 2005a.

Kierkegaard, Sören: *Die Krankheit zum Tode. Furcht und Zittern. Die Wiederholung. Der Begriff Angst.* dtv 2005b.

Kind, Amy: *Persons and personal Identity.* Polity Press 2015.

Kneale, William/Moore, George E.: Symposium: Is existence a predicate? *Proceedings of the Aristotelian Society (Supplementary Volumes)* 15 (1936), 154-188.

Kohlberg, Lawrence: *Die Psychologie die Moralentwicklung.* Suhrkamp 1996.

Kreiner, Armin: *Gott im Leid. Zur Stichhaltigkeit der Theodizee-Argumente.* Herder ²2005.

Laozi: *Daodejing.* Übers. von Rainald Simon. Reclam 2009.

Le Poidevin, Robin: Playing the God game. In: Yujin Nagasawa/Andrei Buckareff (Hgg.): *Alternative concepts of God.* Oxford University Press 2016, 178-191.

Leftow, Brian: *Time and Eternity.* Cornell University Press 1991.

Leibniz, Gottfried W.: *Fünf Schriften zur Logik und Metaphysik*. Reclam 1966.

Leibniz, Gottfried W.: *Neue Abhandlungen über den menschlichen Verstand*. Meiner 1996a.

Leibniz, Gottfried W.: *Versuche in der Theodicee über die Güte Gottes, die Freiheit des Menschen und den Ursprung des Übels* Meiner 1996b.

Leibniz, Gottfried W.: *Monadologie und andere metaphysische Schriften*. Meiner 2002.

Leslie, John: *Universes*. Routledge 1989.

Leuba, James: *The psychological study of religion*. Macmillan 1912.

Levine, Michael: *Pantheism. A non-theistic concept of deity*. Routledge 1994.

Lewis, David: The paradoxes of time travel. *American Philosophical Quarterly* 13 (1976), 145-152.

Lewis, Geraint; Barnes, Luke: *A fortunate universe*. Cambridge University Press 2016.

Locke, John: *Ein Brief über Toleranz*. Meiner 1966.

Locke, John: *Versuch über den menschlichen Verstand. Band I: Buch I und II*. Meiner 2000.

Locke, John: *Versuch über den menschlichen Verstand. Band II: Buch III und IV*. Meiner 1988.

Löffler, Winfried: *Notwendigkeit, S5 und Gott*. LIT Verlag 2000.

Luckner, Andreas/Ostritsch, Sebastian: *Existenz*. C.H. Beck 2018.

Luhmann, Niklas: *Funktion der Religion*. Suhrkamp 1977.

Mackie, John L.: Evil and Omnipotence. *Mind* 64 (1955), 200-212.

Malcolm, Norman: Anselm's ontological arguments. *Philosophical Review* 69 (1960), 41-62.

Malinowski, Bronislaw: *Eine wissenschaftliche Theorie der Kultur und andere Aufsätze*. Suhrkamp 1975.

Manson, Neil (Hg.): *God and Design*. Routledge 2003.

Markschies, Christoph: *Die Gnosis*. C.H. Beck 2006.

Marx, Karl; Engels, Friedrich: *Werke*. Band 1. Karl Dietz Verlag 1976.

Mavrodes, George: Miracles. In: William Wainwright (Hg.): *The Oxford handbook of philosophy of religion*. Oxford University Press 2005: 304-322.

Mawson, Timothy: *Belief in God. An introduction to the philosophy of religion*. Oxford University Press 2005.

McBrayer, Justin: Skeptical Theism. *Philosophy Compass* 5 (2010), 611-623.

McBrayer, Justin; Howard-Snyder, Daniel (Hgg.): *The Blackwell companion to the problem of evil*. Wiley-Blackwell 2013.

Meister, Chad (Hg.): *The Oxford handbook of religious diversity*. Oxford University Press 2011.

Millican, Peter: *The one fatal flaw in Anselm's argument*. Mind 113 (2004), 437-476.

Moore, Andrew; Scott, Michael (Hgg.): *Realism and Religion*. Ashgate 2007.

Morris, Thomas: *Our Idea of God. An introduction to philosophical theology*. Intervarsity Press 1991.

Morscher, Edgar: Ist Existenz ein Prädikat? *Zeitschrift für philosophische Forschung* 28 (1974), 120-132.

Murphy, Nancey: *Theology in an age of scientific reasoning*. Cornell University Press 1999.

Murray, Michael: *Nature red in tooth and claw*. Oxford University Press 2008.

Nagasawa, Yujin; Matheson, Benjamin (Hgg.): *The Palgrave Handbook of the Afterlife*. Palgrave 2017.

Neuner, Josef; Roos, Heinrich: *Der Glaube der Kirche in den Urkunden der Lehrverkündigung*. Regensburg: Pustet, ⁴1954.

Newberg, Andrew: *Principles of Neurotheology*. Ashgate 2010.

Newberg, Andrew; d'Aquili, Eugene: *Why God won't go away*. Ballantine Books 2002.

Newman, John Henry: *Entwurf einer Zustimmungslehre*. Grünewald 1961.

Nielsen, Kai: *Contemporary critiques of religion*. Macmillan 1971.

O'Connor, David: *Hume on religion*. Routledge 2001.

Oderberg, David: The cosmological argument. In: Chad Meister/Paul Copan (Hgg.): *The Routledge companion to philosophy of religion*. Routledge 2013, 401-410.

Oppy, Graham: *Ontological arguments and belief in God*. Cambridge University Press 1995.

Oppy, Graham (Hg.): *Ontological arguments*. Cambridge University Press 2018.

Otto, Rudolf: *Das Heilige. Über das Irrationale in der Idee des Göttlichen und sein Verhältnis zum Rationalen*. C.H. Beck 1987.

Paley, William: *Natural Theology*. Oxford University Press 2006.

Pascal, Blaise: *Gedanken*. Suhrkamp 2012.

Penelhum, Terence: *Survival and disembodied existence*. Routledge 1970.

Persinger, Michael et al.: The Electromagnetic induction of mystical and altered states within the laboratory. *Journal of Consciousness Exploration and Research* 1 (2010), 808-830.

Phillips, Dewi Z.: *Faith and philosophical enquiry*. Routledge 1970.

Phillips, Dewi Z.: *The problem of evil and the problem of God*. SCM Press 2004.

Pike, Nelson: *God and Timelessness*. Schocken Books 1970.

Pinnock, Clark et al.: *The Openness of God*. Intervarsity Press 1994.

Plantinga, Alvin: *God, Freedom and Evil*. Harper & Row 1974a.

Plantinga, Alvin: *The nature of necessity*. Clarendon 1974b.

Plantinga, Alvin: Ad Hick. *Faith and Philosophy* 14 (1997), 295-298.

Plantinga, Alvin: Ist der religiöse Glaube berechtigterweise basal? In: Christoph Jäger (Hg.): *Analytische Religionsphilosophie*. Schöningh 1998, 303-316.

Plantinga, Alvin: *Warranted Christian belief*. Oxford University Press 2000.

Platon: *Euthyphron*. Übers. Von Otto Leggewie. Reclam, 1986.

Platon: *Werke*. Übers. von Friedrich Schleiermacher. WBG 2019.

Polkinghorne, John: *Belief in God in an age of science*. Yale University Press 1998.

Popper, Karl: *Logik der Forschung. Zur Erkenntnistheorie der modernen Wissenschaft*. Springer 1935.

Price, Henry H.: Survival and the idea of ‚another world'. *Proceedings of the Society for Psychical Research* 50 (1953), 1–25.

Proudfoot, Wayne: *Religious Experience*. University of California Press 1985.

Pseudo-Dionysios: *Über die mystische Theologie und Briefe*. Hg. von Adolf Martin Ritter, Hiersemann 1994.

Quante, Michael: *Person.* De Gruyter 2007

Quante, Michael: *Einführung in die allgemeine Ethik.* WBG ⁶2017.

Quinn, Philip: *Divine commands and moral requirements.* Oxford University Press 1978.

Quinn, Philip: Auf der Suche nach den Fundamenten des Theismus. In: Christoph Jäger (Hg.): *Analytische Religionsphilosophie.* Schöningh 1998, 331-353.

Quinn, Philip; Meeker, Kevin (Hgg.): *The philosophical challenge of religious diversity.* Oxford University Press 2000.

Rahner, Karl: *Grundkurs des Glaubens.* Herder ⁸1977.

Rees, Martin: *Just six numbers.* Basic Books 2000.

Renusch, Anita: *Der eigene Glaube und der Glaube der anderen. Philosophische Herausforderungen religiöser Vielfalt.* Alber 2014.

Rescher, Nicholas: *Pascal's wager. A study of practical reasoning in philosophical theology.* University of Notre Dame Press 1985.

Rescher, Nicholas: *Process Metaphysics. An introduction to process philosophy.* SUNY Press, 1996.

Roach, Mary: *Spook. Science tackles the afterlife.* Norton 2005.

Rowe, William: Religious pluralism. *Religious Studies* 35 (1999), 139-150.

Rowe, William: *The cosmological argument.* Princeton University Press 1975.

Runzo, Joseph: Pluralism and Relativism, in: Meister, Chad (Hg.): *The Oxford handbook of religious diversity.* Oxford University Press 2011, 61-75.

Russell, Bertrand: *Human society in ethics and politics.* Routledge 1954.

Russell, Bertrand: *Warum ich kein Christ bin.* Szczesny Verlag 1965.

Russell, Bertrand: *The basic writings of Bertrand Russell.* Routledge 2009.

Sala, Giovanni: *Kant und die Frage nach Gott.* De Gruyter 1990.

Sanders, John: An introduction to open theism. *Reformed Review* 60 (2007), 34-50.

Sans, Georg: *Philosophische Gotteslehre.* Kohlhammer 2018.

Schellenberg, John: Divine hiddenness (Part 1). *Philosophy Compass* 12 (2017), *doi.org/10.1111/phc3.12355*

Schellenberg, John: Divine hiddenness (Part 2). *Philosophy Compass* 12 (2017), *doi.org/10.1111/phc3.12413*

Schellenberg, John: *Divine hiddenness and human reason.* Cornell University Press ²2006.

Schleiff, Matthias: *Schöpfung, Zufall oder viele Universen?* Mohr Siebeck 2019.

Schlieter, Jens (Hg.): *Was ist Religion? Texte von Cicero bis Luhmann.* Reclam 2010.

Schloss, Jeffrey; Murray, Michael (Hgg.): *The believing primate. Scientific, philosophical, and theological reflections on the origin of religion.* Oxford University Press 2009

Schmitz-Moormann, Karl: *Schöpfung und Evolution. Neue Ansätze zum Dialog zwischen Naturwissenschaften und Theologie.* Patmos 1992.

Schönecker, Dieter (Hg.): *Plantinga's warranted Christian belief.* de Gruyter 2015.

Schopenhauer, Arthur: *Über die vierfache Wurzel des Satzes vom zureichenden Grunde.* Meiner 1970.

Schopenhauer, Arthur: *Über die Grundlage der Moral.* Meiner 2007.

Scott, Michael: *Religious Language.* Palgrave 2013.

Sellars, Wilfrid: *Empiricism and the Philosophy of Mind.* Harvard University Press 1956.

Smart, Ninian: *The world's religions.* Cambridge University Press 1989.

Smart, Ninian: *Dimensions of the sacred*. University of California Press 1996.

Smith, Nicholas: Time Travel. *The Stanford Encyclopedia of Philosophy* (Summer 2019 Edition). *https://plato.stanford.edu/archives/sum2019/entries/time-travel/*.

Snell, Bruno: *Die Entdeckung des Geistes*. Vandenhoek & Rupprecht 1975.

Sobel, Jordan: Gödel's ontological proof. In: Judith Jarvis Thomson (Hg.): *On being and saying*. MIT Press 1987, 241-262.

Sorensen, Roy: Nothingness. *The Stanford Encyclopedia of Philosophy* (Spring 2020 Edition), *https://plato.stanford.edu/archives/spr2020/entries/nothingness/*.

Soskice, Janet M.: *Metaphor and religious language*. Oxford University Press 1985.

Soskice, Janet Martin: *The kindness of God. Metaphor, Gender, and religious language*. Oxford University Press 2007.

Stace, Walter: *The teachings of the mystics*. Mentor Books 1960.

Stace, Walter: *Mysticism and Philosophy*. Macmillan 1961.

Steinhart, Eric: *Your digital afterlives*. Palgrave 2014.

Stevenson, Ian: *Twenty cases suggestive of reincarnation*. University of Virginia Press 1966.

Stolz, Fritz: *Grundzüge der Religionswissenschaft*. Vandenhoek & Ruprecht (utb) ³2001.

Stosch, Klaus von: *Theodizee*. Schöningh (utb) ²2018.

Streminger, Gerhard: *Gottes Güte und die Übel der Welt*. Mohr Siebeck ²2016.

Stump, Eleonore: *Wandering in darkness. Narrative and the problem of suffering*. Oxford University Press 2012.

Stump, Eleonore; Gasser, Georg; Grössl, Johannes (Hgg.): *Göttliches Vorherwissen und menschliche Freiheit*. Kohlhammer 2015.

Sturm, Holger: Eigennamen. In: Nikola Kompa (Hg.): *Handbuch Sprachphilosophie*. Metzler 2015, 120-127.

Swinburne, Richard: *The concept of miracle*. Palgrave 1970.

Swinburne, Richard (Hg.): *Miracles*. Clarendon 1989.

Swinburne, Richard: *Providence and the problem of evil*. Oxford University Press 1998.

Swinburne, Richard: Response to my commentators. *Religious Studies* 38 (2002), 301-315.

Swinburne, Richard: *The existence of God*. Oxford University Press ²2004.

Swinburne, Richard: *Faith and reason*. Oxford University Press ²2005.

Swinburne, Richard: *The coherence of theism*. Oxford University Press ²2016.

Tegmark, Max: *Our mathematical universe*. Knopf 2014.

Teichert, Dieter: *Einführung in die Philosophie des Geistes*. WBG 2006.

Teresa von Avila: *Das Buch meines Lebens*. Herder 2001.

Thomas von Aquin: *Summe der Theologie. Die deutsche Thomas-Ausgabe*. 36 Bde. Styria/Pustet 1934.

Thomas von Aquin: *Summa contra gentiles*. Übers. von Karl Albert. WBG 2001.

Thomas von Aquin: *Compendium of theology*. Oxford University Press 2009.

Tilley, Terrence: *The evils of theodicy*. Georgetown University Press 1991.

Tugendhat, Ernst; Wolf, Ursula: *Logisch-semantische Propädeutik*. Reclam 1993.

Vaihinger, Hans: *Die Philosophie des Als-ob*. Meiner ⁸1922.

Vail, Kenneth et al.: Terror management theory and religious belief. In: Clay Routledge; Matthew Vess (Hgg.): *Handbook of terror management theory*. Academic Press 2019, 259-285.

Van Inwagen, Peter: The possibility of resurrection. *International Journal for Philosophy of Religion* 9 (1978), 114-121.

Van Inwagen, Peter: *The problem of evil*. Oxford University Press 2006.

Van Inwagen, Peter: Changing the past. *Oxford Studies in Metaphysics* 5 (2010), 3-28.

Van Norden, Bryan: *Introduction to classical Chinese philosophy*. Hackett 2011.

Wainwright, William: *Mysticism*. Harvester Press 1981.

Wainwright, William: *Religion and Morality*. Ashgate 2005.

Ward, Keith: *Is religion dangerous?* Lion 2006.

Weidemann, Christian: *Die Unverzichtbarkeit natürlicher Theologie*. Alber 2007.

Whitehead, Alfred North: *Process and Reality*. Macmillan 1929.

Widengren, Geo: *Religionsphänomenologie*. De Gruyter 1969.

Williams, Bernard: *Probleme des Selbst*. Reclam 1978.

Wittgenstein, Ludwig: *Werkausgabe Band 1. Tractatus logico-philosophicus. Tagebücher 1914-1916. Philosophische Untersuchungen*. Suhrkamp 1984a.

Wittgenstein, Ludwig: *Werkausgabe Band 8. Bemerkungen über die Farben. Über Gewissheit. Zettel. Vermischte Bemerkungen*. Suhrkamp 1984b.

Wittgenstein, Ludwig: *Vorlesungen und Gespräche*. Fischer 2000.

Wittwer, Héctor: *Philosophie des Todes*. Reclam 2009.

Wykstra, Stephen: The Humean obstacle to evidential arguments from suffering. *International Journal for Philosophy of Religion* 16 (1984), 73-93.

Yandell, Keith: *The epistemology of religious experience*. Cambridge University Press 1993.

Zhuangzi: *Zhuangzi. Das Buch der daoistischen Weisheit*. Übers. von Viktor Kalinke. Reclam 2019.

Zirker, Hans: *Religionskritik*. Patmos ³1995.

Sachregister

Allmacht 140, 142–144, 146, 149, 193, 202
Allwissenheit 140, 144–146, 149, 207
Analogie 93, 102, 103, 160, 171, 172, 174, 176, 178, 179, 181, 189
Aseität 138, 139
brahman 23, 137, 150, 151
Deismus 137, 149, 150
dharma 13, 17
divine command theory 111
Evidentialismus 30–33, 41, 43–46, 53, 125
Evolution 29, 172, 175, 223, 224
Ewigkeit 33, 140, 141, 145, 160, 229
Existenz 7, 25, 26, 30–32, 37, 38, 41, 44, 45, 51–53, 56, 57, 61, 64, 65, 68, 73, 75, 76, 78, 99, 109, 114, 116–120, 123, 126, 128, 129, 133, 138–141, 153–160, 162–169, 171, 172, 182, 183, 185, 186, 188, 190, 193–206, 209, 212, 213, 216, 217, 219–223, 225, 226, 228
Exklusivismus 77, 81–84, 86, 91
Expressivismus 93, 95
Fiktionalismus 93, 100, 101
Funktionalismus 19
Inklusivismus 77, 81, 83, 84, 86
intelligent design 179
Kompatibilismus 208
Mem 29
Metapher 93, 103, 104
Mystik 69, 75, 151
Nonkognitivismus 36, 95, 97
Objektivismus 110, 111, 116
Pantheismus 137, 140, 150
Perennialismus 74
perfect being theology 138
Person 14, 49, 54, 55, 58, 59, 84, 89, 95, 108, 116, 129, 146, 147, 149, 150, 162, 178, 192, 213, 216–227, 229
Pluralismus 77, 81, 84, 86, 91, 92
Prozesstheologie 137, 148, 149, 202
Realismus 79, 80, 94, 95, 97, 100
Reinkarnation 217–219, 222–224
Relativismus 77, 79–81, 99, 110
Seele 11, 23, 31, 34, 35, 61, 75, 79, 81, 83, 93, 119, 126, 127, 147, 215, 217–226, 229
Subjektivismus 110
Theismus 137–139, 148–150, 168, 179, 184, 199–202, 205, 208
Transzendenz 140, 150
Verifikation 34–37, 68–70
Willensfreiheit 146, 206–209, 212

Personenregister

Al-Ghazali 167
Alston, William 71
Anselm von Canterbury 138, 185
Aristoteles 153
Augustinus 12, 140, 145, 185, 203, 204, 226, 227
Ayer, Alfred 34–36, 95, 96
Boethius 140, 145
Bostrom, Nick 184
Braithwaite, Richard 96, 97
Carnap, Rudolf 34–37, 95, 96
Cicero 11
Clarke, Samuel 153
Clifford, William 30–32, 44, 55
Cusanus, Nikolaus 83
Darwin, Charles 28, 125
Dawkins, Richard 29, 39
Descartes, René 46, 142, 185, 219–221, 225
Epikur 10
Flew, Antony 31–33, 37, 38, 65, 88
Freud, Sigmund 27, 30, 49, 116, 117
Gaunilo von Marmoutiers 191
Geach, Peter 97, 221
Hare, Richard 38
Hartshorne, Charles 148
Hick, John 84–86, 210, 227
Hume, David 131–135, 153, 159, 164, 171–173, 176, 179, 185, 190, 208, 220, 226
Irenäus von Lyon 225
James, William 11, 19, 49, 53–56, 60, 61, 63, 217
Kant, Immanuel 90, 91, 109, 114, 117–120, 149, 153, 171, 179, 185, 190, 193–197, 213

Kierkegaard, Sören 56–60, 91, 111, 112
Kohlberg, Lawrence 114
Laktanz 11
Lanczkowski, Günther 17
Leibniz, Gottfried Wilhelm 153, 162–165, 168, 185, 199, 224
Luhmann, Niklas 19
Malinowski, Bronislaw 19, 20
Mani 202
Marx, Karl 10, 26, 27, 30, 49
Mitchell, Basil 38
More, Henry 173
Newman, John Henry 109, 114–117
Otto, Rudolf 18, 35, 63, 64
Paley, William 176
Pascal, Blaise 49–53, 90
Persinger, Michael 72
Plantinga, Alvin 46–49, 87, 185
Platon 153, 218, 220
Popper, Karl 36, 37
Russell, Bertrand 31, 32, 39, 44, 55, 113, 165, 173, 190, 215
Shandy, Tristram 167
Smart, Ninian 10, 21
Soskice, Janet 103, 104, 148
Spinoza 150
Swinburne, Richard 44, 62, 65, 67, 68, 139, 210–212
Thomas von Aquin 44, 49, 55, 102, 141, 144, 153, 154, 225
Voltaire 149
Whitehead, Alfred North 148
Williams, Bernard 228, 229
Wittgenstein, Ludwig 20, 21, 33, 74, 97–100